建设

工程法规

（第2版）

主　审	何　俊	
主　编	傅为华	韩晓冬
	刘世刚	
副主编	唐朝光	唐　文
	李　君	王晓强
	熊晨超	沈　霁
	徐成贤	

华中科技大学出版社
http://www.hustp.com

内 容 简 介

本书根据《中华人民共和国建筑法》《中华人民共和国招标投标法》《中华人民共和国合同法》《中华人民共和国劳动法》《建设工程安全生产管理条例》《建设工程质量管理条例》等相关法律法规,结合相关职业资格考试内容,对建设工程法律基础知识、建设工程执业资格制度、建设工程项目报建与施工许可制度、建设工程发包与承包法律制度、建设工程合同和劳动合同法律制度、建设工程安全生产法律制度、建设工程质量法律制度、解决建设工程纠纷法律制度及建设工程其他法规等九章内容进行了较系统的阐述,并配置了大量针对性训练题。通过本书的学习,读者能够综合掌握建设工程法律法规基本知识及实际应用的案例。

本书具有两个显著特征:第一,新颖性,本书以最新颁布及实施的法律法规为依据;第二,实用性,本书体系和内容与建造师考试内容相衔接,并有针对性地引入大量案例。在本书最后配置大量训练题目,帮助学生进行各个知识点的巩固。

为了方便教学,本书还配有电子课件等教学资源包,任课教师和学生可以登录"我们爱读书"网(www.ibook4us.com)注册并浏览,任课教师还可以发邮件至 husttujian@163.com 免费索取教学资源包。

本书适合于全国高职院校建设类专业学生使用,也可作为建设行业职工培训学习教材。

图书在版编目(CIP)数据

建设工程法规/傅为华,韩晓冬,刘世刚主编. —2 版. —武汉:华中科技大学出版社,2017.6(2023.8 重印)
国家示范性高等职业教育土建类"十三五"规划教材
ISBN 978-7-5680-2787-8

Ⅰ.①建… Ⅱ.①傅… ②韩… ③刘… Ⅲ.①建筑法-中国-高等职业教育-教材 Ⅳ.①D922.297

中国版本图书馆 CIP 数据核字(2017)第 095960 号

建设工程法规
Jianshe Gongcheng Fagui

傅为华　韩晓冬　刘世刚　主编

策划编辑:康　序	
责任编辑:史永霞	
责任监印:朱　玢	
出版发行:华中科技大学出版社(中国•武汉)	电话:(027)81321913
武汉市东湖新技术开发区华工科技园	邮编:430223
录　　排:武汉正风天下文化发展有限公司	
印　　刷:武汉科源印刷设计有限公司	
开　　本:787mm×1092mm　1/16	
印　　张:16	
字　　数:431 千字	
版　　次:2023 年 8 月第 2 版第 11 次印刷	
定　　价:38.00 元	

本书若有印装质量问题,请向出版社营销中心调换
全国免费服务热线:400-6679-118　竭诚为您服务
版权所有　侵权必究

前言

本书在国家示范性高等职业教育土建类"十二五"规划教材、工学结合基于工作过程导向的项目化创新系列教材《建筑工程法规》的基础上,结合最新建设领域法律法规修订完成。本书根据《中华人民共和国建筑法》《中华人民共和国城乡规划法》《中华人民共和国招标投标法》《中华人民共和国合同法》《中华人民共和国环境保护法》《中华人民共和国保险法》《中华人民共和国物权法》等已颁行的建设工程相关法律,根据《建设工程安全生产管理条例》《建设工程质量管理条例》《建设工程勘察设计管理条例》等重要行政法规,以及其他与建设工程相关的规章制度,结合相关执业资格考试内容进行编制,内容覆盖面广,体例新颖,案例丰富,通俗易懂。

本书在内容上共分为九个章节和拓展训练习题。章节内容分别是:(1)建设工程法规基础知识;(2)建设工程执业资格制度;(3)建设工程项目报建与施工许可制度;(4)建设工程发包与承包法律制度;(5)建设工程合同和劳动合同法律制度;(6)建设工程安全生产法律制度;(7)建设工程质量法律制度;(8)解决建设工程纠纷法律制度;(9)建设工程其他法规。本书内容全面而充实,系统地阐述了建设工程涉及的法律法规知识。本书在编写过程中,聘请建设行业企业专家共同研究,在确定编写思路和提纲时,结合了建设行业企业技术领域的实际和职业岗位(群)的任职要求,参照了注册建造师执业资格考试标准,并尽量将其与本书各章节内容紧密结合。

本书主要针对全国高职高专院校土木建筑类专业学生教学设计,可以作为建设行业培训参考教材;从学生对接工作岗位上来说,本书力求结合学生将来可能从事的工作的性质和需要来选择内容,结合行业培训需求,突出行业特点,选择与相关执业资格考试相衔接的内容,突出本书针对性和实用性的特点;努力关注建设法规的前沿动态,渗透最新的法律思想,吸收最新的法律内容。尽量使学生接受新观点,阅读新内容,突出新颖性;在结构体系上,以"法理、法条、法案"为主体,以规范建设活动的建设法规为基础,以法律为主线,以行政法规、部门规章为补充,对建设工程法律法规进行系统阐释。

本书特色:第一,新颖性,本书以最新颁布及实施的法律法规、部门规章、标准规范为蓝本编写,为满足建设工程技术专业群就业及可持续发展的需要,本书增加了大量建造师考试要求的内容,以能力为本位,以制度模块化方式重组教材内容。第二,实用性,本书体系和内容与执业资格考试内容相衔接,并有针对性地引入大量案例,突出应用的目的,深入浅出,便于自学,以"必需、够用"为度,强调思维分析能力的培养。在本书最后配置大量训练题目,帮助学生进行各个知识点的巩固。

本书由义乌工商职业技术学院傅为华、天津城市建设管理职业技术学院韩晓冬、贵州工商职业学院刘世刚任主编,由广西经济管理干部学院唐朝光、湖南有色金属职业技术学院唐文、天津城市建设管理职业技术学院李君、鄂州职业大学王晓强、义乌工商职业技术学院熊晨超、甘肃能源化工职业学院沈霁和徐成贤任副主编，由安徽水利水电职业技术学院何俊教授担任主审。同时，常州工程职业技术学院陈万鹏、建东职业技术学院石凌栋、唐山工业职业技术学院温欣参与了本书的编写工作，最后由傅为华审核并统稿。其中，傅为华编写了第1章，沈霁编写第2章，徐成贤编写第3章，唐文编写第4章，韩晓冬编写了第5章，刘世刚编写了第6章，刘冬梅编写了第4章和第7章，李君编写了第8章，王晓强编写了第9章，熊晨超编写了拓展训练习题部分。

为了方便教学，本书还配有电子课件等教学资源包，任课教师和学生可以登录"我们爱读书"网(www.ibook4us.com)注册并浏览，任课教师还可以发邮件至 husttujian@163.com 免费索取教学资源包。

由于编者水平有限，本书难免有不当之处，敬请广大读者和同行批评指正。

编　者

2019 年 5 月

目录

第 1 章　建设工程法规基础知识 ……………………………………………………（1）
　1.1　建设工程法律基础知识 ……………………………………………………（1）
　1.2　工程建设中的民事法律关系 ………………………………………………（5）
　1.3　建设工程代理制度 …………………………………………………………（7）
　1.4　建设工程物权制度 …………………………………………………………（10）
　1.5　建设工程债权制度 …………………………………………………………（14）
　1.6　建设工程知识产权制度 ……………………………………………………（15）
　1.7　建设工程担保制度 …………………………………………………………（19）
　1.8　建设工程保险制度 …………………………………………………………（22）
　1.9　建设工程法律责任制度 ……………………………………………………（25）

第 2 章　建设工程执业资格制度 ……………………………………………………（28）
　2.1　工程建设执业资格制度 ……………………………………………………（28）
　2.2　工程建设从业人员执业资格法规 …………………………………………（34）

第 3 章　建设工程项目报建与施工许可制度 ………………………………………（39）
　3.1　建设工程项目报建制度 ……………………………………………………（39）
　3.2　建设工程施工许可制度 ……………………………………………………（41）

第 4 章　建设工程发包与承包法律制度 ……………………………………………（46）
　4.1　建设工程招标投标制度 ……………………………………………………（46）
　4.2　建设工程承包制度 …………………………………………………………（59）
　4.3　建筑市场信用体系建设 ……………………………………………………（65）

第 5 章　建设工程合同和劳动合同法律制度 ………………………………………（69）
　5.1　建设工程合同制度 …………………………………………………………（69）
　5.2　劳动合同及劳动关系制度 …………………………………………………（86）

第 6 章　建设工程安全生产法律制度 ………………………………………………（103）
　6.1　施工安全生产许可证制度 …………………………………………………（103）
　6.2　施工安全生产责任和安全生产教育培训制度 ……………………………（105）
　6.3　施工现场安全防护制度 ……………………………………………………（113）
　6.4　施工安全事故的应急救援与调查处理 ……………………………………（120）
　6.5　建设单位和相关单位的建设工程安全责任制度 …………………………（127）

第 7 章　建设工程质量法律制度 （135）
 7.1　工程建设标准 （135）
 7.2　施工单位的质量责任和义务 （140）
 7.3　建设单位及相关单位的质量责任和义务 （147）
 7.4　建设工程竣工验收制度 （155）
 7.5　建设工程返修及损害赔偿 （163）

第 8 章　解决建设工程纠纷法律制度 （165）
 8.1　建设工程纠纷主要种类和法律解决途径 （165）
 8.2　民事诉讼制度 （168）
 8.3　仲裁制度 （177）
 8.4　调解、和解制度与争议评审 （180）
 8.5　行政复议和行政诉讼制度 （182）

第 9 章　建设工程其他相关法规 （187）
 9.1　施工现场环境保护制度 （187）
 9.2　施工节约能源制度 （194）
 9.3　施工文物保护制度 （198）
 9.4　城乡规划法规 （204）
 9.5　建设工程勘察设计法规 （208）

拓展训练习题 （213）

参考文献 （250）

第 1 章　建设工程法规基础知识

知识目标

（1）了解建设法规的概念、调整对象及作用；
（2）理解我国建设法规体系的构成；
（3）熟悉法律关系的构成要素，理解法的形式和效力层级。

重难点

（1）建设法规体系及其构成。

1.1　建设工程法律基础知识

　　法律体系也称法的体系，通常指由一个国家现行的各个部门法构成的相互有机联系的统一整体。我国的法律体系，根据所调整的社会关系性质的不同，可以划分为不同的部门法。部门法是根据一定标准、原则所制定的同类法律规范的总称。

　　建设工程法律具有综合性的特点，虽然主要是经济法的组成部分，但还包括行政法、民法、商法等的内容。建设工程法律同时又具有一定的独立性，具有自己的完整体系。建设工程法律体系，是指把已经制定的和需要制定的建设方面的法律、行政法规、部门规章和地方法规、地方规章有机结合起来，形成一个相互联系、相互补充、相互协调的完整统一的体系。

一、法律体系的基本框架

1. 宪法及宪法相关法

　　宪法是国家的根本大法，是特定社会、政治、经济和思想文化条件综合作用的产物，集中反映各种政治力量的实际对比关系，确认革命胜利成果和现实的民主政治，规定国家的根本任务和根本制度，即社会制度、国家制度的原则和国家政权的组织，以及公民的基本权利、义务等内容。

　　宪法相关法，是指《中华人民共和国全国人民代表大会组织法》（以下简称《全国人民代表大会组织法》）、《中华人民共和国地方各级人民代表大会和地方各级人民政府组织法》（以下简称《地方各级人民代表大会和地方各级人民政府组织法》）、《中华人民共和国全国人民代表大会和地方各级人民代表大会选举法》（以下简称《全国人民代表大会和地方各级人民代表大会选举法》）、《中华人民共和国国籍法》（以下简称《国籍法》）、《中华人民共和国国务院组织法》（以下简称《国务院组织法》）、《中华人民共和国民族区域自治法》（以下简称《民族区域自治法》）等法律。

2. 民法商法

民法是规定并调整平等主体的公民间、法人间及公民与法人间的财产关系和人身关系的法律规范的总称。商法是调整市场经济关系中商人及其商事活动的法律规范的总称。《中华人民共和国民法通则》(以下简称《民法通则》)、《中华人民共和国合同法》(以下简称《合同法》)、《中华人民共和国物权法》(以下简称《物权法》)、《中华人民共和国侵权责任法》(以下简称《侵权责任法》)、《中华人民共和国公司法》(以下简称《公司法》)、《中华人民共和国招标投标法》(以下简称《招标投标法》)等属于民法商法。

3. 行政法

行政法是调整行政主体在行使行政职权和接受行政法制监督过程中而与行政相对人、行政法制监督主体之间发生的各种关系,以及行政主体内部发生的各种关系的法律规范的总称。《中华人民共和国行政处罚法》(以下简称《行政处罚法》)、《中华人民共和国行政复议法》(以下简称《行政复议法》)、《中华人民共和国行政许可法》(以下简称《行政许可法》)、《中华人民共和国环境影响评价法》(以下简称《环境影响评价法》)、《中华人民共和国城市房地产管理法》(以下简称《城市房地产管理法》)、《中华人民共和国城乡规划法》(以下简称《城乡规划法》)、《中华人民共和国建筑法》(以下简称《建筑法》)等属于行政法。

4. 经济法

经济法是调整在国家协调、干预经济运行的过程中发生的经济关系的法律规范的总称,《中华人民共和国统计法》(以下简称《统计法》)、《中华人民共和国土地管理法》(以下简称《土地管理法》)、《中华人民共和国标准化法》(以下简称《标准化法》)、《中华人民共和国审计法》(以下简称《审计法》)、《中华人民共和国节约能源法》(以下简称《节约能源法》)、《中华人民共和国政府采购法》(以下简称《政府采购法》)、《中华人民共和国反垄断法》(以下简称《反垄断法》)等属于经济法。

5. 社会法

社会法是调整劳动关系、社会保障和社会福利关系的法律规范的总称。《中华人民共和国残疾人保障法》(以下简称《残疾人保障法》)、《中华人民共和国矿山安全法》(以下简称《矿山安全法》)、《中华人民共和国劳动法》(以下简称《劳动法》)、《中华人民共和国职业病防治法》(以下简称《职业病防治法》)、《中华人民共和国安全生产法》(以下简称《安全生产法》)、《中华人民共和国劳动合同法》(以下简称《劳动合同法》)等属于社会法。

二、法的形式和效力层级

1. 法的形式

在世界历史上存在过的法律形式主要有:制定法、习惯法、宗教法、判例、规范性法律文件、国际惯例、国际条约等。在我国,习惯法、宗教法、判例不是法的形式。

我国法的形式是制定法形式,具体可分为以下七类。

1) 宪法

宪法是由全国人民代表大会依照特别程序制定的具有最高效力的根本法。宪法是集中反映统治阶级的意志和利益,规定国家制度、社会制度的基本原则,具有最高法律效力的根本大法。其主要功能是制约和平衡国家权力,保障公民权利。

2) 法律

法律是指由全国人民代表大会和全国人民代表大会常务委员会制定颁布的规范性法律文件,即狭义的法律。法律分为基本法律和一般法律两类。基本法律是由全国人民代表大会制定的调整国家和社会生活中带有普遍性的社会关系的规范性法律文件的统称,如刑法、民法、诉讼法,以及有关国家机构的组织法等法律。一般法律是由全国人民代表大会常务委员会制定的调整国家和社会生活中某种具体社会关系或其中某一方面内容的规范性文件的统称。

依照《中华人民共和国立法法》(以下简称《立法法》)的规定,下列事项只能制定法律:①国家主权的事项;②各级人民代表大会、人民政府、人民法院和人民检察院的产生、组织和职权;③民族区域自治制度、特别行政区制度、基层群众自治制度;④犯罪和刑罚;⑤对公民政治权利的剥夺、限制人身自由的强制措施和处罚;⑥对非国有财产的征收;⑦民事基本制度;⑧基本经济制度,以及财政、税收、海关、金融和外贸的基本制度;⑨诉讼和仲裁制度;⑩必须由全国人民代表大会及其常务委员会制定法律的其他事项。

有关建设的法律既包括专门的法律,也包括相关的其他法律。例如,前者有《城乡规划法》、《建筑法》、《城市房地产管理法》等,后者有《民法通则》、《合同法》、《行政许可法》等。

3) 行政法规

行政法规是国家最高行政机关国务院根据宪法和法律就有关执行法律和履行行政管理职权的问题,以及依据全国人民代表大会及其常务委员会特别授权所制定的规范性文件的总称。

现行的建设行政法规主要有《建设工程质量管理条例》、《建设工程安全生产管理条例》、《建设工程勘察设计管理条例》、《城市房地产开发经营管理条例》等。

4) 地方性法规、自治条例和单行条例

省、自治区、直辖市的人民代表大会及其常务委员会根据本行政区域的具体情况和实际需要,在不与宪法、法律、行政法规相抵触的前提下,可以制定地方性法规、自治条例和单行条例。

目前,各地方都制定了大量的规范建设活动的地方性法规、自治条例和单行条例,如《北京市建筑市场管理条例》、《天津市建筑市场管理条例》、《新疆维吾尔自治区建筑市场管理条例》等。

5) 部门规章

部门规章是国务院各部门、各委员会、审计署等根据法律和行政法规的规定和国务院的决定,在本部门的权限范围内制定和发布的调整本部门范围内的行政管理关系的、并不得与宪法、法律和行政法规相抵触的规范性文件。其名称可以是"规定"、"办法"和"实施细则"等。目前,大量的建设法规是以部门规章的方式发布的,如住房和城乡建设部发布的《房屋建筑和市政基础设施工程质量监督管理规定》、《房屋建筑工程和市政基础设施工程竣工验收备案管理暂行办法》、《市政公用设施抗灾设防管理规定》,国家发展和改革委员会发布的《招标公告发布暂行办法》、《工程建设项目招标范围和规模标准规定》等。

6) 地方规章

省、自治区、直辖市和较大的市的人民政府,可以根据法律、行政法规和本省、自治区、直辖市的地方性法规,制定地方规章。

如《重庆市建设工程造价管理规定》《安徽省建设工程造价管理办法》《宁夏回族自治区建设工程造价管理条例》《宁波市建设工程造价管理办法》等。

7) 国际条约与惯例

国际惯例是指在国际实践中反复使用形成的、具有固定内容的、如为一国所承认或当事人采用,就对其具有约束力的一种习惯做法或常例。在建设活动中,最常见的国际惯例是 FIDIC 条款,我国很多合同范本参照了该条款。

2. 法的效力层级

法的效力层级,是指法律体系中的各种法的形式,由于制定的主体、程序、时间、适用范围等的不同,具有不同的效力,从而形成法的效力等级体系。

(1) 宪法至上。

宪法是具有最高法律效力的根本大法,具有最高的法律效力。宪法作为根本法和母法,还是其他立法活动的最高法律依据。任何法律、法规都必须遵循宪法而不能违背宪法的基本准则。

(2) 上位法优于下位法。

在我国法律体系中,法律的效力是仅次于宪法而高于其他法的形式。行政法规的法律地位和法律效力仅次于宪法和法律,高于地方性法规和部门规章。地方性法规的效力,高于本级和下级地方政府规章。省、自治区人民政府制定的规章的效力,高于本行政区域内的较大的市人民政府制定的规章。

(3) 特别法优于一般法。

特别法优于一般法,是指公法权力主体在实施公权力行为中,当一般规定与特别规定不一致时,优先适用特别规定。《立法法》规定,同一机关制定的法律、行政法规、地方性法规、自治条例和单行条例、规章,特别规定与一般规定不一致的,适用特别规定。

(4) 新法优于旧法。

(5) 需要由有关机关裁决适用的特殊情况。

地方性法规、规章之间不一致时,由有关机关依照规定的权限作出裁决。

(6) 备案和审查。

行政法规、地方性法规、自治条例和单行条例、规章应当在公布后的 30 日内,依照《立法法》的规定报有关机关备案。

三、建设法规及其法律地位

1. 建设法规的定义和调整对象

建设法规是指国家权力机关或其授权的行政机关制定的旨在调整国家及其有关机构、企事业单位、社会团体、公民之间在建设活动中或建设行政管理活动中发生的各种社会关系的法律规范的统称。作为法律体系的重要组成部分,它直接体现国家组织、管理、协调城乡建设、工程建设、建筑业、房地产业、市政公用事业等各项建设活动的方针、政策和基本原则。

建设法规的调整对象是在建设活动中所发生的各种社会关系,包括建设活动中所发生的行政管理关系、经济协作关系以及相关的民事关系。

建设法规的作用体现在:

(1) 规范指导建设行为。人们的各种具体行为必须遵循一定的准则进行。从事各种具体的建设活动所应遵循的行为规范即建设法律规范。

(2) 保护合法建设行为。

(3) 惩罚违法建设行为。

2. 建设法规的法律地位

建设法规在整个法律体系中到底属于哪个部门法及所处的层次。由建设法规调整的三种社会关系可以看出,建设法规与所有的法律部门都有一定的关系,比较重要的是与行政法、民法商法、社会法的关系。所以,很难将建设法规具体划分到哪一个部门法。

3. 建设法规体系及其构成

建设法规体系,是指把已经制定和需要制定的建设法律、建设行政法规和住建部门规章等衔接起来,形成的一个相互联系、相互补充、相互协调的完整统一的体系。广义的建设法规体系,除国家法规、部门规章外,还包括地方建设法规和地方建设规章。我国建设法规体系采用的是梯形结构。目前,根据《中华人民共和国立法法》有关立法权限的规定,我国建设法规体系由五个层次组成:建设法律、建设行政法规、住建部门规章、地方性建设法规、地方建设规章。其中建设法律的法律效力最高,越往下法律效力越低。法律效力低的建设法规不得与比其法律效力高的建设法规相抵触,否则,其相应规定将视为无效。

1.2 工程建设中的民事法律关系

一、民事法律关系的概念

民事法律关系是由民法规范调整的以权利义务为内容的社会关系,包括人身关系和财产关系。

二、民事法律关系的构成要素

民事法律关系包括主体、客体、内容三个要素。其中任何一个要素要是发生了变化,就必然导致这个特定的法律关系发生变化。

(一)民事法律关系主体

民事法律关系主体是指在民事法律关系中享受权利、承担义务的当事人和参与者,包括自然人、法人和其他组织。

1. 自然人

自然人不仅包括我国公民,也包括外国人和无国籍人。自然人作为民事法律关系主体的一种,是否通过自己的行为取得权利、承担义务,取决于其是否具有民事行为能力。民事行为能力指民事主体通过自己的行为取得民事权利、承担民事义务的资格,分为完全民事行为能力、限制民事行为能力和无民事行为能力三种。

1) 完全民事行为能力

《民法通则》第11条规定:18周岁以上的公民是成年人,具有完全民事行为能力,可以独立进行民事活动,是完全民事行为能力人。16周岁以上不满18周岁的公民,以自己的劳动收入为主要生活来源的,视为完全民事行为能力人。

2) 限制民事行为能力

《民法通则》第12条第1款规定:10周岁以上的未成年人是限制民事行为能力人,可以进行与他的年龄、智力相适应的民事活动;其他民事活动由他的法定代理人代理,或者征得他的法定代理人的同意。《民法通则》第13条第2款规定:不能完全辨认自己行为的精神病人是限制民事行为能力人,可以进行与他的精神健康状况相适应的民事活动;其他民事活动由他的法定代理人代理,或者征得他的法定代理人的同意。

3) 无民事行为能力

《民法通则》第12条第2款规定:不满十周岁的未成年人是无民事行为能力人,由他的法定代理人代理民事活动。《民法通则》第13条第1款规定:不能辨认自己行为的精神病人是无民事行为能力人,由他的法定代理人代理民事活动。

《民法通则》第133条第1款规定:"无民事行为能力人、限制民事行为能力人造成他人损害的,由监护人承担民事责任。监护人尽了监护责任的,可以适当减轻他的民事责任。"第2款规定:"有财产的无民事行为能力人、限制民事行为能力人造成他人损害的,从本人财产中支付赔偿费用。不足部分,由监护人适当赔偿,但单位担任监护人的除外。"

2. 法人

《民法通则》规定,法人是具有民事权利能力和民事行为能力,依法独立享有民事权利和承担民事义务的组织。法人应当具备四个条件:

(1) 依法成立;

(2) 有必要的财产或者经费;

(3) 有自己的名称、组织机构和场所;

(4) 能够独立承担民事责任。

《民法通则》把法人分为企业法人和非企业法人两大类。企业法人是指以营利为目的的法人,非企业法人是指不直接从事生产和经营活动的法人,非企业法人包括行政法人、事业法人、社团法人。企业法人分立、合并,其权利和义务由变更后的法人享有和承担。

法人是建设工程中的基本主体,在建设工程中,施工单位、勘察设计单位、监理单位都是具有法人资格的组织,建设单位一般也应当具有法人资格。但有时候,建设单位也可能是没有法人资格的其他组织。法人在建设工程中的地位,表现在其具有民事权利能力和民事行为能力,依法独立享有民事权利和承担民事义务,方能承担民事责任。在法人制度产生以前,只有自然人才具有民事权利能力和民事行为能力。随着社会生产活动的扩大和专业化水平的提高,许多社会活动必须由自然人合作完成。法人是社会组织在法律上的人格化,是法律意义上的"人",而不是实实在在的生命体。

法人制度有利于企业或者事业单位根据市场经济的客观要求,打破地区、部门和所有制的界限,发展各种形式的横向经济联合,在平等、自愿、互利的基础上建立起新的经济实体。实行法人制度,一方面可以保证企业在民事活动中以独立的"人格"享有平等的法律地位,不再受来自行政主管部门的不适当干涉;另一方面使作为法人的企业也不得以自己的某种优势去干涉其他法人的经济活动,或者进行不等价的交换。这样,可以使企业发挥各自优势,进行正当竞争,按照社会化大生产的要求,加快市场经济的发展。

企业法人与项目经理部的法律关系:项目经理部不具备法人资格,而是施工企业根据建设工程施工项目而组建的非常设的下属机构。项目经理(建造师)根据企业法人的授权,组织和领导本项目经理部的全面工作。施工企业的项目经理(建造师),是受企业法人的委派,对建设工程施工项目全面负责的项目管理者,是一种施工企业内部的岗位职务。建设工程项目上的生产经营活动,必须在企业制度的制约下运行;其质量、安全、技术等活动,须接受企业相关职能部门的指导和监督。推行项目经理责任制,绝不意味着可以搞"以包代管"。过分强调建设工程项目承包的自主权、过度下放管理权限,将会削弱施工企业的整体管理能力,给施工企业带来诸多经营风险。

由于项目经理部不具备独立的法人资格,无法独立承担民事责任。所以,项目经理部行为的法律后果将由企业法人承担。例如:项目经理部没有按照合同约定完成施工任务,则应由施工企业承担违约责任;项目经理签字的材料款,如果不按时支付,材料供应商应当以施工企业为被告提起诉讼。

3. 其他组织

法人以外的其他组织也可以成为民事法律关系的主体。其他组织是指合法成立、有一定的组织机构和财产,但又不具备法人资格的组织。较为常见的主要有:法人依法设立并领取营业执照的分支机构、依法登记领取营业执照的私营或合伙组织、依法登记领取我国营业执照的中外合作经营企业或外资企业等。

(二)民事法律关系客体

民事法律关系客体是指民事法律关系之间权利和义务所指向的对象,包括财、物、行为、非物质财富。在一个特定的法律关系中往往会存在多个不同的客体。

(三)民事法律关系内容

民事法律关系内容是指民事主体之间基于民事法律关系客体所形成的民事权利和民事义务。

三、法律关系的产生、变更和消灭

法律关系的产生,是指法律关系的主体之间形成了一定的权利和义务关系。法律关系的变更,是指法律关系的三个要素发生变化。法律关系的消灭是指法律关系主体之间的权利义务不复存在,彼此丧失了约束力,包括自然消灭、协议消灭、违约消灭。

案例 1-1

某建筑公司(施工单位)与某房地产开发公司(建设单位)签订了一个施工承包合同,由建筑公司承建一栋20层的办公楼。合同中约定开工日期为2008年4月8日,竣工日期为2009年8月8日,每月26日,按照当月所完成的工程量,开发公司向建筑公司支付工程进度款。

1. 问题

(1) 这个法律关系的构成要素有哪些?

2. 分析

主体:建筑公司、开发公司

客体:办公楼、工程款

内容:建筑公司按期开工、竣工并提交合格工程;开发公司按合同约定支付工程进度款。

1.3 建设工程代理制度

在建设工程活动中,通过代理实施民事法律行为的情形较为常见。因此,了解和熟悉有关代理的基本法律知识是十分必要的。

一、代理的法律特征和主要种类

《民法通则》规定，公民、法人可以通过代理人实施民事法律行为。代理人在代理权限内，以被代理人的名义实施民事法律行为。被代理人对代理人的代理行为，承担民事责任。

所谓代理，是指代理人在被授予的代理权限范围内，以被代理人的名义与第三人实施法律行为，而行为后果由该被代理人承担的法律制度。代理涉及三方当事人，即被代理人、代理人和代理关系所涉及的第三人。

1. 代理的法律特征

代理具有如下的法律特征：
(1) 代理人必须在代理权限范围内实施代理行为；
(2) 代理人应该以被代理人的名义实施代理行为；
(3) 代理行为必须是具有法律意义的行为；
(4) 代理行为的法律后果归属于被代理人。

2. 代理的主要种类

代理包括委托代理、法定代理和指定代理。

1) 委托代理

委托代理按照被代理人的委托行使代理权。

2) 法定代理

法定代理是指根据法律的规定而发生的代理。例如，《民法通则》规定，无民事行为能力人、限制民事行为能力人的监护人是他的法定代理人。

3) 指定代理

指定代理是根据人民法院或有关单位的指定而发生的代理，常发生在诉讼中。

二、建设工程代理行为的设立和终止

1. 建设工程代理行为的设立

1) 不得委托代理的建设工程活动

《民法通则》规定，依照法律规定或者按照双方当事人约定，应当由本人实施的民事法律行为，不得代理。

建设工程的承包活动不得委托代理。《建筑法》规定，禁止承包单位将其承包的全部建筑工程转包给他人，禁止承包单位将其承包的全部建筑工程肢解以后以分包的名义分别转包给他人。施工总承包的，建筑工程主体结构的施工必须由总承包单位自行完成。

2) 须取得法定资格方可从事的建设工程代理行为

一般的代理行为可以由自然人、法人担任代理人，对其资格并无法定的严格要求。

但是，某些建设工程代理行为必须由具有法定资格的组织实施。如《招标投标法》规定，招标代理机构是依法设立、从事招标代理业务并提供相关服务的社会中介组织。招标代理机构应当具备下列条件：①有从事招标代理业务的营业场所和相应资金；②有能够编制招标文件和组织评标的相应专业力量；③有符合本法第三十七条第二款规定条件、可以作为评标委员会成员人选的技术、经济等方面的专家库。《招标投标法》还规定,从事工程建设项目招标代理业务的招标代理机构,其资格由国务院或者省、自治区、直辖市人民政府的建设行政主管部门认定。

2. 建设工程代理行为的终止

《民法通则》规定,有下列情形之一的,委托代理终止:①代理期间届满或者代理事务完成;②被代理人取消委托或者代理人辞去委托;③代理人死亡;④代理人丧失民事行为能力;⑤作为被代理人或者代理人的法人终止。

建设工程代理行为的终止,主要是第①、②、⑤三种情况。

三、代理人和被代理人的权利、义务及法律责任

1. 代理人在代理权限内以被代理人的名义实施代理行为

《民法通则》规定,代理人在代理权限内,以被代理人的名义实施民事法律行为。被代理人对代理人的代理行为,承担民事责任。

2. 转托他人代理应当事先取得被代理人的同意

《民法通则》规定,委托代理人为被代理人的利益需要转托他人代理的,应当事先取得被代理人的同意。事先没有取得被代理人同意的,应当在事后及时告诉被代理人,如果被代理人不同意,由代理人对自己所转托的人的行为负民事责任,但在紧急情况下,为了保护被代理人的利益而转托他人代理的除外。

代理人为处理代理事务,为被代理人选任其他人进行代理被称为复代理。复代理所基于的代理称为本代理,由本代理中的代理人转托的代理人称为复代理人。

3. 无权代理与表见代理

《民法通则》规定,没有代理权、超越代理权或者代理权终止后的行为,只有经过被代理人的追认,被代理人才承担民事责任。未经追认的行为,由行为人承担民事责任。本人知道他人以本人名义实施民事行为而不作否认表示的,视为同意。

表见代理是指行为人虽无权代理,但由于行为人的某些行为,造成了足以使善意第三人相信其有代理权的表象,而与善意第三人进行的、由本人承担法律后果的代理行为。

4. 不当或违法行为应承担的法律责任

1) 委托书授权不明应承担的法律责任

委托书授权不明的,被代理人应当向第三人承担民事责任,代理人负连带责任。

2) 损害被代理人利益应承担的法律责任

代理人不履行职责而给被代理人造成损害的,应当承担民事责任。代理人和第三人串通,损害被代理人的利益的,由代理人和第三人负连带责任。

3) 第三人故意行为应承担的法律责任

第三人知道行为人没有代理权、超越代理权,或者代理权已终止还与行为人实施民事行为给他人造成损害的,由第三人和行为人负连带责任。

4) 违法代理行为应承担的法律责任

代理人知道被委托代理的事项违法仍然进行代理活动的,或者被代理人知道代理人的代理行为违法不表示反对的,由被代理人和代理人负连带责任。

案例 1-2

赵某是某监理公司派出的监理人员,由于工作需要,赵某需长年住在施工单位,长时间的接触使得赵某和施工单位的人员建立起了很好的私人关系。一天,施工单位主要负责人找到了赵某,向赵某述说了目前的困难,原来施工项目中正在施工的沥青混凝土面层,由于当地不生产碱性石料,导致进度迟缓,负责人希望能用部分酸性石料代替使用。赵某很清楚拌制沥青混凝土不可以使用酸性石料,但碍于双方的关系并考虑工程进度,同意了这个要求。后来,出现了沥青和石料的剥离现象,不得不进行大面积返工,给建设单位造成了巨大损失。为此,建设单位要求监理公司予以赔偿。

1. 问题

(1) 分析案例中的代理关系?

(2) 建设单位要求监理公司予以赔偿是否合理?

2. 分析

(1) 工程监理单位接受建设单位的委托,代表建设单位进行项目管理。工程监理单位就是建设单位的代理人,赵某是监理公司派出的监理人员,工程监理单位应为其行为负责。

(2) 根据代理人和被代理人的权利、义务及法律责任的第4点第2小点:代理人不履行职责而给被代理人造成损害的,应当承担民事责任。代理人和第三人串通,损害被代理人的利益的,由代理人和第三人负连带责任。赵某与施工单位串通,为施工单位谋取非法利益,工程监理单位和施工单位要为此承担连带责任。因此建设单位要求监理公司予以赔偿是合理的要求。

案例 1-3

王某开有一家对外租赁建筑机械的公司,2008年3月8日,王某委托李某去购买一台压路机,李某在购买机器过程中,王某在等待中由于心脏病突发而死亡。由于王某在死亡三天后其儿子才发现,此时,李某已经购买了王某委托购买的压路机。李某回到王某家中向王某儿子说明了此事。但王某儿子不予认可,认为其父亲已经于签订购买合同之前就去世了,要李某自行为购买压路机负责。

1. 问题

(1) 王某的儿子的说法正确吗?

2. 分析

这种说法是不正确的。

《民法通则》中仅规定了代理人死亡会导致委托代理的终止,而没有规定被代理人死亡也会导致委托代理的终止。事实上,被代理人死亡不一定导致委托代理的终止。最高院规定了几种情况下,被代理人死亡后,委托代理人实施的代理行为有效。在被代理人死亡前已经进行,而在被代理人死亡后为了被代理人利益几乎完成的,或代理人不知道被代理人死亡的其代理行为有效。李某不知王某已经死亡,故其代理行为依然是有效的,其发生费用由王某所遗留的遗产中付。

1.4 建设工程物权制度

《物权法》是规范财产关系的民事基本法律。其立法目的是维护国家基本经济制度,维护社会主义市场经济秩序,明确物的归属,发挥物的效用,保护权利人的物权。

物权是一项基本民事权利,也是大多数经济活动的基础和目的。在建设工程活动中涉及的许多权利都是源于物权。建设单位对建设工程项目的权利来自物权中最基本的权利——所有权,施工单位的施工活动是为了形成《物权法》意义上的物——建设工程。

一、物权的法律特征和主要种类

1. 物权的法律特征

《物权法》规定,本法所称物权,是指权利人依法对特定的物享有直接支配和排他的权利,包括所有权、用益物权和担保物权。

物权具有以下特征。

1) 物权是支配权

物权是权利人直接支配的权利,即物权人可以依自己的意志就标的物直接行使权利,无须他人的意思表示或义务人的行为介入。

2) 物权是绝对权

物权的权利人可以对抗一切不特定的人。物权的权利人是特定的,义务人是不特定的,且义务内容是不作为。

3) 物权是财产权

物权是一种具有物质内容的、直接体现为财产利益的权利。财产利益包括对物的利用、物的归属和就物的价值设立的担保。

4) 物权具有排他性

物权人有权排除他人对于他行使物权的干涉,而且同一物上不许有内容不相容的物权并存,即"一物一权"。

2. 物权的种类

物权包括所有权、用益物权和担保物权。

1) 所有权

所有权是所有人依法对自己财产(包括不动产和动产)所享有的占有、使用、收益和处分的权利。

2) 用益物权

用益物权是权利人对他人所有的不动产或者动产,依法享有占有、使用和收益的权利。用益物权包括土地承包经营权、建设用地使用权、宅基地使用权和地役权。

3) 担保物权

担保物权是权利人在债务人不履行到期债务或者发生当事人约定的实现担保物权的情形,依法享有就担保财产优先受偿的权利。债权人在借贷、买卖等民事活动中,为保障实现其债权,需要担保的,可以依照《物权法》和其他法律的规定设立担保物权。

二、土地所有权,建设用地使用权和地役权

建设工程与土地关系密切。

1. 土地所有权

土地所有权是国家或农民集体依法对归其所有的土地所享有的具有支配性和绝对性的权

利。我国实行土地的社会主义公有制,即全民所有制和劳动群众集体所有制。

全民所有即国家所有土地的所有权由国务院代表国家行使。农民集体所有的土地由本集体经济组织的成员承包经营,从事种植业、林业、畜牧业、渔业生产。耕地承包经营期限为30年。

国家实行土地用途管制制度。国家编制土地利用总体规划,规定土地用途,将土地分为农用地、建设用地和未利用地。严格限制农用地转为建设用地,控制建设用地总量,对耕地实行特殊保护。

城市市区的土地属于国家所有。农村和城市郊区的土地,除由法律规定属于国家所有的以外,属于农民集体所有;宅基地和自留地、自留山,属于农民集体所有。

2. 建设用地使用权

1) 建设用地使用权的概念

建设用地使用权是因建造建筑物、构筑物及其附属设施而使用国家所有的土地的权利。建设用地使用权只能存在于国家所有的土地上,不包括集体所有的农村土地。

2) 建设用地使用权的设立

建设用地使用权可以在土地的地表、地上或者地下分别设立。新设立的建设用地使用权,不得损害已设立的用益物权。

设立建设用地使用权,可以采取出让或者划拨等方式。工业、商业、旅游、娱乐和商品住宅等经营性用地,以及同一土地有两个以上意向用地者的,应当采取招标、拍卖等公开竞价的方式出让。

设立建设用地使用权的,应当向登记机构申请建设用地使用权登记。建设用地使用权自登记时设立。

3) 建设用地使用权的流转、续期和消灭

建设用地使用权人有权将建设用地使用权转让、互换、出资、赠与或者抵押,但法律另有规定的除外。建设用地使用权人将建设用地使用权转让、互换、出资、赠与或者抵押,应当符合以下规定。①当事人应当采取书面形式订立相应的合同。使用期限由当事人约定,但不得超过建设用地使用权的剩余期限。②应当向登记机构申请变更登记。③附着于该土地上的建筑物、构筑物及其附属设施一并处分。

住宅建设用地使用权期限届满的,自动续期。

4) 集体土地使用权流转的现状

按照《宪法》《土地承包法》和《物权法》的规定,农用地要转化成城市非农用地必须经过政府当局对农村土地进行征收,先将土地由农村集体所有转化为国家所有,然后由政府再将国有土地的使用权转让给城市的土地使用者。这样,政府就成为城乡之间土地流转的唯一中介,征收成为农地实现流转的唯一合法形式。

3. 地役权

地役权是为使用自己不动产的便利和提高其效益而按合同约定利用他人不动产的权利。他人的不动产为供役地,自己的不动产为需役地。

设立地役权,当事人应当采取书面形式订立地役权合同。地役权合同一般包括下列条款:①当事人的姓名或者名称和住所;②供役地和需役地的位置;③利用目的和方法;④利用期限;

⑤费用及其支付方式;⑥解决争议的方法。地役权自地役权合同生效时设立。当事人要求登记的,可以向登记机构申请地役权登记;未经登记,不得对抗善意第三人。

土地上已设立土地承包经营权、建设用地使用权、宅基地使用权等权利的,未经用益物权人同意,土地所有权人不得设立地役权。

三、物权的设立、变更、转让、消灭和保护

1. 不动产物权的设立、变更、转让、消灭

不动产物权的设立、变更、转让和消灭,应当依照法律规定登记,经依法登记,自记载于不动产登记簿时发生效力。未经登记,不发生效力,但法律另有规定的除外。依法属于国家所有的自然资源,所有权可以不登记。不动产登记,由不动产所在地的登记机构办理。未办理物权登记的,不影响合同效力。

2. 动产物权的设立和转让

动产物权以占有和交付为公示手段。动产物权的设立和转让,应当依照法律规定交付。动产物权的设立和转让,自交付时发生效力,但法律另有规定的除外。船舶、航空器和机动车等物权的设立、变更、转让和消灭,未经登记,不得对抗善意第三人。

3. 物权的保护

因物权的归属、内容发生争议的,利害关系人可以请求确认权利。无权占有不动产或者动产的,权利人可以请求返还原物。妨害物权或者可能妨害物权的,权利人可以请求排除妨害或者消除危险。造成不动产或者动产毁损的,权利人可以请求修理、重作、更换或者恢复原状。侵害物权,造成权利人损害的,权利人可以请求损害赔偿,也可以请求承担其他民事责任。对于物权保护方式,可以单独适用,也可以根据权利被侵害的情形合并适用。

案例 1-4

1. 背景

某实业有限公司与某县土地管理局于 2008 年 3 月 18 日订立《工业开发及用地出让合同》,约定该实业有限公司在取得土地使用证后 1 个月内将进行工业项目开工建设等相关事项。之后,县土地管理局依合同约定将土地交付给该实业有限公司使用。该实业有限公司对土地进行平整等工作,支付相关费用 78 万。2008 年 6 月 16 日,县土地管理局以改变土地规划为由,要求该实业有限公司退回土地使用权。此时,尚未完成土地使用权登记。县土地管理局认为由于尚未进行土地使用权登记,合同还没有生效。该实业有限公司则向法院提起诉讼,要求继续履行合同,办理建设用地使用权登记手续。

2. 问题

(1) 双方订立的合同是否生效?
(2) 原告的建设用地使用权是否已经设立?
(3) 纠纷应当如何解决?

3. 分析

(1) 双方订立的《工业开发及用地出让合同》应当已经生效。因为,办理建设用地使用权登记,并不是合同生效的前提。一般情况下,书面合同自当事人签字或者盖章时生效,除非当事人另行约定了生效条件。

(2) 该实业有限公司(以下简称原告)的建设用地使用权尚未设立。因为,按照《物权法》的规定,建设用地使用权自登记时设立。由于双方尚未完成土地使用权登记,因此原告的建设用地使用权尚未设立。

(3) 如果土地规划确实改变,县土地管理局(以下简称被告)可以要求原告按照新的规划要求使用土地。如果原告不能按照新规划要求使用土地,原告有权要求解除合同,被告应当赔偿原告的损失。如果原告可以按照新规划要求使用土地,原告有权要求继续履行合同,被告应当为其办理建设用地使用权登记手续。

1.5 建设工程债权制度

在建设工程活动中,经常会遇到一些债权债务的问题。因此,学习有关债权的基本法律知识,有助于在实践中防范债务风险。

一、债的基本法律关系

债是特定当事人之间的法律关系。债权人只能向特定的人主张自己的权利,债务人也只需向享有该项权利的特定人履行义务,即债的相对性。

债权与物权不同,物权是绝对权,而债权是相对权。债务是根据当事人的约定或者法律规定,债务人所负担的应为特定行为的义务。

二、建设工程债的发生根据

建设工程债发生的根据有合同、侵权、无因管理和不当得利。

1. 合同

在当事人之间因产生了合同法律关系,也就是产生了权利义务关系,便设立了债的关系。任何合同关系的设立,都会在当事人之间发生债权债务的关系。合同引起债的关系,是债发生的最主要、最普遍的依据。合同产生的债被称为合同之债。

2. 侵权

侵权,是指公民或法人没有法律依据而侵害他人的财产权利或人身权利的行为。侵权行为一经发生,即在侵权行为人和被侵权人之间形成债的关系。在建设工程活动中,也常会产生侵权之债。如施工现场的施工噪声,有可能产生侵权之债。

《中华人民共和国侵权责任法》(以下简称《侵权责任法》)规定,建筑物、构筑物或者其他设施及其搁置物、悬挂物发生脱落、坠落造成他人损害,所有人、管理人或者使用人不能证明自己没有过错的,应当承担侵权责任。所有人、管理人或者使用人赔偿后,有其他责任人的,有权向其他责任人追偿。

建筑物、构筑物或者其他设施倒塌造成他人损害的,由建设单位与施工单位承担连带责任。

3. 无因管理

无因管理,是指管理人员和服务人员没有法律上的特定义务,也没有受到他人委托,自觉为他人管理事务或提供服务。无因管理在管理人员或服务人员与受益人之间形成了债的关系。

无因管理产生的债被称为无因管理之债。

4. 不当得利

不当得利,是指没有法律上或者合同上的依据,有损于他人利益而自身取得利益的行为。由于不当得利造成他人利益的损害,因此在得利者与受害者之间形成债的关系。得利者应当将所得的不当利益返还给受损失的人。不当得利产生的债被称为不当得利之债。

三、建设工程债的常见种类

1. 施工合同债

施工合同债是发生在建设单位和施工单位之间的债。

2. 买卖合同债

在建设工程活动中,会产生大量的买卖合同,主要是材料、设备买卖合同。材料、设备的买方有可能是建设单位,也可能是施工单位。他们会与材料设备供应商产生债。

3. 侵权之债

在侵权之债中,最常见的是施工单位的施工活动产生的侵权。如施工噪声或者废水废弃物排放等,可能对工地附近的居民构成侵权。此时,居民是债权人,施工单位或者建设单位是债务人。

案例 1-5

1. 背景

某施工项目在施工过程中,施工单位与A材料供应商订立了材料买卖合同,但施工单位误将应支付给A材料供应商的货款支付给了B材料供应商。

2. 问题

(1) B材料供应商是否应当返还材料款,应当返还给谁,为什么?

(2) 如果B材料供应商拒绝返还材料款,A材料供应商应当如何保护自己的权利,为什么?

3. 分析

(1) B材料供应商应当返还材料款,其材料款应当返还给施工单位。因为,B材料供应商获得的这一材料款,没有法律上或者合同上的依据,且有损于他人利益而自身取得利益,属于债的一种,即不当得利之债,应当返还。这一债是建立在施工单位与B材料供应商之间的,故应当返还给施工单位。

(2) A材料供应商应当向施工单位要求支付材料款来保护自己的权利。因为,由于施工单位误将应支付给A材料供应商的货款支付给了B材料供应商,意味着施工单位没有完成应当向A材料供应商付款的义务。但是,B材料供应商与A材料供应商之间并无债权债务关系。因此,A材料供应商无权向B材料供应商主张权利。

1.6 建设工程知识产权制度

一、知识产权的基本类型

知识产权是权利人对其创造的智力成果依法享有的权利。按照《民法通则》的规定,我国的知识产权包括著作权（版权）、专利权、商标专用权、发现权、发明权，以及其他科技成果权。其中，前三类权利构成了我国知识产权的主体，在建设工程活动中也主要涉及这三种知识产权。

二、建设工程知识产权的常见种类

1. 专利权

1）专利法保护的对象

专利法保护的对象就是专利权的客体，各国规定各不相同。《中华人民共和国专利法》（以下简称《专利法》）保护的是发明创造专利权，并规定发明创造是指发明、实用新型和外观设计。

（1）发明。《专利法》规定，发明是指产品、方法或者其改进所提出的新的技术方案。这是专利权保护的最主要对象。发明应当具备以下条件：①必须是一种能够解决特定技术问题作出的创造性构思；②必须是具体的技术方案；③必须是利用自然规律的结果。

（2）实用新型。实用新型被称为"小发明"。我国实用新型保护的客体必须具有一定的形状或者结构，或者两者的结合。如果是方法，不能获得实用新型专利。即使是产品，如果没有固定的形状或者是材料本身，也不能成为实用新型的客体。

（3）外观设计。外观设计必须具备以下条件：①是形状、图案、色彩或者其结合的设计；②是对产品的外表所作的设计；③具有美感；④是适合于工业上应用的新设计。

2）授予专利权的条件

授予发明和实用新型专利权的条件：授予专利权的发明和实用新型，应当具备新颖性、创造性和实用性。

3）专利权人的权利和专利权的期限

（1）专利权人的权利。发明和实用新型专利权被授予后，除《专利法》另有规定的以外，任何单位或者个人未经专利权人许可，都不得实施其专利，即不得为生产经营目的制造、使用、许诺销售、销售、进口其专利产品，或者使用其专利方法，以及使用、许诺销售、销售、进口依照该专利方法直接获得的产品。

（2）专利权的期限。发明专利权的期限为20年，实用新型专利权和外观设计专利权的期限为10年，均自申请日起计算。

4）专利的申请和审批

（1）专利申请日。国务院专利行政主管部门收到专利申请文件之日为申请日。如果申请文件是邮寄的，以寄出的邮戳日为申请日。

（2）专利审批制度。①初步审查和公布申请。②实质审查。发明专利申请自申请日起3年内，国务院专利行政主管部门可以根据申请人随时提出的请求，对其申请进行实质审查。③专利权的授予。发明专利权、实用新型专利权和外观设计专利权自公告之日起生效。

2. 商标专用权

1）商标的概念

商标是指企业、事业单位和个体商业者，为了使其生产经营的商品或者提供的服务项目有别于他人的商品或者服务项目，用具有显著特征的文字、图形、字母、数字、三维标志和颜色，以及上述要素的组合来表示的标志。商标可以分为商品商标和服务商标两大类。

2) 商标专用权的内容及保护对象

商标专用权是指商标所有人对注册商标所享有的具体权利。同其他知识产权不同,商标专用权的内容只包括财产权,商标设计者的人身权受著作权法保护。

商标专用权的保护对象是经过国家商标管理机关核准注册的商标,未经核准注册的商标不受商标法保护。使用注册商标应当标明"注册商标"或者注册标记。商标必须使用文字、图形或者其组合作为表现形式,并应当具备显著特征,便于人们识别。

3) 商标注册的申请、审查和批准

(1) 商标注册的申请。申请商标注册的,应当向商标局提交《商标注册申请书》1份、商标图样 5 份、黑白墨稿 1 份,并按照规定的商品分类填报使用商标的商品类别和商品名称。

(2) 商标注册的审查和批准。①初步审定和公告。②异议程序。③核准注册。

4) 注册商标的续展、转让和使用许可

注册商标有效期为 10 年,自核准注册之日起计算。

3．著作权

1) 著作权的概念

著作权是指作者及其他著作权人依法对文学、艺术和科学作品所享有的专有权。在我国,著作权等同于版权。

2) 建设工程活动中常见的著作权作品

著作权保护的客体是作品,在建设工程活动中,会产生许多具有著作权的作品。

(1) 文字作品。对于施工单位而言,施工单位编制的投标文件等文字作品、项目经理完成的工作报告等,都会享有著作权。建设单位编制的招标文件等文字作品也享有著作权。

(2) 建筑作品。建筑作品,是指以建筑物或者构筑物形式表现的有审美意义的作品。

(3) 图形作品。图形作品,是指为施工、生产绘制的工程设计图、产品设计图,以及反映地理现象、说明事物原理或者结构的地图、示意图等作品。

3) 著作权主体

著作权的主体是指在文学、艺术、科学等领域创作出作品的作者及其他享有著作权的公民、法人或者其他组织。在特定情况下,国家也可以成为著作权的主体。

在建设工程活动中,有许多作品属于单位作品。由法人或者其他组织主持,代表法人或者其他组织意志创作,并由法人或者其他组织承担责任的作品,法人或者其他组织视为作者。如招标文件、投标文件,往往就是单位作品。单位作品的著作权完全归单位所有。

在建设工程活动中,有些作品属于职务作品。公民为完成法人或者其他组织工作任务所创作的作品是职务作品。职务作品与单位作品在形式上的区别在于:单位作品的作者是单位,而职务作品的作者是公民个人。

在建设工程活动中,有些作品属于委托作品。一般情况下,勘察设计文件都是勘察设计单位接受建设单位委托创作的委托作品。受委托创作的作品,著作权的归属由委托人和受托人通过合同约定。合同未作明确约定或者没有订立合同的,著作权属于受托人。

4) 著作权的保护期

著作权的保护期因权利内容及主体的不同而有所不同:①作者的署名权、修改权、保护作品完整权的保护期不受限制;②公民的作品,其发表权、使用权和获得报酬权的保护期,为作者终生及其死后 50 年,如果是合作作品,截止于最后死亡的作者死亡后第 50 年的 12 月 31 日;③法人或者其他组织的作品、著作权(署名权除外)由法人或者其他组织享有的职务作品,其发表权、使用权和获得报酬权的保护期为50年,截止于作品首次发表后第50年的12月31日,但作品自创作完成后50年内未发表的,不再受著作权法保护。

4. 计算机软件的法律保护

软件著作权属于软件开发者,《计算机软件保护条例》另有规定的除外。计算机软件著作权的保护期限:自然人的软件著作权的保护期为自然人终生及其死亡后50年。

三、建设工程知识产权的保护

建设工程知识产权发生纠纷后,由当事人协商解决;不愿协商或者协商不成的,权利人或者利害关系人可以依照《民事诉讼法》向人民法院起诉,也可以请求知识产权行政主管部门处理。

1. 建设工程专利权的保护

《专利法》规定,建设工程发明或者实用新型专利权的保护范围以其权利要求的内容为准,说明书及附图可以用于解释权利要求的内容。外观设计专利权的保护范围以表示在图片或者照片中的该产品的外观设计为准,简要说明可以用于解释图片或者照片所表示的该产品的外观设计。

专利权人或者利害关系人有证据证明他人正在实施或者即将实施侵犯专利权的行为,如不及时制止将会使其合法权益受到难以弥补的损害的,可以在起诉前向人民法院申请采取责令停止有关行为的措施。申请人提出申请时,应当提供担保;不提供担保的,驳回申请。

人民法院应当在接受申请之时起48小时内作出裁定;有特殊情况需要延长的,可以延长48小时。裁定责令停止有关行为的,应当立即执行。当事人对裁定不服的,可以申请复议一次。

2. 建设工程商标专用权的保护

《商标法》规定,注册商标的专用权,以核准注册的商标和核定使用的商品为限。有下列行为之一的,均属侵犯注册商标专用权:①未经商标注册人的许可,在同一种商品或者类似商品上使用与其注册商标相同或者近似的商标的;②销售侵犯注册商标专用权的商品的;③伪造、擅自制造他人注册商标标志或者销售伪造、擅自制造的注册商标标志的;④未经商标注册人同意,更换其注册商标并将该更换商标的商品又投入市场的;⑤给他人的注册商标专用权造成其他损害的。

四、建设工程知识产权侵权的法律责任

1. 建设工程知识产权侵权的民事责任

《侵权责任法》规定,承担侵权责任的方式主要有:①停止侵害;②排除妨碍;③消除危险;④返还财产;⑤恢复原状;⑥赔偿损失;⑦赔礼道歉;⑧消除影响、恢复名誉。以上承担侵权责任的方式,可以单独适用,也可以合并适用。

在建设工程知识产权侵权的民事责任中,最主要的还是赔偿损失。

2. 建设工程知识产权侵权的行政责任

1) 侵犯建设工程专利权的行政责任

在侵犯建设工程专利权的行为中,需要承担行政责任的主要是假冒专利,除依法承担民事责任外,应当由专利主管部门责令改正并予公告,没收违法所得,可以并处违法所得4倍以下的

罚款;没有违法所得的,可以处 20 万元以下的罚款。

2) 侵犯建设工程商标权的行政责任

(1) 使用注册商标违法的行政责任。《商标法》规定,使用注册商标,有下列行为之一的,由商标局责令限期改正或者撤销其注册商标:①自行改变注册商标的;②自行改变注册商标的注册人名义、地址或者其他注册事项的;③自行转让注册商标的;④连续 3 年停止使用的。

(2) 使用注册商标的商品生产或者销售有违法行为的行政责任。使用注册商标,其商品粗制滥造,以次充好,欺骗消费者的,由各级工商行政管理部门分别不同情况,责令限期改正,并可以予以通报或者处以罚款。

(3) 使用未注册商标违法的行政责任。使用未注册商标,有下列行为之一的,由地方工商行政管理部门予以制止,限期改正,并可以予以通报或者处以罚款:①冒充注册商标的;②使用不得作为商标的使用标志的;③粗制滥造,以次充好,欺骗消费者的。

案例 1-6

1. 背景

某建设单位委托某设计院进行一个建设工程项目的设计工作,合同中没有约定工程设计图的归属。设计院委派张某等完成了这一设计任务。该项目完成后,建设单位没有经过设计院同意,将该设计图纸用于另一类似项目。但由于地质条件的差别,工程出现质量问题,给建设单位造成了一定的损失。

2. 问题

(1) 建设单位未经设计院同意,能否将该设计图纸用于另一类似项目,为什么?

(2) 建设单位应当向设计院还是向张某等设计人员主张赔偿,这一赔偿请求能否获得支持,为什么?

3. 分析

(1) 建设单位未经设计院同意,不得将该设计图纸用于另一类似项目。该设计图纸对于设计院和建设单位而言,属于委托作品,建设单位是委托人,设计院是受托人。如果双方合同未作明确约定的,著作权属于受托人,即设计院。因此,如果建设单位要再次使用该设计图纸,应当经过设计院同意。

(2) 建设单位应当向设计院主张赔偿。因为,虽然这一设计任务是张某等设计人员完成的,但这一职务作品属于"主要是利用法人或者其他组织的物质技术条件创作,并由法人或者其他组织承担责任的工程设计图"。张某等设计人员只享有署名权,著作权的其他权利由法人或者其他组织享有。因此,建设单位应当向设计院主张赔偿。但这一赔偿请求不能获得支持。因为,建设单位将图纸使用于另一工程没有经过设计院的同意,设计院不但不用承担责任,反而有权向建设单位要求赔偿。

1.7 建设工程担保制度

一、担保与担保合同的规定

担保是指当事人根据法律规定或者双方约定,为促使债务人履行债务,实现债权人的权利的法律制度。

担保合同是主合同的从合同,主合同无效,担保合同无效。担保合同另有约定的,按照约定。担保合同被确认无效后,债务人、担保人、债权人有过错的,应当根据其过错各自承担相应的民事责任。

二、建设工程保证担保的方式和责任

《担保法》规定,担保方式为保证、抵押,质押、留置和定金。

在建设工程活动中,保证是最为常用的一种担保方式。所谓保证,是指保证人和债权人约定,当债务人不履行债务时,保证人按照约定履行债务或者承担责任的行为。具有代为清偿债务能力的法人、其他组织或者公民,可以作为保证人。但在建设工程活动中,由于担保的标的额较大,保证人往往是银行,也有信用较高的其他担保人,如担保公司。银行出具的保证通常称为保函,其他保证人出具的书面保证一般称为保证书。

1. 保证的基本法律规定

1) 保证合同

保证人与债权人应当以书面形式订立保证合同。

2) 保证方式

保证的方式有两种:①一般保证;②连带责任保证。

3) 保证人资格

具有代为清偿债务能力的法人、其他组织或者公民,可以作为保证人。

4) 保证责任

保证合同生效后,保证人就应当在合同约定的保证范围和保证期间承担保证责任。

一般保证的保证人未约定保证期间的,保证期间为主债务履行期届满之日起 6 个月。

2. 建设工程施工常用的保证种类

1) 施工投标保证金

施工投标保证金除现金外,可以是银行出具的银行保函、保兑支票、银行汇票或现金支票。

2) 施工合同履约保证金

《招标投标法》规定,招标文件要求中标人提交履约保证金的,中标人应当提供。

施工合同履约保证金,是为了保证施工合同的顺利履行而要求承包人提供的担保。施工合同履约保证金多为提供第三人的信用担保(保证),一般是由银行或者担保公司向招标人出具履约保函或者保证书。

3) 工程款支付担保

《工程建设项目施工招标投标办法》规定,招标人要求中标人提供履约保证金或其他形式履约担保的,招标人应当同时向中标人提供工程款支付担保。

工程款支付担保,是发包人向承包人提交的,保证按照合同约定支付工程款的担保,通常采用由银行出具保函的方式。

三、抵押权、质权、留置权、定金的规定

1. 抵押权

1) 抵押的法律概念

按照《担保法》《物权法》的规定,抵押是指债务人或者第三人不转移对财产的占有,将该财

产作为债权的担保。债务人不履行债务时,债权人有权依照法律规定以该财产折价或者以拍卖、变卖该财产的价款优先受偿。其中,债务人或者第三人称为抵押人,债权人称为抵押权人。

2) 抵押物

下列财产可以作为抵押物:①抵押人所有的房屋和其他地上定着物;②抵押人所有的机器、交通运输工具和其他财产;③抵押人依法有权处置的国有土地使用权、房屋和其他地上定着物;④抵押人依法有权处置的国有机器、交通运输工具和其他财产;⑤抵押人依法承包并经发包方同意抵押的荒山、荒沟、荒丘、荒滩等荒地的土地使用权;⑥依法可以抵押的其他财产。

3) 抵押的效力

抵押担保的范围包括主债权及利息、违约金损害赔偿金和实现抵押权的费用。

抵押人有义务妥善保管抵押物并保证其价值。抵押期间,抵押人转让已办理登记的抵押物,应当通知抵押权人并告知受让人转让物已经抵押的情况;否则,该转让行为无效。

4) 抵押权的实现

债务履行期届满抵押权人未受清偿的,可以与抵押人协议以抵押物折价或者以拍卖、变卖该抵押物所得的价款受偿;协议不成的,抵押权人可以向人民法院提起诉讼。抵押物折价或者拍卖、变卖后,其价款超过债权数额的部分归抵押人所有,不足部分由债务人清偿。

2. 质权

1) 质押的法律概念

按照《担保法》《物权法》的规定,质押是指债务人或者第三人将其动产移交债权人占有,将该动产或权利作为债权的担保。债务人不履行债务时,债权人有权依照法律规定以该动产或权利折价或者以拍卖、变卖该动产或权利的价款优先受偿。

2) 质押的分类

权利质押一般是将权利凭证交付质押人的担保。可以质押的权利包括:①汇票、支票、本票、债券、存款单、仓单、提单;②依法可以转让的股份、股票;③依法可以转让的商标专用权、专利权、著作权中的财产权;④依法可以质押的其他权利。

3. 留置

按照《担保法》《物权法》的规定,留置是指债权人按照合同约定占有债务人的动产,债务人不按照合同约定的期限履行债务的,债权人有权依照法律规定留置该财产,以该财产折价或者以拍卖、变卖该财产的价款优先受偿。

4. 定金

《担保法》规定,当事人可以约定一方向对方给付定金作为债权的担保。债务人履行债务后,定金应当抵作价款或者收回。给付定金的一方不履行约定债务的,无权要求返还定金;收受定金的一方不履行约定债务的,应当双倍返还定金。

定金应当以书面形式约定。当事人在定金合同中应当约定交付定金的期限。定金合同从实际交付定金之日起生效。定金的数额由当事人约定,但不得超过主合同标的额的20%。

案例1-7

1. 背景

A房地产开发公司(以下简称A公司)与B公司共同出资设立了注册资本为80万元人民

币的 C 有限责任公司(以下简称 C 公司)。A 公司的认缴出资额为 70 万元,但未到位;B 公司的认缴出资额为 10 万元人民币,已经到位。C 公司成立后与 D 银行订立了一个借款合同,借款额为 50 万元人民币,期限为 1 年,利息 5 万元。该借款合同由 E 公司作为担保人,E 公司将其一处评估价为 80 万元的土地使用权抵押给了 D 银行。C 公司在经营中亏损,借款到期后无力还款。

2. 问题

(1) D 银行能否要求 A 公司承担还款责任,为什么?

(2) D 银行能否要求 B 公司承担还款责任,为什么?

(3) D 银行能否要求 C 公司承担还款责任,为什么?

(4) D 银行能否要求 E 公司承担还款责任,为什么?

3. 分析

(1) 可以要求 A 公司承担还款责任。因为,A 公司的注册资金没有到位,应当在认缴出资额的范围内对 C 公司的债务承担连带责任。按照《公司法》第 3 条规定:有限责任公司的股东以其认缴的出资额为限对公司承担责任。A 公司是 C 公司的股东,认缴的出资额为 70 万,但没有到位,D 银行有权要求 A 公司在 70 万元限额内承担还款责任。

(2) 不能要求 B 公司承担还款责任。因为,按照《公司法》第 3 条规定,"有限责任公司的股东以其认缴的出资额为限对公司承担责任。"B 公司认缴的出资已经到位,B 公司以其认缴的出资额为限对 C 公司的债务承担责任。

(3) 可以要求 C 公司承担还款责任。因为,D 银行与 C 公司存在合同关系,C 公司是债务人。《民法通则》第 84 条规定,"债权人有权要求债务人按照合同的约定或者依照法律的规定履行义务。"

(4) 不能要求 E 公司承担还款责任。E 公司作为抵押人而不是债务人,D 银行只能要求处分抵押物,无权要求 E 公司承担连带责任。《担保法》第 33 条规定:债务人不履行债务时,债权人有权依照本法规定以该财产折价或者以拍卖、变卖该财产的价款优先受偿。第 53 条规定:抵押物折价或者拍卖、变卖后,其价款超过债权数额的部分归抵押人所有,不足部分由债务人清偿。因此,当抵押物价款低于担保的数额时,债权人只能向债务人主张债权。

1.8 建设工程保险制度

一、保险与保险索赔的规定

1. 保险概述

1) 保险的法律概念

《中华人民共和国保险法》(以下简称《保险法》)规定,保险是指投保人根据合同约定,向保险人支付保险费,保险人对于合同约定的可能发生的事故因其发生所造成的财产损失承担赔偿保险金责任,或者当被保险人死亡、伤残、疾病或者达到合同约定的年龄、期限等条件时承担给付保险金责任的商业保险行为。

因此,危险的存在是保险产生的前提。但保险制度上的危险具有损失发生的不确定性,包括发生与否的不确定性、发生时间的不确定性和发生后果的不确定性。

2) 保险合同

保险合同是指投保人与保险人约定保险权利义务关系的协议。

保险合同在履行中还会涉及被保险人和受益人。被保险人是指其财产或者人身受保险合同保障,享有保险金请求权的人,投保人可以为被保险人。受益人是指人身保险合同中由被保险人或者投保人指定的享有保险金请求权的人,投保人、被保险人可以为受益人。

保险合同一般是以保险单的形式订立的。保险合同分为财产保险合同、人身保险合同。

2. 保险索赔

保险的根本目的是发生灾难事件时能够得到补偿,而这一目的的投保人必须通过索赔来实现。

1) 投保人进行保险索赔须提供必要的有效证明

保险事故发生后,依照保险合同请求保险人赔偿或者给付保险金时,投保人、被保险人或者受益人应当向保险人提供其所能提供的与确认保险事故的性质、原因、损失程度等有关的证明和资料。

2) 投保人等应当及时提出保险索赔

投保人、被保险人或者受益人知道保险事故发生后,应当及时通知保险人。这与索赔的成功与否密切相关。

3) 计算损失大小

保险单上载明的保险财产全部损失,应当按照全损进行保险索赔。保险单上载明的保险财产没有全部损失,应当按照部分损失进行保险索赔。如果一个建设工程项目同时由多家保险公司承保,则应当按照约定的比例分别向不同的保险公司提出索赔要求。

二、建设工程保险的主要种类和投保权益

建设工程活动涉及的法律关系较为复杂,风险较为多样,因此,建设工程活动涉及的险种也较多。主要包括:建筑工程一切险(及第三者责任险)、安装工程一切险(及第三者责任险)、机器损坏险、机动车辆险、建筑职工意外伤害险、勘察设计责任保险、工程监理责任保险等。

1. 建筑工程一切险(及第三者责任险)

建筑工程一切险是承保各类民用、工业和公用事业建筑工程项目,包括道路、桥梁、水坝、港口等,在建造过程中因自然灾害或意外事故而引起的一切损失的险种。

建筑工程一切险往往还加保第三者责任险。建筑工程第三者责任险是指在保险有效期内因在施工工地上发生意外事故造成在施工工地及邻近地区的第三者人身伤亡或财产损失时,依法应由被保险人承担的经济赔偿责任。

1) 投保人与被保险人

1999年,住房和城乡建设部、国家工商行政管理局颁布的《建设工程施工合同(示范文本)》中规定,工程开工前,发包人应当为建设工程办理保险,支付保险费用。

建筑工程一切险的被保险人具体包括:①业主或工程所有人;②承包商或者分包商;③技术顾问,包括业主聘用的建筑师、工程师及其他专业顾问。

2) 保险责任范围

保险人对下列原因造成的损失和费用,负责赔偿:①自然事件,指地震、海啸、雷电、飓风、台风、龙卷风、风暴、暴雨、洪水、水灾、冻灾、冰雹、地崩、山崩、雪崩、火山爆发、地面下陷下沉及其他人力不可抗拒的破坏力强大的自然现象;②意外事故,指不可预料的,以及被保险人无法控制并造成物质损失或人身伤亡的突发性事件,包括火灾和爆炸。

3) 第三者责任险

建筑工程一切险如果加保第三者责任险,保险人对下列原因造成的损失和费用,负责赔偿:①在保险期限内,因发生与所保工程直接相关的意外事故引起工地内及邻近区域的第三者人身伤亡、疾病或财产损失;②被保险人因上述原因支付的诉讼费用,以及事先经保险人书面同意而支付的其他费用。

4) 保险期限

建筑工程一切险的保险责任自保险工程在工地动工或用于保险工程的材料、设备运抵工地之时起始,至工程所有人对部分或全部工程签发完工验收证书或验收合格,或工程所有人实际占用或使用或接收该部分或全部工程之时终止,以先发生者为准。但在任何情况下,保险期限的起始或终止不得超出保险单明细表中列明的保险生效日或终止日。

2. 安装工程一切险(及第三者责任险)

安装工程一切险是承保安装机器、设备、储油罐、钢结构工程、起重机、吊车,以及包含机械工程因素的各种安装工程的险种。

安装工程一切险往往还加保第三者责任险。

1) 保险责任范围

保险人对因自然灾害、意外事故(具体内容与建筑工程一切险基本相同)造成的损失和费用,负责赔偿。

2) 保险期限

安装工程一切险的保险责任自保险工程在工地动工或用于保险工程的材料、设备运抵工地之时起始,至工程所有人对部分或全部工程签发完工验收证书或验收合格,或工程所有人实际占有或使用接收该部分或全部工程之时终止,以先发生者为准。但在任何情况下,安装期保险期限的起始或终止不得超出保险单明细表中列明的安装期保险生效日或终止日。

3. 建筑职工意外伤害险

《建筑法》、《建设工程安全生产管理条例》均规定,施工单位应当为施工现场从事危险作业的人员办理意外伤害保险。

案例 1-8

1. 背景

2008年10月10日,某施工单位与某保险公司签订了《建筑工程一切险及第三者责任险》,保险项目为建筑工程(包括永久和临时工程及材料),投保金额为3.07亿元。保险期限自2008年10月10日0时起至2011年4月22日24时止。双方在保险合同中将各种自然灾害引起的物质损失绝对免赔额分别作了限定,并特别约定:物质损失部分每次事故赔偿限额人民币300万元。2008年10月15日施工单位一次性缴纳了保险费130余万元。

2009年7月29日,该地区遭遇特大暴雨,山洪暴发,致使施工区域内山体塌方,施工便道被冲毁,大量桩基被埋,抗滑桩垮塌,部分施工材料被冲走,工地受损严重。施工单位经估算,预计损失金额为256万余元。保险公司接到报案后,聘请了某保险公估公司对事故现场进行了实地勘察,先后出具了两次损失统计表,其定损金额均与施工单位实际受损情况存在很大差异。施工单位提出异议,对受损金额不予认可,故全权委托某保险经纪公司为其保险顾问。

2. 问题

保险经纪公司如何发挥保险顾问的作用?

3. 分析

保险经纪公司按照损失勘查记录进行了分析,经核算后,认为公估公司出具的损失统计表中对计算单价均作了20%的折扣,此做法是没有依据的。根据保险公司所出示的保险条款第12条第2款的规定:"全部损失或推定全损以保险财产损失前的实际价值考虑。"第13条第1款规定:"保险金额等于或高于应保险金额时,按实际损失计算赔偿,最高不超过应保险金额。"由于计算单价在工程承包合同的工程量清单中是固定的,因此应以实际价值进行估算。最终,保险公司按照保险合同的约定,在扣除不足额投保率、免赔额等因素后,共计支付赔款139万余元。

1.9 建设工程法律责任制度

按照违法行为的性质和危害程度,可以将法律责任分为:违宪法律责任、刑事法律责任、民事法律责任、行政法律责任和国家赔偿责任。

建设工程中的法律责任常见的有:建设工程民事责任、建设工程行政责任和建设工程刑事责任。

一、建设工程民事责任的种类及承担方式

1. 民事责任的种类

民事责任可以分为违约责任和侵权责任两类。

违约责任,是指合同当事人违反法律规定或合同约定的义务而应承担的责任。侵权责任,是指行为人因过错侵害他人财产、人身而依法应当承担的责任,以及虽没有过错,但在造成损害以后,依法应当承担的责任。

2. 民事责任的承担方式

《民法通则》规定,承担民事责任的方式主要有:①停止侵害;②排除妨碍;③消除危险;④返还财产;⑤恢复原状;⑥修理、重作、更换;⑦赔偿损失;⑧支付违约金;⑨消除影响、恢复名誉;⑩赔礼道歉。

3. 建设工程民事责任的主要承担方式

建设工程民事责任的主要承担方式有:①返还财产;②修理;③赔偿损失;④支付违约金。

二、建设工程行政责任的种类及承担方式

行政责任,是指违反有关行政管理的法律法规规定,但尚未构成犯罪的行为,依法应承担的

行政法律后果,包括行政处罚和行政处分。

1. 行政处罚

《中华人民共和国行政处罚法》(以下简称《行政处罚法》)规定,行政处罚的种类:①警告;②罚款;③没收违法所得,没收非法财物;④责令停产停业;⑤暂扣或者吊销许可证,暂扣或者吊销执照;⑥行政拘留;⑦法律、行政法规规定的其他行政处罚。

2. 行政处分

行政处分的种类有警告、记过、记大过、降级、撤职、开除。如《建设工程质量管理条例》规定,国家机关工作人员在建设工程质量监督管理工作中玩忽职守、滥用职权、徇私舞弊,构成犯罪的,依法追究刑事责任;尚不构成犯罪的,依法给予行政处分。

三、建设工程刑事责任的种类及承担方式

刑事责任,是指犯罪主体因违反刑法,实施了犯罪行为所应承担的法律责任。刑事责任是法律责任中最强烈的一种,其承担方式主要是刑罚,也包括一些非刑罚的处罚方法。

在建设工程领域,常见的刑事法律责任有以下几点。

1. 工程重大安全事故罪

《刑法》第137条规定,建设单位、设计单位、施工单位、工程监理单位违反国家规定,降低工程质量标准,造成重大安全事故的,对直接责任人员处5年以下有期徒刑或者拘役,并处罚金;后果特别严重的,处5年以上10年以下有期徒刑,并处罚金。

2. 重大责任事故罪

《刑法》(《刑法修正案(六)》)第134条、第135条规定,在生产、作业中违反有关安全管理的规定,因而发生重大伤亡事故或者造成其他严重后果的,处3年以下有期徒刑或者拘役;情节特别恶劣的,处3年以上7年以下有期徒刑。强令他人违章冒险作业,因而发生重大伤亡事故或者造成其他严重后果的,处5年以下有期徒刑或者拘役;情节特别恶劣的,处5年以上有期徒刑。

3. 串通投标罪

《刑法》第223条规定,投标人相互串通投标报价,损害招标人或者其他投标人利益,情节严重的,处3年以下有期徒刑或者拘役,并处或者单处罚金。投标人与招标人串通投标,损害国家、集体、公民的合法利益的,依照以上规定处罚。

1. 我国法的形式有哪些,其效力层级如何规定?
2. 建设法规的概念是什么?建设法规体系是如何构成的?
3. 法律关系的构成要素有哪些?
4. 代理的主要形式、代理的责任承担情况如何规定?
5. 物权的主要种类有哪些?

6. 建设工程债发生的主要依据有哪些？
7. 建设工程保证担保的方式有哪些？
8. 建设工程保险的种类主要有哪些？
9. 建设工程中常见的知识产权种类有哪些？
10. 建设工程民事责任、行政责任的承担方式有哪些？

第 2 章　建设工程执业资格制度

知识目标

（1）理解建设工程执业资格制度的概念、特征；
（2）熟悉建筑业企业资质等级及其相关标准；
（3）了解工程建设从业人员执业资格管理的注册工程师制度的内容，掌握注册建造师、注册监理工程师执业资格管理的内容。

重难点

（1）建筑业企业资质升降级管理；
（2）注册建造师、监理工程师的执业管理。

2.1　工程建设执业资格制度

工程建设执业资格制度是指单位和个人在依法取得相应资质或资格后，被允许在法律、法规所规定的范围内从事一定建筑活动的制度。在现阶段，我国工程建设执业资格制度是单位执业资质和个人执业资格并存的模式。在工程建设领域的许多行业，如施工、监理、招标代理、勘察设计、造价咨询等基本都实行了企业资质和人员执业资格并行的双轨制管理模式。

一、工程建设单位资质管理法规

（一）工程建设从业单位的划分

根据我国现行法律法规，从事建设活动的单位分为房地产开发企业、工程总承包企业、工程勘察设计企业、工程监理企业和建筑业企业。

（二）工程建设从业单位资质等级及其标准

《建筑法》规定，从事建筑活动的建筑施工企业、勘察单位、设计单位和工程监理单位，应当具备下列条件：(1)有符合国家规定的注册资本；(2)有与其从事的建筑活动相适应的具有法定执业资格的专业技术人员；(3)有从事相关建筑活动所应有的技术装备；(4)法律、行政法规规定的其他条件。

工程建设活动不同于一般的经济活动，其从业单位所具备条件的高低直接影响到建设工程质量的好坏和能否安全生产。因此，从事工程建设活动的单位必须符合相应的资质条件。

1. 工程建设从业单位的资质等级

根据现行法规，我国各类建设从业单位资质等级划分情况如下：

(1) 房地产开发企业。分为一、二、三、四共 4 级。
(2) 工程总承包企业。分为一、二、三共 3 级。
(3) 建设工程勘察设计企业。工程设计企业的资质等级按综合资质、行业资质及专项资质分别设置。综合资质只设甲级,行业资质分为甲、乙、丙 3 级,专项资质一般设为甲、乙两级。

工程勘察企业的资质等级按综合类、劳务类、专业类分别设置。综合类只设甲级,专业类原则上只设甲、乙两级,劳务类不分级别。

(4) 工程监理企业。工程监理企业资质分为综合资质、专业资质和事务所资质。综合资质、事务所资质不分级别。专业资质一般分为甲级、乙级,房屋建筑、水利水电、公路和市政公用专业资质可设立丙级。

(5) 建筑业企业。根据《建筑业企业资质管理规定》,建筑业企业资质分为施工总承包资质、专业承包资质、施工劳务资质三个序列。施工总承包企业资质等级标准包括 12 个标准、专业承包企业资质等级标准包括 60 个标准、劳务分包企业资质标准包括 13 个标准。施工总承包企业资质一般可分为特级、一、二、三级;专业承包企业根据专业类别不同共设有四种类型:分为一、二、三共 3 级、一、二两级、二、三两级及不分级,其中分为 3 级的为多,共有 38 类。劳务分包企业一般分为一、二两级,还有就是不分等级。

2. 工程建设从业单位资质等级划分标准

建筑业企业应当按照其拥有的注册资本、专业技术人员、技术装备和已完成的建筑工程业绩等条件申请资质,经审查合格,取得建筑业企业资质证书后,方可在资质许可的范围内从事建筑施工活动。

1) 有符合规定的注册资本

注册资本反映的是企业法人的财产权,也是判断企业经济实力的依据之一。

以房屋建筑工程施工总承包企业为例,按照《建筑业企业资质等级标准》《施工总承包企业特级资质标准》的规定:特级企业的注册资本金 3 亿元以上,企业净资产 3.6 亿元以上;一级企业注册资本金 5000 万元以上,企业净资产 6000 万元以上;二级企业注册资本金 2000 万元以上,企业净资产 2500 万元以上;三级企业注册资本金 600 万元以上,企业净资产 700 万元以上。

2) 有符合规定的专业技术人员

从事工程建设施工活动的企业必须拥有足够的专业技术人员,其中一些专业技术人员还必须有通过考试和注册取得的法定执业资格。

以房屋建筑工程施工总承包企业为例。

特级企业的企业经理要具有 10 年以上从事工程管理工作经历,技术负责人应具有 15 年以上从事工程技术管理工作经历,且具有工程序列高级职称及一级建造师或注册工程师执业资格,主持完成过两项及以上施工总承包一级资质要求的代表工程的技术工作或甲级设计资质要求的代表工程或合同额 2 亿元以上的工程总承包项目,财务负责人应具有高级会计师职称及注册会计师资格。企业应具有注册一级建造师(一级项目经理)50 人以上。企业应具有本类别相关的行业工程设计甲级资质标准要求的专业技术人员。

一级企业的企业经理应具有 10 年以上从事工程管理工作的经历或具有高级职称;总工程师应具有 10 年以上从事建筑施工技术管理工作的经历并应具有本专业高级职称;总会计师应具有高级会计职称;总经济师应具有高级职称。企业有职称的工程技术和经济管理人员不少于 300 人,其中工程技术人员不少于 200 人;工程技术人员中,具有高级职称的人员不少于 10 人,具有中级职称的人员不少于60人。企业具有的一级资质项目经理不少于12人。

二级企业的企业经理应具有8年以上从事工程管理工作的经历或具有中级以上职称；技术负责人应具有8年以上从事建筑施工技术管理工作的经历并具有本专业高级职称；财务负责人应具有中级以上会计职称。企业有职称的工程技术和经济管理人员不少于150人，其中工程技术人员不少于100人；工程技术人员中，具有高级职称的人员不少于2人，具有中级职称的人员不少于20人。企业具有的二级资质以上项目经理不少于12人。

三级企业的企业经理应具有5年以上从事工程管理工作的经历；技术负责人应具有5年以上从事建筑施工技术管理工作的经历并具有本专业中级以上职称；财务负责人应具有初级以上会计职称。企业有职称的工程技术和经济管理人员不少于50人，其中工程技术人员不少于30人；工程技术人员中，具有中级以上职称的人员不少于10人。企业具有三级资质以上项目经理不少于10人。

3) 有符合规定的技术装备

以房屋建筑工程施工总承包企业为例，按照《建筑业企业资质等级标准》《施工总承包企业特级资质标准》的规定，对一、二、三级企业的要求均为企业应具有与承包工程范围相适应的施工机械和质量检测设备。但是，对于特级企业则要求其科技进步水平应当达到：①企业具有省部级（或相当于省部级水平）及以上的企业技术中心；②企业近3年科技活动经费支出平均达到营业额的0.5%以上；③企业具有国家级工法3项以上；近5年具有与工程建设相关的，能够推动企业技术进步的专利3项以上，累计有效专利8项以上，其中至少有1项发明专利；④企业近10年获得过国家级科技进步奖项或主编过工程建设国家或行业标准；⑤企业已建立内部局域网或管理信息平台，实现了内部办公、信息发布、数据交换的网络化；已建立并开通了企业外部网站；使用了综合项目管理信息系统和人事管理系统、工程设计相关软件，实现了档案管理和设计文档管理。

4) 有符合规定的已完成工程业绩

工程建设施工活动是一项重要的实践活动。有无承担过相应工程的经验及其业绩好坏是衡量其实际能力和水平高低的一项重要标准。仍以房屋建筑工程施工总承包企业为例，按照《建筑业企业资质等级标准》《施工总承包企业特级资质标准》的规定。

特级企业近5年应承担过下列5项工程总承包或施工总承包项目中的3项，工程质量合格：①高度100 m以上的建筑物；②28层以上的房屋建筑工程；③单体建筑面积5万平方米以上房屋建筑工程；④钢筋混凝土结构单跨30 m以上的建筑工程或钢结构单跨36 m以上房屋建筑工程；⑤单项建安合同额2亿元以上的房屋建筑工程。

一级企业近5年承担过下列6项中的4项以上工程的施工总承包或主体工程承包，工程质量合格：①25层以上的房屋建筑工程；②高度100 m以上的构筑物或建筑物；③单体建筑面积3万平方米以上的房屋建筑工程；④单跨跨度30 m以上的房屋建筑工程；⑤建筑面积10万平方米以上的住宅小区或建筑群体；⑥单项建安合同额1亿元以上的房屋建筑工程。

二级企业近5年承担过下列6项中的4项以上工程的施工总承包或主体工程承包，工程质量合格：①12层以上的房屋建筑工程；②高度50 m以上的构筑物或建筑物；③单体建筑面积1万平方米以上的房屋建筑工程；④单跨跨度21 m以上的房屋建筑工程；⑤建筑面积5万平方米以上的住宅小区或建筑群体；⑥单项建安合同额3 000万元以上的房屋建筑工程。

三级企业近5年承担过下列5项中的3项以上工程的施工总承包或主体工程承包，工程质量合格;①6层以上的房屋建筑工程;②高度25 m以上的构筑物或建筑物;③单体建筑面积5 000 m² 以上的房屋建筑工程;④单跨跨度15 m以上的房屋建筑工程;⑤单项建安合同额500万元以上的房屋建筑工程

(三) 从业单位资质管理

《建筑业企业资质管理规定》中规定,国务院建设主管部门负责全国建筑业企业资质的统一监督管理。国务院铁路、交通、水利、信息产业、民航等有关部门配合国务院建设主管部门实施相关资质类别建筑业企业资质的管理工作。

(四) 施工企业资质证书的申请、延续和变更

1. 企业资质的申请

《建筑业企业资质管理规定》中规定:建筑业企业可以申请一项或多项建筑业企业资质;申请多项建筑业企业资质的,应当选择等级最高的一项资质为企业主项资质。

2. 企业资质证书的延续

建筑业企业资质证书有效期为5年。资质有效期届满,企业要延续资质证书有效期的,应当在资质证书有效期届满60日前,申请办理资质延续手续。对在资质有效期内遵守有关法律、法规、规章、技术标准,信用档案中无不良行为记录,且注册资本、专业技术人员满足资质标准要求的企业,经资质许可机关同意,有效期可延续5年。

3. 企业资质证书的变更

1) 办理企业资质证书变更手续的程序

建筑业企业在资质证书有效期内名称、地址、注册资本、法定代表人等发生变更的,应当在工商部门办理变更手续后30日内办理资质证书变更手续。

国务院建设主管部门颁发建筑业企业资质证书,涉及企业名称变更的,应当向企业工商注册所在地省、自治区、直辖市人民政府建设主管部门提出变更申请,省、自治区、直辖市人民政府建设主管部门应当自受理申请之日起2日内将有关变更证明材料报国务院建设主管部门,由国务院建设主管部门在2日内办理变更手续。

上述规定以外的资质证书变更手续,由企业工商注册所在地的省、自治区、直辖市人民政府建设主管部门或者设区的市人民政府建设主管部门负责办理。

2) 办理企业资质证书变更应提交的材料

企业申请资质证书变更,应当提交以下材料:①资质证书变更申请;②企业法人营业执照复印件;③建筑业企业资质证书正、副本原件;④与资质变更事项有关的证明材料。

企业改制的,除提供以上资料外,还应当提供改制重组方案、上级资产管理部门或者股东大会的批准决定、企业职工代表大会同意改制重组的决议。

3) 企业发生合并、分立、改制的资质办理

企业合并的,合并后存续或者新设立的建筑业企业可以承继合并前各方中较高的资质等级,但应当符合相应的资质等级条件。

企业分立的,分立后企业的资质等级,根据实际达到的资质条件,按照《建筑业企业资质管理规定》规定的审批程序核定。

企业改制的,改制后不再符合资质标准的,应按其实际达到的资质标准及本规定申请重新核定;资质条件不发生变化的,按照《建筑业企业资质管理规定》关于申请资质证书变更的程序

办理。

二、禁止无资质或越级承揽工程的规定

我国的法律规定施工单位除应具备企业法人营业执照外,还应取得相应的资质证书,并严格在其资质等级许可的经营范围内从事施工活动。

1. 禁止无资质承揽工程

《建筑法》规定,承包建筑工程的单位应当持有依法取得的资质证书,并在其资质等级许可的业务范围内承揽工程。

《建设工程质量管理条例》也规定:施工单位应当依法取得相应等级的资质证书,并在其资质等级许可的范围内承揽工程。《建设工程安全生产管理条例》进一步规定,施工单位从事建设工程的新建、扩建、改建和拆除等活动,应当具备国家规定的注册资本、专业技术人员、技术装备和安全生产等条件,依法取得相应等级的资质证书,并在其资质等级许可的范围内承揽工程。

近些年来,随着工程建设法规体系的不断完善和建设市场的整顿规范,可以说公然以无资质的方式承揽建设工程特别是大中型建设工程的行为已极为罕见,往往是采取比较隐蔽的"挂靠"形式。但是,在专业工程分包或者劳务作业分包中仍存在着无资质承揽工程的现象。例如:无资质承揽专业分包工程,较常见的是一些设备生产或者制作厂家、运输企业或者个人,在没有专业资质证书的情况下,与施工总承包企业或者专业承包企业签订了专业工程施工分包合同,承揽土石方工程(开挖、装卸、运输)、建筑装饰装修工程、建筑防水工程、机电设备安装工程、金属门窗安装工程等。由于总承包企业或者专业承包企业拥有相应的专业工程资质,其可以自行施工,也可以进行分包,从某种角度说,这也为规避监管、违法分包留下了可钻的空子。

无资质承揽劳务分包工程,常见的是作为自然人的"包工头",带领一部分农民工组成的施工队,与总承包企业或者专业承包企业签订劳务合同,或者是通过层层转包、层层分包"垫底"获签劳务合同。2004 年,住房和城乡建设部发布的《房屋建筑和市政工程施工分包管理办法》明确规定,"分包工程承包人必须具有相应的资质,并在其资质等级范围许可范围内承揽业务。严禁个人承揽分包工程业务。"但是,目前以"包工头"为主体签订劳务合同的现象依然存在。

需要说明的是,无资质承包主体签订的专业分包合同或者劳务分包合同都是无效合同。但是,当作为无资质的"实际施工人"的利益受到侵害时,其可以向合同相对方(即转包方或违法分包方)主张权利,甚至可以向建设工程项目的发包方主张权利。《最高人民法院关于审理建设工程施工合同纠纷案件适用法律问题的解释》第 26 条规定:实际施工人以转包人、违法分包人为被告起诉的,人民法院应当依法受理。实际施工人以发包人为被告主张权利的,人民法院可以追加转包人或者违法分包人为本案当事人。发包人只在欠付工程价款的范围内对实际施工人承担责任。这样规定是在依法查处违法承揽工程的同时,也能使实际施工人的合法权益得到保障。

2. 禁止越级承揽工程

《建筑法》和《建设工程质量管理条例》均规定,禁止施工单位超越本单位资质等级许可的业务范围承揽工程。

同无资质承揽工程一样,随着法制的不断健全和建设市场秩序的整顿规范,以及市场竞争的加剧,建设单位对施工单位的要求也在不断提高,所以在施工总承包活动中超越资质承揽工

程的现象已不多见;但是,在联合共同承包和分包工程活动中依然存在着超越资质等级承揽工程的问题。

1) 联合共同承包的有关法律规定

《建筑法》规定,两个以上不同资质等级的单位实行联合共同承包的,应当按照资质等级低的单位的业务许可范围承揽工程。

联合共同承包是国际工程承包的一种通行的做法,一般适用于大型或技术复杂的建设工程项目。采用联合承包的方式,可以优势互补,增加中标机会,并可降低承包风险。但是,施工单位应当在资质等级范围内承包工程,这同样适用于联合共同承包。就是说,联合承包各方都必须具有与其承包工程相符合的资质条件,不能超越资质等级去联合承包。如果几个联合承包方的资质等级不一样,则须以低资质等级的承包方为联合承包方的业务许可范围。这样的规定,可以有效地避免在实践中以联合承包为借口进行"资质挂靠"的不规范行为。

2) 分包工程的有关法律规定

《建筑法》规定,禁止总承包单位将工程分包给不具备相应资质条件的单位。《房屋建筑和市政基础设施工程施工分包管理办法》进一步规定,分包工程承包人必须具有相应的资质,并在其资质等级许可的范围内承揽业务。

在分包工程活动中,较为常见的越级承揽工程的现象,就是采取所谓"扩大劳务分包"的方式,即建设工程承包企业将超越劳务企业资质等级或超越劳务范围的工程分包给劳务企业,并就此双方签订劳务分包合同。

《建设工程质量管理条例》规定:"本条例所称违法分包,是指下列行为:总承包单位将建设工程分包给不具备相应资质条件的单位的……"《房屋建筑和市政基础设施工程施工分包管理办法》也规定:"禁止将承包的工程进行违法分包。下列行为,属于违法分包:(1)分包工程发包人将专业工程或者劳务作业分包给不具备相应资质条件的分包工程承包人的……"据此,将工程分包给无资质或超越资质等级的单位的,应当定性为违法分包。

三、禁止以他企业或他企业以本企业名义承揽工程的规定

《建筑法》规定,禁止建筑施工企业超越本企业资质等级许可的业务范围或者以任何形式用其他建筑施工企业的名义承揽工程。禁止建筑施工企业以任何形式允许其他单位或者个人使用本企业的资质证书、营业执照,以本企业的名义承揽工程。《建设工程质量管理条例》也规定,禁止施工单位超越本单位资质等级许可的业务范围或者以其他施工单位的名义承揽工程。禁止施工单位允许其他单位或者个人以本单位的名义承揽工程。

此外,在分包工程中还要防止出现以他企业或他企业以本企业名义承揽工程的违法行为。《房屋建筑和市政基础设施工程施工分包管理办法》规定,分包工程发包人没有将其承包的工程进行分包,在施工现场所设项目管理机构的项目负责人、技术负责人、项目核算负责人、质量管理人员、安全管理人员不是工程承包人本单位人员的,视同允许他人以本企业名义承揽工程。

四、违法行为应承担的法律责任

施工企业资质违法行为应承担的主要法律责任有以下几点。

1. 企业申请办理资质违法行为应承担的法律责任

建筑业企业未按照规定及时办理资质证书变更手续的,由县级以上地方人民政府建设主管部门责令限期办理;逾期不办理的,可处以 1 000 元以上 1 万元以下的罚款。

2. 无资质承揽工程应承担的法律责任

《建筑法》规定,发包单位将工程发包给不具有相应资质条件的承包单位的,或者违反本法规定将建筑工程肢解发包的,责令改正,处以罚款。未取得资质证书承揽工程的,予以取缔,并处罚款;有违法所得的,予以没收。

《建设工程质量管理条例》进一步规定,建设单位将建设工程发包给不具有相应资质等级的勘察、设计、施工单位或者委托给不具有相应资质等级的工程监理单位的,责令改正,处 50 万元以上 100 万元以下的罚款。

未取得资质证书承揽工程的,予以取缔,对施工单位处工程合同价款 2% 以上 4% 以下的罚款;有违法所得的,予以没收。

3. 超越资质等级承揽工程应承担的法律责任

《建设工程质量管理条例》进一步规定,勘察、设计、施工、工程监理单位超越本单位资质等级承揽工程的,责令停止违法行为……对施工单位处工程合同价款 2% 以上 4% 以下的罚款,可以责令停业整顿,降低资质等级;情节严重的,吊销资质证书;有违法所得的,予以没收。

4. 允许其他单位或者个人以本单位名义承揽工程应承担的法律责任

《建设工程质量管理条例》规定,勘察、设计、施工、工程监理单位允许其他单位或者个人以本单位名义承揽工程的,责令改正,没收违法所得……对施工单位处工程合同价款 2% 以上 4% 以下的罚款;可以责令停业整顿,降低资质等级;情节严重的,吊销资质证书。

2.2 工程建设从业人员执业资格法规

在技术要求较高的行业实行专业技术人员执业资格制度,在发达国家已有 100 多年历史,现已成为国际惯例。我国自 20 世纪 80 年代中期开始,先后在律师、会计、教师、建筑、医生、资产评估等行业开始实行执业资格制度。其中,建筑行业是从 1992 年实行注册监理工程师制度的,按计划将实行注册建筑师、注册结构工程师、注册造价师、注册房地产估价师、注册规划师、注册建造师、注册园林师制度。

一、建造师执业资格制度

建造师是以专业技术为依托、以工程项目管理为主业的执业注册人员,是懂管理、懂技术、懂经济、懂法规,综合素质较高的复合型人员,既要有理论水平,也要有丰富的实践经验和较强的组织能力。注册建造师,是指通过考核认定或考试合格取得中华人民共和国建造师资格证书,并按照规定注册,取得中华人民共和国建造师注册证书和执业印章,担任施工单位项目负责人及从事相关活动的专业技术人员。建造师分为一级建造师和二级建造师。

建造师制度的法律依据是《中华人民共和国建筑法》,其中第 14 条规定:"从事建筑活动的专业技术人员,应当依法取得相应的执业资格证书,并在执业证书许可的范围内从事建筑活

第2章 建设工程执业资格制度

动。"2003年2月27日《国务院关于取消第二批行政审批项目和改变一批行政审批项目管理方式的决定》(国发〔2003〕5号)规定:"取消建筑施工企业项目经理资质核准,由注册建造师代替,并设立过渡期"。人事部、建设部依据国务院上述要求决定对建设工程项目总承包及施工管理的专业技术人员实行建造师执业资格制度,出台了《建造师执业资格制度暂行规定》。

1. 执业资格考试

1)执业资格考试规定

一级建造师执业资格考试实行全国统一大纲、统一命题、统一组织的考试制度,由人事部、住建部共同组织实施。一级建造师执业资格考试设《建设工程经济》、《建设工程法规及相关知识》、《建设工程项目管理》和《专业工程管理与实务》4个科目。

其中《专业工程管理与实务》科目分为建筑工程(合并)、公路工程、铁路工程、民航机场工程、港口与航道工程、水利水电工程、市政公用工程、通信与广电工程、矿业工程、机电工程(合并)10个专业类别,考生在报名时可根据实际工作需要选择其一。

2)执业资格报考条件

凡遵守国家法律、法规,具备下列条件之一者,可以申请参加一级建造师执业资格考试:

(1)取得工程类或工程经济类大学专科学历,工作满6年,其中从事建设工程项目施工管理工作满4年。

(2)取得工程类或工程经济类大学本科学历,工作满4年,其中从事建设工程项目施工管理工作满3年。

(3)取得工程类或工程经济类双学士学位或研究生班毕业,工作满3年,其中从事建设工程项目施工管理工作满2年。

(4)取得工程类或工程经济类硕士学位,工作满2年,其中从事建设工程项目施工管理满1年。

(5)取得工程类或工程经济类博士学位,从事建设工程项目施工管理工作满1年。

符合上述考试条件,于2003年12月31日前,取得建设部颁发的《建筑业企业一级项目经理资质证书》,并符合下列条件之一的人员,可免试《建设工程经济》和《建设工程项目管理》2个科目,只参加《建设工程法规及相关知识》和《专业工程管理与实务》2个科目的考试:

(1)受聘担任工程或工程经济类高级专业技术职务。

(2)具有工程类或工程经济类大学专科以上学历并从事建设工程项目施工管理工作满20年。

凡遵纪守法并具备工程类或工程经济类中等专科以上学历并从事建设工程项目施工管理工作满2年,可报名参加二级建造师执业资格考试。

2. 建造师注册管理

2006年12月原建设部发布了《注册建造师管理规定》:取得建造师执业资格证书的人员,必须经过注册登记,方可以建造师名义执业。未取得注册证书和执业印章的,不得担任大中型建设工程项目的施工单位项目负责人,不得以注册建造师的名义从事相关活动。注册证书与执业印章有效期为3年。初始注册者,可自资格证书签发之日起3年内提出申请。逾期未申请者,须符合本专业继续教育的要求后方可申请初始注册。注册有效期满需继续执业的,应当在注册有效期届满30日前,按照规定申请延续注册,延续注册的,有效期为3年。

取得资格证书的人员应当受聘于一个具有建设工程勘察、设计、施工、监理、招标代理、造价咨询等一项或者多项资质的单位，经注册后方可从事相应的执业活动。担任施工单位项目负责人的，应当受聘并注册于一个具有施工资质的企业。《注册建造师执业管理办法(试行)》规定，一级建造师可以在全国范围内以一级注册建造师的名义执业。通过二级建造师资格考核认定，或参加全国统考取得二级建造师资格证书并注册的人员，可以在全国范围内以二级建造师的名义执业。

《注册建造师管理规定》规定，建设工程施工活动中形成的有关工程施工管理文件，应当由注册建造师签字并加盖执业印章。施工单位签署质量合格的文件上，必须有注册建造师的签字盖章。

二、监理工程师执业资格制度

1996年原建设部、人事部下发《建设部、人事部关于全国监理工程师执业资格考试工作的通知》，从1997年起，全国正式举行监理工程师执业资格考试。考试工作由建设部、人事部共同负责，日常工作委托建设部建筑监理协会承担，具体考务工作由人事部人事考试中心负责。

1．执业资格考试

1）执业资格考试规定

住建部负责组织拟定考试科目，编写考试大纲、培训教材和命题工作，统一规划和组织考前培训。人事部负责审定考试科目、考试大纲和试题，组织实施各项考务工作；会同建设部对考试进行检查、监督、指导和确定考试合格标准。考试每年举行一次，考试时间一般安排在5月中旬。原则上在省会城市设立考点。

2）执业资格报考条件

凡我国公民，遵纪守法并具备以下条件之一者，均可申请参加全国监理工程师执业资格考试：

(1) 工程技术或工程经济专业大专(含大专)以上学历，按照国家有关规定，取得工程技术或工程经济专业中级职务，并任职满3年；

(2) 按照国家有关规定，取得工程技术或工程经济专业高级职务；

(3) 1970年(含1970年)以前工程技术或工程经济专业中专毕业，按照国家有关规定，取得工程技术或工程经济专业中级职务，并任职满3年。

对于从事工程建设监理工作且同时具备下列四项条件的报考人员，可免试《建设工程合同管理》和《建设工程质量、投资、进度控制》两个科目，只参加《建设工程监理基本理论与相关法规》和《建设工程监理案例分析》两个科目的考试：

(1) 1970年(含1970年)以前工程技术或工程经济专业中专(含中专)以上毕业。

(2) 按照国家有关规定，取得工程技术或工程经济专业高级职务。

(3) 从事工程设计或工程施工管理工作满15年。

(4) 从事监理工作满1年。

2．监理工程师注册管理

注册监理工程师，是指经考试取得中华人民共和国监理工程师资格证书(以下简称资格证书)，并按规定注册，取得中华人民共和国注册监理工程师注册执业证书(以下简称注册证书)和执业印章,从事工程监理及相关业务活动的专业技术人员。2005年12月原建设部发布的《注册监理工程师管理规定》规定:未取得注册证书和执业印章的人员,不得以注册监理工程师的名义从事工程监理及相关业务活动。注册证书和执业印章是注册监理工程师的执业凭证,由注册监理工程师本人保管、使用。注册证书和执业印章的有效期为3年,初始注册者可自资格证书签发之日起3年内提出申请。逾期未申请者,须符合继续教育的要求后方可申请初始注册。在注册有效期内,注册监理工程师变更执业单位,应当与原聘用单位解除劳动关系,并按规定的程序办理变更注册手续,变更注册后仍延续原注册有效期。

3. 监理工程师执业

取得资格证书的人员,应当受聘于一个具有建设工程勘察、设计、施工、监理、招标代理、造价咨询等一项或者多项资质的单位,经注册后方可从事相应的执业活动。从事工程监理执业活动的人员,应当受聘并注册于一个具有工程监理资质的单位。注册监理工程师可以从事工程监理、工程经济与技术咨询、工程招标与采购咨询、工程项目管理服务以及国务院有关部门规定的其他业务。工程监理活动中形成的监理文件由注册监理工程师按照规定签字盖章后方可生效。因工程监理事故及相关业务造成的经济损失,聘用单位应当承担赔偿责任;聘用单位承担赔偿责任后,可依法向负有过错的注册监理工程师追偿。注册监理工程师在每一注册有效期内应当达到国务院建设主管部门规定的继续教育要求。继续教育作为注册监理工程师逾期初始注册、延续注册和重新申请注册的条件之一。

三、造价工程师执业资格制度

造价工程师执业资格制度属于国家统一规划的专业技术人员执业资格制度范围。造价工程师,是指经全国统一考试合格,取得造价工程师执业资格证书,并经注册从事建设工程造价业务活动的专业技术人员。

四、注册建筑工程师执业资格制度

注册建筑工程师是依法取得注册建筑师资格证书,在一个建筑设计单位内执行注册建筑师业务的人员。国家对从事人类生活与生产服务的各种民用与工业房屋及群体的综合设计、室内外环境设计、建筑装饰装修设计、建筑修复、建筑雕塑、有特殊建筑要求的构筑物的设计,从事建筑设计技术咨询,建筑物调查与鉴定,对本人主持设计的项目进行施工指导和监督等专业技术工作的人员,实施注册建筑师执业资格制度。注册建筑师级别分一级建筑师和二级建筑师。

五、注册结构工程师执业资格制度

注册结构工程师是指经全国统一考试合格,依法登记注册,取得中华人民共和国注册结构工程师执业资格证书和注册证书,从事桥梁结构及塔架结构等工程设计及相关业务的专业技术人员。注册结构工程师分一级注册结构工程师和二级注册结构工程师。

案例 2-1

1. 背景

某劳务分包企业,其注册资本金为50万元,有木工作业一级、砌筑作业二级、抹灰作业(不分资质等级)的劳务企业资质证书。在某工程施工中,与该工程的施工总承包企业签订的劳务分包合同额为158万元,最终实际结算额为1 536万元。该劳务分包企业实际承揽的劳务作业工程,除了木工、砌筑、抹灰作业外,还包括了脚手架、模板、混凝土等作业内容。

2. 问题

本案中的劳务分包企业在承揽该劳务分包工程中有无违法行为?

3. 分析

(1)《建筑业企业资质等级标准》中"建筑业劳务分包企业资质等级标准"规定,承担劳务分包业务"单项业务合同额不超过企业注册资本金的5倍"。本案中,该劳务分包签订的劳务合同额为158万元,没有超过其注册资本金的5倍,但实际结算额却达1 536万元,为其注册资本金的30.72倍,远远超过最高允许值5倍的规定。

(2)按照《建筑业企业资质等级标准》中"建筑业劳务分包企业资质等级标准"的规定,劳务分包企业分为13个资质类别。该劳务分包企业具有3项劳务作业资质,但超出其资质允许范围承担了脚手架、模板、混凝土等劳务作业。另经查实,该劳务分包企业的劳务合同费用中,除人工费外,还包含了主要材料、大中型周转设备和机具、安全文明施工的设施等内容及费用,实际上是让该劳务分包企业承担了应当由总承包企业或专业承包企业承担的施工内容。

(3)《建筑法》第29条第3款规定:禁止总承包单位将工程分包给不具备相应资质条件的单位。《建设工程质量管理条例》第78条第2款规定,本条例所称违法分包,是指下列行为:①总承包单位将建设工程分包给不具备相应资质条件的单位的……《房屋建筑和市政基础设施工程施工分包管理办法》进一步规定,禁止将承包的工程进行违法分包。下列行为,属于违法分包:①分包工程发包人将专业工程或者劳务作业分包给不具备相应资质条件的分包工程承包人的……

综上所述,该劳务分包可以定性为违法分包工程和违法越级承揽工程,应当依法对施工总承包企业和劳务分包企业作出处罚。

1. 我国工程建设执业资格制度是如何规定的?
2. 从事建设行业的单位有哪几类?其资质等级是如何划分的?
3. 我国从业单位资质划分标准是如何规定的?
4. 什么是注册建造师,它分为几级,它的考试报名条件是什么?
5. 什么是注册监理工程师?什么是注册结构工程师?

第3章　建设工程项目报建与施工许可制度

知识目标

（1）了解建设工程项目报建的内容和基本程序；
（2）理解建设工程施工许可工程范围、领取时间和程序；
（3）了解施工许可证的期限规定。

重难点

（1）工程报建和施工许可证的操作办法；
（2）建设用地规划许可、建设工程规划许可。

3.1　建设工程项目报建制度

1. 工程报建的概念

工程报建是指所建工程项目从规划、建筑指标到内部构造等要征询有关职能部门的意见并得到它们的认可和允许，即办理国土、消防、卫生、环保、人防、规划、治安、招投标等职能部门行政许可手续的综合过程。

2. 工程项目报建的内容

①工程名称；②建设地点；③投资规模；④资金来源；⑤当年投资额；⑥工程规模；⑦开工、竣工日期；⑧发包方式；⑨工程筹建情况。

3. 工程建设项目报建的作用

工程建设项目的报建便于建设行政主管部门从以下几方面对工程建设项目报建实施管理：①贯彻实施《建筑市场管理规定》和有关的方针政策；②管理监督工程项目的报建登记；③对报建的工程建设项目进行核实、分类、汇总；④向上级主管机关提供综合的工程建设报建情况；⑤查处隐瞒不报违章建设的行为。

4. 工程建设项目报建基本程序

（1）建设工程选址意见书（规划行政主管部门职责）。
（2）建筑设计方案审查意见书（规划行政主管部门职责）。
（3）建设工程施工图设计文件审查备案通知书（规划行政主管部门职责）。
（4）建设用地规划许可证（规划行政主管部门职责）。
（5）建设工程规划许可证（规划行政主管部门职责）。
（6）建设工程白蚁预防（白蚁防治办公室职责）。

(7) 建设工程项目报建(建筑业管理科职责)。

(8) 招标投标备案(招投标监管中心职责)。

(9) 建设工程质量监督(质安站职责)。

(10) 建设工程施工合同备案(建筑业管理科职责)。

(11) 建设工程施工许可证(建筑业管理科职责)。

5. 工程报建涉及职能部门及其相关职责

工程报建的主要管理部门为住建局,另外涉及环保局的环保评价许可、公安消防许可、人民防空等职能部门。以下主要讨论住建局部分职能部门的主要职责情况。

1) 规划管理部门职责

贯彻执行和宣传国家、省、市关于城市规划的法律、法规、规章及方针、政策,组织制订我市城市规划方面的地方性规章、规范性文件;负责市域城镇体系规划、城市总体规划、分区规划、详细规划、专业(专项)规划、近期建设规划的编制、审查、申报、实施工作;负责各类建设项目(含地下管线)的选址定点、建设用地规划管理、工程建设规划管理;参与工程建设项目论证和初步设计审查及施工图设计审查;负责建筑勘察设计管理和城市测量管理;负责全市城市空间合理开发和利用,负责城市景观环境的规划管理及大型临时性户外广告位的设置审批;参与土地利用总体规划的审查;负责城乡规划设计单位资质认证工作;管理城市测量工作;承担对历史文化名城(镇)、风景名胜区的审查报批和保护监督工作。

2) 建筑业管理部门职责

全市建筑行业管理,拟定建筑业的发展规划和产业管理办法;规范建筑市场、拟定施工现场的规章制度并监督执行;负责建设工程招标投标、工程报建、施工许可工作;指导建设监理、安全生产、工程质量管理工作;指导散装水泥的推广;负责有形建筑市场的监督管理工作;负责建筑业施工企业、建筑制品企业、装饰装修企业、电梯安装、塔机拆装、建设监理、招标投标代理、工程代理单位和检测机构的资质认证或申报工作;对市外建筑企业进入我市从事建筑活动进行验证、注册管理;负责项目经理资格申报和管理,负责全市监理工程师执业资格注册;负责建筑市场执法监察工作;负责全市建筑行业施工统计;负责建筑行业专业技能培训,办理对外劳务合作事务,指导劳务基地建设、建筑企业体制改革工作;配合行政审批服务科进行现场勘验、技术支持、事后监督。

3) 质量安全监督站职责

贯彻执行国家、省、市有关建设工程质量安全监督的法律、法规以及相关专业技术规范;负责对规划区内新建、扩建、改建的房屋建筑及市政基础设施工程实施全过程的质量和安全生产的监督管理;负责对竣工工程进行竣工验收备案;负责对质量事故、安全事故隐患进行核实并提出处理建议;配合行政审批服务科进行现场勘验、技术支持、事后监督。

4) 招投标监督管理中心职责

贯彻执行国家有关建设工程招标投标相关的法律、法规和方针政策;指导监督全市房屋建筑、市政基础设施工程项目及工程监理的招标投标工作和合同的备案管理;监督工程招标代理机构的代理行为是否符合法律法规的要求;负责招标代理机构年检初审工作及招标代理机构申报的初评工作;负责房屋建筑、市政基础设施工程项目及工程监理招标文件的备案;受理招标投标活动中当事人的投诉;依法查处招标投标活动中的违法行为。

3.2 建设工程施工许可制度

《建筑法》规定,建筑工程开工前,建设单位应当按照国家有关规定向工程所在地县级以上人民政府建设行政主管部门申请领取施工许可证,但国务院建设行政主管部门确定的限额以下的小型工程除外。按照国务院规定的权限和程序批准开工报告的建筑工程,不再领取施工许可证。

施工许可制度是由国家授权的有关行政主管部门在建设工程开工之前,对建设工程是否符合法定的开工条件进行审核,对符合条件的建设工程允许其开工建设的法定制度。建立施工许可制度,有利于保证建设工程的开工符合必要条件,避免不具备条件的建设工程盲目开工而给当事人造成损失或导致国家财产的浪费,从而使建设工程在开工后能够顺利实施,也便于有关行政主管部门了解和掌握所辖范围内有关建设工程的数量、规模,以及施工队伍等基本情况,依法进行指导和监督,保证建设工程活动依法有序进行。

一、施工许可证和开工报告的适用范围

1. 施工许可证的适用范围

1) 需要办理施工许可证的建设工程

《建筑法》规定,建筑工程开工前,建设单位应当按照国家有关规定向工程所在地县级以上人民政府建设行政主管部门申请领取施工许可证。

2) 不需要办理施工许可证的建设工程

(1) 限额以下的小型工程。按照《建筑法》的规定,国务院建设行政主管部门确定的限额以下的小型工程,可以不申请办理施工许可证。

据此,《建筑工程施工许可管理办法》规定,工程投资额在 30 万元以下或者建筑面积在 300 m² 以下的建筑工程,可以不申请办理施工许可证。

(2) 抢险救灾等工程。

3) 不重复办理施工许可证的建设工程

为避免同一建设工程的开工由不同行政主管部门重复审批的现象,《建筑法》规定,按照国务院规定的权限和程序批准开工报告的建筑工程,不再领取施工许可证。

2. 实行开工报告制度的建设工程

开工报告制度是我国沿用已久的一种建设项目开工管理制度。开工报告审查的内容主要包括:①资金到位情况;②投资项目市场预测;③设计图纸是否满足施工要求;④现场条件是否具备"三通一平"等的要求。1995 年国务院《关于严格限制新开工项目,加强固定资产投资源头控制的通知》《关于严格控制高档房地产开发项目的通知》中,均提到了开工报告审批制度。近些年来,公路建设项目等已由开工报告制度改为施工许可制度。

需要说明的是,国务院规定的开工报告制度,不同于建设监理中的开工报告工作。根据《建设工程监理规范》的规定,承包商即施工单位在工程开工前应按合同约定向监理工程师提交开工报告,经总监理工程师审定通过后,即可开工。虽然在字面上都是"开工报告",但二者之间

有着诸多不同:①性质不同,前者是政府主管部门的一种行政许可制度,后者则是建设监理过程中的监理单位对施工单位开工准备工作的认可;②主体不同,前者是建设单位向政府主管部门申报,后者则是施工单位向监理单位提交;③内容不同,前者主要是建设单位应具备的开工条件,后者则是施工单位应具备的开工条件。

案例 3-1

1. 背景

2001年,某房地产公司与出租汽车公司(以下合并简称建设方)合作,在某市市区共同开发房地产项目。该项目包括两部分,一部分是6.3万平方米的住宅工程,另一部分是与住宅相配套的3.4万平方米的综合楼。该项目的住宅工程各项手续和证件齐备,自1998年开工建设到2001年4月已经竣工验收。综合楼工程由于合作双方对该工程是作为基建计划还是开发计划申报问题没能统一,所以手续未能办理。由于住宅工程已竣工验收,未经审核批准的情况下开始施工,该施工行为被停止。

2. 问题

建设方在综合楼项目的建设中有何过错,应如何处理?

3. 分析

本案中,建设方在综合楼项目的建设中违反了《建筑法》第7条规定:建筑工程开工前,建设单位应当按照国家有关规定向工程所在地县级以上人民政府建设行政主管部门申请领取施工许可证。建设方在未取得施工许可证的情况下擅自开工的行为属于严重的违法行为。

《建筑法》第64条规定:未取得施工许可证或者开工报告未经批准擅自施工的,责令改正,对不符合开工条件的责令停止施工,可以处以罚款。《建设工程质量管理条例》第57条规定:建设单位未取得施工许可证或者开工报告未经批准,擅自施工的,责令停止施工,限期改正,处工程合同价款百分之一以上百分之二以下的罚款。据此,该市监督执法大队责令其停工的做法是正确的,并应当处以罚款。

二、申请主体和法定批准条件

1. 施工许可证的申请主体

施工许可证的申请领取应该是由建设单位负责,而不是由施工单位或其他单位领取。

2. 施工许可证的法定批准条件

1) 已经办理该建筑工程用地批准手续

经批准的建设项目需要使用国有建设用地的,建设单位应当持法律、行政法规规定的有关文件,向有批准权的县级以上人民政府土地行政主管部门提出建设用地申请,经土地行政主管部门审查,报本级人民政府批准。

2) 在城市规划区的建筑工程,已经取得规划许可证

《中华人民共和国城乡规划法》(以下简称《城乡规划法》)规定,在城市、镇规划区内以划拨方式提供国有土地使用权的建设项目,建设单位在取得建设用地规划许可证后,方可向县级以上地方人民政府土地主管部门申请用地,经县级以上人民政府审批后,由土地主管部门划拨土地。

以出让方式取得国有土地使用权的建设项目,在签订国有土地使用权出让合同后,建设单

位应当持建设项目的批准、核准、备案文件和国有土地使用权出让合同,向城市、县人民政府城乡规划主管部门领取建设用地规划许可证。

3)施工场地已经基本具备施工条件,需要拆迁的,其拆迁进度符合施工要求

4)已经确定建筑施工企业

建设工程的施工必须由具备相应资质的施工企业来承担。

5)有满足施工需要的施工图纸及技术资料。

施工图、设计文件等不仅要满足施工需要,还应当按照规定进行审查。《建设工程质量管理条例》规定,施工图设计文件未经审查批准的,不得使用。

6)有保证工程质量和安全的具体措施

《建设工程质量管理条例》规定,建设单位在领取施工许可证或者开工报告前,应当按照国家有关规定办理工程质量监督手续。

7)建设资金已经落实

《建筑工程施工许可管理办法》明确规定,建设工期不足1年的,到位资金原则上不得少于工程合同价的50%,建设工期超过1年的,到位资金原则上不得少于工程合同价的30%。建设单位应当提供银行出具的到位资金证明,有条件的可以实行银行付款保函或者其他第三方担保。

8)法律、行政法规规定的其他条件

目前,已增加的施工许可证申领条件主要是监理和消防设计审核。

(1)按照《建筑法》的规定,国务院可以规定实行强制监理的建筑工程的范围。为此,《建设工程质量管理条例》明确规定,下列建设工程必须实行监理:①国家重点建设工程;②大中型公用事业工程;③成片开发建设的住宅小区工程;④利用外国政府或者国际组织贷款、援助资金的工程;⑤国家规定必须实行监理的其他工程。

据此,《建筑工程施工许可管理办法》在申请领取施工许可证应当具备的条件中增加了一项规定,"按照规定应该委托监理的工程已委托监理"。

(2)《消防法》规定,依法应当经公安机关消防机构进行消防设计审核的建设工程,未经依法审核或者审核不合格的,负责审批该工程施工许可的部门不得给予施工许可,建设单位、施工单位不得施工;其他建设工程取得施工许可后经依法抽查不合格的,应当停止施工。

建设行政主管部门应当自收到申请之日起15日内,对符合条件的申请颁发施工许可证。

三、延期开工、核验和重新办理批准的规定

1. 申请延期的规定

《建筑法》规定,建设单位应当自领取施工许可证之日起3个月内开工。因故不能按期开工的,应当向发证机关申请延期;延期以两次为限,每次不超过3个月。既不开工又不申请延期或者超过延期时限的,施工许可证自行废止。

建设单位必须在施工许可证的有效期限内开工,不得无故拖延。但是,由于施工活动不同于一般的生产活动,其受气候、经济、环境等因素的制约较大,根据客观条件的变化,允许适当延期还是必要的,但对于延期应有限制。建设单位因故不能按期开工的,应当向发证机关申请延期并说明理由,发证机关认定有合理理由可以批准其延期开工,但延期以两次为限,每次不超过3个月。如果建设单位既不开工又不申请延期或者超过延期时限的,施工许可证将自行废止。

2. 核验施工许可证的规定

《建筑法》规定，在建的建筑工程因故中止施工的，建设单位应当自中止施工之日起一个月内向发证机关报告，并按照规定做好建筑工程的维护管理工作。建筑工程恢复施工时，应当向发证机关报告；中止施工满一年的工程恢复施工前，建设单位应当报发证机关核验施工许可证。

3. 重新办理批准手续的规定

对于实行开工报告制度的建设工程，《建筑法》规定，按照国务院有关规定批准开工报告的建筑工程，因故不能按期开工或者中止施工的，应当及时向批准机关报告情况。因故不能按期开工超过6个月的，应当重新办理开工报告的批准手续。

四、违法行为应承担的法律责任

未取得施工许可证或开工报告的违法行为应承担的主要法律责任有以下几点。

1. 未经许可擅自开工应承担的法律责任

《建筑法》规定，违反本法规定，未取得施工许可证或者开工报告未经批准擅自施工的，责令改正，对不符合开工条件的责令停止施工，可以处以罚款。

《建设工程质量管理条例》规定，建设单位未取得施工许可证或者开工报告未经批准，擅自施工的，责令停止施工，限期改正，处工程合同价款1‰以上2‰以下的罚款。

2. 规避办理施工许可证应承担的法律责任

《建筑工程施工许可管理办法》规定，对于未取得施工许可证或者为规避办理施工许可证将工程项目分解后擅自施工的，由有管辖权的发证机关责令改正，对于不符合开工条件的，责令停止施工，并对建设单位和施工单位分别处以罚款。

3. 骗取和伪造施工许可证应承担的法律责任

《建筑工程施工许可管理办法》规定，对于采用虚假证明文件骗取施工许可证的，由原发证机关收回施工许可证，责令停止施工，并对责任单位处以罚款；构成犯罪的，依法追究刑事责任。

对于伪造施工许可证的，该施工许可证无效，由发证机关责令停止施工，并对责任单位处以罚款；构成犯罪的，依法追究刑事责任。对于涂改施工许可证的，由原发证机关责令改正，并对责任单位处以罚款；构成犯罪的，依法追究刑事责任。

4. 对违法行为的罚款额度

《建筑工程施工许可管理办法》规定，本办法中的罚款，法律、法规有幅度规定的从其规定。无幅度规定的，有违法所得的处5 000元以上30 000元以下的罚款，没有违法所得的处5 000元以上10 000元以下的罚款。

案例 3-2

1. 背景

2016年，某市一服装厂为扩大生产规模需要建设一栋综合大楼，10层框架结构，建筑面积为20 000 m²。通过工程监理招标，该市某建设监理有限公司中标并与该服装厂于2016年7月16日签订了委托监理合同，合同价款34万元；通过施工招标，该市某建筑公司中标，并与服装厂于2016年8月16日签订了建设工程施工合同，合同价款4 200万元。合同签订后，建筑公司进入现场施工。在施工过程中，服装厂发现建筑公司工程进度拖延并出现质量问题，为此双方发生纠纷,并告到当地政府主管部门。当地政府主管部门在了解情况时,发现该服装厂的综合楼工程未办理规划许可、开工审批手续。

2. 问题

本案中该服装厂有何违法行为,应该如何处理?

3. 分析

(1) 该服装厂未办理综合楼工程的规划、施工许可手续,属违法建设项目。根据《建筑法》第7条规定:建筑工程开工前,建设单位应当按照国家有关规定向工程所在地县级以上人民政府建设行政主管部门申请领取施工许可证。该服装厂未办理开工审批手续,即未申请领取施工许可证就让建筑公司开工建设,属于违法施工。

(2) 该服装厂不具备申请领取施工许可证的条件。根据《建筑法》第8条规定:在城市规划区的建筑工程,已经取得规划许可证。该服装厂未办理该项工程的规划许可证,就不具备申请领取施工许可证的条件。所以,该服装厂即使申请也不可能获得施工许可证。

(3) 该服装厂应该承担的法律责任。《建设工程质量管理条例》第57条规定:建设单位未取得施工许可证或者开工报告未经批准,擅自施工的,责令停止施工,限期改正,处工程合同价款1%以上2%以下的罚款。结合本案情况,对该工程应该责令停止施工,限期改正,对建设单位处以罚款,其额度在42万~84万元之间。

此外,依据《建筑工程施工许可管理办法》第13条规定:本办法中的罚款,法律、法规有幅度规定的从其规定。无幅度规定的,有违法所得处5 000元以上30 000元以下的罚款,没有违法所得处5 000元以上10 000元以下的罚款。因此,对建筑公司也要处以5 000元以上30 000元以下的罚款。

(4) 对该服装公司违反规划许可的问题,由城乡规划主管部门依据《城乡规划法》给予相应的处罚。至于原有的施工进度、质量等纠纷,则应当依据合同的约定,选择和解、调解、仲裁、诉讼等法律途径进行解决。

1. 什么是工程项目报建制度?其基本程序如何?
2. 施工许可证的适用范围如何?哪些情况下不需要办理施工许可证?
3. 施工许可证的法定批准条件有哪些?
4. 建设用地规划许可证和建设工程规划许可证的区别是什么?

第4章　建设工程发包与承包法律制度

知识目标

(1) 了解建设工程招投标与承发包法律法规；
(2) 了解我国建筑市场信用体系的基本概念及奖惩机制；
(3) 掌握建设工程招标、投标、开标、评标，以及定标的具体操作流程及规定；
(4) 熟悉建设工程总包、共同承包及分包的法律法规。

重难点

(1) 建设工程招标、投标的程序与流程；
(2) 对招投标流程中的违规问题进行分析；
(3) 联合体投标。

建设工程发包是指建设工程的建设单位(或总承包单位)将建设工程任务(包括勘察、设计、施工等)的全部或一部分通过招标或其他方式，交付给具有从事相应建设活动的法定从业资格的单位完成，并按合同约定支付报酬的行为。

建设工程承包是指具有从事建设活动的法定从业资格的单位，通过投标或其他方式承揽建设工程任务，并签订合同，确定双方的权利与义务，按约定取得报酬的行为。

《建筑法》规定，建设工程承发包形式有：招标投标、直接发包。

4.1　建设工程招标投标制度

建设工程招标投标是在市场经济条件下，通过公平竞争机制，进行建设工程项目发包与承包时所采用的一种交易方式。通过招标投标，招标单位可以对符合条件的各投标竞争者进行综合比较，从中选择报价合理、技术力量强、质量和信誉可靠的承包商作为中标者签订承包合同，有利于保证工程质量和工期、降低工程造价、提高投资效益，也有利于防范建设工程发承包活动中的不正当竞争行为和腐败现象。招标投标的原则有：公开原则、公平原则、公正原则、诚实信用原则。

一、建设工程必须招标的范围、规模和招标方式

1. 建设工程必须招标的范围

《中华人民共和国招标投标法》(以下简称《招标投标法》)规定，在中华人民共和国境内进行下列工程建设项目包括项目的勘察、设计、施工、监理以及与工程建设有关的重要设备、材料等的采购，必须进行招标：①大型基础设施、公用事业等关系社会公共利益、公众安全的项目；②全

部或者部分使用国有资金投资或者国家融资的项目;③使用国际组织或者外国政府贷款、援助资金的项目。

经国务院批准的《工程建设项目招标范围和规模标准规定》进一步规定:"关系社会公共利益、公众安全的基础设施项目的范围包括:①煤炭、石油、天然气、电力、新能源等能源项目;②铁路、公路、管道、水运、航空以及其他交通运输业等交通运输项目;③邮政、电信枢纽、通信、信息网络等邮电通信项目;④防洪、灌溉、排涝、引(供)水、滩涂治理、水土保持、水利枢纽等水利项目;⑤道路、桥梁、地铁和轻轨交通、污水排放及处理、垃圾处理、地下管道、公共停车场等城市设施项目;⑥生态环境保护项目;⑦其他基础设施项目。关系社会公共利益、公众安全的公用事业项目的范围包括:①供水、供电、供气、供热等市政工程项目;②科技、教育、文化等项目;③体育、旅游等项目;④卫生、社会福利等项目;⑤商品住宅,包括经济适用住房;⑥其他公用事业项目。"

2. 建设工程必须招标的规模标准

按照《工程建设项目招标范围和规模标准规定》,必须招标范围内的各类工程建设项目,达到下列标准之一的,必须进行招标:①施工单项合同估算价在人民币 200 万元以上的;②重要设备、材料等货物的采购,单项合同估算价在人民币 100 万元以上的;③勘察、设计、监理等服务的采购,单项合同估算价在人民币 50 万元以上的;④单项合同估算价低于第①、②、③项规定的标准,但项目总投资额在人民币 3 000 万元以上的。

3. 可以不进行招标的建设工程项目

根据《工程建设项目招标范围和规模标准规定》建设项目的勘察、设计,采用特定专利或者专有技术的,或者其建筑艺术造型有特殊要求的,经项目主管部门批准,可以不进行招标。

《工程建设项目施工招标投标办法》中规定,有下列情形之一的,经该办法规定的审批部门批准,可以不进行施工招标:①涉及国家安全、国家秘密或者抢险救灾而不适宜招标的;②属于利用扶贫资金实行以工代赈需要使用农民工的;③施工主要技术采用特定的专利或者专有技术的;④施工企业自建自用的工程,且该施工企业资质等级符合工程要求的;⑤在建工程追加的附属小型工程或者主体加层工程,原中标人仍具备承包能力的;⑥法律、行政法规规定的其他情形。

4. 建设工程招标方式

《招标投标法》规定,招标分为公开招标和邀请招标。

1) 公开招标

公开招标,是指招标人以招标公告的方式邀请不特定的法人或者其他组织投标。招标人是依法提出招标项目、进行招标的法人或者其他组织。依法必须进行招标的项目的招标公告,应当通过国家指定的报刊、信息网络或者其他媒介发布。

《工程建设项目施工招标投标办法》规定,依法应当公开招标的建设工程项目有:①国务院发展计划部门确定的国家重点建设项目;②省、自治区、直辖市人民政府确定的地方重点建设项目;③全部使用国有资金投资或者国有资金投资占控股或者主导地位的工程建设项目。

2) 邀请招标

邀请招标,是指招标人以投标邀请书的方式邀请特定的法人或者其他组织投标。为了保证邀请招标的竞争性,《招标投标法》规定,招标人采用邀请招标方式的,应当向三个以上具备承担招标项目的能力、资信良好的特定的法人或者其他组织发出投标邀请书。

《工程建设项目施工招标投标办法》规定,对于应当公开招标的建设工程招标项目,有下列情形之一的,经批准可以进行邀请招标:①项目技术复杂或有特殊要求,只有少量几家潜在投标人可供选择的;②受自然地域环境限制的;③涉及国家安全、国家秘密或者抢险救灾,适宜招标但不宜公开招标的;④拟公开招标的费用与项目的价值相比,不值得的;⑤法律、法规规定不宜公开招标的。

二、招标基本程序和禁止肢解发包的规定

1. 招标基本程序

《招标投标法》规定,招标投标活动应当遵循公开、公平、公正和诚实信用的原则。建设工程招标的基本程序主要包括:落实招标条件、委托招标代理机构、编制招标文件、发布招标公告或投标邀请书、资格审查、开标、评标、中标和签订合同等。

1) 落实招标条件

《工程建设项目施工招标投标办法》进一步规定,依法必须招标的工程建设项目,应当具备下列条件才能进行施工招标:①招标人已经依法成立;②初步设计及概算应当履行审批手续的,已经批准;③招标范围、招标方式和招标组织形式等应当履行核准手续的,已经核准;④有相应资金或资金来源已经落实;⑤有招标所需的设计图纸及技术资料。

2) 委托招标代理机构

《招标投标法》规定,招标人具有编制招标文件和组织评标能力的,可以自行办理招标事宜。任何单位和个人不得强制其委托招标代理机构办理招标事宜。依法必须进行招标的项目,招标人自行办理招标事宜的,应当向有关行政监督部门备案。

招标代理机构是依法设立、从事招标代理业务并提供相关服务的社会中介组织。按照《招标投标法》的规定,招标代理机构应当具备下列条件:①有从事招标代理业务的营业场所和相应资金;②有能够编制招标文件和组织评标的相应专业力量;③有符合本法规定条件、可以作为评标委员会成员人选的技术、经济等方面的专家库。《招标投标法》还规定,从事工程建设项目招标代理业务的招标代理机构,其资格由国务院或者省、自治区、直辖市人民政府的建设行政主管部门认定。

招标代理机构应当在招标人委托的范围内承担招标事宜。招标代理机构可以在其资格等级范围内承担下列招标事宜:①拟订招标方案,编制和出售招标文件、资格预审文件;②审查投标人资格;③编制标底;④组织投标人踏勘现场;⑤组织开标、评标,协助招标人定标;⑥草拟合同;⑦招标人委托的其他事项。

招标代理机构与行政机关和其他国家机关不得存在隶属关系或者其他利益关系,也不得无权代理、越权代理,不得明知委托事项违法而进行代理。招标代理机构不得接受同一招标项目的投标代理和投标咨询业务;未经招标人同意,不得转让招标代理业务。

3) 编制招标文件

《工程建设项目施工招标投标办法》进一步规定,招标文件一般包括下列内容:①投标邀请书;②投标人须知;③合同主要条款;④投标文件格式;⑤采用工程量清单招标的,应当提供工程量清单;⑥技术条款;⑦设计图纸;⑧评标标准和方法;⑨投标辅助材料。招标人应当在招标文件中规定实质性要求和条件,并用醒目的方式标明。

《招标投标法》还规定,招标文件不得要求或者标明特定的生产供应者,以及含有倾向或者

排斥潜在投标人的其他内容。招标人对已发出的招标文件进行必要的澄清或者修改的,应当在招标文件要求提交投标文件截止时间至少 15 日前,以书面形式通知所有招标文件收受人。该澄清或者修改的内容为招标文件的组成部分。

招标人应当确定投标人编制投标文件所需要的合理时间,但是,依法必须进行招标的项目,自招标文件开始发出之日起至投标人提交投标文件截止之日止,最短不得少于 20 日。

4）发布招标公告或投标邀请书

招标人采用邀请招标方式的,应当向 3 个以上具备承担招标项目的能力、资信良好的特定的法人或者其他组织发出投标邀请书。投标邀请书也应当载明招标人的名称和地址、招标项目的性质、数量、实施地点和时间,以及获取招标文件的办法等事项。

招标人不得向他人透露已获取招标文件的潜在投标人的名称、数量,以及可能影响公平竞争的有关招标投标的其他情况。招标人设有标底的,标底必须保密。招标人根据招标项目的具体情况,可以组织潜在投标人踏勘项目现场。

《工程建设项目施工招标投标办法》规定,招标人应当按招标公告或者投标邀请书规定的时间、地点出售招标文件。自招标文件出售之日起至停止出售之日止,最短不得少于 5 个工作日。对招标文件的收费应当合理,不得以营利为目的。招标人在发布招标公告、发出投标邀请书后或者售出招标文件或资格预审文件后不得擅自终止招标。

5）资格审查

《工程建设项目施工招标投标办法》规定,资格审查分为资格预审和资格后审。资格预审,是指在投标前对潜在投标人进行的资格审查。资格后审,是指在开标后对投标人进行的资格审查。进行资格预审的,一般不再进行资格后审,但招标文件另有规定的除外。

采取资格预审的,招标人可以发布资格预审公告,在资格预审文件中载明资格预审的条件、标准和方法;采取资格后审的,招标人应当在招标文件中载明对投标人资格要求的条件、标准和方法。招标人不得改变载明的资格条件,或者以没有载明的资格条件对潜在投标人或者投标人进行资格审查。

资格预审后,招标人应当向资格预审合格的潜在投标人发出资格预审合格通知书,告知获取招标文件的时间、地点和方法,并同时向资格预审不合格的潜在投标人告知资格预审结果。资格预审不合格的潜在投标人不得参加投标。

资格审查应主要审查潜在投标人或者投标人是否符合下列条件:①具有独立订立合同的权利;②具有履行合同的能力,包括专业、技术资格和能力,资金、设备和其他物质设施状况,管理能力、经验、信誉和相应的从业人员;③没有处于被责令停业,投标资格被取消,财产被接管、冻结、破产状态;④在最近 3 年内没有骗取中标和严重违约及重大工程质量问题;⑤法律行政法规规定的其他资格条件。

资格审查时,招标人不得以不合理的条件限制、排斥潜在投标人或者投标人,不得对潜在投标人或者投标人实行歧视待遇。任何单位和个人不得以行政手段或者其他不合理方式限制投标人的数量。

6）开标

《招标投标法》规定,开标应当在招标文件确定的提交投标文件截止时间的同一时间公开进行;开标地点应当为招标文件中预先确定的地点。

开标由招标人主持,邀请所有投标人参加。开标时,由投标人或者其推选的代表检查投标文件的密封情况，也可以由招标人委托的公证机构检查并公证；经确认无误后，由工作人员当众拆封，宣读投标人名称、投标价格和投标文件的其他主要内容。招标人在招标文件要求提交投标文件的截止时间前收到的所有投标文件，开标时都应当当众予以拆封、宣读。开标过程应当记录，并存档备查。

《工程建设项目施工招标投标办法》规定，投标文件有下列情形之一的，招标人不予受理：①逾期送达的或者未送达指定地点的；②未按招标文件要求密封的。

7）评标

《招标投标法》规定，评标由招标人依法组建的评标委员会负责。招标人应当采取必要的措施，保证评标在严格保密的情况下进行。任何单位和个人不得非法干预、影响评标的过程和结果。

依法必须进行招标的项目，其评标委员会由招标人的代表和有关技术、经济等方面的专家组成，成员人数为5人以上单数，其中技术、经济等方面的专家不得少于成员总数的2/3。与投标人有利害关系的人不得进入相关项目的评标委员会；已经进入的应当更换。评标委员会成员的名单在中标结果确定前应当保密。

《工程建设项目施工招标投标办法》规定，投标文件有下列情形之一的，由评标委员会初审后按废标处理：①无单位盖章并无法定代表人或法定代表人授权的代理人签字或盖章的；②未按规定的格式填写，内容不全或关键字迹模糊、无法辨认的；③投标人递交两份或多份内容不同的投标文件，或在一份投标文件中对同一招标项目报有两个或多个报价，且未声明哪一个有效，按招标文件规定提交备选投标方案的除外；④投标人名称或组织结构与资格预审时不一致的；⑤未按招标文件要求提交投标保证金的；⑥联合体投标未附联合体各方共同投标协议的。

8）中标

《招标投标法》规定，招标人根据评标委员会提出的书面评标报告和推荐的中标候选人确定中标人。招标人也可以授权评标委员会直接确定中标人。

中标人确定后，招标人应当向中标人发出中标通知书，并同时将中标结果通知所有未中标的投标人。中标通知书对招标人和中标人具有法律效力。中标通知书发出后，招标人改变中标结果的，或者中标人放弃中标项目的，应当依法承担法律责任。

9）签订合同

《招标投标法》规定，招标人和中标人应当自中标通知书发出之日起30日内，按照招标文件和中标人的投标文件订立书面合同。招标人和中标人不得再行订立背离合同实质性内容的其他协议。

2. 禁止肢解发包的规定

肢解发包是指建设单位将应当由一个承包单位完成的建设工程分解成若干部分，发包给不同的承包单位的行为。

《建筑法》规定，提倡对建筑工程实行总承包，禁止将建筑工程肢解发包。建筑工程的发包单位可以将建筑工程的勘察、设计、施工、设备采购一并发包给一个工程总承包单位，也可以将建筑工程的勘察、设计、施工、设备采购的一项或者多项发包给一个工程总承包单位；但是，不得将应当由一个承包单位完成的建筑工程肢解成若干部分发包给几个承包单位。

《建设工程质量管理条例》规定，建设单位不得将建设工程肢解发包。建设单位将建设工程肢解发包的，责令改正，处工程合同价款0.5%以上1%以下的罚款；对全部或者部分使用国有资金的项目,并可以暂停项目执行或者暂停资金拨付。

案例 4-1

1. 背景

某建设单位要建一幢18层的办公楼,在招标发包时将主体工程的土建部分按楼层分为3个标段(每6层为1个标段)进行招标,并将该办公楼的空调设备、电梯设备和消防设备的安装也分别进行招标发包。为此,部分投标单位认为是肢解发包,并向政府主管部门作了反映。

2. 问题

(1) 该建设单位将主体工程的土建部分按楼层分为3个标段进行招标,是否算肢解发包?

(2) 该建设单位能否将该办公楼的空调设备、电梯设备和消防设备的安装分别招标发包?

3. 分析

(1) 依据《建设工程质量管理条例》的规定,肢解发包是指建设单位将应当由一个承包单位完成的建设工程分解成若干部分发包给不同的承包单位的行为。本案中,该办公楼主体工程的土建部分应当由一个承包单位完成,以保障其结构整体性、稳定性和安全性;建设单位将其分为3个标段,应当定性为肢解发包。

(2) 对于该办公楼的空调设备、电梯设备和消防设备的安装,尽管也属于同一建筑的设备安装,但因其各有较强的专业性,为保证安装质量,建设单位可以将其作为专业工程分别发包给不同的专业承包单位。

三、投标文件的法定要求和投标保证金

《招标投标法》规定,投标人是响应招标、参加投标竞争的法人或者其他组织。投标人应当具备承担招标项目的能力;国家有关规定对投标人资格条件或者招标文件对投标人资格条件有规定的,投标人应当具备规定的资格条件。

1. 投标文件

1) 投标文件的内容要求

《招标投标法》规定,投标人应当按照招标文件的要求编制投标文件。投标文件应当对招标文件提出的实质性要求和条件作出响应。招标项目属于建设施工项目的,投标文件的内容应当包括拟派出的项目负责人与主要技术人员的简历、业绩和拟用于完成招标项目的机械设备等。

《工程建设项目施工招标投标办法》规定,投标文件一般包括下列内容:①投标函;②投标报价;③施工组织设计;④商务和技术偏差表。投标人根据招标文件载明的项目实际情况,拟在中标后将中标项目的部分非主体、非关键性项目进行分包的,应当在投标文件中载明。

《(标准施工招标资格预审文件)和(标准施工招标文件)试行规定》中进一步明确,投标文件应包括下列内容:①投标函及投标函附录;②法定代表人身份证明或附有法定代表人身份证明的授权委托书;③联合体协议书;④投标保证金;⑤已标价工程量清单;⑥施工组织设计;⑦项目管理机构;⑧拟分包项目情况表;⑨资格审查资料;⑩投标人须知前附表规定的其他材料。但是,投标人须知前附表规定不接受联合体投标的,或投标没有组成联合体的,投标文件不包括联合体协议书。

响应招标文件的实质性要求是投标的基本前提。凡是不能满足招标文件中的任何一项实质性要求和条件的投标文件,都将被拒绝。实质性要求和条件主要是指招标文件中有关招标项

目的价格、期限、技术规范、合同的主要条款等内容。

2）投标文件的修改与撤回

《招标投标法》规定，投标人在招标文件要求提交投标文件的截止时间前，可以补充、修改或者撤回已提交的投标文件，并书面通知招标人。补充、修改的内容为投标文件的组成部分。

《工程建设项目施工招标投标办法》进一步规定，在提交投标文件截止时间后到招标文件规定的投标有效期终止之前，投标人不得补充、修改、替代或者撤回其投标文件。投标人补充、修改、替代投标文件的，招标人不予接受；投标人撤回投标文件的，其投标保证金将被没收。

3）投标文件的送达与签收

《招标投标法》规定，投标人应当在招标文件要求提交投标文件的截止时间前，将投标文件送达投标地点。招标人收到投标文件后，应当签收保存，不得开启。投标人少于3个的，招标人应当依本法重新招标。在招标文件要求提交投标文件的截止时间后送达的投标文件，招标人应当拒收。

4）投标有效期

投标有效期是从投标人提交投标文件截止之日起计算，一般至中标通知书签发日期止。在此期限内，所有招标文件均保持有效。

在原投标有效期结束前，出现特殊情况的，招标人可以书面形式要求所有投标人延长投标有效期。投标人同意延长的，不得要求或被允许修改其投标文件的实质性内容，但应当相应延长其投标保证金的有效期；投标人拒绝延长的，其投标失效，但投标人有权收回其投标保证金。因延长投标有效期造成投标人损失的，招标人应当给予补偿，但因不可抗力需要延长投标有效期的除外。

2. 投标保证金

《工程建设项目施工招标投标办法》规定，招标人可以在招标文件中要求投标人提交投标保证金。投标人不按招标文件要求提交投标保证金的，该投标文件将被拒绝，作废标处理。

1）投标保证金的形式与金额

投标保证金除现金外，可以是银行出具的银行保函、保兑支票、银行汇票或现金支票。

《工程建设项目施工招标投标办法》规定，投标保证金一般不得超过投标总价的2%。投标保证金有效期应当超出投标有效期30天。投标人应当按照招标文件要求的方式和金额，将投标保证金随投标文件提交给招标人。

2）投标保证金的退还

《工程建设项目施工招标投标办法》规定，招标人与中标人签订合同后5个工作日内，应当向未中标的投标人退还投标保证金。

但是，有下情形之一的，投标保证金将被没收：①在提交投标文件截止时间后到招标文件规定的投标有效期终止之前，投标人撤回投标文件的；②中标通知书发出后，中标人放弃中标项目的，无正当理由不与招标人签订合同的，在签订合同时向招标人提出附加条件或者更改合同实质性内容的，或者拒不提交所要求的履约保证金的，招标人可取消其投标资格，并没收其投标保证金。

案例 4-2

1. 背景

某投标人投标时，在投标截止时间前递交了投标文件，但投标保证金递交时间晚于投标截止时间两分钟送达，招标人均进行了受理，同意其投标文件参与开标。其他投标人对此提出异议,认为招标人违背了相关规定。

2. 问题

(1) 招标人应怎样处理该份投标文件,投标保证金晚于投标截止时间两分钟送达,招标人是否可以接受?

(2) 该投标人的投标文件是否有效,是否应为废标?

3. 分析

(1)《招标投标法》第36条规定:招标人在招标文件要求提交投标文件的截止时间前收到的所有投标文件,开标时都应当当众予以拆封、宣读。本案中,该投标人的投标文件已经在投标截止时间前送达,招标人也进行了受理,故应依法在开标会议当众进行拆封、宣读。但是,《工程建设项目施工招标投标办法》第37条第3款规定:投标人应当按照招标文件要求的方式和金额,将投标保证金随投标文件提交给招标人。由于投标保证金晚于投标截止时间两分钟送达,招标人对其投标保证金不能受理。

(2)《工程建设项目施工招标投标办法》第38条第2款规定:在招标文件要求提交投标文件的截止时间后送达的投标文件,为无效的投标文件,招标人应当拒收。本案中,该投标人的投标文件是在招标文件要求提交投标文件的截止时间前送达的,因而是有效投标文件。但是,《工程建设项目施工招标投标办法》第37条第4款规定:投标人不按招标文件要求提交投标保证金的,该投标文件将被拒绝,作废标处理。第50条第2款也规定,投标文件有下列情形之一的,由评标委员会初审后按废标处理……(五)未按招标文件要求交投标保证金的;……据此,该投标人的投标保证金晚于投标截止时间两分钟送达,属于不按照招标文件要求提交投标保证金的。因而,该投标文件应被拒绝,作废标处理。

四、禁止投标人实施不正当竞争行为的规定

在建设工程招标投标的活动中,投标人的不正当竞争行为主要是:招标人相互串通投标、投标人与招标人串通投标、投标人以行贿手段谋取中标、投标人以低于成本的报价竞标、投标人以他人名义投标或者以其他方式弄虚作假骗取中标。

(1) 投标人相互串通投标。

《工程建设项目施工招标投标办法》进一步规定,下列行为均属投标人串通投标报价:①投标人之间相互约定抬高或降低投标报价;②投标人之间相互约定,在招标项目中分别以高、中、低价位报价;③投标人之间先进行内部竞价,内定中标人,然后再参加投标;④投标人之间其他串通投标报价行为。

(2) 投标人与招标人串通投标。

《工程建设项目施工招标投标办法》进一步规定,下列行为均属招标人与投标人串通投标:①招标人在开标前开启投标文件,并将投标情况告知其他投标人,或者协助投标人撤换投标文件,更改报价;②招标人向投标人泄露标底;③招标人与投标人商定,投标时压低或抬高标价,中标后再给投标人或招标人额外补偿;④招标人预先内定中标人;⑤其他串通投标行为。

(3) 投标人以行贿手段谋取中标。

(4) 投标人以低于成本的报价竞标。

《反不正当竞争法》规定,经营者不得以排挤竞争对手为目的,以低于成本的价格销售商品。

这是因为低于成本的报价竞标不仅是不正当竞争行为,还容易导致中标后的偷工减料,影响工程质量。

(5) 投标人以他人名义投标或以其他方式弄虚作假骗取中标。

五、联合体投标的规定

《招标投标法》规定,两个以上法人或者其他组织可以组成一个联合体,以一个投标人的身份共同投标。联合体共同投标一般适用于大型建设项目和结构复杂的建设项目。

1. 联合体投标的特点

联合体投标有如下特点:①联合体由两个或者两个以上的投标人组成,参与投标是各方的自愿行为;②联合体是一个临时性的组织,不具有法人资格;③联合体各方以一个投标人的身份共同投标,中标后,招标人与联合体各方共同签订一个承包合同,联合体各方就中标项目向招标人承担连带责任;④联合体各方签订共同投标协议后,不得再以自己名义单独投标,也不得组成新的联合体或参加其他联合体在同一项目中投标。

2. 联合体的资格条件

组成联合体的各方均应具备一定的能力和条件,如相应的人员、设备、专业技术、资金,以及资质证书等。

《招标投标法》规定,联合体各方均应当具备承担招标项目的相应能力;国家有关规定或者招标文件对投标人资格条件有规定的,联合体各方均应当具备规定的相应资格条件。由同一专业的单位组成的联合体,按照资质等级较低的单位确定资质等级。

联合体的资质等级采取就低不就高的原则,是为了促使高资质、高素质的投标人实现强强联合,优化资源配置,并防止出现"挂靠"现象,以保证招标质量和建设工程的顺利实施。对于联合体各方承担招标项目的相应能力和资格条件认定,应当由联合体成员按照招标文件的相应要求提交各自的有关资料。

《工程建设项目施工招标投标办法》还规定,联合体参加资格预审并获通过的,其组成的任何变化都必须在提交投标文件截止之日前征得招标人的同意。如果变化后的联合体削弱了竞争,含有事先未经过资格预审或者资格预审不合格的法人或者其他组织,或者使联合体的资质降到资格预审文件中规定的最低标准以下,招标人有权拒绝。

3. 联合体协议

《招标投标法》规定,联合体各方应当签订共同投标协议,明确约定各方拟承担的工作和责任,并将共同投标协议连同投标文件一并提交招标人。联合体中标的,联合体各方应当共同与招标人签订合同,就中标项目向招标人承担连带责任。

联合体各方应指定一方作为联合体牵头人,授权其代表所有联合体成员负责投标和合同实施阶段的主办、协调工作,并应当向招标人提交由所有联合体成员法定代表人签署的授权书。联合体投标未附联合体各方共同投标协议的,将由评标委员会初审后按废标处理。

4. 联合体投标保证金

《工程建设项目施工招标投标办法》规定,联合体投标的,应当以联合体各方或者联合体中牵头人的名义提交投标保证金。以联合体中牵头人名义提交的投标保证金,对联合体各成员具有约束力。

第4章 建设工程发包与承包法律制度

案例 4-3

1. 背景

某建设工程招标公告中,对投标人资格条件要求为:①本次招标的资质要求是主项资质为房屋建筑工程施工总承包二级及以上资质;②有3个及以上同类工程业绩,并在人员、设备、资金等方面具有相应的施工能力;③本次招标接受联合体投标。在招标公告发出后,一些建筑公司包括A、B两公司都想参加此次投标。A建筑公司具有房屋建筑工程施工总承包一级资质,且具有多个同类工程业绩;B建筑公司具有房屋建筑工程施工总承包二级资质,但同类工程业绩较少。但A建筑公司目前资金比较紧张,而B建筑公司则担心由于自己的业绩一般,在投标中会处于劣势。因此,两公司协商组成联合体进行投标。在评标过程中,该联合体的资质等级被确定为房屋建筑工程施工总承包二级;评标办法中将资质等级列为一项计算得分的项目。根据评标办法中的计算方法,该联合体得分略低于另外一家一级资质投标人,遗憾地失去了中标机会。该联合体不服,就资质等级问题提出异议,特别是A公司认为中标的那家公司在以往业绩和业内影响等均不如本公司。

2. 问题

(1) 什么是联合体投标,A、B两公司组成的联合体双方的权利义务是什么?

(2) 法律对联合体投标的资格有何规定,联合体的资质等级如何确定?

3. 分析

(1) 所谓联合体投标,是指两个以上法人或者其他组织组成非法人的联合体,以联合体的名义即一个投标人的身份参加投标的组织方式。为此,A、B公司双方应当签订共同投标协议,明确约定各方拟承担的工作和责任,并将共同投标协议连同投标文件一并提交招标人。若A、B公司联合体中标,则双方应当共同与招标人签订合同,就中标项目向招标人承担连带责任。

(2) 《招标投标法》第31条规定,联合体各方均应当具备承担招标项目的相应能力;国家有关规定或者招标文件对投标人资格条件有规定的,联合体各方均应当具备规定的相应资格条件。由同一专业的单位组成的联合体,按照资质等级较低的单位确定资质等级。

据此,A、B公司组成联合体,只能是按照相同专业资质等级较低的单位即B公司的资质等级,确定为房屋建筑工程施工总承包二级资质。故此,按照该评标办法中的计算方法,其得分肯定会相应减少。

六、中标的法定条件

1. 确定中标人

1) 中标人的确定范围

《招标投标法》规定,招标人根据评标委员会提出的书面评标报告和推荐的中标候选人确定中标人。招标人也可以授权评标委员会直接确定中标人。

《工程建设项目施工招标投标办法》进一步规定,招标人应当接受评标委员会推荐的中标候选人,不得在评标委员会推荐的中标候选人之外确定中标人。依法必须进行招标的项目,招标人应当确定排名第一的中标候选人为中标人。

2) 中标人的确定条件

《招标投标法》规定,中标人的投标应当符合下列条件之一:①能够最大限度地满足招标文件中规定的各项综合评价标准；②能够满足招标文件的实质性要求，并且经评审的投标价格最低，但是投标价格低于成本的除外。

认定该投标人的报价低于其企业成本的，不能推荐为中标候选人或者中标人。

3) 中标人的确定期限和中标候选人公示

《工程建设项目施工招标投标办法》规定，评标委员会提出书面评标报告后，招标人一般应当在15日内确定中标人，但最迟应当在投标有效期结束日30个工作日前确定。

采用公开招标的，在中标通知书发出前，要将预中标人的情况在该工程项目招标公告发布的同一信息网络和建设工程交易中心予以公示，公示的时间最短应当不少于两个工作日。

2．报告招标投标情况

《招标投标法》规定，依法必须进行招标的项目，招标人应当自确定中标人之日起15日内，向有关行政监督部门提交招标投标情况的书面报告。

《工程建设项目施工招标投标办法》进一步规定，依法必须进行施工招标的项目，招标人应当自发出中标通知书之日起15日内，向有关行政监督部门提交招标投标情况的书面报告。书面报告至少应包括下列内容：①招标范围；②招标方式和发布招标公告的媒介；③招标文件中投标人须知、技术条款、评标标准和方法、合同主要条款等内容；④评标委员会的组成和评标报告；⑤中标结果。

3．履约保证金

《招标投标法》规定，招标文件要求中标人提交履约保证金的，中标人应当提交。

《工程建设项目施工招标投标办法》进一步规定，招标文件要求中标人提交履约保证金或者其他形式履约担保的，中标人应当提交；拒绝提交的，视为放弃中标项目。

七、违法行为应承担的法律责任

建设工程招标投标活动中违法行为应承担的主要法律责任如下。

1．招标人违法行为应承担的法律责任

《招标投标法》规定，必须进行招标的项目而不招标的，将必须进行招标的项目化整为零或者以其他任何方式规避招标的，责令限期改正，可以处项目合同金额5‰以上10‰以下的罚款；对全部或者部分使用国有资金的项目，可以暂停项目执行或者暂停资金拨付；对单位直接负责的主管人员和其他直接责任人员依法给予处分。

招标人以不合理的条件限制或者排斥潜在投标人的，对潜在投标人实行歧视待遇的，强制要求投标人组成联合体共同投标的，或者限制投标人之间竞争的，责令改正，可以处1万元以上5万元以下的罚款。

依法必须进行招标的项目的招标人向他人透露已获取招标文件的潜在投标人的名称、数量或者可能影响公平竞争的有关招标投标的其他情况的，或者泄露标底的，给予警告，可以并处1万元以上10万元以下的罚款；对单位直接负责的主管人员和其他直接责任人员依法给予处分；构成犯罪的，依法追究刑事责任。影响中标结果的，中标无效。

依法必须进行招标的项目，招标人违反规定，与投标人就投标价格、投标方案等实质性内容进行谈判的，给予警告，对单位直接负责的主管人员和其他直接责任人员依法给予处分。影响中标结果的，中标无效。

招标人在评标委员会依法推荐的中标候选人以外确定中标人的,依法必须进行招标的项目在所有投标被评标委员会否决后自行确定中标人的,中标无效。责令改正,可以处中标项目金额5‰以上10‰以下的罚款;对单位直接负责的主管人员和其他直接责任人员依法给予处分。

招标人与中标人不按照招标文件和中标人的投标文件订立合同的,或者招标人、中标人订立背离合同实质性内容的协议的,责令改正;可以处中标项目金额5‰以上10‰以下的罚款。

《建设工程质量管理条例》规定,建设单位将建设工程肢解发包的,责令改正,处工程合同价款0.5%以上1%以下的罚款;对全部或者部分使用国有资金的项目,并可以暂停项目执行或者暂停资金拨付。

《工程建设项目施工招标投标办法》规定,招标人在发布招标公告、发出投标邀请书或者售出招标文件或资格预审文件后终止招标的,除有正当理由外,有关行政监督部门给予警告,根据情节可处3万元以下的罚款;给潜在投标人或者投标人造成损失的,并应当赔偿损失。

招标人或者招标代理机构有下列情形之一的,有关行政监督部门责令其限期改正,根据情节可处3万元以下的罚款;情节严重的,招标无效:①未在指定的媒介发布招标公告的;②邀请招标不依法发出投标邀请书的;③自招标文件或资格预审文件出售之日起至停止出售之日止,少于5个工作日的;④依法必须招标的项目,自招标文件开始发出之日起至提交投标文件截止之日止,少于20日的;⑤应当公开招标而不公开招标的;⑥不具备招标条件而进行招标的;⑦应当履行核准手续而未履行的;⑧不按项目审批部门核准内容进行招标的;⑨在提交投标文件截止时间后接收投标文件的;⑩投标人数量不符合法定要求不重新招标的。被认定为招标无效的,应当重新招标。

招标人不按规定期限确定中标人的,或者中标通知书发出后,改变中标结果的,无正当理由不与中标人签订合同的,或者在签订合同时向中标人提出附加条件或者更改合同实质性内容的,有关行政监督部门给予警告,责令改正,根据情节可处3万元以下的罚款;造成中标人损失的,并应当赔偿损失。

招标人擅自提高履约保证金或强制要求中标人垫付中标项目建设资金的,有关行政监督部门责令改正;可以处目标项目金额5‰以上10‰以下的罚款。

招标人不履行与中标人订立的合同的,应当双倍返还中标人的履约保证金;给中标人造成的损失超过返还的履约保证金的,还应当对超过部分予以赔偿;没有提交履约保证金的,应当对中标人的损失承担赔偿责任。因不可抗力不能履行合同的,不适用此规定。

2. 招标代理机构违法行为应承担的法律责任

《招标投标法》规定,招标代理机构违反本法规定,泄露应当保密的与招标投标活动有关的情况和资料的,或者与招标人、投标人串通损害国家利益、社会公共利益或者他人合法权益的,处5万元以上25万元以下的罚款,对单位直接负责的主管人员和其他直接责任人员处单位罚款数额5%以上10%以下的罚款;有违法所得的,并处没收违法所得;情节严重的,暂停直至取消招标代理资格;构成犯罪的,依法追究刑事责任。给他人造成损失的,依法承担赔偿责任。影响中标结果的,中标无效。

《工程建设项目招标代理机构资格认定办法》规定,未取得资格认定承担工程招标代理业务的,该工程招标代理无效,由招标工程所在地的建设行政主管部门处以1万元以上3万元以下的罚款。

工程招标代理机构超越规定范围承担工程招标代理业务的,由建设行政主管部门处以1万元以上3万元以下的罚款;情节严重的,收回其工程招标代理资格证书,并在3年内不受理其资格申请。

3. 评标委员会成员违法行为应承担的法律责任

《招标投标法》规定,评标委员会成员收受投标人的财物或者其他好处的,评标委员会成员或者参加评标的有关工作人员向他人透露对投标文件的评审和比较、中标候选人的推荐,以及与评标有关的其他情况的,给予警告,没收收受的财物,可以并处3 000元以上5万元以下的罚款,对有所列违法行为的评标委员会成员取消担任评标委员会成员的资格,不得再参加任何依法必须进行招标的项目的评标;构成犯罪的,依法追究刑事责任。

《工程建设项目施工招标投标办法》规定,评标委员会成员在评标过程中擅离职守,影响评标程序正常进行,或者在评标过程中不能客观公正地履行职责的,有关行政监督部门给予警告;情节严重的,取消担任评标委员会成员的资格,不得再参加任何招标项目的评标,并处1万元以下的罚款。

评标过程有下列情况之一的,评标无效,应当依法重新进行评标或者重新进行招标,有关行政监督部门可处3万元以下的罚款:①使用招标文件没有确定的评标标准和方法的;②评标标准和方法含有倾向或者排斥投标人的内容,妨碍或者限制投标人之间竞争,且影响评标结果的;③应当回避担任评标委员会成员的人参与评标的;④评标委员会的组建及人员组成不符合法定要求的;⑤评标委员会及其成员在评标过程中有违法行为,且影响评标结果的。

《最高人民法院、最高人民检察院关于办理商业贿赂刑事案件适用法律若干问题的意见》第6条规定,依法组建的评标委员会的组成人员,在招标等事项的评标活动中,索取他人财物或者非法收受他人财物,为他人谋取利益,数额较大的,依照《刑法》第163条的规定,以非国家工作人员受贿罪定罪处罚。依法组建的评标委员会中国家机关或者其他国有单位的代表有以上行为的,依照《刑法》第385条的规定,以受贿罪定罪处罚。

4. 投标人违法行为应承担的法律责任

《招标投标法》规定,投标人相互串通投标或者与招标人串通投标的,投标人以向招标人或者评标委员会成员行贿的手段谋取中标的,中标无效,处中标项目金额5‰以上10‰以下的罚款,对单位直接负责的主管人员和其他直接责任人员处单位罚款数额5%以上10%以下的罚款;有违法所得的,并处没收违法所得;情节严重的,取消其1~2年内参加依法必须进行招标的项目的投标资格并予以公告,直至由工商行政管理机关吊销营业执照;构成犯罪的,依法追究刑事责任。给他人造成损失的,依法承担赔偿责任。

投标人以他人名义投标或者以其他方式弄虚作假,骗取中标的,中标无效,给招标人造成损失的,依法承担赔偿责任;构成犯罪的,依法追究刑事责任。依法必须进行招标的项目的投标人有以上所列行为尚未构成犯罪的,处中标项目金额5‰以上10‰以下的罚款,对单位直接负责的主管人员和其他直接责任人员处单位罚款数额5%以上10%以下的罚款;有违法所得的,并处没收违法所得;情节严重的,取消其1~3年内参加依法必须进行招标的项目的投标资格并予以公告,直至由工商行政管理机关吊销营业执照。

5. 中标人违法行为应承担的法律责任

《招标投标法》规定,中标人将中标项目转让给他人的,将中标项目肢解后分别转让给他人的,违反本法规定将中标项目的部分主体、关键性工作分包给他人的,或者分包人再次分包的,转让、分包无效,处转让、分包项目金额5‰以上10‰以下的罚款;有违法所得的,并处没收违法所得;可以责令停业整顿;情节严重的,由工商行政管理机关吊销营业执照。

中标人不履行与招标人订立的合同的,履约保证金不予退还,给招标人造成的损失超过履约保证金数额的,还应当对超过部分予以赔偿;没有提交履约保证金的,应当对招标人的损失承担赔偿责任。中标人不按照与招标人订立的合同履行义务,情节严重的,取消其2~5年内参加依法必须进行招标的项目的投标资格并予以公告,直至由工商行政管理机关吊销营业执照。因不可抗力不能履行合同的,不适用以上规定。

《工程建设项目施工招标投标办法》规定,中标通知书发出后,中标人放弃中标项目的,无正当理由不与招标人签订合同的,在签订合同时向招标人提出附加条件或者更改合同实质性内容的,或者拒不提交所要求的履约保证金的,招标人可取消其中标资格,并没收其投标保证金;给招标人的损失超过投标保证金数额的,中标人应当对超过部分予以赔偿;没有提交投标保证金的,应当对招标人的损失承担赔偿责任。

6. 国家机关工作人员违法行为应承担的法律责任

《招标投标法》规定,对招标投标活动依法负有行政监督职责的国家机关工作人员徇私舞弊、滥用职权或者玩忽职守,构成犯罪的,依法追究刑事责任;不构成犯罪的,依法给予行政处分。

7. 其他法律责任

《招标投标法》规定,任何单位违反本法规定,限制或者排斥本地区、本系统以外的法人或者其他组织参加投标的,为招标人指定招标代理机构的,强制招标人委托招标代理机构办理招标事宜的,或者以其他方式干涉招标投标活动的,责令改正;对单位直接负责的主管人员和其他直接责任人员依法给予警告、记过、记大过的处分,情节较重的,依法给予降级、撤职、开除的处分。个人利用职权进行以上违法行为的,依照以上规定追究责任。依法必须进行招标的项目违反本法规定,中标无效的,应当依照本法规定的中标条件从其余投标人中重新确定中标人或者依照本法重新进行招标。

4.2 建设工程承包制度

建设工程承包制度包括总承包、共同承包、分包等制度。

《建筑法》规定,建筑工程实行招标发包的,发包单位应当将建筑工程发包给依法中标的承包单位。建筑工程实行直接发包的,发包单位应当将建筑工程发包给具有相应资质条件的承包单位。

承包建筑工程的单位应当持有依法取得的资质证书,并在其资质等级许可的业务范围内承揽工程。禁止建筑施工企业超越本企业资质等级许可的业务范围或者以任何形式用其他建筑施工企业的名义承揽工程。禁止建筑施工企业以任何形式允许其他单位或者个人使用本企业的资质证书、营业执照,以本企业的名义承揽工程。

按照合同约定,建筑材料、建筑构配件和设备由工程承包单位采购的,发包单位不得指定承包单位购入用于工程的建筑材料、建筑构配件和设备或者指定生产厂、供应商。

一、建设工程总承包的规定

总承包通常分为工程总承包和施工总承包两大类。

《建筑法》规定,建筑工程的发包单位可以将建筑工程的勘察、设计、施工,设备采购一并发包给一个工程总承包单位,也可以将建筑工程勘察、设计、施工、设备采购的一项或者多项发包给一个工程总承包单位。

工程总承包是指从事工程总承包的企业受建设单位的委托,按照工程总承包合同的约定,对工程项目的勘察、设计、采购、施工、试运行(竣工验收)等实行全过程或若干阶段的承包。

施工总承包是指发包人将全部施工任务发包给具有施工总承包资质的建筑业企业,由施工总承包企业按照合同的约定向建设单位负责,承包完成施工任务。

1. 工程总承包的方式

按照2003年建设部(现改为住房和城乡建设部,下同)发布的《关于培育发展工程总承包和工程项目管理企业的指导意见》,工程总承包主要有下列方式。

1) 设计采购施工(EPC)\交钥匙总承包

设计采购施工总承包是指工程总承包企业按照合同约定,承担工程项目的设计、采购、施工、试运行服务等工作,并对承包工程的质量、安全、工期、造价全面负责。

交钥匙总承包是设计采购施工总承包业务和责任的延伸,最终是向业主提交一个满足使用功能、具备使用条件的工程项目。

2) 设计-施工总承包(D-B)

设计-施工总承包是指工程总承包企业按照合同约定,承担工程项目设计和施工,并对承包工程的设计和施工的质量、安全、工期、造价负责。

3) 设计-采购总承包(E-P)

设计-采购总承包是指工程总承包企业按照合同约定,承担工程项目设计和采购工作,并对工程项目设计和采购的质量、进度等负责。

4) 采购-施工总承包(P-C)

采购-施工总承包是指工程总承包企业按照合同约定,承担工程项目的采购和施工,并对承包工程的采购和施工的质量、安全、工期、造价负责。

2. 总承包企业的资质管理

《建设工程勘察设计资质管理规定》《建筑业企业资质管理规定》规定,取得工程勘察、工程设计资质证书的企业,可以从事资质证书许可范围内相应的建设工程总承包业务。

3. 工程总承包单位与工程项目管理

工程项目管理是指从事工程项目管理的企业受建设单位委托,按照合同约定,代表建设单位对工程项目的组织实施进行全过程或若干阶段的管理和服务。工程项目管理企业不直接从事该工程项目的勘察、设计、施工等,也不与该工程项目的总承包企业或勘察、设计、供货、施工等企业签订合同,但可以按合同约定,协助业主与工程项目的总承包企业或勘察、设计、供货、施工等企业签订合同,并受业主委托监督合同的履行。

4. 总承包单位的责任

《建筑法》规定,建筑工程总承包单位按照总承包合同的约定对建设单位负责,分包单位按照分包合同的约定对总承包单位负责。总承包单位和分包单位就分包工程对建设单位承担连带责任。

《建设工程质量管理条例》进一步规定,建设工程实行总承包的,总承包单位应当对全部建设工程质量负责;建设工程勘察、设计、施工、设备采购的一项或者多项实行总承包的,总承包单位应当对其承包的建设工程或者采购的设备的质量负责。总承包单位依法将建设工程分包给其他单位的,分包单位应当按照分包合同的约定对其分包工程的质量向总承包单位负责,总承包单位与分包单位对分包工程的质量承担连带责任。

连带责任是我国民事立法中的一项重要民事责任制度,其目的在于补偿救济,加重民事法律关系当事人的法律责任,有效地保障债权人的合法权益。《民法通则》第 87 条规定,负有连带义务的每个债务人,都负有清偿全部债务的义务,履行了义务的人,有权要求其他负有连带义务的人偿付他应当承担的份额。总承包单位和分包单位就分包工程承担连带责任,就是当分包工程发生了质量责任或者违约责任时,建设单位可以向总承包单位请求赔偿,也可以向分包单位请求赔偿,总承包单位或分包单位进行赔偿后,有权依据分包合同对于不属于自己责任的赔偿向另一方进行追偿。当然,连带责任也不仅限于连带赔偿责任,还有其他履行工程义务的连带责任。因此,总承包单位除应加强自行完成工程部分的管理外,还有责任强化对分包单位分包工程的监管。

二、建设工程共同承包的规定

共同承包是指由两个以上具备承包资质的单位共同组成非法人的联合体,以共同的名义对工程进行承包的行为。在国际工程承发包活动中,由几个承包方组成联合体进行工程承包是一种通行的做法。采用这种方式进行承包,至少有如下优越性:①利用各自优势进行联合投标可以减弱相互间的竞争,增加中标的机会;②减少承包风险,争取更大的利润;③有助于企业之间相互学习先进技术与管理经验,促进企业发展。

1. 共同承包的适用范围

《建筑法》规定,大型建筑工程或者结构复杂的建筑工程,可以由两个以上的承包单位联合共同承包。

2. 共同承包的资质要求

《建筑法》规定,两个以上不同资质等级的单位实行联合共同承包的,应当按照资质等级低的单位的业务许可范围承揽工程。

3. 共同承包的责任

《招标投标法》规定,联合体中标的,联合体各方应当共同与招标人签订合同,就中标项目向招标人承担连带责任。《建筑法》也规定,共同承包的各方对承包合同的履行承担连带责任。

共同承包各方应签订联合承包协议,明确约定各方在承包合同中的权利、义务,以及相互合作、违约责任的承担等条款。对承包合同的履行,各承包方共同对建设单位承担连带责任。共同承包各方均应共担风险、共负盈亏。

三、建设工程分包的规定

工程分包是指工程承包单位将所承包工程中的部分工程或劳务分包给其他工程承包单位

完成的活动。

工程分包可以分为专业工程分包与劳务作业分包：①专业工程分包，是指施工总承包企业将其所承包工程中的专业工程发包给具有相应资质的其他建筑业企业完成的活动；②劳务作业分包，是指施工总承包企业或者专业承包企业将其承包工程中的劳务作业发包给劳务分包企业完成的活动。

1. 分包工程的范围

《建筑法》规定，建筑工程总承包单位可以将承包工程中的部分工程发包给具有相应资质条件的分包单位。禁止承包单位将其承包的全部建筑工程转包给他人，禁止承包单位将其承包的全部建筑工程肢解以后以分包的名义分别转包给他人。施工总承包的，建筑工程主体结构的施工必须由总承包单位自行完成。

《招标投标法》也规定，中标人按照合同约定或者经招标人同意，可以将中标项目的部分非主体、非关键性工作分包给他人完成。中标人不得向他人转让中标项目，也不得将中标项目肢解后分别向他人转让。

据此，总承包单位承包工程后，可以采取两种方式完成合同：一种是全部自行完成；另一种是将其中的部分工程分包给其他承包单位完成。采取后一种方式的，依法只能是分包部分工程，而且是非主体、非关键性工作；如果是施工总承包，其主体结构的施工必须由总承包单位自行完成，这样规定，是防止总承包单位以分包为名进行转包行为的发生，以确保工程质量和工程建设的顺利实施。

2. 分包单位的条件与认可

《建筑法》规定，建筑工程总承包单位可以将承包工程中的部分工程发包给具有相应资质条件的分包单位；但是，除总承包合同中约定的分包外，必须经建设单位认可。禁止总承包单位将工程分包给不具备相应资质条件的单位。《招标投标法》也规定，接受分包的人应当具备相应的资格条件。

需要注意的是，分包工程须经建设单位认可，不等于建设单位可以直接指定分包人。《工程建设项目施工招标投标办法》规定，招标人不得直接指定分包人。《房屋建筑和市政基础设施工程施工分包管理办法》也规定，建设单位不得直接指定分包工程承包人。对于建设单位推荐的分包单位，总承包单位有权作出拒绝或者采用的选择。

3. 分包单位不得再分包

《建筑法》规定，禁止分包单位将其承包的工程再分包。《招标投标法》也规定，接受分包的人不得再次分包。

按照《房屋建筑和市政基础设施工程施工分包管理办法》的规定，除专业承包企业可以将其承包工程中的劳务作业发包给劳务分包企业外，专业分包工程承包人和劳务作业承包人都必须自行完成所承包的任务。

4. 转包和违法分包的界定

按照我国法律的规定，转包是完全禁止的，而工程分包是允许的，但必须依法进行。违法分包同样是法律禁止的行为。

《建设工程质量管理条例》规定，违法分包是指下列行为：①总承包单位将建设工程分包给不具备相应资质条件的单位的；②建设工程总承包合同中未有约定，又未经建设单位认可，承单位将其承包的部分建设工程交由其他单位完成的;③施工总承包单位将建设工程主体结构的施工分包给其他单位的;④分包单位将其承包的建设工程再分包的。

为了进一步界定转包行为,《房屋建筑和市政基础设施工程施工分包管理办法》规定,分包工程发包人应当设立项目管理机构,组织管理所承包工程的施工活动。项目管理机构应当具有与承包工程的规模、技术复杂程度相适应的技术、经济管理人员。其中,项目负责人、技术负责人、项目核算负责人、质量管理人员、安全管理人员必须是本单位的人员(即与本单位有合法的人事或者劳动合同、工资,以及社会保险关系的人员)。分包工程发包人将工程分包后,未在施工现场设立项目管理机构和派驻相应人员,并未对该工程的施工活动进行组织管理的,视同转包行为。

5. 分包单位的责任

《建筑法》规定,建筑工程总承包单位按照总承包合同的约定对建设单位负责,分包单位按照分包合同的约定对总承包单位负责。总承包单位和分包单位就分包工程对建设单位承担连带责任。《招标投标法》也规定,中标人应当就分包项目向招标人负责,接受分包的人就分包项目承担连带责任。

总承包单位在分包工程时,应当同分包单位签订分包合同;分包单位要根据分包合同的约定,对总承包单位承担责任。同时,分包单位与总承包单位还要就分包工程承担连带责任。

连带责任可分为法定连带责任和约定连带责任。约定连带责任是依照当事人之间事先的相互约定而产生的连带责任;法定连带责任则是根据法律规定而产生的连带责任。我国对工程总分包、联合承包的连带责任均属法定连带责任。

四、违法行为应承担的法律责任

除建设工程招标投标活动中违法行为应承担的法律责任外,建设工程承包活动中其他违法行为应承担的主要法律责任如下。

1. 发包单位违法行为应承担的法律责任

《建筑法》规定,发包单位将工程发包给不具备相应资质条件的承包单位的,或者违反本法规定将建筑工程肢解发包的,责令改正,处以罚款。

《建设工程质量管理条例》规定,建设单位将建设工程发包给不具有相应资质等级的勘察、设计、施工单位或者委托给不具有相应资质等级的工程监理单位的,责令改正,处 50 万元以上 100 万元以下的罚款。

建设单位将建设工程肢解发包的,责令改正,处工程合同价款 0.5% 以上 1% 以下的罚款;对全部或者部分使用国有资金的项目,并可以暂停项目执行或者暂停资金拨付。

2. 承包单位违法行为应承担的法律责任

《建筑法》规定,超越本单位资质等级承揽工程的,责令停止违法行为,处以罚款,可以责令停业整顿,降低资质等级;情节严重的,吊销资质证书;有违法所得的,予以没收。未取得资质证书承揽工程的,予以取缔,并处罚款;有违法所得的,予以没收。

建筑施工企业转让、出借资质证书或者以其他方式允许他人以本企业的名义承揽工程的,责令改正,没收违法所得,并处罚款,可以责令停业整顿,降低资质等级;情节严重的,吊销资质证书。对因该项承揽工程不符合规定的质量标准造成的损失,建筑施工企业与使用本企业名义的单位或者个人承担连带赔偿责任。

承包单位将承包的工程转包的，或者违反本法规定进行分包的，责令改正，没收违法所得，并处罚款，可以责令停业整顿，降低资质等级；情节严重的，吊销资质证书。承包单位有以上规定的违法行为的，对因转包工程或者违法分包的工程不符合规定的质量标准造成的损失，与接受转包或者分包的单位承担连带赔偿责任。

《建设工程质量管理条例》规定，勘察、设计、施工、工程监理单位超越本单位资质等级承揽工程的，责令停止违法行为，对勘察、设计单位或者工程监理单位处合同约定的勘察费、设计费或者监理酬金1倍以上2倍以下的罚款；对施工单位处工程合同价款2%以上4%以下的罚款；可以责令停业整顿，降低资质等级；情节严重的，吊销资质证书；有违法所得的，予以没收。未取得资质证书承揽工程的，予以取缔，依照以上规定处以罚款；有违法所得的，予以没收。

勘察、设计、施工、工程监理单位允许其他单位或者个人以本单位名义承揽工程的，责令改正，没收违法所得，对勘察、设计单位和工程监理单位处合同约定的勘察费、设计费和监理酬金1倍以上2倍以下的罚款；对施工单位处工程合同价款2%以上4%以下的罚款；可以责令停业整顿，降低资质等级；情节严重的，吊销资质证书。

承包单位将承包的工程转包或者违法分包的，责令改正，没收违法所得，对勘察、设计单位处合同约定的勘察费、设计费25%以上50%以下的罚款；对施工单位处工程合同价款0.5%以上1%以下的罚款；可以责令停业整顿，降低资质等级；情节严重的，吊销资质证书。

《房屋建筑和市政基础设施工程施工分包管理办法》规定，对于接受转包、违法分包和用他人名义承揽工程的，处1万元以上3万元以下的罚款。

案例 4-4

1. 背景

某工程项目由甲施工企业总承包，该企业将工程的土石方工程分包给乙分包公司，乙分包公司又与社会上的刘某签订任务书，约定由刘某组织人员负责土方开挖、装卸和运输，负责施工的项目管理、技术指导和现场安全，单独核算，自负盈亏。

2. 问题

该分包公司与刘某签订土石方工程任务书的行为应当如何定性，该作何处理？

3. 分析

本案中，分包企业允许刘某以工程任务书形式承揽土石方工程，并将现场全权交由刘某负责，该项目施工中的技术、质量、安全管理及核算人员均由刘某自行组织而非该分包公司的人员，按照《房屋建筑和市政基础设施工程施工分包管理办法》第15条的规定，这种情况应视同允许他人以本企业名义承揽工程。

《建设工程质量管理条例》第61条规定：勘察、设计、施工、工程监理单位允许其他单位或者个人以本单位名义承揽工程的，责令改正，没收违法所得……对施工单位处工程合同价款2%以上4%以下的罚款；可以责令停业整顿，降低资质等级；情节严重的，吊销资质证书。据此，应当对该分包公司作出相应的处罚。

4.3 建筑市场信用体系建设

《建筑业企业资质管理规定》中规定,企业应当按照有关规定,向资质许可机关提供真实、准确、完整的企业信用档案信息。企业的信用档案应当包括企业基本情况、业绩、工程质量和安全、合同履约等情况。被投诉举报和处理、行政处罚等情况应当作为不良行为记入其信用档案。企业的信用档案信息按照有关规定向社会公示。

一、建筑市场诚信行为信息的分类

按照2007年建设部《建筑市场诚信行为信息管理办法》的规定,建筑市场诚信行为信息分为良好行为记录和不良行为记录两大类。

良好行为记录是指建筑市场各方主体在工程建设过程中严格遵守有关工程建设的法律、法规、规章或强制性标准,行为规范,诚信经营,自觉维护建筑市场秩序,受到各级建设行政主管部门和相关专业部门的奖励和表彰所形成的良好行为记录。

不良行为记录是指建筑市场各方主体在工程建设过程中违反有关工程建设的法律、法规、规章或强制性标准和执业行为规范,经县级以上建设行政主管部门或其委托的执法监督机构查实和行政处罚所形成的不良行为记录。

二、建筑市场施工主体不良行为记录认定标准

建设部《全国建筑市场各方主体不良行为记录认定标准》中,对涉及建筑市场最主要的责任主体,即建设单位、勘察、设计、施工、监理、工程检测、招标代理、造价咨询、施工图审查等单位的不良行为,制定了具体的认定标准。特别是强化了对社会反映强烈的建设单位行为的规范问题,突出了建筑许可、市场准入、招标投标、发承包交易、质量管理、安全生产、拖欠工程款和农民工工资、治理商业贿赂等相关内容。此外,《注册建造师执业管理办法(试行)》中,对注册建造师的不良行为也制定了具体认定标准。

施工单位不良行为记录认定标准共分为5大类41条。

1) 资质不良行为认定标准

①未取得资质证书承揽工程的,或超越本单位资质等级承揽工程的;②以欺骗手段取得资质证书承揽工程的;③允许其他单位或个人以本单位名义承揽工程的;④未在规定期限内办理资质变更手续的;⑤涂改、伪造、出借、转让建筑业企业资质证书的;⑥按照国家规定需要持证上岗的技术工种的作业人员未经培训、考核,未取得证书上岗,情节严重的。

2) 承揽业务不良行为认定标准

①利用向发包单位及其工作人员行贿、提供回扣或者给予其他好处等不正当手段承揽业务的;②相互串通投标或与招标人串通投标的,以向招标人或评标委员会成员行贿的手段谋取中标的;③以他人名义投标或以其他方式弄虚作假,骗取中标的;④不按照与投标人订立的合同履行义务,情节严重的;⑤将承包的工程转包或违法分包的。

3) 工程质量不良行为认定标准

①在施工中偷工减料的,使用不合格建筑材料、建筑构配件和设备的,或者有不按照工程设

计图纸或施工技术标准施工的其他行为的;②未按照节能设计进行施工的;③未对建筑材料、建筑构配件、设备和商品混凝土进行检测,或未对涉及结构安全的试块、试件,以及有关材料取样检测的;④工程竣工验收后,不向建设单位出具质量保修书,或质量保修的内容、期限违反规定;⑤不履行保修义务或者拖延履行保修义务的。

4) 工程安全不良行为认定标准

①本单位发生重大生产安全事故时,主要负责人不立即组织抢救或在事故调查处理期间擅离职守或逃匿的,主要负责人对生产安全事故隐瞒不报、谎报或拖延不报的;②对建筑安全事故隐患不采取措施予以消除的;③不设立安全生产管理机构、配备专职安全生产管理人员或分部分项工程施工时无专职安全生产管理人员现场监督的;④主要负责人、项目负责人、专职安全生产管理人员、作业人员或特种作业人员,未经安全教育培训或经考核不合格即从事相关工作的;⑤未在施工现场的危险部位设置明显的安全警示标志,或未按照国家有关规定在施工现场设置消防通道、消防水源、配备消防设施和灭火器材的;⑥未向作业人员提供安全防护用具和安全防护服装的;⑦未按照规定在施工起重机械和整体提升脚手架、模板等自升式架设设施验收合格后登记的;⑧使用国家明令淘汰、禁止使用的危及施工安全的工艺、设备、材料的;⑨违法挪用列入建设工程概算的安全生产作业环境及安全施工措施所需费用的;⑩施工前未对有关安全施工的技术要求作出详细说明的;⑪未根据不同施工阶段和周围环境及季节、气候的变化,在施工现场采取相应的安全施工措施,或在城市市区内的建设工程的施工现场未实行封闭围挡的;⑫在尚未竣工的建筑物内设置员工集体宿舍的;⑬施工现场临时搭建的建筑物不符合安全使用要求的;⑭未对因建设工程施工可能造成损害的毗邻建筑物、构筑物和地下管线等采取专项防护措施的;⑮安全防护用具、机械设备、施工机具及配件在进入施工现场前未经查验或查验不合格即投入使用的;⑯使用未经验收或验收不合格的施工起重机械和整体提升脚手架、模板等自升式架设设施的;⑰委托不具有相应资质的单位承担施工现场安装、拆卸施工起重机械和整体提升脚手架、模板等自升式架设设施的;⑱在施工组织设计中未编制安全技术措施、施工现场临时用电方案或专项施工方案的;⑲主要负责人、项目负责人未履行安全生产管理职责的,或不服管理、违反规章制度和操作规程冒险作业的;⑳施工单位取得资质证书后,降低安全生产条件的,或经整改仍未达到与其资质等级相适应的安全生产条件的;㉑取得安全生产许可证发生重大安全事故的;㉒未取得安全生产许可证擅自进行生产的;㉓安全生产许可证有效期满未办理延期手续,继续进行生产的,或逾期不办理延期手续,继续进行生产的;㉔转让安全生产许可证的,接受转让的,冒用或使用伪造的安全生产许可证的。

5) 拖欠工程款或工人工资不良行为认定标准

恶意拖欠或克扣劳动者工资的。

三、建筑市场诚信行为的公布和奖惩机制

1. 建筑市场诚信行为的公布

《建筑市场诚信行为信息管理办法》规定,建筑市场诚信行为记录信息的公布时间为行政处罚决定做出后7日内,公布期限一般为6个月至3年;良好行为记录信息公布期限一般为3年。公布内容应与建筑市场监管信息系统中的企业、人员和项目管理数据库相结合,形成信用档案,内部长期保留。

省、自治区和直辖市建设行政主管部门负责审查整改结果,对整改确有实效的,由企业提出

申请,经批准,可缩短其不良行为记录信息公布期限,但公布期限最短不得少于3个月,同时将整改结果列于相应不良行为记录后,供有关部门和社会公众查询;对于拒不整改或整改不力的单位,信息发布部门可延长其不良行为记录信息公布期限。

《招标投标违法行为记录公告暂行办法》规定,国务院有关行政主管部门和省级人民政府有关行政主管部门应自招标投标违法行为行政处理决定做出之日起20个工作日内对外进行记录公告。违法行为记录公告期限为6个月。依法限制招标投标当事人资质(资格)等方面的行政处理决定,所认定的限制期限长于6个月的,公告期限从其决定。

《建筑市场诚信行为信息管理办法》规定,属于《全国建筑市场各方主体不良行为记录认定标准》范围的不良行为记录除在当地发布外,还将由住房和城乡建设部统一在全国公布,公布期限与地方确定的公布期限相同。通过与工商、税务、纪检、监察、司法、银行等部门建立的信息共享机制,获取的有关建筑市场各方主体不良行为记录的信息,省、自治区、直辖市建设行政主管部门也应在本地区统一公布。各地建筑市场综合监管信息系统,要逐步与全国建筑市场诚信信息平台实现网络互联、信息共享和实时发布。

2. 建筑市场诚信行为的奖惩机制

《建筑市场诚信行为信息管理办法》《关于加快推进建筑市场信用体系建设工作的意见》规定,应当依据国家有关法律、法规和规章,按照诚信激励和失信惩戒的原则,逐步建立诚信奖惩机制。在行政许可、市场准入、招标投标、资质管理、工程担保和保险、表彰评优等工作中,充分利用已公布的建筑市场各方主体的诚信行为信息,依法对守信行为给予激励,对失信行为进行惩处。

对于一般失信行为,要对相关单位和人员进行诚信法制教育,促使其知法、懂法、守法;对有严重失信行为的企业和人员,要会同有关部门,采取行政、经济、法律和社会舆论等综合惩治措施,对其依法公布、曝光或予以行政处罚、经济制裁;行为特别恶劣的,要坚决追究失信者的法律责任,提高失信成本,使失信者得不偿失。

《招标投标违法行为记录公告暂行办法》中规定,公告的招标投标违法行为记录应当作为招标代理机构资格认定、依法必须招标项目资质审查、招标代理机构选择、中标人推荐和确定、评标委员会成员确定和评标专家考核等活动的重要参考。

《建筑业企业资质管理规定》中规定,建筑业企业未按照本规定要求提供建筑业企业信用档案信息的,由县级以上地方人民政府建设主管部门或者其他有关部门给予警告,责令限期改正;逾期未改正的,可处以1 000元以上1万元以下的罚款。

四、建筑市场主体诚信评价的基本规定

1. 政府对市场主体的守法诚信评价

政府对市场主体的守法诚信评价是政府主导,以守法为基础,根据违法违规行为的行政处罚记录,对市场主体进行诚信评价。评价内容包括对市场主体违反各类行政法律规定强制义务的行政处罚记录,以及其他不良失信行为记录。评价标准内容以建筑市场有关的法律责任为主要依据,对社会关注的焦点、热点问题可有所侧重,如拖欠工程款和农民工工资、转包、违法分包、挂靠、招标投标弄虚作假、质量安全问题、违反法定基本建设程序等。

2. 社会中介信用机构的综合信用评价

社会中介信用机构的综合信用评价是市场主导,以守法、守信(主要指经济信用,包括市场

交易信用和合同履行信用)、守德(主要指道德、伦理信用)、综合实力(主要包括经营、资本、管理、技术等)为基础进行综合评价。

案例 4-5

1. 背景

某招标代理机构在招标代理业务中的违法行为被查处,政府招标投标主管部门于2008年12月6日对其作出暂停招标代理资格1年的处罚决定,并于2008年12月15日在该省招标投标违法行为记录公告平台上予以公布。2009年2月2日,该招标代理机构向人民法院提起行政诉讼,要求撤销对其行政处罚决定,为法院所受理。随即,该招标代理机构以已向法院起诉,应等法院最终判决为由,向政府招投标主管部门提出撤销其违法行为记录公告的申请,但被驳回。2009年6月7日,该招标代理机构又向政府招投标主管部门提出撤销其违法行为记录公告的申请,理由是:法院判决虽尚未作出,但公告6个月的期限已过,应予撤销。

2. 问题

招标代理机构两次撤销违法行为记录公告的申请是否有依据,政府招投标主管部门是否应撤销其违法行为记录公告?

3. 分析

《招标投标违法行为记录公告暂行办法》中规定,行政处理决定在被行政复议或行政诉讼期间,公告部门依法不停止对违法行为记录的公告,但行政处理决定被依法停止执行的除外。所以,招标代理机构第一次申请撤销公告的理由不成立,其违法行为记录公告不应撤销。

此外,《招标投标违法行为记录公告暂行办法》还规定,违法行为记录公告期限为6个月。依法限制招标投标当事人资质(资格)等方面的行政处理决定,所认定的限制期限长于6个月的,公告期限从其决定。由于政府招投标主管部门对其处罚决定为暂停招标代理资质1年,限制期限长于6个月,所以公告期限应为1年。该招标代理机构的第2次申请撤销公告的理由也不成立,其违法行为记录公告不应撤销。

1. 建设工程承发包方式怎样?
2. 建设工程招标的方式怎样?
3. 招投标活动的基本原则有哪些?
4. 可以不进行公开招投标的范围是如何规定的?
5. 联合体投标有哪些特殊之处?
6. 建设工程合法分包与违法转包的区别是什么?

第5章 建设工程合同和劳动合同法律制度

知识目标

(1) 了解合同法的基本定义及概念;
(2) 掌握建设工程合同与劳动合同的订立、履行、变更与终止及违约责任;
(3) 熟悉常用合同的订立、履行及法律效力;
(4) 理解劳动合同法的内容,了解工伤的规定。

重难点

(1) 建设工程合同示范文本;
(2) 能利用法律知识解决建设工程合同中的常见纠纷;
(3) 工程签证。

5.1 建设工程合同制度

一、合同的法律特征和订立原则

1. 合同的法律特征

《合同法》规定,合同是平等主体的自然人、法人、其他组织之间设立、变更、终止民事权利义务关系的协议。

合同具有以下法律特征:①合同是一种法律行为;②合同的当事人法律地位一律平等。双方自愿协商,任何一方不得将自己的观点、主张强加给另一方;③合同的目的在于设立、变更、终止民事权利义务关系;④合同的成立必须有两个以上当事人,两个以上当事人不仅作出意思表示,而且意思表示是一致的。

2. 合同的订立原则

合同的订立,应当遵循平等原则、自愿原则、公平原则、诚实信用原则、合法原则等。

1) 平等原则

《合同法》规定,合同当事人的法律地位平等,一方不得将自己的意志强加给另一方。这一原则包括三方面的内容。①合同当事人的法律地位一律平等。不论所有制性质、单位大小和经济实力强弱,其法律地位都是平等的。②合同中的权利义务对等。就是说,享有权利的同时就应当承担义务,而且彼此的权利、义务是对等的。③合同当事人必须就合同条款充分协商,在互利互惠基础上取得一致,合同方能成立。任何一方都不得将自己的意志强加给另一方,更不得以强迫命令、胁迫等手段签订合同。

2）自愿原则

《合同法》规定,当事人依法享有自愿订立合同的权利,任何单位和个人不得非法干预。

3）公平原则

《合同法》规定,当事人应当遵循公平原则确定各方的权利和义务。

公平原则主要包括:①订立合同时,要根据公平原则确定双方的权利和义务,不得欺诈,不得假借订立合同恶意进行磋商;②根据公平原则确定风险的合理分配;③根据公平原则确定违约责任。

4）诚实信用原则

《合同法》规定,当事人行使权利、履行义务应当遵循诚实信用原则。

诚实信用原则主要包括:①订立合同时,不得有欺诈或其他违背诚实信用的行为;②履行合同义务时,当事人应当根据合同的性质、目的和交易习惯,履行及时通知、协助、提供必要条件、防止损失扩大、保密等义务;③合同终止后,当事人应当根据交易习惯,履行通知、协助、保密等义务,也称为后契约义务。

5）合法原则

《合同法》规定,当事人订立、履行合同,应当遵守法律、行政法规,尊重社会公德,不得扰乱社会经济秩序,损害社会公共利益。

3．合同的分类

合同按照一定的标准,划分成不同的类型。

1）有名合同与无名合同

有名合同(又称典型合同),是指法律上已经确定了一定的名称及具体规则的合同。《合同法》中所规定的15类合同,都属于有名合同,如建设工程合同等。

无名合同(又称非典型合同),是指法律上尚未确定一定的名称与规则的合同。合同当事人可以自由决定合同的内容,即使订立的合同不属于有名合同的范围,只要不违背法律的禁止性规定和社会公共利益,仍然是有效的。

2）双务合同与单务合同

根据合同当事人是否互相负有给付义务,可以将合同分为双务合同和单务合同。

双务合同,是指当事人双方互负对待给付义务的合同,即双方当事人互享债权、互负债务,一方的合同权利正好是对方的合同义务,彼此形成对价关系。例如,建设工程施工合同中,承包人有获得工程价款的权利,而发包人则有按约支付工程价款的义务。大部分合同都是双务合同。

单务合同,是指合同当事人中仅有一方承担义务,而另一方只享有合同权利的合同。例如,在赠与合同中,受赠人享有接受赠与物的权利,但不承担任何义务。无偿委托合同、无偿保管合同均属于单务合同。

3）诺成合同与实践合同

根据合同的成立是否需要交付标的物,可以将合同分为诺成合同和实践合同。

诺成合同,是指当事人双方意思表示一致就可以成立的合同。大多数的合同都属于诺成合同,如建设工程合同、买卖合同、租赁合同等。

实践合同(又称要物合同),是指除当事人双方意思表示一致以外,尚须交付标的物才能成立的合同,如保管合同。

4）要式合同与不要式合同

根据法律对合同的形式是否有特定要求,可以将合同分为要式合同与不要式合同。

要式合同,是指根据法律规定必须采取特定形式的合同。如《合同法》规定,建设工程合同应当采用书面形式。

不要式合同,是指当事人订立的合同依法并不需要采取特定的形式,当事人可以采取口头方式,也可以采取书面形式或其他形式。

要式合同与不要式合同的区别,实际上是一个关于合同成立与生效的条件问题。如果法律规定某种合同必须经过批准或登记才能生效,则合同未经批准或登记便不生效;如果法律规定某种合同必须采用书面形式才成立,则当事人未采用书面形式时合同便不成立。

5）有偿合同与无偿合同

有偿合同,是指一方通过履行合同义务而给对方某种利益,对方要得到该利益必须支付相应代价的合同,如建设工程合同等。

无偿合同,是指一方给付对方某种利益,对方取得该利益时并不支付任何代价的合同,如赠与合同等。

6）主合同与从合同

根据合同相互间的主从关系,可以将合同分为主合同与从合同。

主合同是指能够独立存在的合同;依附于主合同方能存在的合同为从合同。例如,发包人与承包人签订的建设工程施工合同为主合同,为确保该主合同的履行,发包人与承包人签订的履约保证合同为从合同。

4. 建设工程合同

《合同法》规定,建设工程合同是承包人进行工程建设,发包人支付价款的合同。

建设工程合同实质上是一种特殊的承揽合同。《合同法》第16章"建设工程合同"中规定,本章没有规定的,适用承揽合同的有关规定。建设工程合同可分为建设工程勘察合同、建设工程设计合同、建设工程施工合同。

二、合同的要约与承诺

1. 合同订立与合同成立

合同的成立一般要经过要约和承诺两个阶段。《合同法》规定,当事人订立合同,采取要约、承诺方式。

2. 要约

要约是订立合同的必经阶段,不经过要约,合同是不可能成立的。

1）要约的构成要件

要约是希望和他人订立合同的意思表示,该意思表示应当符合下列规定:

(1) 内容具体确定;

(2) 要约经受要约人承诺,要约人即受该意思表示约束。

2）要约邀请

《合同法》规定,要约邀请是希望他人向自己发出要约的意思表示。寄送的价目表、拍卖公告、招标公告、招股说明书、商业广告等为要约邀请。

要约邀请可以向特定人发出,也可以向不特定的人发出。要约邀请只是邀请他人向自己发出要约,自己承诺合同才成立。因此,要约邀请处于合同的准备阶段,没有法律约束力。

在建设工程招标投标活动中,招标文件是要约邀请,对招标人不具有法律约束力;投标文件是要约,应受自己作出的与他人订立合同的意思表示的约束。

3) 要约的法律效力

《合同法》规定,要约到达受要约人时生效;如投标人向招标人发出的投标文件,自到达招标人时起生效。

要约的有效期间由要约人在要约中规定。要约人如果在要约中定有存续期间,受要约人必须在此期间内承诺。要约可以撤回,但撤回要约的通知应当在要约到达受要约人之前到达受要约人或者与要约同时到达受要约人。要约可以撤销,但撤销要约的通知应当在受要约人发出承诺通知之前到达受要约人。

有下列情形之一的,要约不得撤销:①要约人确定了承诺期限或者以其他形式明示要约不可撤销;②受要约人有理由认为要约是不可撤销的,并已经为履行合同作了准备工作。

3. 承诺

《合同法》规定,承诺是受要约人同意要约的意思表示。如招标人向投标人发出的中标通知书即是承诺。

1) 承诺的方式

承诺应当以通知的方式作出,但根据交易习惯或者要约表明可以通过行为作出承诺的除外。这里的行为通常是履行行为,如预付价款、工地上开始工作等。

2) 承诺的生效

承诺通知到达要约人时生效。承诺不需要通知的,根据交易习惯或者要约的要求作出承诺的行为时生效。

3) 承诺的内容

承诺的内容应当与要约的内容一致。受要约人对要约的内容作出实质性变更的,为新要约。有关合同标的、数量、质量、价款或者报酬、履行期限、履行地点和方式、违约责任和解决争议方法等的变更,是对要约内容的实质性变更。

案例 5-1

1. 背景

甲建筑公司(以下简称甲公司)拟向乙建材公司(以下简称乙公司)购买一批钢材。双方经过协商,约定购买钢材 100 t,单价每吨 3 500 元人民币,并拟订了准备签字盖章的买卖合同文本。乙公司签字盖章后,交给了甲公司准备签字盖章。由于施工进度紧张,在甲公司催促下,乙公司在未收到甲公司签字盖章的合同文本情形下,将 100 t 钢材送到甲公司工地现场。甲公司接收并投入工程使用。后因拖欠货款,双方产生了纠纷。

2. 问题

甲、乙公司的买卖合同是否成立?

3. 分析

《合同法》第 32 条规定,当事人采用合同书形式订立合同的,自双方当事人签字或者盖章时合同成立。第 37 条还规定,采用合同书形式订立合同,在签字或者盖章之前,当事人一方已经履行主要义务,对方接受的,该合同成立,因此,甲、乙公司的买卖合同成立。

三、建设工程施工合同的法定形式和内容

1. 建设工程施工合同的法定形式

《合同法》规定,当事人订立合同,有书面形式、口头形式和其他形式。法律、行政法规规定采用书面形式的,应当采用书面形式。当事人约定采用书面形式的,应当采用书面形式。《合同法》明确规定,建设工程合同应当采用书面形式。

2. 合同的内容

合同的内容,即合同当事人的权利、义务,除法律规定的以外,主要由合同的条款确定。合同的内容由当事人约定,一般包括以下条款。

1）当事人的名称或者姓名和住所

这是合同必备的条款,要把各方当事人的名称或者姓名和住所都规定准确、清楚。

2）标的

合同的种类很多,合同的标的也多种多样,包括:①有形财产;②无形财产;③劳务;④工作成果。

3）数量

数量是合同的重要条款。一般而言,合同的数量要准确,选择使用共同接受的计量单位、计量方法和计量工具。

4）质量

合同对质量问题应当尽可能规定得细致、准确和清楚。国家有强制性标准的,必须按照强制性标准执行。当事人可以约定质量检验方法、质量责任期限和条件、对质量提出异议的条件与期限等。

5）价款或者报酬

价款或者报酬,是指一方当事人向对方当事人所付代价的货币支付。在合同中,应当规定清楚计算价款或者报酬的方法。

6）履行期限、地点和方式

履行期限,是指合同中约定的当事人履行自己的义务,如交付标的物、价款或者报酬,履行劳务、完成工作的时间界限等。履行地点,是指当事人履行合同义务和对方当事人接受履行的地点。履行地点是在发生纠纷后确定由哪一地法院管辖的依据。履行方式,是指当事人履行合同义务的具体做法。不同的合同决定了履行方式的差异。

7）违约责任

为了保证合同义务的严格履行,及时解决合同纠纷,可以在合同中约定定金、违约金、赔偿金额,以及赔偿金的计算方法等。

8）解决争议的方法

解决争议的方法,是指合同争议的解决途径,对合同条款发生争议时的解释,以及法律适用等。解决争议的途径主要有:①双方协商和解;②第三人调解;③仲裁;④诉讼。当事人可以约定解决争议的方法,如若通过诉讼解决争议则不用约定。

当事人在合同中特别约定的条款,也作为合同的主要条款。

3. 建设工程施工合同的内容

建设工程施工合同是建设工程合同中的重要部分,是指承包人根据发包人的委托,完成建设工程项目的施工工作,发包人接受工作成果并支付报酬的合同。《合同法》规定,施工合同的内容包括工程范围、建设工期、中间交工工程的开工和竣工时间、工程质量、工程造价、技术资料交付时间、材料和设备供应责任、拨款和结算、竣工验收、质量保修范围和质量保证期、双方相互协作等条款。

1) 工程范围

工程范围是指施工的界区,是施工人进行施工的工作范围。

2) 建设工期

建设工期是指施工人完成施工任务的期限。为了保证工程质量,双方当事人应当在施工合同中确定合理的建设工期。

3) 中间交工工程的开工和竣工时间

中间交工工程是指施工过程中的阶段性工程。为了保证工程各阶段的交接,顺利完成工程建设,当事人应当明确中间交工工程的开工和竣工时间。

4) 工程质量

工程质量条款是明确施工人施工要求,确定施工人责任的依据。施工人必须按照工程设计图纸和施工技术标准施工,不得擅自修改工程设计,不得偷工减料。发包人也不得明示或者暗示施工人违反工程建设强制性标准,降低建设工程质量。

5) 工程造价

工程造价是指进行工程建设所需的全部费用,包括人工费、材料费、施工机械使用费、措施费等。为了保证工程质量,双方当事人应当合理确定工程造价。

6) 技术资料交付时间

技术资料主要是指勘察、设计文件,以及其他施工人据以施工所必需的基础资料。当事人应当在施工合同中明确技术资料的交付时间。

7) 材料和设备供应责任

材料和设备供应责任,是指由哪一方当事人提供工程所需材料设备及其应承担的责任。材料和设备可以由发包人负责提供,也可以由施工人负责采购。如果按照合同约定由发包人负责采购建筑材料、构配件和设备的,发包人应当保证建筑材料、构配件和设备符合设计文件和合同的要求。施工人则须按照工程设计要求、施工技术标准和合同约定,对建筑材料、构配件和设备进行检验。

8) 拨款和结算

拨款是指工程款的拨付。结算是指施工人按照合同约定和已完工程量向发包人办理工程款的清算。拨款和结算条款是施工人请求发包人支付工程款和报酬的依据。

9) 竣工验收

竣工验收条款一般应当包括验收范围与内容、验收标准与依据、验收人员组成、验收方式和日期等内容。

10) 质量保修范围和质量保证期

建设工程质量保修范围和质量保证期,应当按照《建设工程质量管理条例》的规定执行。

11) 双方相互协作条款

双方相互协作条款一般包括双方当事人在施工前的准备工作,施工人及时向发包人提出开工通知书、施工进度报告书、对发包人的监督检查提供必要协助等。

4. 建设工程施工合同发承包双方的主要义务

1）发包人的主要义务

（1）不得违法发包。

《合同法》规定，发包人不得将应当由一个承包人完成的建设工程肢解成若干部分发包给几个承包人。

（2）提供必要施工条件。

发包人未按照约定的时间和要求提供原材料、设备、场地、资金、技术资料的，承包人可以顺延工程日期，并有权要求赔偿停工、窝工等损失。

（3）及时检查隐蔽工程。

隐蔽工程在隐蔽以前，承包人应当通知发包人检查。发包人没有及时检查的，承包人可以顺延工程日期，并有权要求赔偿停工、窝工等损失。

（4）及时验收工程。

建设工程竣工后，发包人应当根据施工图纸及说明书、国家颁发的施工验收规范和质量检验标准及时进行验收。

（5）支付工程价款。

发包人应当按照合同约定的时间、地点和方式等，向承包人支付工程价款。

2）承包人的主要义务

（1）不得转包和违法分包工程。

承包人不得将其承包的全部建设工程转包给第三人，不得将其承包的全部建设工程肢解以后以分包的名义分别转包给第三人。禁止承包人将工程分包给不具备相应资质条件的单位。禁止分包单位将其承包的工程再分包。

（2）自行完成建设工程主体结构施工。

建设工程主体结构的施工必须由承包人自行完成。承包人将建设工程主体结构的施工分包给第三人的，该分包合同无效。

（3）接受发包人有关检查。

发包人在不妨碍承包人正常作业的情况下可以随时对作业进度、质量进行检查。隐蔽工程在隐蔽以前，承包人应当通知发包人检查。

（4）交付竣工验收合格的建设工程。

竣工验收合格的建设工程，方可交付使用；未经验收或者验收不合格的，不得交付使用。

（5）建设工程质量不符合约定的无偿修理。

因施工人的原因致使建设工程质量不符合约定的，发包人有权要求施工人在合理期限内无偿修理或者返工、改建。经过修理或者返工、改建后，造成逾期交付的，施工人应当承担违约责任。

四、建设工程工期和支付价款的规定

1. 建设工程工期

《建设工程施工合同（示范文本）》规定，工期指发包人和承包人在协议书中约定的，按总日历天数(包括法定节假日)计算的承包天数。

开工及开工日期、工程暂停施工、工期顺延、竣工日期等,直接决定了工期天数。

1)开工及开工日期

开工日期是指发包人、承包人在协议书中约定,承包人开始施工的绝对或相对的日期。

承包人应当按照协议书约定的开工日期开工。承包人不能按时开工,应当不迟于协议书约定的开工日期前 7 天,以书面形式向工程师(指本工程监理单位委派的总监理工程师或发包人指定的履行本合同的代表)提出延期开工的理由和要求。工程师应当在接到延期开工申请后的 48 小时内以书面形式答复承包人。工程师在接到延期开工申请后 48 小时内不答复,视为同意承包人要求,工期相应顺延。工程师不同意延期要求或承包人未在规定时间内提出延期开工要求,工期不予顺延。

因发包人原因不能按照协议书约定的开工日期开工,工程师应以书面形式通知承包人,推迟开工日期。发包人赔偿承包人因延期开工造成的损失,并相应顺延工期。

2)暂停施工

工程师认为确有必要暂停施工时,应当以书面形式要求承包人暂停施工,并在提出要求后 48 小时内提出书面处理意见。承包人应当按工程师要求停止施工,并妥善保护已完工程。承包人实施工程师作出的处理意见后,可以书面形式提出复工要求,工程师应当在 48 小时内给予答复。工程师未能在规定时间内提出处理意见,或收到承包人复工要求后 48 小时内未予答复,承包人可自行复工。

因发包人原因造成停工的,由发包人承担所发生的追加合同价款,赔偿承包人由此造成的损失,相应顺延工期。因承包人原因造成停工的,由承包人承担发生的费用,工期不予顺延。

3)工期顺延

因以下原因造成工期延误,经工程师确认,工期相应顺延:①发包人未能按专用条款的约定提供图纸及开工条件;②发包人未能按约定日期支付工程预付款、进度款,致使施工不能正常进行;③工程师未按合同约定提供所需指令、批准等,致使施工不能正常地进行;④设计变更和工程量增加;⑤一周内非承包人原因停水、停电、停气造成停工累计超过 8 小时;⑥不可抗力;⑦专用条款中约定或工程师同意工期顺延的其他情况。

承包人在工期可以顺延的情况发生后 14 天内,就延误的工期以书面形式向工程师提出报告。工程师在收到报告后 14 天内予以确认,逾期不予确认也不提出修改意见,视为同意顺延工期。

4)竣工日期

《最高人民法院关于审理建设工程施工合同纠纷案件适用法律问题的解释》规定,当事人对建设工程实际竣工日期有争议的,按照以下情形分别处理:①建设工程经竣工验收合格的,以竣工验收合格之日为竣工日期;②承包人已经提交竣工验收报告,发包人拖延验收的,以承包人提交验收报告之日为竣工日期;③建设工程未经竣工验收,发包人擅自使用的,以转移占有建设工程之日为竣工日期。

2. 工程价款的支付

按照合同约定的时间、金额和支付条件支付工程价款,是发包人的主要合同义务,也是承包人的主要合同权利。

《合同法》规定,合同生效后,当事人就质量、价款或者报酬、履行地点等内容没有约定或者约定不明确的,可以协议补充;不能达成补充协议的,按照合同有关条款或者交易习惯确定。

如果按照合同有关条款或者交易习惯仍不能确定的,《合同法》规定,价款或者报酬不明确的,按照订立合同时履行地的市场价格履行;依法应当执行政府定价或者政府指导价的,按照规定履行;履行期限不明确的,债务人可以随时履行,债权人也可以随时要求履行,但应当给对方必要的准备时间。

1) 支付工程竣工结算价款的前提条件和支付程序

《合同法》规定,工程验收合格的,发包人应当按照约定支付价款,并接收该建设工程。据此,工程经竣工验收合格是承包人取得工程价款的前提条件。

工程预付款、进度款的支付程序按照合同约定进行。工程竣工结算价款的支付程序一般为:①承包人向发包人递交竣工结算报告及完整的结算资料;②发包人对承包人的竣工结算报告及结算资料进行审核;③发包人确认竣工结算报告后通知经办银行向承包人支付工程竣工结算价款;④发包人、承包人对工程竣工结算价款发生争议时,按照合同约定的争议解决条款处理。

案例 5-2

1. 背景

甲房地产开发公司(以下简称甲公司)将其开发的商品房工程发包给乙建设工程有限公司(以下简称乙公司)承包施工,双方按照《建设工程施工合同(示范文本)》签订了施工合同。该工程于 2010 年 1 月 1 日经竣工验收合格。乙公司于 2010 年 1 月 20 日向甲公司递交了单方结算书和结算资料,但甲公司一直未予审价,并于 2010 年 5 月 1 日向人民法院提起诉讼,要求乙公司立即交付已完工的工程。

2. 问题

(1) 乙公司是否及时启动了竣工结算程序?

(2) 本案应是甲公司先支付价款,还是乙公司先交付工程?

(3) 如果乙公司未及时启动结算程序,甲公司可否主张先交付工程?

3. 分析

(1) 双方系按照《建设工程施工合同(示范文本)》签订的合同,该合同第 33 条约定:"工程竣工验收合格后 28 天内,承包人向发包人递交竣工结算报告及结算资料","发包人在收到承包人结算书后 28 天内进行审核。"因此,乙公司已按照合同约定及时启动了竣工结算程序。

(2)《合同法》第 279 条规定:工程验收合格的,发包人应当按照约定支付价款,并接收该建设工程。此外,《建设工程施工合同(示范文本)》第 33.2 条中约定:承包人收到竣工结算价款后 14 天内将竣工工程交付发包人。据此,本案应当是先由甲公司支付价款,再由乙公司交付工程。甲公司在未支付价款的情形下,向法院主张先交付工程,不能得到法律支持。

(3)《建设工程施工合同(示范文本)》第 33.5 条中约定:工程竣工验收报告经发包人认可后 28 天内,承包人未能向发包人递交竣工结算报告及完整的结算资料,造成工程竣工结算不能正常进行或竣工结算价款不能及时支付的,发包人要求交付工程的,承包人应当交付。发包人不要求交付工程的,承包人承担保管责任。据此,如果乙公司未及时启动结算程序,甲公司可以主张先交付工程。

2) 合同价款的确定

招标工程的合同价款由发包人、承包人依据中标通知书中的中标价格在协议书内约定。非招标工程的合同价款由发包人、承包人依据工程预算书在协议书内约定。合同价款在协议书内约定后,任何一方不得擅自改变。

合同价款的确定方式有固定价格合同、可调价格合同、成本加酬金合同,双方可在专用条款内约定采用其中一种。

案例 5-3

1. 背景

某建筑公司通过招投标承包了开发商的高档商品房工程施工,签订的备案合同约定工程价款为 5 000 多万元。其后,开发商称其是中外合资企业,要与国际惯例接轨,采用 FIDIC(国际咨询工程师联合会)条款,与承包人又签订了一份承包合同,约定工程价款是 4 000 多万元。工程竣工后,双方产生了结算纠纷。

2. 问题

应当确定哪一份合同作为工程款结算的依据?

3. 分析

《招标投标法》第 46 条规定:招标人和中标人应当自中标通知书发出之日起 30 日内,按照招标文件和中标人的投标文件订立书面合同。招标人和中标人不得再行订立背离合同实质性内容的其他协议。《最高人民法院关于审理建设工程施工合同纠纷案件适用法律问题的解释》第 21 条规定:当事人就同一建设工程另行订立的建设工程施工合同与经过备案的中标合同实质性内容不一致的,应当以备案的中标合同作为结算工程价款的根据。其结论是不言而喻的。

但是,中标人应从中汲取教训,重视备案合同的严肃性。在中标合同备案后,如果出现招标人强行要求让利并签订新的承包协议的情形,在工程竣工结算时,中标人可以理直气壮地主张以备案合同结算工程款。需要注意的是,应当划清正常的合同变更与"黑白合同"的界限。如施工中,由于设计变更导致工程价款发生变化,这属于正常的合同变更,但之后签订的协议最好补报备案。

3)解决工程价款结算争议的规定

(1)视为发包人认可承包人的单方结算价。

《最高人民法院关于审理建设工程施工合同纠纷案件适用法律问题的解释》规定,当事人约定,发包人收到竣工结算文件后,在约定期限内不予答复,视为认可竣工结算文件的,按约定处理。承包人请求按照竣工结算文件结算工程价款的,应予以支持。

(2)对工程量有争议的工程款结算。

《最高人民法院关于审理建设工程施工合同纠纷案件适用法律问题的解释》规定,当事人对工程量有争议的,按照施工过程中形成的签证等书面文件确认。承包人能够证明发包人同意其施工,但未能提供签证文件证明工程量发生的,可以按照当事人提供的其他证据确认实际发生的工程量。

(3)欠付工程款的利息支付。

发包人拖欠承包人工程款,不仅应当支付工程款本金,还应当支付工程款利息。

《最高人民法院关于审理建设工程施工合同纠纷案件适用法律问题的解释》规定,当事人对欠付工程价款利息计付标准有约定的,按照约定处理;没有约定的,按照中国人民银行发布的同期同类贷款利率计息。

利息从应付工程价款之日计付。当事人对付款时间没有约定或者约定不明的,下列时间视为应付款时间:①建设工程已实际交付的,为交付之日;②建设工程没有交付的,为提交竣工结算文件之日;③建设工程未交付,工程价款也未结算的,为当事人起诉之日。

(4) 工程垫资的处理

《最高人民法院关于审理建设工程施工合同纠纷案件适用法律问题的解释》规定,当事人对垫资和垫资利息有约定,承包人请求按照约定返还垫资及其利息的,应予支持,但是约定的利息计算标准高于中国人民银行发布的同期同类贷款利率的部分除外。

当事人对垫资没有约定的,按照工程欠款处理。当事人对垫资利息没有约定,承包人请求支付利息的,不予支持。

(5) 承包人工程价款的优先受偿权

《合同法》第286条规定,发包人未按照约定支付价款的,承包人可以催告发包人在合理期限内支付价款。发包人逾期不支付的,除按照建设工程的性质不宜折价、拍卖的以外,承包人可以与发包人协议将该工程折价,也可以申请人民法院将该工程依法拍卖。建设工程的价款就该工程折价或者拍卖的价款优先受偿。

《最高人民法院关于建设工程价款优先受偿权问题的批复》中规定:①人民法院在审理房地产纠纷案件和办理执行案件中,应当依照《合同法》第286条的规定,认定建筑工程的承包人的优先受偿权优于抵押权和其他债权;②消费者交付购买商品房的全部或者大部分款项后,承包人就该商品房享有的工程价款优先受偿权不得对抗买受人;③建筑工程价款包括承包人为建设工程应当支付的工作人员报酬、材料款等实际支出的费用,不包括承包人因发包人违约所造成的损失;④建设工程承包人行使优先权的期限为6个月,自建设工程竣工之日或者建设工程合同约定的竣工之日起计算。

五、建设工程赔偿损失的规定

1. 赔偿损失的概念和特征

赔偿损失,是指合同违约方因不履行或不完全履行合同义务而给对方造成的损失,依法或依据合同约定赔偿对方所蒙受损失的一种违约责任形式。

《合同法》规定,当事人一方不履行合同义务或者履行合同义务不符合约定,应当承担继续履行、采取补救措施或者赔偿损失等违约责任。

赔偿损失具有以下特征:①赔偿损失是合同违约方违反合同义务所产生的责任形式;②赔偿损失具有补偿性,是强制违约方给非违约方所受损失的一种补偿,违约的赔偿损失一般是以违约所造成的损失为标准;③赔偿损失具有一定的任意性,当事人订立合同时,可以预先约定对违约的赔偿损失的计算方法,或者直接约定违约方付给非违约方一定数额的金钱,同时,当事人也可以事先约定免责的条款;④赔偿损失以赔偿非违约方实际遭受的全部损害为原则。

2. 承担赔偿损失责任的构成要件

承担赔偿损失责任的构成要件是:①具有违约行为;②造成损失后果;③违约行为与财产等损失之间有因果关系;④违约人有过错,或者虽无过错,但法律规定应当赔偿。

3. 赔偿损失的范围

《合同法》规定,当事人一方不履行合同义务或者履行合同义务不符合约定,给对方造成损失的,损失赔偿额应当相当于因违约所造成的损失,包括合同履行后可以获得的利益,但不得超过违反合同一方订立合同时预见到或者应当预见到的因违反合同可能造成的损失。

赔偿损失范围包括直接损失和间接损失。直接损失是指财产上的直接减少。间接损失(又称所失利益),是指失去的可以预期取得的利益。可以预期取得的利益(也称可得利益),是指利润而不是营业额。例如,某建筑公司承建一商厦迟延10日交付,商厦10日的营业利润额即为可得利益。

4. 约定赔偿损失与法定赔偿损失

约定赔偿损失,《合同法》规定,当事人可以约定一方违约时应当根据违约情况向对方支付一定数额的违约金,也可以约定因违约产生的损失赔偿额的计算方法。约定的违约金低于造成的损失的,当事人可以请求人民法院或者仲裁机构予以增加;约定的违约金过分高于造成的损失的,当事人可以请求人民法院或者仲裁机构予以适当减少。

5. 赔偿损失的限制

1) 赔偿损失的可预见性原则

《合同法》规定,赔偿损失不得超过违反合同一方订立合同时预见到或者应当预见到的违反合同可能造成的损失。

2) 采取措施防止损失的扩大

《合同法》规定,当事人一方违约后,对方应当采取适当措施防止损失的扩大;没有采取适当措施致使损失扩大的,不得就扩大的损失要求赔偿。当事人因防止损失扩大而支出的合理费用,由违约方承担。

6. 建设工程施工合同中的赔偿损失

1) 发包人应当承担的赔偿损失

(1) 未及时检查隐蔽工程造成的损失。

《合同法》规定,隐蔽工程在隐蔽以前,承包人应当通知发包人检查。发包人没有及时检查的,承包人可以顺延工程日期,并有权要求赔偿停工、窝工等损失。

(2) 未按照约定提供原材料、设备等造成的损失。

发包人未按照约定的时间和要求提供原材料、设备、场地、资金、技术资料的,承包人可以顺延工程日期,并有权要求赔偿停工、窝工等损失。

(3) 因发包人原因致使工程中途停建、缓建造成的损失。

(4) 提供的图纸或者技术要求不合理且怠于答复等造成的损失。

(5) 中途变更承揽工作要求造成的损失。

(6) 要求压缩合同约定工期造成的损失。

(7) 验收违法行为造成的损失。

2) 承包人应当承担的赔偿损失

(1) 转让、出借资质证书等造成的损失。

(2) 转包、违法分包造成的损失。

(3) 偷工减料等造成的损失。

(4) 与监理单位串通造成的损失。

工程监理单位与承包单位串通,为承包单位谋取非法利益,给建设单位造成损失的,应当与承包单位承担连带赔偿责任。
（5）不履行保修义务造成的损失。
（6）保管不善造成的损失。
（7）合理使用期限内造成的损失。

六、无效合同和效力待定合同的规定

1．无效合同

无效合同是指合同内容或者形式违反了法律、行政法规的强制性规定和社会公共利益，因而不能产生法律约束力，不受法律保护的合同。

无效合同的特征是：①具有违法性；②具有不可履行性；③自订立之时就不具有法律效力。

1) 无效合同的类型

《合同法》规定，有下列情形之一的，合同无效。

（1）一方以欺诈、胁迫的手段订立合同，损害国家利益。

（2）恶意串通，损害国家、集体或者第三人利益。

常见的还有代理人与第三人勾结损害被代理人利益而订立的合同。

（3）以合法形式掩盖非法目的。

例如，当事人通过虚假的买卖行为达到隐匿财产、逃避债务的目的。

（4）损害社会公共利益。

例如，与他人签订合同出租赌博场所。

（5）违反法律、行政法规的强制性规定。

法律是指全国人大及其常委会颁布的法律，行政法规是指由国务院颁布的法规。在实践中，有的将仅违反地方规定的合同认定为无效是违法的。

2) 无效的免责条款

《合同法》规定，合同中的下列免责条款无效：①造成对方人身伤害的；②因故意或者重大过失造成对方财产损失的。

3) 建设工程施工合同无效的主要情形

《最高人民法院关于审理建设工程施工合同纠纷案件适用法律问题的解释》规定，建设工程施工合同具有下列情形之一的，应当根据《合同法》第52条第5项的规定（即违反法律、行政法规的强制性规定），认定无效：①承包人未取得建筑施工企业资质或者超越资质等级的；②没有资质的实际施工人借用有资质的建筑施工企业名义的；③建设工程必须进行招标而未招标或者中标无效的。

同时还规定，承包人非法转包、违法分包建设工程或者没有资质的实际施工人借用有资质的建筑施工企业名义与他人签订建设工程施工合同的行为无效。

4) 无效合同的法律后果

《合同法》规定，无效的合同或者被撤销的合同自始没有法律约束力。合同部分无效，不影响其他部分效力的，其他部分仍然有效。

合同无效、被撤销或者终止的，不影响合同中独立存在的有关解决争议方法的条款的效力。

合同无效或者被撤销后，因该合同取得的财产，应当予以返还；不能返还或者没有必要返还的，应当折价补偿。有过错的一方应当赔偿对方因此所受到的损失，双方都有过错的，应当各自承担相应的责任。

5) 无效建设工程施工合同的工程款结算

《最高人民法院关于审理建设工程施工合同纠纷案件适用法律问题的解释》规定,建设工程施工合同无效,但建设工程经竣工验收合格,承包人请求参照合同约定支付工程价款的,应予以支持。

建设工程施工合同无效,且建设工程经竣工验收不合格的,按照以下情形分别处理:①修复后的建设工程经竣工验收合格,发包人请求承包人承担修复费用的,应予支持;②修复后的建设工程经竣工验收不合格,承包人请求支付工程价款的,不予支持。

案例 5-4

1. 背景

甲建筑公司与某开发公司签订施工承包合同,承包其别墅工程。之后,该建筑公司将别墅工程转包给乙建筑公司施工,双方签订了一份《劳务分包合同》,约定别墅工程由乙建筑公司负责施工,材料、设备也由乙建筑公司提供。合同中采取单方固定价包干。施工完毕时,产生结算矛盾。乙建筑公司主张:施工过程中工程设计变更较多,如按《劳务分包合同》中的包干价结算亏本,要求调高价款,据实结算。但甲建筑公司不予认可。

2. 问题

(1) 本案中《劳务分包合同》是否有效,其法律后果是什么?

(2) 乙建筑公司应如何主张结算工程款?

3. 分析

(1) 按照《最高人民法院关于审理建设工程施工合同纠纷案件适用法律问题的解释》第4条、《合同法》第56条规定,本案中的《劳务分包合同》,实质上是甲建筑公司的转包行为,在法律上是无效合同;该合同的法律后果,是对双方当事人没有法律约束力。

(2) 按照《最高人民法院关于审理建设工程施工合同纠纷案件适用法律问题的解释》第2条规定,该工程如果经竣工验收合格,承包人请求参照合同约定支付工程价款的,应予支持。

2. 效力待定合同

效力待定合同是指合同虽然已经成立,但因其不完全符合有关生效要件的规定,其合同效力能否发生尚未确定,一般须经有权人表示承认才能生效的合同。

《合同法》规定的效力待定合同有三种,即限制行为能力人订立的合同,无权代理人订立的合同,无处分权人处分他人的财产订立的合同。

七、合同的履行、变更、转让、撤销和终止

1. 合同的履行

《合同法》规定,当事人应当按照约定全面履行自己的义务。当事人应当遵循诚实信用原则,根据合同的性质、目的和交易习惯履行通知、协助、保密等义务。

2. 合同的变更

当事人协商一致,可以变更合同。法律、行政法规规定变更合同应当办理批准、登记等手续的,依照其规定执行。当事人对合同变更的内容约定不明确的,推定为未变更。

3．合同权利义务的转让

1）合同权利的转让

（1）合同权利的转让范围。

《合同法》规定，债权人可以将合同的权利全部或者部分转让给第三人，但有下列情形之一的除外：①根据合同性质不得转让；②按照当事人约定不得转让；③依照法律规定不得转让。

根据合同性质不得转让的权利，例如，当事人基于信任关系订立的委托代理合同等，便属于合同权利不得转让的合同。

依照法律规定不得转让的权利，我国一些法律中对某些权利的转让作出了禁止性规定。如《担保法》第61条规定，最高额抵押的主合同债权不得转让。

（2）合同权利的转让应当通知债务人。

《合同法》规定，债权人转让权利的，应当通知债务人。未经通知，该转让对债务人不发生效力。债权人转让权利的通知不得撤销，但经受让人同意的除外。

（3）债务人对让与人的抗辩。

《合同法》规定，债务人接到债权转让通知后，债务人对让与人的抗辩，可以向受让人主张。

抗辩权是指债权人行使债权时，债务人根据法定事由对抗债权人行使请求权的权利。

（4）从权利随同主权利转让。

《合同法》规定，债权人转让权利的，受让人取得与债权有关的从权利，但该从权利专属于债权人自身的除外。

2）合同义务的转让

《合同法》规定，债务人将合同的义务全部或者部分转让给第三人的，应当经债权人同意。

合同义务的转让分为两种情况：一是合同义务的全部转让，在这种情况下，新的债务人完全取代了旧的债务人；另一种情况是合同义务的部分转移，即新的债务人加入到原债务中。

3）合同中权利和义务的一并转让

《合同法》规定，当事人一方经对方同意，可以将自己在合同中的权利和义务一并转让给第三人。

合同权利和义务的一并转让是指合同一方当事人将其权利和义务一并转移给第三人，由第三人全部接受这些权利和义务，权利和义务的一并转让导致原合同关系的消灭，第三人取代了转让方的地位，产生一种新的合同关系。

4．可撤销合同

所谓可撤销合同，是指因意思表示不真实，通过有撤销权的机构行使撤销权，使已经生效的意思表示归于无效的合同。

1）可撤销合同的种类

《合同法》规定，下列合同，当事人一方有权请求人民法院或者仲裁机构变更或者撤销：①因重大误解订立的；②在订立合同时显失公平的。一方以欺诈、胁迫的手段或者乘人之危，使对方在违背真实意思的情况下订立的合同，受损害方有权请求人民法院或者仲裁机构变更或者撤销。当事人请求变更的，人民法院或者仲裁机构不得撤销。

2）合同撤销权的行使

《合同法》规定，有下列情形之一的，撤销权消灭：①具有撤销权的当事人自知道或者应当知道撤销事由之日起一年内没有行使撤销权;②具有撤销权的当事人知道撤销事由后明确表示或者以自己的行为放弃撤销权。

3) 被撤销合同的法律后果

《合同法》规定,无效的合同或者被撤销的合同自始没有法律约束力。合同无效、被撤销或者终止的,不影响合同中独立存在的有关解决争议方法的条款的效力。

5. 合同的终止

《合同法》规定,有下列情形之一的,合同的权利义务终止:①债务已经按照约定履行;②合同解除;③债务相互抵消;④债务人依法将标的物提存;⑤债权人免除债务;⑥债权债务同归于一人;⑦法律规定或者当事人约定终止的其他情形。

1) 合同解除的特征

合同解除具有如下特征:①合同的解除适用于合法有效的合同,而无效合同、可撤销合同不发生合同解除;②合同解除须具备法律规定的条件;③合同解除须有解除的行为;④合同解除使合同关系自始消灭或者向将来消灭,可视为当事人之间未发生合同关系,或者合同尚存的权利义务不再履行。

2) 合同解除的种类

合同的解除分为两大类:约定解除合同和法定解除合同。

(1) 约定解除合同。《合同法》第93条规定,当事人协商一致,可以解除合同。当事人可以约定一方解除合同的条件。解除合同的条件成就时,解除权人可以解除合同。

(2) 法定解除合同。《合同法》第94条规定,有下列情形之一的,当事人可以解除合同:①因不可抗力致使不能实现合同目的;②在履行期限届满之前,当事人一方明确表示或者以自己的行为表明不履行主要债务;③当事人一方延迟履行主要债务,经催告后在合理期限内仍未履行;④当事人一方延迟履行债务或者有其他违约行为致使不能实现合同目的;⑤法律规定的其他情形。

3) 解除合同的程序

《合同法》规定,当事人一方依照本法第93条第2款、第94条的规定主张解除合同的,应当通知对方。合同自通知到达对方时解除。对方有异议的,可以请求人民法院或者仲裁机构确认解除合同的效力。法律、行政法规规定解除合同应当办理批准、登记等手续的,依照其规定。

当事人对异议期限有约定的依照约定,没有约定的,最长期限为3个月。

4) 建设工程施工合同的解除

(1) 发包人解除施工合同。

《最高人民法院关于审理建设工程施工合同纠纷案件适用法律问题的解释》规定,承包人具有下列情形之一,发包人请求解除建设工程施工合同的,应予支持:①明确表示或者以行为表明不履行合同主要义务的;②合同约定的期限内没有完工,且在发包人催告的合理期限内仍未完工的;③已经完成的建设工程质量不合格,并拒绝修复的;④将承包的建设工程非法转包、违法分包的。

(2) 承包人解除建设工程施工合同。

《最高人民法院关于审理建设工程施工合同纠纷案件适用法律问题的解释》规定,发包人具有下列情形之一,致使承包人无法施工,且在催告的合理期限内仍未履行相应义务,承包人请求解除建设工程施工合同的,应予支持:①未按约定支付工程价款的;②提供的主要建筑材料、建筑构配件和设备不符合强制性标准的;③不履行合同约定的协助义务的。

八、违约责任及违约责任的免除

1. 违约责任的概念和特征

《合同法》规定,当事人一方不履行合同义务或者履行合同义务不符合约定的,应当承担继续履行、采取补救措施或者赔偿损失等违约责任。

违约责任具有如下特征:①违约责任的产生是以合同当事人不履行合同义务为条件的;②违约责任具有相对性;③违约责任主要具有补偿性,即旨在弥补或补偿因违约行为造成的损害后果;④违约责任可以由合同当事人约定,但约定不符合法律要求的,将会被宣告无效或被撤销;⑤违约责任是民事责任的一种形式。

2. 承担违约责任的种类

合同当事人违反合同义务,承担违约责任的种类主要有:继续履行、采取补救措施、停止违约行为、赔偿损失、支付违约金或定金等。

1) 继续履行

继续履行是一种违约后的补救方式,是否要求违约方继续履行是非违约方的一项权利。继续履行可以与支付违约金和定金、赔偿损失并用,但不能与解除合同的方式并用。

2) 支付违约金或定金

违约金有法定违约金和约定违约金两种:由法律规定的违约金为法定违约金;由当事人约定的违约金为约定违约金。

《合同法》规定,当事人可以约定一方违约时应当根据违约情况向对方支付一定数额的违约金,也可以约定因违约产生的损失赔偿额的计算方法。

约定的违约金低于造成的损失的,当事人可以请求人民法院或者仲裁机构予以增加;约定的违约金过分高于造成的损失的,当事人可以请求人民法院或者仲裁机构予以适当减少。

当事人可以依照《担保法》约定一方向对方给付定金作为债权的担保。债务人履行债务后,定金应当抵作价款或者收回。给付定金的一方不履行约定的债务的,无权要求返还定金;收受定金的一方不履行约定的债务的,应当双倍返还定金。

当事人既约定违约金,又约定定金的,一方违约时,对方可以选择适用违约金或者定金条款。

3. 违约责任的免除

《合同法》规定,因不可抗力不能履行合同的,根据不可抗力的影响,部分或者全部免除责任,但法律另有规定的除外。当事人迟延履行后发生不可抗力的,不能免除责任。本法所称不可抗力,是指不能预见、不能避免并不能克服的客观情况。

当事人一方因不可抗力不能履行合同的,应当及时通知对方,以减轻可能给对方造成的损失,并应当在合理期限内提供证明。

九、建设工程合同示范文本的使用与法律地位

1. 合同示范文本的作用

合同示范文本,是指由规定的国家机关事先拟定的对当事人订立合同起示范作用的合同文

本。多年的实践表明,如果缺乏合同示范文本,一些当事人签订的合同不规范,条款不完备,漏洞较多,将给合同履行带来很大困难,不仅影响合同履约率,还导致合同纠纷增多,解决纠纷的难度增大。

2. 建设工程合同示范文本

国务院建设行政主管部门和国务院工商行政管理部门,相继制定了《建设工程勘察合同(示范文本)》、《建设工程设计合同(示范文本)》、《建设工程委托监理合同(示范文本)》、《建设工程施工合同(示范文本)》、《建设工程施工专业分包合同(示范文本)》、《建设工程施工劳务分包合同(示范文本)》。

《建设工程施工合同(示范文本)》由协议书、通用条款、专用条款三部分构成。

3. 合同示范文本的法律地位

合同示范文本对当事人订立合同起参考作用,但不要求当事人必须采用合同示范文本,即合同成立与生效同当事人是否采用合同示范文本无直接关系。合同示范文本具有引导性、参考性,并无法律强制性。

5.2 劳动合同及劳动关系制度

劳动合同是在市场经济体制下,用人单位与劳动者进行双向选择、确定劳动关系、明确双方权利与义务的协议,是保护劳动者合法权益的基本依据。

所谓劳动关系,是指劳动者与用人单位在实现劳动过程中建立的社会经济关系。由于存在着劳动关系,劳动者和用人单位都要受劳动法律的约束与规范。

一、劳动合同订立的规定

1. 订立劳动合同应当遵守的原则

《劳动合同法》规定,订立劳动合同,应当遵循合法、公平、平等自愿、协商一致、诚实信用的原则。

2. 劳动合同的种类

《劳动合同法》规定,劳动合同分为固定期限劳动合同、无固定期限劳动合同和以完成一定工作任务为期限的劳动合同。劳动合同期限由用人单位和劳动者协商确定的,劳动合同期限是劳动合同存在的前提条件。

1) 固定期限劳动合同

固定期限劳动合同可以是 1 年、2 年,也可以是 5 年、10 年,甚至更长时间。但是,超过两次签订固定期限的劳动合同,用人单位就应当与劳动者签订无固定期限劳动合同。

2) 无固定期限劳动合同

无固定期限劳动合同,是指用人单位与劳动者约定无确定终止时间的劳动合同。无确定终止时间的劳动合同并不是没有终止时间,一旦出现了法定的解除情形(如到了法定退休年龄)或者双方协商一致解除的,无固定期限劳动合同同样可以解除。

用人单位与劳动者协商一致,可以订立无固定期限劳动合同。有下列情形之一,劳动者提出或者同意续订、订立劳动合同的,除劳动者提出订立固定期限劳动合同外,应当订立无固定期限劳动合同:①劳动者在该用人单位连续工作满10年的;②用人单位初次实行劳动合同制度或者国有企业改制重新订立劳动合同时,劳动者在该用人单位连续工作满10年且距法定退休年龄不足10年的;③连续订立2次固定期限劳动合同,且劳动者没有《劳动合同法》第39条和第40条第1项、第2项规定的情形,续订劳动合同的。需要注意的是,用人单位自用工之日起满1年不与劳动者订立书面劳动合同的,则视为用人单位与劳动者已订立无固定期限劳动合同。

3) 以完成一定工作任务为期限的劳动合同

以完成一定工作任务为期限的劳动合同,是指用人单位与劳动者约定以某项工作的完成为合同期限的劳动合同。

案例5-5

1. 背景

2008年5月,某外企公司有3位员工已在该企业工作满10年,需要续签新的劳动合同。但该公司不打算再与其续签劳动合同。该公司人力资源部的经理依据原先的各地关于无固定期限劳动合同的做法与规定,向3位员工下发了到期不再续签劳动合同的书面通知。但3位员工不服,认为在该公司工作了这么多年,公司不应该这样做,于是他们向有关人员进行咨询。

2. 问题

(1) 该3位员工坚决要求签订劳动合同,并且要求签订无固定期限劳动合同,依据《劳动合同法》的规定,是否应当签订无固定期限劳动合同?

(2) 在公司不同意的情况下,是否可以签订无固定期限劳动合同?

3. 分析

(1) 依据《劳动合同法》第14条第2款的规定,劳动者在该用人单位连续工作满10年的,劳动者提出或者同意续订、订立劳动合同的,应当订立无固定期限劳动合同。本案中,3位员工已经在该公司工作了10年,依据《劳动合同法》的规定,该公司必须与3位员工续签无固定期限劳动合同。

(2) 3位员工要求续签无固定期限劳动合同,尽管公司单方面不同意,依据上述规定,公司也必须与其续签无固定期限劳动合同,否则将构成违法。

3. 劳动合同的基本条款

劳动合同应当具备以下条款:①用人单位的名称、住所和法定代表人或者主要负责人;②劳动者的姓名、住址和居民身份证或者其他有效身份证件号码;③劳动合同期限;④工作内容和工作地点;⑤工作时间和休息休假;⑥劳动报酬;⑦社会保险;⑧劳动保护、劳动条件和职业危害防护;⑨法律、法规规定应当纳入劳动合同的其他事项。

劳动合同除上述规定的必备条款外,用人单位与劳动者可以约定试用期、培训、保守秘密、补充保险和福利待遇等其他事项。

4. 订立劳动合同应当注意的事项

1) 建立劳动关系即应订立劳动合同

用人单位自用工之日起即与劳动者建立劳动关系。《劳动合同法》规定,建立劳动关系,应当订立书面劳动合同。已建立劳动关系,未同时订立书面劳动合同的,应当自用工之日起1个月内订立书面劳动合同。

合同有书面形式、口头形式和其他形式。按照《劳动合同法》的规定,除了非全日制用工以小时计酬为主,劳动者在同一用人单位一般平均每日工作时间不超过4小时,每周工作时间累计不超过24小时的用工形式可以订立口头协议外,建立劳动关系应当订立书面劳动合同。

2) 劳动报酬和试用期

劳动合同期限3个月以上不满1年的,试用期不得超过1个月;劳动合同期限1年以上不满3年的,试用期不得超过2个月;3年以上固定期限和无固定期限的劳动合同,试用期不得超过6个月。同一用人单位与同一劳动者只能约定1次试用期。以完成一定工作任务为期限的劳动合同或者劳动合同期限不满3个月的,不得约定试用期。试用期包含在劳动合同期限内。劳动合同仅约定试用期的,试用期不成立,该期限为劳动合同期限。

劳动者在试用期的工资不得低于本单位相同岗位最低档工资或者劳动合同约定工资的80%,并不得低于用人单位所在地的最低工资标准。在试用期内,除劳动者有《劳动合同法》第39条和第40条第1项、第2项规定的情形外,用人单位不得解除劳动合同。用人单位在试用期解除劳动合同的,应当向劳动者说明理由。

3) 劳动合同的生效与无效

劳动合同由用人单位与劳动者协商一致,并经用人单位与劳动者在劳动合同文本上签字或者盖章生效。双方当事人签字或者盖章时间不一致的,以最后一方签字或者盖章的时间为准;如果一方没有写签字时间,则另一方写明的签字时间就是合同生效时间。

下列劳动合同无效或者部分无效:①以欺诈、胁迫的手段或者乘人之危,使对方在违背真实意思的情况下订立或者变更劳动合同的;②用人单位免除自己的法定责任、排除劳动者权利的;③违反法律、行政法规强制性规定的。

对劳动合同的无效或者部分无效有争议的,由劳动争议仲裁机构或者人民法院确认。

5. 集体合同

企业职工一方与用人单位通过平等协商,可以就劳动报酬、工作时间、休息休假、劳动安全卫生、保险福利等事项订立集体合同。

二、劳动合同的履行、变更、解除和终止

1. 劳动合同的履行和变更

1) 用人单位应当履行向劳动者支付劳动报酬的义务

用人单位应当按照劳动合同约定和国家规定,向劳动者及时足额支付劳动报酬。劳动报酬是指劳动者为用人单位提供劳动而获得的各种报酬,通常包括三个部分:①货币工资,包括各种工资、奖金、津贴、补贴等;②实物报酬,即用人单位以免费或低于成本价提供给劳动者的各种物品和服务等;③社会保险,即用人单位为劳动者支付的医疗、失业、养老、工伤等保险金。

2) 依法限制用人单位安排劳动者的加班

用人单位应当严格执行劳动定额标准,不得强迫或者变相强迫劳动者加班。用人单位安排加班的,应当按照国家有关规定向劳动者支付加班费。

3) 劳动者有权拒绝违章指挥、强令冒险作业

《劳动合同法》规定,劳动者对危害生命安全和身体健康的劳动条件,有权对用人单位提出

批评、检举和控告。

劳动者拒绝用人单位管理人员违章指挥、强令冒险作业的,不视为违反劳动合同。

4)用人单位发生变动不影响劳动合同的履行

用人单位如果变更名称、法定代表人、主要负责人或者投资人等事项,不影响劳动合同的履行。

用人单位发生合并或者分立等情况,原劳动合同继续有效,劳动合同由承继其权利和义务的用人单位继续履行。

5)劳动合同的变更

用人单位与劳动者协商一致,可以变更劳动合同约定的内容。

2. 劳动合同的解除和终止

1)劳动者可以单方解除劳动合同的规定

劳动者提前30日以书面形式通知用人单位,可以解除劳动合同。劳动者在试用期内提前3日通知用人单位,可以解除劳动合同。

《劳动合同法》第38条规定,用人单位有下列情形之一的,劳动者可以解除劳动合同:①未按照劳动合同约定提供劳动保护或者劳动条件的;②未及时足额支付劳动报酬的;③未依法为劳动者缴纳社会保险费的;④用人单位的规章制度违反法律、法规的规定,损害劳动者权益的;⑤因本法第26条第1款规定的情形致使劳动合同无效的;⑥法律、行政法规规定劳动者可以解除劳动合同的其他情形。

用人单位以暴力、威胁或者非法限制人身自由的手段强迫劳动者劳动的,或者用人单位违章指挥、强令冒险作业危及劳动者人身安全的,劳动者可以立即解除劳动合同,不需事先告知用人单位。

2)用人单位可以单方解除劳动合同的规定

《劳动合同法》在赋予劳动者单方解除权的同时,也赋予用人单位对劳动合同的单方解除权,以保障用人单位的用工自主权。

《劳动合同法》第39条规定,劳动者有下列情形之一的,用人单位可以解除劳动合同:①在试用期间被证明不符合录用条件的;②严重违反用人单位的规章制度的;③严重失职,营私舞弊,给用人单位造成重大损害的;④劳动者同时与其他用人单位建立劳动关系,对完成本单位的工作任务造成严重影响,或者经用人单位提出,拒不改正的;⑤因本法第26条第1款第1项规定的情形致使劳动合同无效的;⑥被依法追究刑事责任的。

《劳动合同法》第40条规定,有下列情形之一的,用人单位提前30日以书面形式通知劳动者本人或者额外支付劳动者1个月工资后,可以解除劳动合同:①劳动者患病或者非因工负伤,在规定的医疗期满后不能从事原工作,也不能从事由用人单位另行安排的工作的;②劳动者不能胜任工作,经过培训或者调整工作岗位,仍不能胜任工作的;③劳动合同订立时所依据的客观情况发生重大变化,致使劳动合同无法履行,经用人单位与劳动者协商,未能就变更劳动合同内容达成协议的。

3)用人单位经济性裁员的规定

经济性裁员是指用人单位由于经营不善等经济原因,一次性辞退部分劳动者的情形。经济性裁员仍属用人单位单方解除劳动合同。

裁减人员时,应当优先留用下列3种人员:①与本单位订立较长期限的固定期限劳动合同的;②与本单位订立无固定期限劳动合同的;③家庭无其他就业人员,有需要抚养的老人或者未成年人的。用人单位在 6 个月内重新招用人员的,应当通知被裁减的人员,并在同等条件下优先招用被裁减人员。

4) 用人单位不得解除劳动合同的规定

为了保护一些特殊群体劳动者的权益,《劳动合同法》第 42 条规定,劳动者有下列情形之一的,用人单位不得依照本法第 40 条、第 41 条的规定解除劳动合同:①从事接触职业病危害作业的劳动者未进行离岗前职业健康检查,或者疑似职业病病人在诊断或者医学观察期间的;②在本单位患职业病或者因工负伤并被确认丧失或者部分丧失劳动能力的;③患病或者非因工负伤,在规定的医疗期内的;④女职工在孕期、产期、哺乳期的;⑤在本单位连续工作满 15 年,且距法定退休年龄不足 5 年的;⑥法律、行政法规规定的其他情形。

5) 劳动合同的终止

《劳动合同法》第 44 条规定,有下列情形之一的,劳动合同终止:①劳动合同期满的;②劳动者开始依法享受基本养老保险待遇的;③劳动者死亡,或者被人民法院宣告死亡或者宣告失踪的;④用人单位被依法宣告破产的;⑤用人单位被吊销营业执照、责令关闭、撤销或者用人单位决定提前解散的;⑥法律、行政法规规定的其他情形。

《工伤保险条例》规定:①劳动者因工致残被鉴定为 1 级至 4 级伤残的,即丧失劳动能力的,保留劳动关系,退出工作岗位,用人单位不得终止劳动合同;②劳动者因工致残被鉴定为 5 级、6 级伤残的,即大部分丧失劳动能力的,经工伤职工本人提出,该职工可以与用人单位解除或者终止劳动关系,否则,用人单位不得终止劳动合同;③职工因工致残被鉴定为 7 级至 10 级伤残的,即部分丧失劳动能力的,劳动合同期满劳动合同可终止。

6) 终止劳动合同的经济补偿

经济补偿的标准,按劳动者在本单位工作的年限,每满 1 年支付 1 个月工资的标准向劳动者支付。6 个月以上不满 1 年的,按 1 年计算;不满 6 个月的,向劳动者支付半个月工资的经济补偿。

三、合法用工方式与违法用工模式的规定

1. "包工头"用工模式

我国建筑业仍属于劳动密集型行业。20 世纪 80 年代以来,随着建设规模不断扩大,建筑业的发展需要大量务工人员,"包工头"用工模式便应运而生了,"包工头"用工模式是在特殊历史条件下的特殊产物。

"包工头"作为自然人的民事主体,一方面为解决农村富余劳动力就业提供了一个渠道,另一方面也往往扮演了损害农民工利益的重要角色,在建设领域和劳动领域产生了很大的负面影响。"包工头"非法人的用工模式,容易导致大量农民工未经安全和职业技能培训就进入建筑工地,给工程质量和安全带来隐患;非法用工现象较为严重,损害农民工合法权益的事件时有发生,特别是违法合同无效的规定,极易造成清欠农民工工资债务链的法律关系"断层",严重扰乱了建筑市场的正常秩序。2005 年 8 月住房和城乡建设部颁发了《关于建立和完善劳务分包制度发展建筑劳务企业的意见》,要求逐步在全国建立基本规范的建筑劳务分包制度,农民工基本被劳务企业或其他用工企业直接吸纳,"包工头"承揽分包业务基本被禁止。

2. 劳务派遣

劳务派遣(又称劳动力派遣、劳动派遣或人才租赁),是指依法设立的劳务派遣单位与劳动者订立劳动合同,依据与接受劳务派遣单位(即实际用工单位)订立的劳务派遣协议,将劳动者派遣到实际用工单位工作,由派遣单位向劳动者支付工资、福利及社会保险费用,实际用工单位提供劳动条件并按照劳务派遣协议支付用工费用的新型用工方式。其显著特征是劳动者的聘用与使用分离。

1)劳务派遣单位

《劳动合同法》规定,劳务派遣单位应当依照《公司法》的有关规定设立,注册资本不得少于50万元。劳务派遣一般在临时性、辅助性或者替代性的工作岗位上实施。

2)劳动合同与劳务派遣协议

劳务派遣单位与被派遣劳动者应当订立劳动合同。该劳动合同除应当载明《劳动合同法》第17条规定的事项外,还应当载明被派遣劳动者的用工单位,以及派遣期限、工作岗位等情况。劳务派遣单位应当与被派遣劳动者订立2年以上的固定期限劳动合同,按月支付劳动报酬;被派遣劳动者在无工作期间,劳务派遣单位应当按照所在地人民政府规定的最低工资标准,向其按月支付报酬。

劳务派遣单位派遣劳动者应当与实际用工单位订立劳务派遣协议。劳务派遣协议应当约定派遣岗位和人员数量、派遣期限、劳动报酬和社会保险费的数额与支付方式,以及违反协议的责任。实际用工单位应当根据工作岗位的实际需要与劳务派遣单位确定派遣期限,不得将连续用工期限分割订立数个短期劳务派遣协议。

劳务派遣单位应当将劳务派遣协议的内容告知被派遣劳动者。劳务派遣单位不得克扣用于单位按照劳务派遣协议支付给被派遣劳动者的劳动报酬。劳务派遣单位和实际用工单位不得向被派遣劳动者收取费用。

3)被派遣劳动者

《劳动合同法》规定,被派遣劳动者享有与实际用工单位的劳动者同工同酬的权利。被派遣劳动者有权在劳务派遣单位或者实际用工单位依法参加或者组织工会,维护自身的合法权益。被派遣劳动者可以依照《劳动合同法》第36条、第38条的规定与劳务派遣单位解除劳动合同。

4)用工单位

《劳动合同法》规定,用工单位应当履行下列义务:①执行国家劳动标准,提供相应的劳动条件和劳动保护;②告知被派遣劳动者的工作要求和劳动报酬;③支付加班费、绩效奖金,提供与工作岗位相关的福利待遇;④对在岗的被派遣劳动者进行工作岗位所必需的培训;⑤连续用工的,实行正常的工资调整机制。用工单位不得将被派遣劳动者再派遣到其他用人单位。

被派遣劳动者有该法第39条和第40条第1项、第2项规定情形的,用工单位可以将劳动者退回劳务派遣单位,劳务派遣单位依照该法有关规定,可以与劳动者解除劳动合同。

案例 5-6

1. 背景

某建筑公司与劳务派遣公司之间的劳务派遣协议即将到期,将1名通过劳务派遣公司派遣来的员工李某退回劳务派遣公司,但李某主张自己与劳务派遣公司没有任何关系,而与该建筑公司存在事实劳动关系,并要求公司支付5年工龄的经济补偿金及补交欠缴的社会保险费。经该建筑公司查实,由于劳务派遣公司管理上的不规范,导致5年来李某与派遣公司根本无任何劳动合同,派遣公司未为李某缴纳任何社会保险费,也几乎没有对李某采取任何管理行为,更没有能够证明双方建立劳动关系的任何书面证据。虽然该建筑公司曾多次要求李某提交其与劳务派遣公司的劳动合同,但李某均借故推脱,建筑公司对此也没给予足够的重视。

2. 问题

(1) 李某提出的与该建筑公司存在事实劳动关系的主张是否成立?

(2) 通过本案,在使用劳务派遣用工模式时应注意什么问题?

3. 分析

(1) 依据《劳动合同法》的规定,劳务派遣建立的是一种三方关系,即派遣企业作为用人单位与劳动者建立的劳动关系,后由派遣公司将劳动者派遣至实际用工单位,实际用工单位与派遣劳动者之间建立的并非一般的劳动关系,而是一种用工关系。由于派遣公司没有与李某签订任何劳动合同,也没有能够证明双方建立劳动委派关系的任何书面证据。因此,李某提出的与该建筑公司存在事实劳动关系的主张是成立的。

(2) 实际用工单位采取劳务派遣方式,可以有效进行外包劳动人事管理服务,节省人力资源成本,甚至可以转移或者规避员工管理上的法律风险。但是,这些效益都是建立在良好的劳务派遣业务秩序和优质派遣企业基础上的。在使用劳务派遣用工模式时,应当注意考察派遣单位的资质条件,考察其管理秩序是否规范、服务是否优质,以及使用的派遣劳动者是否与派遣公司签订了合法的劳动合同等。否则,很可能会导致被派遣劳动者与实际用工单位建立事实劳动关系,使劳务派遣方式形同虚设,并易导致实际用工单位遭受巨大的用工法律风险和员工经济补偿金等赔付损失。

3. 劳务分包企业

《建筑法》规定,从事建筑活动的建筑施工企业等,经资质审查合格,取得相应等级的资质证书后,方可在其资质等级许可的范围内从事建筑活动。

1) 政策措施

(1) 明确建筑劳务分包制度的法律地位,建立预防和惩戒拖欠工资的长效机制。按照《建筑法》的要求,建立和完善建筑劳务分包制度,承包企业进行劳务作业分包必须使用有相关资质的企业,并应当按照合同约定或劳务分包企业完成的工作量及时支付劳务费用。承包企业应对劳务分包企业的用工情况和工资支付进行监督,并对本工程发生的劳务纠纷承担连带责任。劳务分包企业要依法与农民工签订劳动合同。

严格执行《房屋建筑和市政工程施工分包管理办法》,严厉打击挂靠和违法分包,禁止"包工头"承揽分包工程业务。

(2) 简化建筑劳务分包企业资质审批程序,多渠道建立和发展劳务分包企业。

(3) 允许砌筑等相关专业劳务企业承担农房施工。拥有砌筑、抹灰、钢筋工、木工等相关专业资质的劳务企业,在核定其承包工程范围时,可根据本地实际情况,允许其承担一定规模以下的乡、镇、村民用住宅、农房的建筑施工。

(4) 施工总承包、专业承包企业用工必须办理社会保险。施工总承包、专业承包企业直接雇用农民工,必须签订劳动合同并办理工伤、医疗或综合保险等社会保险。

2) 监督管理措施

(1) 对施工总承包、专业承包企业直接雇用农民工,不签订劳动合同,或只签订劳动合同不办理社会保险,或只与"包工头"签订劳务合同等行为,均视为违法分包进行处理。对用工企业拖欠农民工工资的,责令限期改正,可依法对其市场准入、招投标资格等进行限制,并予以相应处罚。

(2) 无论承包企业在工程建设投标时是否压减"职工教育经费",均视为已经计提"职工教育经费"。

(3) 要加强日常监管,严格执法检查。各地要建立施工现场日常巡查制度,发现问题及时处理,促进劳务分包和劳务用工规范发展。

四、劳动保护的规定

1. 劳动者的工作时间与休息时间

1) 工作时间

《劳动法》第35条、第38条规定,国家实行劳动者每日工作时间不超过8小时、平均每周工作时间不超过44小时的工时制度。用人单位应当保证劳动者每周至少休息1日。经劳动行政部门批准,可以实行其他工作和休息办法。

2) 休息休假

劳动者连续工作1年以上的,享受带薪年休假。此外,劳动者按有关规定还可以享受探亲假、婚丧假、生育(产)假、节育手术假等。

用人单位由于生产经营需要,经与工会和劳动者协商可以延长工作时间,一般每日不得超过1小时;因特殊原因需要延长工作时间的,在保障劳动者身体健康的条件下延长工作时间每日不得超过3小时,但是每月不得超过36小时。

用人单位应当按照下列标准支付高于劳动者正常工作时间的工资报酬:安排劳动者延长工作时间的,支付不低于工资的150%的工资报酬;休息日安排劳动者工作又不能安排补休的,支付不低于工资的200%的工资报酬;法定休假日安排劳动者工作的,支付不低于300%的工资报酬。

案例5-7

1. 背景

2007年8月,张某和王某进入某公司担任搬运工。年底,该公司因工作量增大,要求员工加班。张某和王某上班时间从早上8点到晚上12点,除去中午和晚上各1小时的吃饭时间,每天工作时间平均为14个小时,其中加班时间为6个小时。此外,公司还要求张某和王某等员工在元旦和周六、周日加班,但公司未向加班员工支付加班费。1个月下来,员工们精疲力竭,要求公司减少加班。但该公司负责人说,年底工作量大,加班也是没有办法的事情,对员工的要求置之不理。于是,张某、王某向当地劳动监察部门做了举报,要求纠正该公司的违法行为,保护其合法权益。

2. 问题

(1) 该公司的行为违反了《劳动合同法》的哪些规定?

(2) 若该公司不向张某和王某支付加班费应受到何种处罚?

3. 分析

(1) 该公司违反了《劳动合同法》第17条、第31条的规定。《劳动合同法》第17条中将工作时间和休息时间明确作为劳动合同的必备条款。《劳动合同法》第31条规定,"用人单位应当严格执行劳动定额标准,不得强迫或者变相强迫劳动者加班。用人单位安排加班的,应当按照国家有关规定向劳动者支付加班费。"

（2）本案中,该公司的行为违反了上述法律规定。依据《劳动合同法》第85条的规定,应由所在地劳动行政部门责令该公司限期支付加班费;逾期不支付的,责令该公司按照应支付金额50%以上100%以下的标准向员工加付赔偿金。

2．劳动者的工资

工资,是指用人单位依据国家有关规定和劳动关系双方的约定,以货币形式支付给劳动者的劳动报酬,如计时工资、计件工资、奖金、津贴和补贴等。

1) 工资基本规定

《劳动法》规定,工资分配应当遵循按劳分配原则,实行同工同酬。用人单位根据本单位的生产经营特点和经济效益,依法自主确定本单位的工资分配方式和工资水平。

工资应当以货币形式按月支付给劳动者本人。不得克扣或者无故拖欠劳动者的工资。劳动者在法定休假日和婚丧假期间,以及依法参加社会活动期间,用人单位应当依法支付工资。

在我国,企业、机关（包括社会团体）、事业单位实行不同的基本工资制度。企业基本工资制度主要有等级工资制、岗位技能工资制、岗位工资制、结构工资制、经营者年薪制等。

2) 最低工资保障制度

最低工资标准,是指劳动者在法定工作时间或依法签订的劳动合同约定的工作时间内提供了正常劳动的前提下,用人单位依法应支付的最低劳动报酬。劳动者依法享受带薪年休假、探亲假、婚丧假、生育（产）假、节育手术假等国家规定的假期间,以及法定工作时间内依法参加社会活动期间,视为提供了正常劳动。

《劳动法》规定,国家实行最低工资保障制度。最低工资的具体标准由省、自治区、直辖市人民政府规定,报国务院备案。用人单位支付劳动者的工资不得低于当地最低工资标准。

3．劳动安全卫生制度

《劳动法》规定,用人单位必须建立、健全劳动安全卫生制度,严格执行国家劳动安全卫生规程和标准,对劳动者进行劳动安全卫生教育,防止劳动过程中的事故,减少职业危害。

劳动安全卫生设施必须符合国家规定的标准。新建、改建、扩建工程的劳动安全卫生设施必须与主体工程同时设计、同时施工,同时投入生产和使用。用人单位必须为劳动者提供符合国家规定的劳动安全卫生条件和必要的劳动防护用品,对从事有职业危害作业的劳动者应当定期进行健康检查。

从事特种作业的劳动者必须经过专门培训并取得特种作业资格。劳动者在劳动过程中必须严格遵守安全操作规程,对用人单位管理人员违章指挥、强令冒险作业,有权拒绝执行;对危害生命安全和身体健康的行为,有权提出批评、检举和控告。

4．女职工和未成年工的特殊保护

国家对女职工和未成年工实行特殊劳动保护。

未成年工的特殊保护是针对未成年工处于生长发育期的特点,以及接受义务教育的需要,采取的特殊劳动保护措施。未成年工是指年满16周岁未满18周岁的劳动者。

《劳动法》规定,禁止用人单位招用未满16周岁的未成年人。

5．劳动者的社会保险与福利

《社会保险法》规定，国家建立基本养老保险、基本医疗保险、工伤保险、失业保险、生育保险等社会保险制度，保障公民在年老、疾病、工伤、失业、生育等情况下依法从国家和社会获得物质帮助的权利。

1）基本养老保险

职工应当参加基本养老保险，由用人单位和职工共同缴纳基本养老保险费。用人单位应当按照国家规定的本单位职工工资总额的比例缴纳基本养老保险费，记入基本养老保险统筹基金。职工应当按照国家规定的本人工资的比例缴纳基本养老保险费，记入个人账户。

(1) 基本养老金的组成。

基本养老金由统筹养老金和个人账户养老金组成。基本养老金根据个人累计缴费年限、缴费工资、当地职工平均工资、个人账户金额、城镇人口平均预期寿命等因素确定。

(2) 基本养老金的领取。

参加基本养老保险的个人，达到法定退休年龄时累计缴费满 15 年的，按月领取基本养老金。参加基本养老保险的个人，达到法定退休年龄时累计缴费不足 15 年的，可以缴费至满 15 年，按月领取基本养老金；也可以转入新型农村社会养老保险或者城镇居民社会养老保险，按照国务院规定享受相应的养老保险待遇。

参加基本养老保险的个人，因病或者非因工死亡的，其遗属可以领取丧葬补助金和抚恤金；在未达到法定退休年龄时因病或者非因工致残完全丧失劳动能力的，可以领取病残津贴。所需资金从基本养老保险基金中支付。

个人跨统筹地区就业的，其基本养老保险关系随本人转移，缴费年限累计计算。个人达到法定退休年龄时，基本养老金分段计算、统一支付。

2）基本医疗保险

职工应当参加职工基本医疗保险，由用人单位和职工按照国家规定共同缴纳基本医疗保险费。医疗机构应当为参保人员提供合理、必要的医疗服务。

参加职工基本医疗保险的个人，达到法定退休年龄时累计缴费达到国家规定年限的，退休后不再缴纳基本医疗保险费，按照国家规定享受基本医疗保险待遇；未达到国家规定年限的，可以缴费至国家规定年限。

符合基本医疗保险药品目录、诊疗项目、医疗服务设施标准，以及急诊、抢救的医疗费用，按照国家规定从基本医疗保险基金中支付。下列医疗费用不纳入基本医疗保险基金支付范围：①应当从工伤保险基金中支付的；②应当由第三人负担的；③应当由公共卫生负担的；④在境外就医。医疗费用依法应当由第三人负担，第三人不支付或者无法确定第三人的，由基本医疗保险基金先行支付。基本医疗保险基金先行支付后，有权向第三人追偿。

个人跨统筹地区就业的，其基本医疗保险关系随本人转移，缴费年限累计计算。

3）工伤保险

职工应当参加工伤保险，由用人单位缴纳工伤保险费，职工不缴纳工伤保险费。此外，《建筑法》还规定，建筑施工企业必须为从事危险作业的职工办理意外伤害保险，支付保险费。

(1) 工伤保险费率。

国家根据不同行业的工伤风险程度确定行业的差别费率，并根据工伤保险费使用、工伤发生率等情况在每个行业内确定若干费率档次。用人单位缴纳工伤保险费的数额为本单位职工工资总额乘以单位缴费费率之积。

(2) 工伤认定。

对于工伤的认定,详见"工伤处理的规定"部分。

但是,职工因下列情形之一导致本人在工作中伤亡的,不认定为工伤:①故意犯罪;②醉酒或者吸毒;③自残或者自杀。

(3) 工伤保险基金支付的费用。

因工伤发生的费用,按照国家规定从工伤保险基金中支付。

(4) 用人单位支付的费用。

因工伤发生的下列费用,按照国家规定由用人单位支付:①治疗工伤期间的工资福利;②5级、6级伤残职工按月领取的伤残津贴;③终止或者解除劳动合同时,应当享受的一次性伤残就业补助金。

(5) 先行支付的规定。

职工所在用人单位未依法缴纳工伤保险费,发生工伤事故的,由用人单位支付工伤保险待遇。用人单位不支付的,从工伤保险基金中先行支付。从工伤保险基金中先行支付的工伤保险待遇应当由用人单位偿还。用人单位不偿还的,社会保险经办机构可以依照《中华人民共和国社会保险法》(以下简称《社会保险法》)第63条的规定追偿。

由于第三人的原因造成工伤,第三人不支付工伤医疗费用或者无法确定第三人的,由工伤保险基金先行支付;工伤保险基金先行支付后,有权向第三人追偿。

(6) 停止享受工伤保险待遇的规定。

工伤职工有下列情形之一的,停止享受工伤保险待遇:①丧失享受待遇条件的;②拒不接受劳动能力鉴定的;③拒绝治疗的。

国家标准《劳动能力鉴定——职工工伤与职业病致残等级分级》(GB/T 16180—2006)规定,符合该标准1级至4级的为全部丧失劳动能力,5级至6级的为大部分丧失劳动能力,7级至10级的为部分丧失劳动能力。

4) 失业保险

《社会保险法》规定,职工应当参加失业保险,由用人单位和职工按照国家规定共同缴纳失业保险费。职工跨统筹地区就业的,其失业保险关系随本人转移,缴费年限累计计算。

(1) 失业保险金的领取。

失业人员符合下列条件的,从失业保险基金中领取失业保险金:①失业前用人单位和本人已经缴纳失业保险费满1年的;②非因本人意愿中断就业的;③已经进行失业登记,并有求职要求的。

失业保险金的标准,由省、自治区、直辖市人民政府确定,但不得低于城市居民最低生活保障标准。

(2) 领取失业保险金期间的有关规定。

失业人员在领取失业保险金期间,参加职工基本医疗保险,享受基本医疗保险待遇。失业人员应当缴纳的基本医疗保险费从失业保险基金中支付,个人不缴纳基本医疗保险费。

失业人员在领取失业保险金期间死亡的,参照当地对在职职工死亡的规定,向其遗属发给一次性丧葬补助金和抚恤金。所需资金从失业保险基金中支付。个人死亡同时符合领取基本养老保险丧葬补助金、工伤保险丧葬补助金和失业保险丧葬补助金条件的,其遗属只能选择领取其中的1项。

(3) 办理领取失业保险金的程序。

用人单位应当及时为失业人员出具终止或者解除劳动关系的证明,并将失业人员的名单自终止或者解除劳动关系之日起15日内告知社会保险经办机构。

失业人员应当持本单位为其出具的终止或者解除劳动关系的证明,及时到指定的公共就业服务机构办理失业登记。失业人员凭失业登记证明和个人身份证明,到社会保险经办机构办理领取失业保险金的手续。失业保险金领取期限自办理失业登记之日起计算。

(4) 停止享受失业保险待遇的规定。

失业人员在领取失业保险金期间有下列情形之一的,停止领取失业保险金,并同时停止享受其他失业保险待遇:①重新就业的;②应征服兵役的;③移居境外的;④享受基本养老保险待遇的;⑤无正当理由,拒不接受当地人民政府指定部门或者机构介绍的适当工作或者提供的培训的。

五、劳动争议的解决

劳动争议(又称劳动纠纷),是指劳动关系当事人之间因劳动的权利与义务发生分歧而引起的争议。

1. 劳动争议的范围

按照《劳动争议调解仲裁法》、《企业劳动争议处理条例》和《最高人民法院关于审理劳动争议案件适用法律若干问题的解释》的规定,劳动争议的范围主要是:①因确认劳动关系发生的争议;②因订立、履行、变更、解除和终止劳动合同发生的争议;③因除名、辞退职工和职工辞职、自动离职发生的争议;④因工作时间、休息休假、工资、社会保险、福利、培训,以及劳动保护发生的争议;⑤因劳动报酬、工伤医疗费、经济补偿或者赔偿金等发生的争议;⑥劳动者退休后,与尚未参加社会保险统筹的原用人单位因追索养老金、医疗费、工伤保险待遇和其他社会保险而发生的争议;⑦法律、法规规定的其他劳动争议。

2. 劳动争议的解决方式

《劳动法》规定,用人单位与劳动者发生劳动争议,当事人可以依法申请调解、仲裁、提起诉讼,也可以协商解决。调解原则适用于仲裁和诉讼程序。

1) 调解

劳动争议发生后,当事人可以向本单位劳动争议调解委员会申请调解。

在用人单位内,可以设立劳动争议调解委员会。劳动争议调解委员会由职工代表、用人单位代表和工会代表组成。劳动争议调解委员会主任由工会代表担任。劳动争议经调解达成协议的,当事人应当履行。

2) 仲裁

对于调解不成,当事人一方要求仲裁的,可以向劳动争议仲裁委员会申请仲裁。当事人一方也可以直接向劳动争议仲裁委员会申请仲裁。

劳动争议仲裁委员会由劳动行政部门代表、同级工会代表、用人单位方面的代表组成。劳动争议仲裁委员会主任由劳动行政部门代表担任。

提出仲裁要求的一方应当自劳动争议发生之日起60日内向劳动争议仲裁委员会提出书面

申请。仲裁裁决一般应在收到仲裁申请的 60 日内作出。对仲裁裁决无异议的,当事人必须履行。

3) 诉讼

劳动争议当事人对仲裁裁决不服的,可以自收到仲裁裁决书之日起 15 日内向人民法院提起诉讼。一方当事人在法定期限内不起诉又不履行仲裁裁决的,另一方当事人可以申请人民法院强制执行。

3. 集体合同争议的解决

因签订集体合同发生争议,当事人协商解决不成的,当地人民政府劳动行政部门可以组织有关各方协调处理。

因履行集体合同发生争议,当事人协商解决不成的,可以向劳动争议仲裁委员会申请仲裁;对仲裁裁决不服的,可以自收到仲裁裁决书之日起 15 日内向人民法院提起诉讼。

六、工伤处理的规定

1. 工伤认定

国务院《工伤保险条例》规定,有下列情形之一的,应当认定为工伤:①在工作时间和工作场所内,因工作原因受到事故伤害的;②工作时间前后在工作场所内,从事与工作有关的预备性或者收尾性工作受到事故伤害的;③在工作时间和工作场所内,因履行工作职责受到暴力等意外伤害的;④患职业病的;⑤因工外出期间,由于工作原因受到伤害或者发生事故下落不明的;⑥在上下班途中,受到非本人主要责任的交通事故或者城市轨道交通、客运轮渡、火车事故伤害的;⑦法律、行政法规规定应当认定为工伤的其他情形。

案例 5-8

1. 背景

王某是一家公司的员工。2009 年 2 月王某与该公司签订了自 2009 年 2 月 16 日至 2012 年 2 月 15 日的劳动合同。2009 年 3 月 4 日,王某在去广州出差时所乘坐的大巴车发生了交通事故,王某不幸身亡。王某的亲属以工伤事故为由,向公司提出了工伤补偿要求。

2. 问题

(1) 王某的死亡是交通事故所致,是否属于工伤范畴?

(2) 其工伤应当由谁认定?

(3) 王某如果是工伤,其工伤补偿标准与内容是什么?

3. 分析

(1) 依据国务院《工伤保险条例》第 14 条规定,因工外出期间,由于工作原因受到伤害或者发生事故下落不明的,应当认定为工伤。王某的死亡虽然属于交通事故所致,但其发生是在出差的路上,即属于因工外出期间和工作原因,因此属于工伤范畴。

(2) 依据《工伤保险条例》第 20 条规定,社会保险行政部门应当自受理工伤认定申请之日起 60 日内作出工伤认定的决定,并书面通知申请工伤认定的职工或者其近亲属和该职工所在的单位,王某的工伤认定应当由其所在公司所在地的社会保险行政部门给予认定。

(3) 王某认定工伤后,其工伤补偿标准与内容,应当依据《工伤保险条例》第 39 条规定,职工因工死亡,其近亲属按照下列规定从工伤保险基金领取丧葬补助金、供养亲属抚恤金和一次性工亡补助金。①丧葬补助金为6个月的统筹地区上年度职工月平均工资。②供养亲属抚恤金按照职工本人工资的一定比例发给由因工死亡职工生前提供主要生活来源、无劳动能力的亲属。标准为,配偶每月40%,其他亲属每人每月30%,孤寡老人或者孤儿每人每月在上述标准的基础上增加10%。核定的各供养亲属的抚恤金之和不应高于因工死亡职工生前的工资。供养亲属的具体范围由国务院社会保险行政部门规定。③一次性工亡补助金标准为上一年度全国城镇居民人均可支配收入的20倍。

职工有下列情形之一的,视同工伤:①在工作时间和工作岗位,突发疾病死亡或者在48小时之内经抢救无效死亡的;②在抢险救灾等维护国家利益、公共利益活动中受到伤害的;③职工原在军队服役,因战、因公负伤致残,已取得革命伤残军人证,到用人单位后旧伤复发的。

1)工伤认定申请

职工发生事故伤害或者按照职业病防治法规定被诊断、鉴定为职业病,所在单位应当自事故伤害发生之日或者被诊断、鉴定为职业病之日起30日内,向统筹地区社会保险行政部门提出工伤认定申请。遇有特殊情况,经报社会保险行政部门同意,申请时限可以适当延长。

用人单位未按规定提出工伤认定申请的,工伤职工或者其近亲属、工会组织在事故伤害发生之日或者被诊断、鉴定为职业病之日起1年内,可以直接向用人单位所在地统筹地区社会保险行政部门提出工伤认定申请。用人单位未在规定的时限内提交工伤认定申请,在此期间发生符合《工伤保险条例》规定的工伤待遇等有关费用由该用人单位负担。

2)工伤认定申请的受理和决定

社会保险行政部门受理工伤认定申请后,根据审核需要可以对事故伤害进行调查核实,用人单位、职工、工会组织、医疗机构,以及有关部门应当予以协助。职工或者其近亲属认为是工伤,用人单位不认为是工伤的,由用人单位承担举证责任。

社会保险行政部门应当自受理工伤认定申请之日起60日内作出工伤认定的决定,并书面通知申请工伤认定的职工或者其近亲属和该职工所在单位。

2. 劳动能力鉴定

《工伤保险条例》规定,职工发生工伤,经治疗伤情相对稳定后存在残疾、影响劳动能力的,应当进行劳动能力鉴定。劳动能力鉴定是指劳动功能障碍程度和生活自理障碍程度的等级鉴定。劳动功能障碍分为10个伤残等级,最重的为1级,最轻的为10级。

劳动能力鉴定由用人单位、工伤职工或者其近亲属向设区的市级劳动能力鉴定委员会提出申请,并提供工伤认定决定和职工工伤医疗的有关资料。设区的市级劳动能力鉴定委员会应当自收到劳动能力鉴定申请之日起60日内作出劳动能力鉴定结论,必要时,作出劳动能力鉴定结论的期限可以延长30日。劳动能力鉴定结论应当及时送达申请鉴定的单位或个人。

3. 工伤医疗待遇

职工因工作遭受事故伤害或者患职业病进行治疗,享受工伤医疗待遇。

1)工伤的治疗

职工治疗工伤应当在签订服务协议的医疗机构就医,情况紧急时可以先到就近的医疗机构急救。治疗工伤所需费用符合工伤保险诊疗项目目录、工伤保险药品目录、工伤保险住院服务标准的,从工伤保险基金支付。

职工住院治疗工伤的伙食补助费,以及经医疗机构出具证明,报经办机构同意,工伤职工到统筹地区以外就医所需的交通、食宿费用从工伤保险基金支付。

工伤职工到签订服务协议的医疗机构进行工伤康复的费用,符合规定的从工伤保险基金支付。工伤职工治疗非工伤引发的疾病,不享受工伤医疗待遇,按照基本医疗保险办法处理。

2)工伤医疗的停工留薪期

职工因工作遭受事故伤害或者患职业病需要暂停工作接受工伤医疗的,在停工留薪期内,原工资福利待遇不变,由所在单位按月支付。停工留薪期一般不超过12个月。伤情严重或者情况特殊,经设区的市级劳动能力鉴定委员会确认,可以适当延长,但延长不得超过12个月。

工伤职工评定伤残等级后,停发原待遇,按照有关规定享受伤残待遇。工伤职工在停工留薪期满后仍需治疗的,继续享受工伤医疗待遇。

3)工伤职工的护理

生活不能自理的工伤职工在停工留薪期需要护理的,由所在单位负责。

4)职工因工致残的待遇

职工因工致残被鉴定为1级至4级伤残的,保留劳动关系,退出工作岗位,从工伤保险基金按伤残等级支付一次性伤残补助金;从工伤保险基金按月支付伤残津贴,伤残津贴实际金额低于当地最低工资标准的,由工伤保险基金补足差额。工伤职工达到退休年龄并办理退休手续后,停发伤残津贴,按照国家有关规定享受基本养老保险待遇。

职工因工致残被鉴定为5级、6级伤残的,从工伤保险基金按伤残等级支付一次性伤残补助金;保留与用人单位的劳动关系,由用人单位安排适当工作,难以安排工作的由用人单位按月发给伤残津贴,并由用人单位按照规定为其缴纳应缴纳的各项社会保险费。经工伤职工本人提出,该职工可以与用人单位解除或者终止劳动关系,由工伤保险基金支付一次性工伤医疗补助金,由用人单位支付一次性伤残就业补助金。

职工因工致残被鉴定为7级至10级伤残的,从工伤保险基金按伤残等级支付一次性伤残补助金,劳动、聘用合同期满终止,或者职工本人提出解除劳动、聘用合同的,由工伤保险基金支付一次性工伤医疗补助金,由用人单位支付一次性伤残就业补助金。

七、违法行为应承担的法律责任

劳动合同及劳动关系中违法行为应承担的主要法律责任如下。

1. 劳动合同订立中违法行为应承担的法律责任

《劳动合同法》规定,用人单位提供的劳动合同文本未载明本法规定的劳动合同必备条款或者用人单位未将劳动合同文本交付劳动者的,由劳动行政部门责令改正;给劳动者造成损害的,应当承担赔偿责任。

用人单位违反本法规定不与劳动者订立无固定期限劳动合同的,自应当订立无固定期限劳动合同之日起向劳动者每月支付2倍的工资。

劳动合同依照本法第26条规定被确认无效,给对方造成损害的,有过错的一方应当承担赔偿责任。

2. 劳动合同履行、变更、解除和终止中违法行为应承担的法律责任

1）用人单位应承担的法律责任

《劳动合同法》规定，用人单位有下列情形之一的，由劳动行政部门责令限期支付劳动报酬、加班费或者经济补偿；劳动报酬低于当地最低工资标准的，应当支付其差额部分；逾期不支付的，责令用人单位按应付金额50%以上100%以下的标准向劳动者加付赔偿金。①未按照劳动合同的约定或者国家规定及时足额支付劳动者劳动报酬的；②低于当地最低工资标准支付劳动者工资的；③安排加班不支付加班费的；④解除或者终止劳动合同，未依照本法规定向劳动者支付经济补偿的。

用人单位违反《劳动合同法》规定未向劳动者出具解除或者终止劳动合同的书面证明，由劳动行政部门责令改正；给劳动者造成损害的，应当承担赔偿责任。

2）劳动者违法行为应承担的法律责任

《劳动合同法》规定，劳动者违反本法规定解除劳动合同，或者违反劳动合同中约定的保密义务或者竞业限制，给用人单位造成损失的，应当承担赔偿责任。

3）劳务派遣单位违法行为应承担的法律责任

《劳动合同法》规定，用人单位招用与其他用人单位尚未解除或者终止劳动合同的劳动者，给其他用人单位造成损失的，应当承担连带赔偿责任。

劳务派遣单位违反本法规定的，由劳动行政部门和其他有关主管部门责令改正；情节严重的，以每人1 000元以上5 000元以下的标准处以罚款，并由工商行政管理部门吊销营业执照；给被派遣劳动者造成损害的，劳务派遣单位与用工单位承担连带赔偿责任。

3. 劳动保护违法行为应承担的法律责任

《劳动法》规定，用人单位违反本法规定，延长劳动者工作时间的，由劳动行政部门给予警告，责令改正，并可以处以罚款。

用人单位的劳动安全设施和劳动卫生条件不符合国家规定或者未向劳动者提供必要的劳动防护用品和劳动防护设施的，由劳动行政部门或者有关部门责令改正，可以处以罚款；情节严重的，提请县级以上人民政府决定责令停产整顿；对事故隐患不采取措施，致使发生重大事故，造成劳动者生命和财产损失的，对责任人员比照《刑法》第187条的规定追究刑事责任。

用人单位非法招用未满16周岁的未成年人的，由劳动行政部门责令改正，处以罚款；情节严重的，由工商行政管理部门吊销营业执照。

用人单位违反《劳动法》对女职工和未成年工的保护规定，侵害其合法权益的，由劳动行政部门责令改正，处以罚款；对女职工或者未成年工造成损害的，应当承担赔偿责任。

用人单位无故不缴纳社会保险费的，由劳动行政部门责令其限期缴纳，逾期不缴纳的，可以加收滞纳金。

4. 工伤处理违法行为应承担的法律责任

《工伤保险条例》规定，用人单位、工伤职工或者其近亲属骗取工伤保险待遇，医疗机构、辅助器具配置机构骗取工伤保险基金支出的，由社会保险行政部门责令退还，处骗取金额2倍以上5倍以下的罚款；情节严重，构成犯罪的，依法追究刑事责任。

思考题

1. 建设工程合同签订的基本步骤有哪些?
2. 建设工程合同的承诺与要约有什么区别?
3. 建设工程施工合同应包含哪些主要内容?施工合同示范文本由哪三部分构成?
4. 建设工程开、竣工日期,工期顺延是如何规定的?
5. 合同价款确定方式有哪几种?
6. 劳动合同的种类有哪些?签订劳动合同应注意的事项包括哪些?
7. 劳动争议的解决方式有哪几种?
8. 认定为工伤的情形有哪些?

第6章 建设工程安全生产法律制度

知识目标

(1) 理解申请安全生产许可的条件、有效期限以及政府监管的相关规定；
(2) 熟悉安全生产责任及安全生产培训制度；
(3) 理解施工现场安全防护制度；
(4) 了解施工安全、施工的应急处理方案及相关单位的安全责任。

重难点

(1) 建设工程安全生产主要责任制度；
(2) 建设工程安全生产事故分析；
(3) 建设工程安全生产事故报告、调查、处理的规定。

建设工程施工多为露天、高处作业，施工环境和作业条件较差，不安全因素较多，历来属高风险和事故多发行业之一。建设工程安全生产直接关系到公众生命财产安全，关系到社会稳定、和谐发展。因此，建设工程安全生产必须贯彻"安全第一、预防为主"的方针，依法建立和落实安全生产责任制，加强安全生产培训教育和施工现场安全防护，并建立施工安全事故的应急救援机制。

6.1 施工安全生产许可证制度

《安全生产许可证条例》规定，国家对矿山企业、建筑施工企业和危险化学品、烟花爆竹、民用爆破器材生产企业实行安全生产许可制度。企业未取得安全生产许可证的，不得从事生产活动。

一、申请领取安全生产许可证的条件

《建筑施工企业安全生产许可证管理规定》中将建筑施工企业取得安全生产许可证，应当具备的安全生产条件具体规定为：①建立、健全安全生产责任制，制定完备的安全生产规章制度和操作规程；②保证本单位安全生产条件所需资金的投入；③设置安全生产管理机构，按照国家有关规定配备专职安全生产管理人员；④主要负责人、项目负责人、专职安全生产管理人员经建设主管部门或者其他有关部门考核合格；⑤特种作业人员经有关业务主管部门考核合格，取得特种作业操作资格证书；⑥管理人员和作业人员每年至少进行1次安全生产教育培训并考核合格；⑦依法参与工伤保险，依法为施工现场从事危险作业的人员办理意外伤害保险，为从业人员交纳保险费；⑧施工现场的办公、生活区及作业场所和安全防护用具、机械设备、施工机具及配

件符合有关安全生产法律、法规、标准和规程的要求;⑨有职业危害防治措施,并为作业人员配备符合国家标准或者行业标准的安全防护用具和安全防护服装;⑩有对危险性较大的分部分项工程及施工现场易发生重大事故的部位、环节的预防、监控措施和应急预案;⑪有生产安全事故应急救援预案、应急救援组织或者应急救援人员,配备必要的应急救援器材、设备;⑫法律、法规规定的其他条件。要求定制度、保投入、设机构、全培训、参保险、重安全、重防护、有预案、配资源。

1. 建立健全安全生产责任制和制定完备的安全生产规章制度

施工企业安全生产责任制的内容一般包括:安全生产责任的负责人(包括第一责任人、直接管理责任人、具体岗位责任人)的责任目标;责任人(岗位)职责范围和内容;责任评价与考核办法;问责与奖惩措施;责任档案。

2. 保证本单位安全生产条件所需资金的投入

施工企业的安全投入一般应当满足如下安全生产支出:完善、改造和维护安全设施、设备支出;配备应急救援器材、设备支出;作业人员劳动防护用品支出;安全生产检查与评价支出;重大危险源、重大事故隐患的评估、整改、监控支出;安全技能培训支出;应急救援演练支出;其他与安全生产相关的支出。

3. 有关人员经政府主管部门考核合格

政府主管部门要对建筑施工企业的主要负责人、项目负责人、安全生产管理人员,就安全生产方针政策、法律法规、管理知识、专业能力、应急处理等进行考核,并作出评价。

建筑施工企业特种作业人员是指建筑电工、建筑架子工、建筑起重信号司索工、建筑起重机械司机、建筑起重机械安装拆卸工、高处作业吊篮安装拆卸工等。

二、安全生产许可证的有效期和政府监管的规定

1. 安全生产许可证的申请

建筑施工企业从事建筑施工活动前,应当依法申请领取安全生产许可证。中央管理的建筑施工企业(集团公司、总公司)向国务院建设主管部门申请领取安全生产许可证;其他建筑施工企业,包括中央管理的建筑施工企业(集团公司、总公司)下属的建筑施工企业,向企业注册所在地省、自治区、直辖市人民政府建设主管部门申请领取安全生产许可证。

2. 安全生产许可证的有效期

按照《安全生产许可证条例》的规定,安全生产许可证的有效期为3年。安全生产许可证有效期满需要延期的,企业应当于期满前3个月向原安全生产许可证颁发管理机关办理延期手续。企业在安全生产许可证有效期内,严格遵守有关安全生产的法律法规。未发生死亡事故的,安全生产许可证有效期届满时,经原安全生产许可证颁发管理机关同意,不再审查,安全生产许可证有效期延期3年。

3. 转让安全生产许可证等应承担的法律责任

《安全生产许可证条例》规定,转让安全生产许可证的,没收违法所得,处10万元以上50万元以下的罚款,并吊销其安全生产许可证;构成犯罪的,依法追究刑事责任;接受转让的,依照未取得安全生产许可证擅自进行生产的规定处罚。冒用安全生产许可证或者使用伪造的安全生产许可证的,依照未取得安全生产许可证擅自进行生产的规定处罚。

《建筑施工企业安全生产许可证管理规定》进一步规定,建筑施工企业转让安全生产许可证的,没收违法所得,处10万元以上50万元以下的罚款,并吊销安全生产许可证;构成犯罪的,依法追究刑事责任;接受转让的,依照未取得安全生产许可证擅自从事建筑施工活动的规定处罚。冒用安全生产许可证或者使用伪造的安全生产许可证的,依照未取得安全生产许可证擅自从事建筑施工活动的规定处罚。

4. 以不正当手段取得安全生产许可证应承担的法律责任

《建筑施工企业安全生产许可证管理规定》中规定,建筑施工企业隐瞒有关情况或者提供虚假材料申请安全生产许可证的,不予受理或者不予颁发安全生产许可证,并给予警告,1年内不得申请安全生产许可证。

建筑施工企业以欺骗、贿赂等不正当手段取得安全生产许可证的,撤销安全生产许可证,3年内不得再次申请安全生产许可证;构成犯罪的,依法追究刑事责任。

5. 暂扣安全生产许可证并限期整改的规定

《建筑施工企业安全生产许可证管理规定》中规定,取得安全生产许可证的建筑施工企业,发生重大安全事故的,暂扣安全生产许可证并限期整改。

建筑施工企业不再具备安全生产条件的,暂扣安全生产许可证并限期整改;情节严重的,吊销安全生产许可证。

6. 颁证机关工作人员违法行为应承担的法律责任

《安全生产许可证条例》规定,安全生产许可证颁发管理机关工作人员有下列行为之一的,给予降级或者撤职的行政处分;构成犯罪的,依法追究刑事责任:①向不符合本条例规定的安全生产条件的企业颁发安全生产许可证的;②发现企业未依法取得安全生产许可证擅自从事生产活动,不依法处理的;③发现取得安全生产许可证的企业不再具备本条例规定的安全生产条件,不依法处理的;④接到对违反本条例规定行为的举报后,不及时处理的;⑤在安全生产许可证颁发、管理和监督检查工作中,索取或者接受企业的财物,或者谋取其他利益的。

6.2 施工安全生产责任和安全生产教育培训制度

《建筑法》规定,建筑工程安全生产管理必须坚持安全第一、预防为主的方针,建立健全安全生产的责任制度和群防群治制度。建筑施工企业应当建立健全劳动安全生产教育培训制度,加强对职工安全生产的教育培训;未经安全生产教育培训的人员,不得上岗作业。

一、施工单位的安全生产责任

1. 施工安全生产管理的基本方针

坚持安全第一、预防为主的方针,是《建筑法》、《安全生产法》、《建设工程安全生产管理条例》都明确规定的建设工程安全生产管理的基本方针,必须在实践中认真贯彻执行。

2. 施工单位的安全生产责任制度

《建筑法》规定,建筑施工企业必须依法加强对建筑安全生产的管理,执行安全生产责任制度,采取有效措施,防止伤亡和其他安全生产事故的发生。

安全生产责任制度是施工单位最基本的安全管理制度,是施工单位安全生产的核心和中心环节。

1) 施工单位主要负责人对安全生产工作全面负责

《建筑法》规定,建筑施工企业的法定代表人对本企业的安全生产负责。《建设工程安全生产管理条例》也规定,施工单位主要负责人依法对本单位的安全生产工作全面负责。明确施工单位主要负责人的安全生产责任制,是贯彻安全第一、预防为主方针的基本要求,也是被实践证明行之有效的管生产必须同时管安全原则的具体体现。不少施工安全事故都表明,如果施工单位主要负责人忽视安全生产,缺乏保证生产安全的有效措施,就会给企业职工的生命安全和身体健康带来威胁,给国家和人民的财产带来损失,企业的经济效益也得不到保障。因此,施工单位主要负责人要摆正安全与生产的关系,做到不安全不生产,生产必须安全,把安全与生产真正统一起来,切实克服生产、安全"两张皮",重生产、轻安全的现象。

对于主要负责人的理解,应当依据施工单位的性质,以及不同施工单位的实际情况确定。总的原则是,对施工单位全面负责,有生产经营决策权的人,即为主要负责人。就是说,施工单位主要负责人可以是董事长,也可以是总经理或总裁等。

2) 施工单位安全生产管理机构和专职安全生产管理人员的责任

《建设工程安全生产管理条例》规定,施工单位应当设立安全生产管理机构,配备专职安全生产管理人员。专职安全生产管理人员负责对安全生产进行现场监督检查。发现安全事故隐患,应当及时向项目负责人和安全生产管理机构报告;对违章指挥、违章操作的,应当立即制止。

安全生产管理机构是指施工单位设置的负责安全生产管理工作的独立职能部门。专职安全生产管理人员是指经建设主管部门或者其他有关部门安全生产考核合格取得安全生产考核合格证书,并在施工单位及其项目从事安全生产管理工作的专职人员。

《建筑施工企业安全生产管理机构设置及专职安全生产管理人员配备办法》规定,建筑施工企业安全生产管理机构专职安全生产管理人员的配备应满足下列要求,并应根据企业经营规模、设备管理和生产需要予以增加。①建筑施工总承包资质序列企业:特级资质企业不少于6人;一级资质企业不少于4人;二级和二级以下资质企业不少于3人。②建筑施工专业承包资质序列企业:一级资质企业不少于3人;二级和二级以下资质企业不少于2人。③建筑施工劳务分包资质序列企业:不少于2人。④建筑施工企业的分公司、区域公司等较大的分支机构应依据实际生产情况配备不少于2人的专职安全生产管理人员。

3) 制定安全生产规章制度和操作规程

严格的规章制度和操作规程是安全生产的重要保障,只有通过规章制度和操作规程,才能将安全生产责任落实到基层,落实到每个岗位和每个职工。因此,施工单位应当根据本单位的实际情况,按照法律、法规、规章和工程建设标准强制性条文的要求,制定有关施工安全生产的具体规章制度,如安全生产责任制度、安全技术措施制度、安全检查制度等,并针对每一个具体工艺、工种和岗位制定具体的操作规程,形成有效的督促、检查和贯彻落实机制。

施工单位对所承担的建设工程要进行定期和专项安全检查,并做好安全检查记录。

4) 保证本单位安全生产条件所需资金的投入

《建设工程安全生产管理条例》规定,施工单位对列入建设工程概算的安全作业环境及安全施工措施所需费用,应当用于施工安全防护用具及设施的采购和更新、安全施工措施的落实、安全生产条件的改善,不得挪作他用。

安全生产必须有一定的资金投入。为了保证安全生产所需资金的投入和使用,施工单位应当制订资金使用计划,并加强对资金使用情况的监督检查,防止资金被挪用,以确保安全生产费用的有效使用。

3. 建立健全群防群治制度

搞好安全生产,必须充分发挥广大职工的积极性,加强群众的监督检查工作。群防群治制度是职工群众参与预防和治理不安全因素的一种制度,是群众路线在安全工作中的具体体现,也是企业进行民主管理的重要内容。这一制度要求职工群众在施工中应当遵守有关安全生产的法律、法规和规章制度,不得违章作业;对于危及生命安全和身体健康的行为有权提出批评、检举和控告。

二、施工项目负责人的安全生产责任

《建设工程安全生产管理条例》规定,施工单位的项目负责人应当由取得相应执业资格的人员担任,对建设工程项目的安全施工负责。落实安全生产责任制度、安全生产规章制度和操作规程,确保安全生产费用的有效使用,并根据工程的特点组织制定安全施工措施,消除安全事故隐患,及时、如实报告生产安全事故。

施工单位不同于一般的生产经营单位,通常会同时承揽若干项建设工程,而且异地施工的情况很普遍。针对这种特殊性,为了加强施工现场管理,施工单位要对每个建设工程项目委派一名项目负责人即项目经理,由他对该项目的施工过程全面负责。项目负责人经施工单位法定代表人授权,选调技术、生产、材料、成本等管理人员组成项目管理班子,代表施工单位在本工程项目上履行管理职责。由于项目负责人在该项目的施工组织管理中居于核心地位,因而必须对施工安全负起责任。同时,为了加强对项目负责人的管理,提高其管理水平,项目负责人还应当依法由取得相应执业资格的人员担任。按照《建造师执业资格制度暂行规定》的规定,建造师经注册后,有权以建造师名义担任建设工程项目施工的项目经理及从事其他施工活动的管理。

项目负责人的安全生产责任主要是:①对建设工程项目的安全施工负责;②落实安全生产责任制度、安全生产规章制度和操作规程;③确保安全生产费用的有效使用;④根据工程的特点组织制定安全施工措施,消除安全事故隐患;⑤及时、如实报告生产安全事故情况。

此外,《建设工程安全生产管理条例》还规定,建设工程施工前,施工单位负责项目管理的技术人员应当就有关安全施工的技术要求向施工作业班组、作业人员作出详细说明,并由双方签字确认。

这就是通常所说的交底制度。在施工前,施工单位负责项目管理的技术负责人要将工程概况、施工方法、安全技术措施等向作业班组、作业人员进行详细讲解和说明。这有助于作业班组和作业人员尽快了解将要进行施工的具体情况,掌握有关操作方法和注意事项,保护作业人员的人身安全,减少因伤亡事故而导致的经济损失。

三、施工总承包和分包单位的安全生产责任

《建筑法》规定,施工现场安全由建筑施工企业负责。实行施工总承包的,由总承包单位负责。分包单位向总承包单位负责,服从总承包单位对施工现场的安全生产管理。

1. 总承包单位应当承担的法定安全生产责任

建设工程实行施工总承包的,由总承包单位对施工现场的安全生产负总责。由于施工总承

包是由一个施工单位对建设工程的施工全面负责,因此,总承包单位不仅要负责建设工程质量、建设工期、造价控制,还要对施工现场的施工组织和安全生产进行统一管理和全面负责。

1) 分包合同应当明确总分包双方的安全生产责任

《建设工程安全生产管理条例》规定,总承包单位依法将建设工程分包给其他单位的,分包合同中应当明确各自的安全生产方面的权利、义务。

2) 统一组织编制建设工程生产安全应急救援预案

《建设工程安全生产管理条例》规定,施工单位应当根据建设工程施工的特点、范围,对施工现场易发生重大事故的部位、环节进行监控,制定施工现场生产安全事故应急救援预案。实行施工总承包的,由总承包单位统一组织编制建设工程生产安全事故应急救援预案,工程总承包单位和分包单位按照应急救援预案,各自建立应急救援组织或者配备应急救援人员,配备救援器材、设备,并定期组织演练。

建设工程施工属于高风险的工作,在施工现场上很易发生事故。因此,高度重视并认真编制好安全事故应急救援预案。有助于加强对突发事故的处理,提高应急救援快速反应能力。因为建设工程实行施工总承包的,由总承包单位对施工现场的安全生产负总责,所以,总承包单位要统一组织编制建设工程生产安全事故应急救援预案。

3) 负责向有关部门上报生产安全事故

《建设工程安全生产管理条例》规定,实行施工总承包的建设工程,由总承包单位负责上报事故。

4) 自行完成建设工程主体结构的施工

为了防止因转包和违法分包等行为导致安全事故的发生,真正落实施工总承包单位的安全生产责任,《建设工程安全生产管理条例》在"施工单位的安全责任"中特别规定,总承包单位应当自行完成建设工程主体结构的施工。

5) 承担连带责任

《建设工程安全生产管理条例》规定,总承包单位和分包单位对分包工程的安全生产承担连带责任。

2. 分包单位应当承担的法定安全生产责任

《建筑法》规定,分包单位向总承包单位负责,服从总承包单位对施工现场的安全生产管理。《建设工程安全生产管理条例》进一步规定,分包单位应当服从总承包单位的安全生产管理,分包单位不服从管理导致生产安全事故的,由分包单位承担主要责任。

四、施工作业人员安全生产的权利和义务

1. 施工作业人员应当享有的安全生产权利

按照《建筑法》、《中华人民共和国安全生产法》(以下简称《安全生产法》)、《建设工程安全生产管理条例》等法律、行政法规的规定,施工作业人员主要享有如下的安全生产权利。

1) 施工安全生产的知情权和建议权

《安全生产法》规定,生产经营单位的从业人员有权了解其作业场所和工作岗位存在的危险因素、防范措施及事故应急措施,有权对本单位的安全生产工作提出建议。《建筑法》则规定,作业人员有权对影响人身健康的作业程序和作业条件提出改进意见。《建设工程安全生产管理条

例》进一步规定,施工单位应当向作业人员提供安全防护用具和安全防护服装,并书面告知危险岗位的操作规程和违章操作的危害。

2) 施工安全防护用品的获得权

《建筑法》规定,作业人员有权获得安全生产所需的防护用品。《安全生产法》还规定,生产经营单位必须为从业人员提供符合国家标准或者行业标准的劳动防护用品,并监督、教育从业人员按照使用规则佩戴、使用。《建设工程安全生产管理条例》进一步规定,施工单位应当向作业人员提供安全防护用具和安全防护服装。

施工安全防护用品是保护施工作业者在施工过程中安全健康所必需的防御性装备。它虽然是一种辅助性的安全防护措施,但对于预防或减少伤亡事故的发生具有重要作用。因此,施工作业人员有权按规定获得安全生产所需的防护用品,施工单位必须按规定发放。施工安全防护用品,一般包括安全帽、安全带、安全网、安全绳及其他个人防护用品(如防护鞋、防护服装、防尘口罩)等。

3) 批评、检举、控告权及拒绝违章指挥权

《建筑法》规定,作业人员对危及生命安全和人身健康的行为有权提出批评、检举和控告。《安全生产法》还规定,从业人员有权对本单位安全生产工作中存在的问题提出批评、检举、控告,有权拒绝违章指挥和强令冒险作业。生产经营单位不得因从业人员对本单位安全生产工作提出批评、检举、控告或者拒绝违章指挥、强令冒险作业而降低其工资、福利等待遇或者解除与其订立的劳动合同。

4) 紧急避险权

《安全生产法》规定,从业人员发现直接危及人身安全的紧急情况时,有权停止作业或者在采取可能的应急措施后撤离作业场所。生产经营单位不得因从业人员在前款紧急情况下停止作业或者采取紧急撤离措施而降低其工资、福利等待遇或者解除与其订立的劳动合同。

建设工程施工具有特殊性,发生紧急情况是不可预测的。因此,作业人员享有停止作业和紧急撤离的权利。但是,作业人员也不能滥用这项权利:一是认定危及作业人员人身安全的紧急情况必须有确实可靠的直接根据,仅凭个人猜测或者误判而实际并不属于危及人身安全的情况除外;二是紧急情况必须直接危及人身安全,间接或者可能危及人身安全的情况不应撤离,而应采取有效处理措施;三是出现危及人身安全的紧急情况时,首先应停止作业,然后要采取可能的应急措施,在采取应急措施无效时再撤离作业场所。

5) 获得意外伤害保险赔偿的权利

《建筑法》规定,建筑施工企业必须为从事危险作业的职工办理意外伤害保险,支付保险费。《建设工程安全生产管理条例》进一步规定,施工单位应当为在施工现场从事危险作业的人员办理意外伤害保险,意外伤害保险费由施工单位支付。这项规定既是施工单位必须履行的义务,也是施工作业人员安全生产应当享有的权利。

6) 请求民事赔偿权

《安全生产法》规定,因生产安全事故受到损害的从业人员,除依法享有工伤社会保险外,依照有关民事法律尚有获得赔偿的权利的,有权向本单位提出赔偿要求。

2. 施工作业人员应当履行的安全生产义务

按照《建筑法》、《安全生产法》、《建设工程安全生产管理条例》等法律、行政法规的规定,施工作业人员主要应当履行如下安全生产义务。

(1) 守法遵章和正确使用安全防护用具等的义务。

(2) 接受安全生产教育培训的义务。

施工单位加强安全教育培训,提高从业人员素质,是控制和减少安全事故的关键措施。通过安全教育培训,必须使作业人员具备必要的安全生产知识,熟悉有关的安全生产规章制度和安全操作规程,掌握本岗位的安全操作技能。

(3) 安全事故隐患报告的义务。

《安全生产法》规定,从业人员发现事故隐患或者其他不安全因素,应当立即向现场安全生产管理人员或者本单位负责人报告;接到报告的人员应当及时予以处理。

安全事故的发生通常都是由事故隐患或者其他不安全因素所酿成的,所以,作业人员一旦发现事故隐患或者其他不安全因素,应当立即报告,以便及时采取措施,防患于未然。

五、对施工管理人员、作业人员安全生产教育培训的规定

安全生产教育培训制度,是指对从业人员进行安全生产的教育和安全生产技能的培训,并将这种教育和培训制度化、规范化,以提高全体人员的安全意识和安全生产的管理水平,减少和防止生产安全事故的发生。

《建筑法》规定,建筑施工企业应当建立健全劳动安全生产教育培训制度,加强对职工安全生产的教育培训,未经安全生产教育培训的人员,不得上岗作业。

1. 施工单位三类管理人员的考核

《建设工程安全生产管理条例》规定,施工单位的主要负责人、项目负责人、专职安全生产管理人员应当经建设行政主管部门或者其他部门考核合格后方可任职。

施工单位的主要负责人要对本单位的安全生产工作全面负责,项目负责人要对所负责的建设工程项目的安全生产工作全面负责,安全生产管理人员更是要直接地、具体地承担本单位日常的安全生产管理工作。因此,这三类人员在施工安全方面的知识水平和管理能力直接关系到本单位、本项目的安全生产管理水平。多年来的惨痛教训表明,由于这三类人员缺乏基本的安全生产知识,安全生产管理和组织能力不强,甚至违章指挥,是导致事故发生的重要原因之一。因此,这三类人员必须经安全生产知识和管理能力考核合格后方可任职。

2. 每年至少进行一次全员安全生产教育培训

《建设工程安全生产管理条例》规定,施工单位应当对管理人员和作业人员每年至少进行一次安全生产教育培训,其教育培训情况记入个人工作档案。安全生产教育培训考核不合格的人员,不得上岗。

3. 进入新的岗位或者新的施工现场前的安全生产教育培训

《建设工程安全生产管理条例》规定,作业人员进入新的岗位或者新的施工现场前,应当接受安全生产教育培训。未经教育培训或者教育培训考核不合格的人员,不得上岗作业。

4. 采用新技术、新工艺、新设备、新材料前的安全生产教育培训

《建设工程安全生产管理条例》规定,施工单位在采用新技术、新工艺、新设备、新材料前,应当对作业人员进行相应的安全生产教育培训。

5. 特种作业人员的安全培训考核

《建设工程安全生产管理条例》规定,垂直运输机械作业人员、安装拆卸工、爆破作业人员、

起重信号工、登高架设作业人员等特种作业人员,必须按照国家有关规定经过专门的安全作业培训,并取得特种作业操作资格证书后,方可上岗作业。

根据国家安全生产监督管理总局《特种作业人员安全技术培训考核管理规定》的规定,特种作业的范围包括电工作业(不含电力系统进网作业)、压力焊作业、高处作业、制冷与空调作业、煤矿安全作业、金属非金属矿山安全作业、石油天然气安全作业、冶金(有色)生产安全作业、危险化学品安全作业、烟花爆竹安全作业、国家安全生产监督管理总局认定的其他作业。

6. 消防安全教育培训

中华人民共和国公安部(以下简称公安部)、住建部等9部委联合颁布的《社会消防安全教育培训规定》中规定,在建工程的施工单位应当开展下列消防安全教育工作:①建设工程施工前应当对施工人员进行消防安全教育;②在建设工地醒目位置、施工人员集中住宿场所设置消防安全宣传栏,悬挂消防安全挂图和消防安全警示标志;③对明火作业人员进行经常性的消防安全教育;④组织灭火和应急疏散演练。

案例 6-1

1. 背景

某商务中心高层建筑,总建筑面积约15万平方米,地下2层,地上22层。业主与施工单位签订了施工总承包合同,并委托监理单位进行工程监理。开工前,施工单位进行了三级安全教育。在地下桩基施工中,由于是深基坑工程,项目经理部按照设计文件和施工技术标准编制了基坑支护及降水工程专项施工组织方案,经项目经理签字后组织施工。同时,项目经理安排负责质量检查的人员兼任安全工作。当土方开挖至坑底设计标高时,监理工程师发现基坑四周地表出现大量裂纹,坑边部分土石有滑落现象,即向现场作业人员发出口头通知,要求停止施工,撤离相关作业人员。但施工作业人员担心拖延施工进度,对监理通知不予理睬,继续施工。随后,基坑发生大面积坍塌,基坑下6名作业人员被埋,造成3人死亡、2人重伤、1人轻伤。事故发生后,经查施工单位未办理意外伤害保险。

2. 问题

本案中,施工单位有哪些违法行为?

3. 分析

本案中,施工单位存在如下违法问题。

(1) 专项施工方案审批程序错误。《建设工程安全生产管理条例》第26条规定,施工单位对达到一定规模的危险性较大的分部分项工程编制专项施工方案后,并附具安全验算结果,经施工单位技术负责人、总监理工程师签字后实施。而本案中的基坑支护和降水工程专项施工方案仅由项目经理签字后即组织施工,是违法的。

(2) 安全生产管理环节严重缺失。《建设工程安全生产管理条例》第23条规定,施工单位应当设立安全生产管理机构,配备专职安全生产管理人员。第26条还规定,对分部分项工程专项施工方案的实施,由专职安全生产管理人员进行现场监督。本案中,项目经理部安排质量检查人员兼任安全管理人员,明显违反了上述规定。

(3) 施工作业人员安全生产自我保护意识不强。《建设工程安全生产管理条例》第32条规定,作业人员有权对施工现场的作业条件、作业程序和作业方式中存在的安全问题提出批评、检举和控告,有权拒绝违章指挥和强令冒险作业。在施工中发生危及人身安全的紧急情况时,作业人员有权立即停止作业或者采取必要的应急措施后撤离危险区域。本案中,施工作业人员迫于施工进度压力冒险作业,也是造成安全事故的重要原因。

(4) 施工单位未办理意外伤害保险。《建设工程安全生产管理条例》第38条规定,施工单位应当为施工现场从事危险作业的人员办理意外伤害保险,意外伤害保险费由施工单位支付。意外伤害保险属于强制性保险,必须依法办理。

六、违法行为应承担的法律责任

对于施工安全生产责任和安全生产教育培训违法行为应承担的主要法律责任如下。

1. 施工单位违法行为应承担的法律责任

《建筑法》规定,建筑施工企业违反本法规定,对建筑安全事故隐患不采取措施予以消除的,责令改正,可以处以罚款;情节严重的,责令停业整顿,降低资质等级或者吊销资质证书;已构成犯罪的,依法追究刑事责任。

《建设工程安全生产管理条例》规定,违反本条例的规定,施工单位有下列行为之一的,责令限期改正;逾期未改正的,责令停业整顿,依照《安全生产法》的有关规定处以罚款;造成重大安全事故,构成犯罪的,对直接责任人员,依照《刑法》有关规定追究刑事责任。①未设立安全生产管理机构、配备专职安全生产管理人员或者分部分项工程施工时无专职安全生产管理人员现场监督的;②施工单位的主要负责人、项目负责人、专职安全生产管理人员、作业人员或者特种作业人员,未经安全教育培训或者经考核不合格即从事相关工作的;③未在施工现场的危险部位设置明显的安全警示标志,或者未按照国家有关规定在施工现场设置消防通道、消防水源、配备消防设施和灭火器材的;④未向作业人员提供安全防护用具和安全防护服装的;⑤未按照规定在施工起重机械和整体提升脚手架、模板等自升式架设设施验收合格后登记的;⑥使用国家明令淘汰、禁止使用的危及施工安全的工艺、设备、材料的。

施工单位取得资质证书后,降低安全生产条件的,责令限期改正;经整改仍未达到与其资质等级相适应的安全生产条件的,责令停业整顿,降低其资质等级直至吊销资质证书。

施工单位挪用列入建设工程概算的安全生产作业环境及安全施工措施所需费用的,责令限期改正,处挪用费用20%以上50%以下的罚款;造成损失的,依法承担赔偿责任。

《刑法》第137条规定,建设单位、设计单位、施工单位、工程监理单位违反国家规定,降低工程质量标准,造成重大安全事故的,对直接责任人员,处5年以下有期徒刑或者拘役,并处罚金;后果特别严重的,处5年以上10年以下有期徒刑,并处罚金。

2. 施工管理人员违法行为应承担的法律责任

《建筑法》规定,建筑施工企业的管理人员违章指挥、强令职工冒险作业,因而发生重大伤亡事故或者造成其他严重后果的,依法追究刑事责任。

《建设工程安全生产管理条例》规定,施工单位的主要负责人、项目负责人未履行安全生产管理职责的,责令限期改正;逾期未改正的,责令施工单位停业整顿;造成重大安全事故、重大伤亡事故或者其他严重后果,构成犯罪的,依照《刑法》有关规定追究刑事责任。

施工单位的主要负责人、项目负责人有以上违法行为,尚不够刑事处罚的,处2万元以上20万元以下的罚款或者按照管理权限给予撤职处分;自刑罚执行完毕或者受处分之日起,5年内不得担任任何施工单位的主要负责人、项目负责人。

注册执业人员未执行法律、法规和工程建设强制性标准的,责令停止执业3个月以上1年以下;情节严重的,吊销执业资格证书,5年内不予注册;造成重大安全事故的,终身不予注册;构成犯罪的,依照《刑法》有关规定追究刑事责任。

《刑法》第134条第2款规定,强令他人违章冒险作业,因而发生重大伤亡事故或者造成其他严重后果的,处5年以下有期徒刑或者拘役;情节特别恶劣的,处5年以上有期徒刑。

《刑法》第135条第1款规定,安全生产设施或者安全生产条件不符合国家规定,因而发生重大伤亡事故或者造成其他严重后果的,对直接负责的主管人员和其他直接责任人员,处3年以下有期徒刑或者拘役;情节特别恶劣的,处3年以上7年以下有期徒刑。

3. 施工作业人员违法行为应承担的法律责任

《建设工程安全生产管理条例》规定,作业人员不服管理、违反规章制度和操作规程冒险作业造成重大伤亡事故或者其他严重后果,构成犯罪的,依照《刑法》有关规定追究刑事责任。

《刑法》第134条第1款规定,在生产、作业中违反有关安全管理的规定,因而发生重大伤亡事故或者造成其他严重后果的,处3年以下有期徒刑或者拘役;情节特别恶劣的,处3年以上7年以下有期徒刑。

4. 特种作业违法行为应承担的法律责任

国务院《特种设备安全监察条例》规定,特种设备使用单位有下列情形之一的,由特种设备安全监督管理部门责令限期改正;逾期未改正的,责令停止使用或者停产停业整顿,处2 000元以上2万元以下罚款:①未依照本条例规定设置特种设备安全管理机构或者配备专职、兼职的安全管理人员的;②从事特种设备作业的人员,未取得相应特种作业人员证书、上岗作业的;③未对特种设备作业人员进行特种设备安全教育和培训的。

《特种作业人员安全技术培训考核管理规定》中规定,生产经营单位未建立健全特种作业人员档案的,给予警告,并处1万元以下的罚款。

生产经营单位使用未取得特种作业操作证的特种作业人员上岗作业的,责令限期改正;逾期未改正的,责令停产停业整顿,可以并处2万元以下的罚款。

生产经营单位非法印制、伪造、倒卖特种作业操作证,或者使用非法印制、伪造、倒卖的特种作业操作证的,给予警告,并处1万元以上3万元以下的罚款;构成犯罪的,依法追究刑事责任。

特种作业人员伪造、涂改特种作业操作证或者使用伪造的特种作业操作证的,给予警告,并处1 000元以上5 000元以下的罚款。特种作业人员转借、转让、冒用特种作业操作证的,给予警告,并处2 000元以上10 000元以下的罚款。

6.3 施工现场安全防护制度

保障建设工程施工安全生产,除了要建立健全施工安全生产责任和安全生产教育培训制度外,还应当针对建设工程施工的特点,加强安全技术管理工作。

一、编制安全技术措施、专项施工方案和安全技术交底的规定

《建筑法》规定,建筑施工企业在编制施工组织设计时,应当根据建筑工程的特点制定相应

的安全技术措施；对专业性较强的工程项目，应当编制专项安全施工组织设计，并采取安全技术措施。

1. 编制安全技术措施和施工现场临时用电方案

《建设工程安全生产管理条例》规定，施工单位应当在施工组织设计中编制安全技术措施和施工现场临时用电方案。

施工组织设计是规划和指导施工全过程的综合性技术经济文件，是施工准备工作的重要组成部分。它要保证施工准备阶段各项工作的顺利进行，各分包单位、各工种的有序衔接，以及各类材料、构件、机具等供应时间和顺序，并对一些关键部位和需要控制的部位提出相应的安全技术措施。

1) 安全技术措施

安全技术措施是为了实现安全生产，在防护上、技术上和管理上采取的措施。具体来说，就是在建设工程施工中，针对工程特点、施工现场环境、施工方法、劳动组织、作业方法、使用机械、动力设备、变配电设施、架设工具，以及各项安全防护设施等制定的确保安全施工的措施。

安全技术措施通常包括：根据基坑、地下室深度和地质资料，保证土石方边坡稳定的措施；脚手架、吊篮、安全网、各类洞口防止人员坠落的技术措施；外用电梯、井架，以及塔吊等垂直运输机具的拉结要求及防倒塌的措施；安全用电和机电防短路、防触电的措施；有毒有害、易燃易爆作业的技术措施；施工现场周围通行道路及居民防护隔离等措施。

安全技术措施可分为防止事故发生的安全技术措施和减少事故损失的安全技术措施。常用的防止事故发生的安全技术措施有：消除危险源、限制能量或危险物质、隔离、故障-安全设计、减少故障和失误等。减少事故损失的安全技术措施是在事故发生后，迅速控制局面，防止事故扩大，避免引起二次事故发生，从而减少事故造成的损失。常用的减少事故损失的安全技术措施有隔离、个体防护、设置薄弱环节、避难与救援等。

2) 施工现场临时用电方案

施工组织设计中还应当包括施工现场临时用电方案，防止施工现场人员触电和电气火灾事故发生。临时用电方案不仅直接关系到用电人员的安全，也关系到施工进度和工程质量。

《施工现场临时用电安全技术规范》（JGJ 46—2005）规定，施工现场临时用电设备在 5 台及以上或设备总容量在 50 kW 及以上者，应编制用电组织设计。

施工现场临时用电组织设计应包括下列内容：①现场勘测；②确定电源进线、变电所或配电室、配电装置、用电设备位置及线路走向；③进行负荷计算；④选择变压器；⑤设计配电系统；⑥设计防雷装置；⑦确定防护措施；⑧制定安全用电措施和电气防火措施。临时用电工程图纸应单独绘制，临时用电工程应按图施工。

施工现场临时用电设备在 5 台以下或设备总容量在 50kW 以下者，应制定安全用电和电气防火措施。

临时用电组织设计及变更时，必须履行"编制、审核、批准"程序，由电气工程技术人员组织编制，经相关部门审核及其有法人资格企业的技术负责人批准后实施。变更用电组织设计时应补充有关图纸资料。临时用电工程必须经编制、审核、批准部门和使用单位共同验收，合格后方可投入使用。

2. 编制安全专项施工方案

《建设工程安全生产管理条例》规定，对下列达到一定规模的危险性较大的分部分项工程编制专项施工方案,并附具安全验算结果,经施工单位技术负责人、总监理工程师签字后实施,由专职安全生产管理人员进行现场监督:①基坑支护与降水工程;②土方开挖工程;③模板工程;④起重吊装工程;⑤脚手架工程;⑥拆除、爆破工程;⑦国务院建设行政主管部门或者其他有关部门规定的其他危险性较大的工程。对以上所列工程中涉及深基坑、地下暗挖工程、高大模板工程的专项施工方案,施工单位还应当组织专家进行论证、审查。

危险性较大的分部分项工程,是指建筑工程在施工过程中存在的、可能导致作业人员群死群伤或造成重大不良社会影响的分部分项工程。危险性较大的分部分项工程安全专项施工方案,是指施工单位在编制施工组织(总)设计的基础上,针对危险性较大的分部分项工程单独编制的安全技术措施文件。

1) 安全专项施工方案的编制

《危险性较大的分部分项工程安全管理办法》规定,施工单位应当在危险性较大的分部分项工程施工前编制专项方案;对于超过一定规模的危险性较大的分部分项工程,施工单位应当组织专家对专项方案进行论证。

建筑工程实行施工总承包的,专项方案应当由施工总承包单位组织编制。其中,起重机械安装拆卸工程、深基坑工程、附着式升降脚手架等专业工程实行分包的,其专项方案可由专业承包单位组织编制。

专项方案编制应当包括以下内容。①工程概况:危险性较大的分部分项工程概况、施工平面布置、施工要求和技术保证条件。②编制依据:相关法律、法规、规范性文件、标准、规范及图纸(国标图集)、施工组织设计等。③施工计划:包括施工进度计划、材料与设备计划。④施工工艺技术:技术参数、工艺流程、施工方法、检查验收等。⑤施工安全保证措施:组织保障、技术措施、应急预案、监测监控等。⑥劳动力计划:专职安全生产管理人员、特种作业人员等。⑦计算书及相关图纸。

2) 安全专项施工方案的审核

专项施工方案应当由施工单位技术部门组织本单位施工技术、安全、质量等部门的专业技术人员进行审核。经审核合格的,由施工单位技术负责人签字。实行施工总承包的,专项方案应当由总承包单位技术负责人及相关专业承包单位技术负责人签字。不需要专家论证的专项方案,经施工单位审核合格后报监理单位,由项目总监理工程师审核签字。

超过一定规模的危险性较大的分部分项工程专项方案应当由施工单位组织召开专家论证会。实行施工总承包的,由施工总承包单位组织召开专家论证会。

施工单位应当根据论证报告修改完善专项方案,并经施工单位技术负责人、项目总监理工程师、建设单位项目负责人签字后,方可组织实施。实行施工总承包的,应当由施工总承包单位、相关专业承包单位技术负责人签字。

专项方案经论证后需要做重大修改的,施工单位应当按照论证报告修改,并重新组织专家进行论证。

3) 安全专项施工方案的实施

施工单位应当严格按照专项方案组织施工。不得擅自修改、调整专项方案。如因设计、结构、外部环境等因素发生变化确需修改的,修改后的专项方案应当按规定重新审核。对于越过一定规模的危险性较大工程的专项方案,施工单位应当重新组织专家进行论证。

施工单位应当指定专人对专项方案实施情况进行现场监督和按规定进行监测。发现不按照专项方案施工的,应当要求其立即整改;发现有危及人身安全紧急情况的,应当立即组织作业人员撤离危险区域,施工单位技术负责人应当定期巡查专项方案实施情况。

对于按规定需要验收的危险性较大的分部分项工程,施工单位、监理单位应当组织有关人员进行验收。验收合格的,经施工单位项目技术负责人及项目总监理工程师签字后,方可进入下一道工序。

3. 安全施工技术交底

《建设工程安全生产管理条例》规定,建设工程施工前,施工单位负责项目管理的技术人员应当对有关安全施工的技术要求向施工作业班组、作业人员作出详细说明,并由双方签字确认。

施工前对有关安全施工的技术要求作出详细说明,就是通常说的安全技术交底。这项制度有助于作业班组和作业人员尽快了解工程概况、施工方法、安全技术措施等具体情况,掌握操作方法和注意事项,保护作业人员的人身安全,减少因安全事故导致的经济损失。

安全技术交底通常包括:施工工种安全技术交底、分部分项目工程施工安全技术交底、大型特殊工程单项安全技术交底、设备安装工程技术交底,以及使用新工艺、新技术、新材料施工的安全技术交底等。

施工单位负责项目管理的技术人员与作业班组、作业人员进行安全技术交底后,应当由双方确认。确认的方式是填写安全技术措施交底单,主要内容应当包括工程名称、分部分项工程名称、安全技术措施交底内容、交底时间,以及施工单位负责项目管理的技术人员签字、接受任务负责人签字等。

二、施工现场安全防护的规定

1. 危险部位设置安全警示标志

《建设工程安全生产管理条例》规定,施工单位应当在施工现场入口处、施工起重机械、临时用电设施、脚手架、出入通道口、楼梯口、电梯井口、孔洞口、桥梁口、隧道口、基坑边沿、爆破物及有害危险气体和液体存放处等危险部位,设置明显的安全警示标志。安全警示标志必须符合国家标准。

安全警示标志必须符合国家标准,即符合《安全标志》(GB 2894—1996)、《安全标志使用导则》(GB 16719—1996)。各种安全警示标志设置后,未经施工单位负责人批准,不得擅自移动或者拆除。

2. 根据不同施工阶段等采取相应的安全施工措施

《建设工程安全生产管理条例》规定,施工单位应当根据不同施工阶段和周围环境及季节、气候的变化,在施工现场采取相应的安全施工措施。施工现场暂时停止施工的,施工单位应当做好现场防护,所需费用由责任方承担,或者按照合同约定执行。

需要说明的是,这里的责任方应当是就施工承包合同当事人而言,而不一定是指直接的责任方。例如,如果是由于监理工程师指令有误而导致施工现场停止施工,其产生的费用要由建设单位承担。也就是说,施工单位可以就此向建设单位索赔,而不是直接向监理单位索赔。至于建设单位偿付费用后,可以依据监理合同的约定,再向监理单位追偿。

3. 施工现场临时设施的安全卫生要求

《建设工程安全生产管理条例》规定,施工单位应当将施工现场的办公区、生活区与作业区分开设置,并保持安全距离;办公区、生活区的选址应当符合安全性要求。职工的膳食、饮水、休息场所等应当符合卫生标准。施工单位不得在尚未竣工的建筑物内设置员工集体宿舍。施工现场临时搭建的建筑物应当符合安全使用要求。施工现场使用的装配式活动房屋应当具有产品合格证。

例如,设有职工食堂的,应当按照《中华人民共和国食品安全法》(以下简称《食品安全法》)中有关食品生产经营、食品检验等规定执行,患有痢疾、伤寒、病毒性肝炎等消化道传染病的人员,以及患有活动性肺结核、化脓性或者渗出性皮肤病等有碍食品安全的疾病的人员,不得从事接触直接入口食品的工作。没有职工食堂的,施工单位则应提供符合《食品安全法》规定的合格膳食。施工单位提供的饮水也必须达到国家规定的标准。

4. 对施工现场周边的安全防护措施

《建设工程安全生产管理条例》规定,施工单位对因建设工程施工可能造成损害的毗邻建筑物、构筑物和地下管线等,应当采取专项防护措施。在城市市区内的建设工程,施工单位应当对施工现场实行封闭围挡。

5. 危险作业的施工现场安全管理

《安全生产法》规定,生产经营单位进行爆破、吊装等危险作业,应当安排专门人员进行现场安全管理,确保操作规程的遵守和安全措施的落实。

6. 安全防护设备、机械设备等的安全管理

《建设工程安全生产管理条例》规定,施工单位采购、租赁的安全防护用具、机械设备、施工机具及配件,应当具有生产(制造)许可证、产品合格证,并在进入施工现场前进行查验。施工现场的安全防护用具、机械设备、施工机具及配件必须由专人管理,定期进行检查、维修和保养,建立相应的资料档案,并按照国家有关规定及时报废。

7. 施工起重机械设备等的安全使用管理

《建设工程安全生产管理条例》规定,施工单位在使用施工起重机械和整体提升脚手架、模板等自升式架设设施前,应当组织有关单位进行验收,也可以委托具有相应资质的检验检测机构进行验收;使用承租的机械设备和施工机具及配件的,由施工总承包单位、分包单位、出租单位和安装单位共同进行验收。验收合格的方可使用。

案例 6-2

1. 背景

2009年8月,某建筑公司按合同约定对其施工并已完工的路面进行维修,路面经铲挖后形成凹凸和小沟,路边堆有砂石料,但在施工路面和路两头均未设置任何提示过往行人及车辆注意安全的警示标志。2009年8月16日,张某骑摩托车经过此路段时,因不明路况,摩托车碰到路面上的施工材料而翻倒,造成10级伤残。张某受伤后多次要求该建筑公司赔偿,但建筑公司认为张某受伤与己方无关。张某将建筑公司起诉至人民法院。

2. 问题

(1) 本案中的建筑公司是否存在违法施工行为?

(2) 该建筑公司是否应承担赔偿的民事法律责任?

3. 分析

(1)《建设工程安全生产管理条例》第28条规定,施工单位应当在施工现场入口处、施工起

重机械、临时用电设施、脚手架、出入通道口、楼梯口、电梯井口、孔洞口、桥梁口、隧道口、基坑边沿、爆破物及有害危险气体和液体存放处等危险部位,设置明显的安全警示标志。安全警示标志必须符合国家标准。本案中的某建筑公司在施工时未设置任何提示过往行人及车辆注意安全的警示标志,明显违反了上述规定。

(2)法院经审理后认为,某建筑公司在进行路面维修时,致使路面凹凸不平,并未设置明显警示标志和采取安全措施,造成原告伤残,按照《民法通则》第125条规定,在公共场所、道旁或者通道上挖坑、修缮安装地下设施等,没有设置明显标志和采取安全措施造成他人损害的,施工人应当承担民事责任。判决建筑公司作为施工方应当承担民事赔偿责任。

三、施工现场消防安全职责和应采取的消防安全措施

《中华人民共和国消防法》(以下简称《消防法》)规定,机关、团体、企业、事业等单位应当履行下列消防安全职责:①落实消防安全责任制,制定本单位的消防安全制度、消防安全操作规程,制定灭火和应急疏散预案;②按照国家标准、行业标准配置消防设施、器材,设置消防安全标志,并定期组织检验、维修,确保完好有效;③对建筑消防设施每年至少进行一次全面检测,确保完好有效,检测记录应当完整准确,存档备查;④保证疏散通道、安全出口、消防车通道畅通,保证防火防烟分区、防火间距符合消防技术标准;⑤组织防火检查,及时消除火灾隐患;⑥组织进行有针对性的消防演练;⑦法律、法规规定的其他消防安全职责。单位的主要负责人是本单位的消防安全责任人。

1. 在施工现场建立消防安全责任制,确定消防安全责任人

施工单位的主要负责人是本单位的消防安全责任人;项目负责人则应是本项目施工现场的消防安全责任人。同时,要在施工现场实行和落实逐级防火责任制、岗位防火责任制。各部门、各班组负责人,以及每个岗位人员都应当对自己管辖工作范围内的消防安全负责,切实做到"谁主管,谁负责;谁在岗,谁负责"。

2. 制定各项消防安全管理制度和操作规程

施工现场大都存在可燃物和火源、电源,稍有不慎就会发生火灾。为此,要制定严格的用火用电制度,如禁止在具有火灾、爆炸危险的场所使用明火,包括焊接、切割、热处理、烘烤、熬炼等明火作业,也包括炉灶及灼热的炉体、烟筒、电热器,以及吸烟、明火取暖、明火照明等。同时,不得擅自降低消防技术标准施工,不能使用防火性能不符合国家标准的建筑构件、材料包括装饰装修材料等。

3. 设置消防通道、消防水源,配备消防设施和灭火器材

消防通道,是指供消防人员和消防车辆等消防装备进入施工现场能够通行的道路。消防通道应当保证道路的宽度、限高和道路的设置,满足消防车通行和灭火作业需要的基本要求。消防水源,是指市政消火栓、天然水源取水设施、消防蓄水池和消防供水管网等消防供水设施。消防供水设施应当保证设施数量、水量、水压等满足灭火需要,保证消防车到达火场后能够就近利用消防供水设施,及时扑救火灾,控制火势蔓延的基本要求。消防设施,一般是指固定的消防系统和设备,如火灾自动报警系统、各类自动灭火系统、消火栓、防火门等。消防器材,是指可移动的灭火器材、自救逃生器材,如灭火器、防烟面罩、缓降器等。

对于消防设施和器材应当定期组织检验、维修,确保其完好、有效,以发挥预防火灾和扑灭

初期火灾的作用。

4. 在施工现场入口处设置明显标志

消防安全标志,是指用以表达与消防有关的安全信息的图形符号或者文字标志,包括火灾报警和手动控制标志、火灾时疏散途径标志、灭火设备标志、具有火灾爆炸危险的物质或场所标志等。消防安全标志应当按照《消防安全标志设置要求》(GB 15630—1995)、《消防安全标志》(GB 13495—1992)设置。

四、办理意外伤害保险的规定

《建筑法》规定,建筑施工企业必须为从事危险作业的职工办理意外伤害保险,支付保险费。

《建设工程安全生产管理条例》进一步规定,施工单位应当为施工现场从事危险作业的人员办理意外伤害保险。意外伤害保险费由施工单位支付。实行施工总承包的,由总承包单位支付意外伤害保险费。意外伤害保险期限自建设工程开工之日起至竣工验收合格止。

1. 建筑职工意外伤害保险是法定的强制性保险

施工单位对施工现场从事危险作业的人员办理意外伤害保险是法定的强制性保险,由施工单位作为投保人直接或者通过保险经纪公司与保险公司订立保险合同,支付保险费,以本单位从事危险作业的人员作为被保险人,当被保险人在施工作业中发生意外伤害事故时,保险公司须依照合同约定向被保险人或者受益人支付保险金。

施工现场从事危险作业的人员,是指在施工现场从事如高处作业、深基坑作业、爆破作业等危险性较大的岗位的作业人员。

2. 意外伤害保险的保险期限和最低保险金额

保险期限应涵盖工程项目开工之日到工程竣工验收合格日。提前竣工的,保险责任自行终止。延长工期的,应当办理保险顺延手续。

各地建设行政主管部门要结合本地区实际情况,确定合理的最低保险金额。最低保险金额要能够保障施工伤亡人员得到有效的经济补偿。施工企业办理建筑意外伤害保险时,投保的保险金额不得低于此标准。

3. 意外伤害保险的保险费级费率

保险费应当列入建筑安装工程费用。保险费由施工企业支付,施工企业不得向职工摊派。

施工企业和保险公司双方应本着平等协商的原则,根据各类风险因素商定建筑意外伤害保险费率,提倡差别费率和浮动费率。差别费率可与工程规模、类型、工程项目风险程度和施工现场环境等因素挂钩。浮动费率可与施工企业安全生产业绩、安全生产管理状况等因素挂钩。对重视安全生产管理、安全业绩好的企业可采用下浮费率;对安全生产业绩差、安全管理不善的企业可采用上浮费率。通过浮动费率机制,激励投保企业安全生产的积极性。

4. 意外伤害保险的投保

施工企业应在工程项目开工前,办理完投保手续。工程项目中有分包单位的由总承包施工企业统一办理,分包单位合理承担投保费用。业主直接发包的工程项目由承包企业直接办理投保事宜。投保人办理投保手续后,应将投保有关信息以布告形式张贴于施工现场,告知被保险人。各级建设行政主管部门要强化监督管理,把在建工程项目开工前是否投保建筑意外伤害保险情况作为审查企业安全生产条件的重要内容之一;未投保的工程项目,不予发放施工许可证。

建设工程法规(第2版)

5．意外伤害保险的索赔

建筑意外伤害保险应规范和简化索赔程序,搞好索赔服务。

五、违法行为应承担的法律责任

1．施工现场安全防护违法行为应承担的法律责任

《建筑法》规定,建筑施工企业违反本法规定,对建筑安全事故隐患不采取措施予以消除的,责令改正,可以处以罚款;情节严重的,责令停业整顿,降低资质等级或者吊销资质证书;构成犯罪的,依法追究刑事责任。

施工单位有下列行为之一的,责令限期改正;逾期未改正的,责令停业整顿,并处10万元以上30万元以下的罚款;情节严重的,降低资质等级,直至吊销资质证书;造成重大安全事故,构成犯罪的,对直接责任人员,依照《刑法》有关规定追究刑事责任;造成损失的,依法承担赔偿责任:①安全防护用具、机械设备、施工机具及配件在进入施工现场前未经查验或者查验不合格即投入使用的;②使用未经验收或者验收不合格的施工起重机械和整体提升脚手架、模板等自升式架设设施的;③委托不具有相应资质的单位承担施工现场安装、拆卸施工起重机械和整体提升脚手架、模板等自升式架设设施的;④在施工组织设计中未编制安全技术措施、施工现场临时用电方案或者专项施工方案的。

生产经营单位有下列行为之一的,责令限期改正;逾期未改正的,责令停产停业整顿,可以并处2万元以上10万元以下的罚款,造成严重后果,构成犯罪的,依照《刑法》有关规定追究刑事责任:进行爆破、吊装等危险作业,未安排专门管理人员进行现场安全管理的。

2．施工现场消防安全违法行为应承担的法律责任

《消防法》规定,违反本法规定,有下列行为之一的,责令改正或者停止施工,并处1万元以上10万元以下罚款:……③建筑施工企业不按照消防设计文件和消防技术标准施工,降低消防施工质量的。

单位违反《消防法》规定,有下列行为之一的,责令改正,处5 000元以上5万元以下罚款:①消防设施、器材或者消防安全标志的配置、设置不符合国家标准、行业标准,或者未保持完好有效的;②损坏、挪用或者擅自拆除、停用消防设施、器材的;③占用、堵塞、封闭疏散通道、安全出口或者有其他妨碍安全疏散行为的;④埋压、圈占、遮挡消火栓或者占用防火间距的;⑤占用、堵塞、封闭消防车通道,妨碍消防车通行的;⑥人员密集场所在门窗上设置影响逃生和灭火救援的障碍物的;⑦对火灾隐患经公安机关消防机构通知后不及时采取措施消除的。

6.4 施工安全事故的应急救援与调查处理

一、生产安全事故的等级划分标准

国务院《生产安全事故报告和调查处理条例》规定,根据生产安全事故(以下简称事故)造成的人员伤亡或者直接经济损失,事故一般分为以下等级:①特别重大事故,是指造成30人以上死亡,或者100人以上重伤(包括急性工业中毒,下同),或者1亿元以上直接经济损失的事故;

②重大事故,是指造成 10 人以上 30 人以下死亡,或者 50 人以上 100 人以下重伤,或者 5 000 万元以上 1 亿元以下直接经济损失的事故;③较大事故,是指造成 3 人以上 10 人以下死亡,或者 10 人以上 50 人以下重伤,或者 1 000 万元以上 5 000 万元以下直接经济损失的事故;④一般事故,是指造成 3 人以下死亡,或者 10 人以下重伤,或者 1 000 万元以下直接经济损失的事故。所称的"以上"包括本数,所称的"以下"不包括本数。

《生产安全事故报告和调查处理条例》还规定,没有造成人员伤亡,但是社会影响恶劣的事故,国务院或者有关地方人民政府认为需要调查处理的,依照本条例的有关规定执行。

1. 事故等级划分的要素

事故等级划分要素的界定,应当从各类事故侵犯的相关主体、社会关系和危害后果等方面来考虑。《生产安全事故报告和调查处理条例》所规定的事故分级要素有 3 个,可以单独适用。

(1) 人员伤亡的数量(人身要素)。
(2) 直接经济损失的数额(经济要素)。
(3) 社会影响(社会要素)。

2. 事故等级划分的补充性规定

《生产安全事故报告和调查处理条例》规定,国务院安全生产监督管理部门可以会同国务院有关部门,制定事故等级划分的补充性规定。所谓"补充性规定",应当理解为以《生产安全事故报告和调查处理条例》所规定的标准为最低标准。例如,造成 30 人以上死亡的为特别重大事故,但对于某些行业或者领域,可以依法规定造成 30 人以下某个数量段的死亡事故作为特别重大事故。

3. 社会影响恶劣的事故

《生产安全事故报告和调查处理条例》中对于社会影响恶劣的事故没有明确其事故等级,在实践中可以根据其社会影响和危害程度的大小,比照相应等级的事故进行调查处理。

在实践中,确实存在着一些生产安全事故没有造成人员死亡或者重伤的损害后果,甚至也很难说造成了多大的直接经济损失,但是该事故对经济、社会潜在的负面影响和无形损失却是巨大的,造成了恶劣的社会影响。例如,严重影响周边单位和居民正常的生产生活,社会反应强烈;事故造成较大的国际影响;事故对公众健康构成潜在威胁,等等。对于这类事故,如果国务院或者有关地方人民政府认为需要调查处理的,依照《生产安全事故报告和调查处理条例》的有关规定执行。

二、施工生产安全事故应急救援预案的规定

《建设工程安全生产管理条例》规定,施工单位应当制定本单位生产安全事故应急救援预案,建立应急救援组织或者配备应急救援人员,配备必要的应急救援器材、设备,并定期组织演练。

1. 制定施工生产安全事故应急救援预案的基本要求

施工生产安全事故多具有突发性、紧迫性的特点,如果事先做好充分的应急准备工作,就可以在短时间内组织起有效抢救,防止事故扩大,减少人员伤亡和财产损失。

1) 施工生产安全事故应急救援预案的主要作用

施工生产安全事故应急救援预案,是指施工单位根据本单位的实际情况,针对可能发生的

事故类别、性质、特点和范围等,制定的事故发生时的组织、技术措施和其他应急措施。

施工生产安全事故应急救援预案主要有以下作用:①事故预防;②应急处理;③抢险救援。

2)施工生产安全事故应急救援预案的类型

施工生产安全事故应急救援预案分为施工单位的生产安全事故应急救援预案和施工现场生产安全事故应急救援预案两大类。

《突发事件应对法》还规定,建筑施工单位应当制定具体应急救援预案,并对生产经营场所、有危险物品的建筑物、构筑物及周边环境开展隐患排查,及时采取措施消除隐患,防止发生突发事件。

3)应急救援组织和应急救援器材设备

施工单位应当建立应急救援组织或者配备应急救援人员,配备必要的应急救援器材、设备,进行经常性维护、保养,保证正常运转,并定期组织演练。

4)总分包单位的职责分工

实行施工总承包的,由总承包单位统一组织编制建设工程生产安全事故应急救援预案,工程总承包单位和分包单位按照应急救援预案,各自建立应急救援组织或者配备应急救援人员,配备救援器材、设备,并定期组织演练。

《安全生产法》还规定,生产经营单位的主要负责人具有组织制定并实施本单位的生产安全事故应急救援预案的职责。

2. 生产安全事故应急救援预案的编制、评审等

1)应急预案的编制

国家安全生产监督管理总局《生产安全事故应急预案管理办法》规定,生产经营单位应当根据有关法律、法规和《生产经营单位安全生产事故应急预案编制导则》(AQ/T 9002—2006)结合本单位的危险源状况、危险性分析情况和可能发生的事故特点,制定相应的应急预案。

2)应急预案的评审

《生产安全事故应急预案管理办法》规定,建筑施工单位应当组织专家对本单位编制的应急预案进行评审。评审应当形成书面纪要并附有专家名单。施工单位的应急预案经评审后,由施工单位主要负责人签署公布。

3)应急预案的备案

中央管理的总公司(总厂、集团公司、上市公司)的综合应急预案和专项应急预案,报国务院国有资产监督管理部门、国务院安全生产监督管理部门和国务院有关主管部门备案;其所属单位的应急预案分别抄送所在地的省、自治区、直辖市或者设区的市人民政府安全生产监督管理部门和有关主管部门备案。

4)应急预案的培训

生产经营单位应当采取多种形式开展应急预案的宣传教育。普及生产安全事故预防、避险、自救和互救知识,提高从业人员安全意识和应急处置技能。

5)应急预案的演练

生产经营单位应当制订本单位的应急预案演练计划,根据本单位的事故预防重点,每年至少组织一次综合应急预案演练或者专项应急预案演练,每半年至少组织一次现场处置方案演练。

6)应急预案的修订

生产经营单位制定的应急预案每三年至少修订一次有记录并归档。

三、施工生产安全事故报告及采取相应措施的规定

《建筑法》规定,施工中发生事故时,建筑施工企业应当采取紧急措施减少人员伤亡和事故损失,并按照国家有关规定及时向有关部门报告。

《建设工程安全生产管理条例》进一步规定,施工单位发生生产安全事故,应当按照国家有关伤亡事故报告和调查处理的规定,及时、如实地向负责安全生产监督管理的部门、建设行政主管部门或者其他有关部门报告;特种设备发生事故的,还应当同时向特种设备安全监督管理部门报告。实行施工总承包的建设工程,由总承包单位负责上报事故。

1. 事故报告的基本要求

《安全生产法》规定,生产经营单位发生生产安全事故后,事故现场有关人员应当立即报告本单位负责人。单位负责人接到事故报告后,应当迅速采取有效措施,组织抢救,防止事故扩大,减少人员伤亡和财产损失,并按照国家有关规定立即如实报告当地负有安全生产监督管理职责的部门,不得隐瞒不报、谎报或者拖延不报,不得故意破坏事故现场、毁灭有关证据。

1) 事故报告的时间要求

《生产安全事故报告和调查处理条例》规定,事故发生后,事故现场有关人员应当立即向本单位负责人报告;单位负责人接到报告后,应当于1小时内向事故发生地县级以上人民政府安全生产监督管理部门和负有安全生产监督管理职责的有关部门报告。情况紧急时,事故现场有关人员可以直接向事故发生地县级以上人民政府安全生产监督管理部门和负有安全生产监督管理职责的有关部门报告。

事故报告应当及时、准确、完整,任何单位和个人对事故不得迟报、漏报、谎报或者瞒报。

2) 事故报告的内容要求

事故报告应当包括下列内容:①事故发生单位概况;②事故发生的时间、地点,以及事故现场情况;③事故的简要经过;④事故已经造成或者可能造成的伤亡人数(包括下落不明的人数)和初步估计的直接经济损失;⑤已经采取的措施;⑥其他应当报告的情况。

3) 事故补报的要求

事故报告后出现新情况的,应当及时补报。自事故发生之日起30日内,事故造成的伤亡人数发生变化的,应当及时补报。道路交通事故、火灾事故自发生之日起7日内,事故造成的伤亡人数发生变化的,应当及时补报。

2. 发生事故后应采取的相应措施

《建设工程安全生产管理条例》规定,发生生产安全事故后,施工单位应当采取措施防止事故扩大,保护事故现场。需要移动现场物品时,应当做出标记和书面记录,妥善保管有关证物。

1) 组织应急抢救工作

《生产安全事故报告和调查处理条例》规定,事故发生单位负责人接到事故报告后,应当立即启动事故相应应急预案,或者采取有效措施,组织抢救,防止事故扩大,减少人员伤亡和财产损失。

事故发生后,生产经营单位应当立即启动相关应急预案,采取有效处置措施,组织开展先期应急工作,控制事态发展。对危险化学品泄漏等可能对周边群众和环境产生危害的事故,生产经营单位应当在向地方政府及有关部门进行报告的同时,及时向可能受到影响的单位、职工、群

众发出预警信息,标示危险区域,组织、协助应急救援队伍和工作人员救助受害人员,疏散、撤离、安置受到威胁的人员,并采取必要措施防止发生次生、衍生事故。应急处置工作结束后,各企业应尽快组织恢复生产、生活秩序,配合事故调查组进行调查。

2) 妥善保护事故现场

事故发生后,有关单位和人员应当妥善保护事故现场及相关证据,任何单位和个人不得破坏事故现场、毁灭相关证据。因抢救人员、防止事故扩大以及疏通交通等原因,需要移动事故现场物件的,应当做出标志,绘制现场简图并做出书面记录,妥善保存现场重要痕迹、物证。

事故现场保护的主要任务就是要在现场勘查之前,维持现场的原始状态,既不要减少任何痕迹、物品,也不能增加任何痕迹、物品。任何单位和个人,都不得破坏事故现场,毁灭相关证据。

保护事故现场,应当根据事故现场的具体情况和周围环境,划定保护区范围,布置警戒,必要时将事故现场封锁起来,禁止一切人进入保护区。即使是保护事故现场的人员,也不要无故进入,更不能擅自进行勘查,或者随意触摸、移动事故现场的任何物品。

特殊情况需要移动事故现场物件的,必须同时满足以下条件:①移动物件的目的是出于抢救人员、防止事故扩大,以及疏通交通的需要;②移动物件必须经过事故单位负责人或者组织事故调查的安全生产监督管理部门和负有安全生产监督管理职责的有关部门的同意;③移动物件应当做出标志,绘制现场简图,拍摄现场照片,对被移动物件应当贴上标签,并作出书面汇录;④移动物件应当尽量使现场少受破坏。

案例 6-3

1. 背景

2010 年 10 月 25 日,某建筑公司承建的某市电视台演播中心裙楼工地发生一起施工安全事故。大演播厅舞台在浇筑顶部混凝土施工中,因模板支撑系统失稳导致屋盖坍塌,造成在现场施工的民工和电视台工作人员 6 人死亡,35 人受伤(其中重伤 11 人),直接经济损失 70 余万元。

事故发生后,该建筑公司项目经理部向有关部门紧急报告事故情况。闻讯赶到的有关领导,指挥公安民警、武警战士和现场工人实施了紧急抢险工作,将伤者立即送往医院进行救治。

2. 问题

(1) 本案中的施工安全事故应定为哪种等级的事故?

(2) 事故发生后,施工单位应采取哪些措施?

3. 分析

(1) 应定为较大事故。《生产安全事故报告和调查处理条例》第 3 条规定,较大事故,是指造成 3 人以上 10 人以下死亡,或者 10 人以上 50 人以下重伤,或者 1 000 万元以上 5 000 万元以下直接经济损失的事故。

(2) 事故发生后,依据《生产安全事故报告和调查处理条例》第 9 条、第 14 条、第 16 条的规定,施工单位应采取下列措施。①报告事故。事故发生后,事故现场有关人员应当立即向本单位负责人报告;单位负责人接到报告后,应当于 1 小时内向事故发生地县级以上人民政府安全生产监督管理部门和负有安全生产监督管理职责的有关部门报告。情况紧急时,事故现场有关人员可以直接向事故发生地县级以上人民政府安全生产监督管理部门和负有安全生产监督管理职责的有关部门报告。②启动事故应急预案,组织抢救。事故发生单位负责人接到事故报告后,应当立即启动事故应急预案,或者采取有效措施,组织抢救,防止事故扩大,减少人员伤亡和财产损失。③保护事故现场。有关单位和人员应当妥善保护事故现场,以及相关证据,任何单位和个人不得破坏事故现场、毁灭相关证据。因抢救人员、防止事故扩大,以及疏通交通等原因,需要移动事故现场物件的,应当做出标志,绘制现场简图并做出书面记录,妥善保存现场重要痕迹、物证。

3．事故的调查

《安全生产法》规定,事故调查处理应当按照实事求是、尊重科学的原则,及时、准确地查清事故原因,查明事故性质和责任,总结事故教训,提出整改措施,并对事故责任者提出处理意见。

1）事故调查的管辖

《生产安全事故报告和调查处理条例》规定,特别重大事故由国务院或者国务院授权有关部门组织事故调查组进行调查。

重大事故、较大事故、一般事故分别由事故发生地省级人民政府、设区的市级人民政府、县级人民政府负责调查。省级人民政府、设区的市级人民政府、县级人民政府可以直接组织事故调查组进行调查,也可以授权或者委托有关部门组织事故调查组进行调查。未造成人员伤亡的一般事故,县级人民政府也可以委托事故发生单位组织事故调查组进行调查。

上级人民政府认为必要时,可以调查由下级人民政府负责调查的事故。

自事故发生之日起30日内(道路交通事故、火灾事故自发生之日起7日内),因事故伤亡人数变化导致事故等级发生变化,依照规定应当由上级人民政府负责调查的,上级人民政府可以另行组织事故调查组进行调查。

特别重大事故以下等级事故,事故发生地与事故发生单位不在同一个县级以上行政区域的,由事故发生地人民政府负责调查,事故发生单位所在地人民政府应当派人参加。

2）事故调查组的组成与职责

事故调查组履行下列职责:①查明事故发生的经过、原因、人员伤亡情况及直接经济损失;②认定事故的性质和事故责任;③提出对事故责任者的处理建议;④总结事故教训,提出防范和整改措施;⑤提交事故调查报告。

3）事故调查报告的期限与内容

事故调查组应当自事故发生之日起60日内提交事故调查报告;特殊情况下,经负责事故调查的人民政府批准,提交事故调查报告的期限可以适当延长,但延长的期限最长不超过60日。

事故调查报告应当包括下列内容:①事故发生单位概况;②事故发生经过和事故救援情况;③事故造成的人员伤亡和直接经济损失;④事故发生的原因和事故性质;⑤事故责任的认定以及对事故责任者的处理建议;⑥事故防范和整改措施。

事故调查报告应当附具有关证据材料。事故调查组成员应当在事故调查报告上签名。

4．事故的处理

1）事故处理时限

《生产安全事故报告和调查处理条例》规定,重大事故、较大事故、一般事故,负责事故调查的人民政府应当自收到事故调查报告之日起15日内做出批复;特别重大事故,30日内做出批复。特殊情况下,批复时间可以适当延长,但延长的时间最长不超过30日。

2）对事故调查报告批复的落实

有关机关应当按照人民政府的批复,依照法律、行政法规规定的权限和程序,对事故发生单位和有关人员进行行政处罚,对负有事故责任的国家工作人员进行处分。

事故发生单位应当按照负责事故调查的人民政府的批复,对本单位负有事故责任的人员进行处理。

负有事故责任的人员涉嫌犯罪的,依法追究刑事责任。

事故发生单位负责处理的对象是本单位对事故发生负有责任的人员。这种处理是根据本单位的规章制度所做的内部处理,包括两种情况:一是本单位有关人员对事故发生负有责任,但其行为尚未构成犯罪,也不属于法律、行政法规规定的应当给予行政处罚或者处分的行为,事故发生单位可以根据本单位有关规章制度对负有事故责任的人员进行相应处理;二是对事故发生负有责任的人员已经涉嫌犯罪,或者依照法律、行政法规应当由有关机关给予行政处罚或处分的,事故发生单位也可以根据本单位的规章制度作出相应处理。

3) 事故发生单位落实防范和整改措施

事故发生单位应当认真吸取事故教训,落实防范和整改措施,防止事故再次发生。防范和整改措施的落实情况应当接受工会和职工的监督。

安全生产监督管理部门和负有安全生产监督管理职责的有关部门应当对事故发生单位落实防范和整改措施的情况进行监督检查。

事故调查处理的最终目的是预防和减少事故。应该说,事故的调查不是为了调查事故而调查事故,事故的处理也不是为了追究责任而追究责任,其实质是要在查明事故原因、认定事故责任的基础上,提出防范和整改措施,进而防止事故的再次发生。因此,事故发生单位应当认真吸取事故教训。落实防范和整改措施,防止事故再次发生。

4) 处理结果的公布

事故处理的情况由负责事故调查的人民政府或者其授权的有关部门、机构向社会公布,依法应当保密的除外。

多年的实践表明,事故调查处理的"四不放过"原则是行之有效的,即事故原因未查清不放过,事故责任人未受到处理不放过,事故责任人和周围群众未受到教育不放过,防范措施未落实不放过。"四不放过"原则应当继续在实践中贯彻。

四、违法行为应承担的法律责任

施工安全事故应急救援与调查处理违法行为应承担的主要法律责任如下。

1. 制定事故应急救援预案违法行为应承担的法律责任

《特种设备安全监察条例》规定,未制定特种设备事故应急专项预案的由特种设备安全监督管理部门责令限期改正;逾期未改正的,处 2 000 元以上 2 万元以下罚款;情节严重的,责令停止使用或者停产停业整顿。

《生产安全事故应急预案管理办法》规定,生产经营单位应急预案未按照本办法规定备案的,由县级以上安全生产监督管理部门给予警告,并处 3 万元以下罚款。

2. 事故报告及采取相应措施违法行为应承担的法律责任

《安全生产法》规定,生产经营单位主要负责人在本单位发生重大生产安全事故时,不立即组织抢救或者在事故调查处理期间擅离职守或者逃匿的,给予降职、撤职的处分,对逃匿的处 15 日以下拘留;构成犯罪的,依照《刑法》有关规定追究刑事责任。生产经营单位主要负责人对生产安全事故隐瞒不报、谎报或者拖延不报的,依照以上规定处罚。

事故发生单位及其有关人员有下列行为之一的,对事故发生单位处 100 万元以上 500 万元以下的罚款;对主要负责人、直接负责的主管人员和其他直接责任人员处上一年年收入 60% 至 100% 的罚款;属于国家工作人员的,并依法给予处分;构成违反治安管理行为的,由公安机关依法给予治安管理处罚;构成犯罪的,依法追究刑事责任:①谎报或者瞒报事故的;②伪造或者故意破坏事故现场的;③转移、隐匿资金、财产,或者销毁有关证据、资料的;④拒绝接受调查或者拒绝提供有关情况和资料的;⑤在事故调查中作伪证或者指使他人作伪证的;⑥事故发生后逃匿的。

3. 事故调查违法行为应承担的法律责任

《生产安全事故报告和调查处理条例》规定,参与事故调查的人员在事故调查中有下列行为之一的,依法给予处分;构成犯罪的,依法追究刑事责任:①对事故调查工作不负责任,致使事故调查工作有重大疏漏的;②包庇、袒护负有事故责任的人员或者借机打击报复的。

4. 事故责任单位及主要负责人应承担的法律责任

《安全生产法》规定,生产经营单位发生生产安全事故造成人员伤亡、他人财产损失的,应当依法承担赔偿责任;拒不承担或者其负责人逃匿的,由人民法院依法强制执行。生产安全事故的责任人未依法承担赔偿责任,经人民法院依法采取执行措施后,仍不能对受害人给予足额赔偿的,应当继续履行赔偿义务;受害人发现责任人有其他财产的,可以随时请求人民法院执行。

《生产安全事故报告和调查处理条例》规定,事故发生单位对事故发生负有责任的,依照下列规定处以罚款:①发生一般事故的,处 10 万元以上 20 万元以下的罚款;②发生较大事故的,处 20 万元以上 50 万元以下的罚款;③发生重大事故的,处 50 万元以上 200 万元以下的罚款;④发生特别重大事故的,处 200 万元以上 500 万元以下的罚款。

事故发生单位主要负责人未依法履行安全生产管理职责,导致事故发生的,依照下列规定处以罚款;属于国家工作人员的,并依法给予处分;构成犯罪的,依法追究刑事责任:①发生一般事故的,处上一年年收入 30% 的罚款;②发生较大事故的,处上一年年收入 40% 的罚款;③发生重大事故的,处上一年年收入 60% 的罚款;④发生特别重大事故的,处上一年年收入 80% 的罚款。

事故发生单位对事故发生负有责任的,由有关部门依法暂扣或者吊销其有关证照;对事故发生单位负有事故责任的有关人员,依法暂停或者撤销其与安全生产有关的执业资格、岗位证书;事故发生单位主要负责人受到刑事处罚或者撤职处分的,自刑罚执行完毕或者受处分之日起,5 年内不得担任任何生产经营单位的主要负责人。

6.5 建设单位和相关单位的建设工程安全责任制度

一、建设单位相关的安全责任

建设单位是建设工程项目的投资方或建设方,在整个工程建设中居于主导地位。《建设工程安全生产管理条例》中明确规定,建设单位必须遵守安全生产法律、法规的规定,保证建设工程安全生产,依法承担建设工程安全生产责任。

1. 依法办理有关批准手续

《建筑法》规定,有下列情形之一的,建设单位应当按照国家有关规定办理申请批准手续:①需要临时占用规划批准范围以外场地的;②可能损坏道路、管线、电力、邮电通信等公共设施的;③需要临时停水、停电、中断道路交通的;④需要进行爆破作业的;⑤法律、法规规定需要办理报批手续的其他情形。

2. 向施工单位提供真实、准确和完整的有关资料

《建设工程安全生产管理条例》进一步规定,建设单位应当向施工单位提供施工现场及毗邻区域内供水、排水、供电、供气、供热、通信、广播电视等地下管线资料,气象和水文观测资料,相邻建筑物和构筑物、地下工程的有关资料,并保证资料的真实、准确、完整。

建设工程施工前,施工单位必须搞清楚施工现场及毗邻区域内地下管线的详细情况,否则因施工造成地下管线的破坏,不仅会导致人员伤亡和经济损失,还会影响周边地区单位和居民的工作与生活。地下管线资料应包括线路管道在地下的走向及其地下埋设深度等数据。如果建设单位缺少这些资料,可以向有关部门或者单位查询,有关部门或者单位应当依法及时提供。同时,建设单位还应当提供气象和水文观测资料。

建设单位必须保证所提供资料的真实、准确、完整,不能伪造或篡改,并应能满足施工安全作业的需要。

3. 不得对承担建设工程任务的协作单位提出违法要求和随意压缩合同工期

《建设工程安全生产管理条例》规定,建设单位不得对勘察、设计、施工、工程监理等单位提出不符合建设工程安全生产法律、法规和强制性标准规定的要求,不得压缩合同约定的工期。

建设工程安全生产的强制性标准比较多,如《建筑施工安全检查标准》(JGJ 59—99)、《建筑施工现场临时用电安全技术规范》(JGJ 40—88)、《建筑施工高处作业安全技术规范》(JGJ 80—91)等。对于这些标准,参与建设工程活动的各方都必须严格执行。

在符合有关法律、法规和强制性标准的规定,并编制了赶工技术措施等前提下,建设单位与施工单位就提前工期的技术措施费和提前工期奖等协商一致后,是可以对合同工期进行适当调整的。

4. 编制工程概算时应当确定建设工程安全费用

建设单位在编制工程概算时,应当确定建设工程安全作业环境及安全施工措施所需费用,并向施工单位提供相应的费用。

5. 不得要求购买,租赁和使用不符合安全施工要求的用具设备等

建设单位不得明示或者暗示施工单位购买、租赁、使用不符合安全施工要求的安全防护用具、机械设备、施工机具及配件、消防设施和器材。

无论施工单位在购买、租赁还是使用有关安全生产的材料设备时,建设单位都不得采用明示或者暗示的手段对施工单位施加影响,提出不符合安全施工条件的要求。

6. 申领施工许可证时应当提供有关安全施工措施的资料

按照《建筑法》的规定,申请领取施工许可证应当具备的条件之一,就是"有保证工程质量和安全的具体措施"。

《建设工程安全生产管理条例》进一步规定,建设单位在领取施工许可证时,应当提供建设工程有关安全施工措施的资料。依法批准开工报告的建设工程,建设单位应当自开工报告批准

之日起15日内,将保证安全施工的措施报送建设工程所在地的县级以上地方人民政府建设行政主管部门或者其他有关部门备案。

建设单位在申请领取施工许可证时,应当提供的建设工程有关安全施工措施资料,一般包括:工程中标通知书,工程施工合同,施工现场总平面布置图。临时设施规划方案和已搭建情况、施工现场安全防护设施搭设(设置)计划、施工进度计划、安全措施费用计划,专项安全施工组织设计(方案、措施),拟进入施工现场使用的施工起重机械设备(塔式起重机、物料提升机、外用电梯)的型号、数量,工程项目负责人、安全管理人员及特种作业人员持证上岗情况,建设单位安全监督人员名册、工程监理单位人员名册,以及其他应提交的材料。

7. 依法实施装修工程和拆除工程

《建筑法》规定,涉及建筑主体和承重结构变动的装修工程,建设单位应当在施工前委托原设计单位或者具有相应资质条件的设计单位提出设计方案;没有设计方案的,不得施工。《建筑法》还规定,房屋拆除应当由具备保证安全条件的建筑施工单位承担。

《建设工程安全生产管理条例》进一步规定,建设单位应当将拆除工程发包给具有相应资质等级的施工单位。建设单位应当在拆除工程施工15日前,将下列资料报送建设工程所在地的县级以上地方人民政府建设行政主管部门或者其他有关部门备案:①施工单位资质等级证明;②拟拆除建筑物、构筑物及可能危及毗邻建筑的说明;③拆除施工组织方案;④堆放、清除废弃物的措施。

实施爆破作业的,应当遵守国家有关民用爆炸物品管理的规定。

8. 建设单位违法行为应承担的法律责任

《建设工程安全生产管理条例》规定,建设单位未提供建设工程安全生产作业环境及安全施工措施所需费用的,责令限期改正;逾期未改正的,责令该建设工程停止施工。

建设单位未将保证安全施工的措施或者拆除工程的有关资料报送有关部门备案的,责令限期改正,给予警告。

建设单位有下列行为之一的,责令限期改正,处20万元以上50万元以下的罚款;造成重大安全事故,构成犯罪的,对直接责任人员,依照《刑法》有关规定追究刑事责任;造成损失的,依法承担赔偿责任:①对勘察、设计、施工、工程监理等单位提出不符合安全生产法律、法规和强制性标准规定的要求的;②要求施工单位压缩合同约定的工期的;③将拆除工程发包给不具有相应资质等级的施工单位的。

案例6-4

1. 背景

某酒店公司决定对本酒店大楼进行拆改和重新装修。为了节省费用和赶在国庆节前重新开业,酒店公司在未办理施工备案手续的情况下,将酒店的门窗及内外装饰物拆除工程发包给包工头张某施工。2006年4月2日酒店公司与张某签订了拆除合同,约定合同总价200万元,当年4月2日开工至同年5月2日完工。4月10日下午5点左右,张某在现场指挥4名工人拆除4层户外铝合金玻璃窗扇时,玻璃窗扇不慎掉下,将1名正在进行地面清扫的工人砸成重伤。区建委接到事故报案后,立即组织对伤员进行医疗救治,同时展开事故调查。

2. 问题

本案中建设单位有何违法行为,应承担哪些法律责任?

3. 分析

(1) 酒店公司将拆除工程发包给不具有施工资质的自然人是违法行为。《建设工程安全生产管理条例》第11条第1款规定,建设单位应当将拆除工程发包给具有相应资质等级的施工单位。包工头张某不具备施工资质,酒店公司将拆除工程发包给张某,构成违法发包。根据《建设工程安全生产管理条例》第55条规定,建设单位将拆除工程发包给不具有相应资质等级的施工单位的,责令限期改正,处20万元以上50万元以下罚款,造成重大安全事故,构成犯罪的,对直接责任人员,依照《刑法》有关规定追究刑事责任;造成损失的,依法承担赔偿责任。

(2) 酒店公司未办理拆除工程施工前的备案手续。《建设工程安全生产管理条例》第11条第2款规定,建设单位应当在拆除工程施工15日前,将相关资料报送建设工程所在地的县级以上地方人民政府建设行政主管部门或者其他有关部门备案。由于酒店公司未办理拆除工程施工前的备案手续,依据《建设工程安全生产管理条例》第54条第2款规定,建设单位未将保证安全施工的措施或者拆除工程的有关资料报送有关部门备案的,责令限期改正,给予警告。

二、勘察、设计单位相关的安全责任

建设工程安全生产是一个系统工程。工程勘察、设计作为工程建设的重要环节,对于保障安全施工有着重要影响。

1. 勘察单位的安全责任

《建设工程安全生产管理条例》规定,勘察单位应当按照法律、法规和工程建设强制性标准进行勘察,提供的勘察文件应当真实、准确,满足建设工程安全生产的需要。勘察单位在勘察作业时,应当严格执行操作规程,采取措施保证各类管线、设施和周边建筑物、构筑物的安全。

2. 设计单位的安全责任

工程设计是工程建设的灵魂。在建设工程项目确定后,工程设计就成为工程建设中最重要、最关键的环节,对安全施工有着重要影响。

1) 应按照法律、法规和工程建设强制性标准进行设计

《建设工程安全生产管理条例》规定,设计单位应当按照法律、法规和工程建设强制性标准进行设计,防止因设计不合理导致生产安全事故的发生。

2) 应提出防范生产安全事故的指导意见和措施建议

设计单位应当考虑施工安全操作和防护的需要,对涉及施工安全的重点部位和环节在设计文件中注明,并对防范生产安全事故提出指导意见。采用新结构、新材料、新工艺的建设工程和特殊结构的建设工程,设计单位应当在设计中提出保障施工作业人员安全和预防生产安全事故的措施建议。

在施工单位作业前,设计单位还应当就设计意图、设计文件向施工单位做出说明和技术交底,并对防范生产安全事故提出指导意见。

3) 对设计成果承担责任

设计单位和注册建筑师等注册执业人员应当对其设计负责。

"谁设计,谁负责",这是国际通行做法。如果由于设计责任造成事故的,设计单位要承担法律责任,还要对造成的损失进行赔偿。建筑师、结构工程师等注册执业人员应当在设计文件上签字盖章,对设计文件负责,也要承担相应的法律责任。

3．勘察、设计单位应承担的法律责任

《建设工程安全生产管理条例》规定,勘察单位、设计单位有下列行为之一的,责令限期改正,处10万元以上30万元以下的罚款;情节严重的,责令停业整顿,降低资质等级,直至吊销资质证书;造成重大安全事故,构成犯罪的,对直接责任人员,依照《刑法》有关规定追究刑事责任;造成损失的,依法承担赔偿责任。①未按照法律、法规和工程建设强制性标准进行勘察、设计的;②采用新结构、新材料、新工艺的建设工程和特殊结构的建设工程,设计单位未在设计中提出保障施工作业人员安全和预防生产安全事故的措施建议的。

注册执业人员未执行法律、法规和工程建设强制性标准的,责令停止执业3个月以上1年以下;情节严重的,吊销执业资格证书,5年内不予注册;造成重大安全事故的,终身不予注册;构成犯罪的,依照《刑法》有关规定追究刑事责任。

三、工程监理,检验检测单位相关的安全责任

1．工程监理单位的安全责任

1)对安全技术措施或专项施工方案进行审查

《建设工程安全生产管理条例》规定,工程监理单位应当审查施工组织设计中的安全技术措施或者专项施工方案是否符合工程建设强制性标准。

施工组织设计中须包含安全技术措施和施工现场临时用电方案,对基坑支护与降水工程、土方开挖工程、模板工程、起重吊装工程、脚手架工程、拆除、爆破工程等达到一定规模的危险性较大的分部分项工程,还应当编制专项施工方案。工程监理单位要对这些安全技术措施和专项施工方案进行审查,审查的重点在是否符合工程建设强制性标准;对于达不到强制性标准的,应当要求施工单位进行补充完善。

2)依法对施工安全事故隐患进行处理

工程监理单位在实施监理过程中,发现存在安全事故隐患的,应当要求施工单位整改;情况严重的,应当要求施工单位暂时停止施工,并及时报告建设单位。施工单位拒不整改或者不停止施工的,工程监理单位应当及时向有关主管部门报告。

工程监理单位受建设单位的委托,作为公正的第三方,有权要求施工单位对存在的安全事故隐患进行整改,有权要求施工单位暂时停止施工,并依法向建设单位和有关主管部门报告。

3)对建设工程安全生产承担监理责任

工程监理单位和监理工程师应当按照法律、法规和工程建设强制性标准实施监理,并对建设工程安全生产承担监理责任。

工程监理单位有下列行为之一的,责令限期改正;逾期未改正的,责令停业整顿,并处10万元以上30万元以下的罚款;情节严重的,降低资质等级,直至吊销资质证书;造成重大安全事故,构成犯罪的,对直接责任人员,依照《刑法》有关规定追究刑事责任;造成损失的,依法承担赔偿责任。①未对施工组织设计中的安全技术措施或者专项施工方案进行审查的;②发现安全事故隐患未及时要求施工单位整改或者暂时停止施工的;③施工单位拒不整改或者不停止施工,未及时向有关主管部门报告的;④未依照法律、法规和工程建设强制性标准实施监理的。

2．设备检验检测单位的安全责任

1)设备检验检测单位的职责

《特种设备安全监察条例》规定,特种设备的监督检验、定期检验、型式试验和无损检测应当由经核准的特种设备检验检测机构进行。

特种设备检验检测机构,应当依照规定进行检验检测工作,对其检验检测结果、鉴定结论承担法律责任。特种设备检验检测机构进行特种设备检验检测,发现严重事故隐患或者能耗严重超标的,应当及时告知特种设备使用单位,并立即向特种设备安全监督管理部门报告。

2) 设备检验检测单位违法行为应承担的法律责任

特种设备检验检测机构,在进行特种设备检验检测中,发现严重事故隐患或者能耗严重超标,未及时告知特种设备使用单位,并立即向特种设备安全监督管理部门报告的,由特种设备安全监督管理部门处 2 万元以上 10 万元以下罚款;情节严重的,撤销其检验检测资格。

特种设备检验检测机构和检验检测人员,出具虚假的检验检测结果、鉴定结论,或者检验检测结果、鉴定结论严重失实,造成损害的,应当承担赔偿责任。

特种设备检验检测机构和检验检测人员利用检验检测工作故意刁难特种设备生产、使用单位,由特种设备安全监督管理部门责令改正;拒不改正的,撤销其检验检测资格。

四、机械设备等单位相关的安全责任

1. 提供机械设备和配件单位的安全责任

《建设工程安全生产管理条例》规定,为建设工程提供机械设备和配件的单位,应当按照安全施工的要求配备齐全有效的保险、限位等安全设施和装置。

2. 出租机械设备和施工机具及配件单位的安全责任

出租的机械设备和施工机具及配件,应当具有生产(制造)许可证、产品合格证。出租单位应当对出租的机械设备和施工机具及配件的安全性能进行检测,在签订租赁协议时,应当出具检测合格证明。禁止出租检测不合格的机械设备和施工机具及配件。

3. 施工起重机械和自升式架设设施安装、拆卸单位的安全责任

施工起重机械,是指施工中用于垂直升降或者垂直升降并水平移动重物的机械设备,如塔式起重机、施工外用电梯、物料提升机等。自升式架设设施,是指通过自有装置可将自身升高的架设设施,如整体提升脚手架、模板等。

1) 安装、拆卸施工起重机械和自升式架设设施的单位必须具备相应的资质

《建设工程安全生产管理条例》规定,在施工现场安装、拆卸施工起重机械和整体提升脚手架、模板等自升式架设设施,必须由具有相应资质的单位承担。

2) 编制拆装方案、制定安全措施和现场监督

《建设工程安全生产管理条例》规定,安装、拆卸施工起重机械和整体提升脚手架、模板等自升式架设设施,应当编制拆装方案、制定安全施工措施,并由专业技术人员现场监督。

施工起重机械的安装单位在进行安装、拆卸作业前,应当根据施工起重机械的安全技术标准、使用说明书、施工现场环境、辅助起重机械设备条件等,制订施工方案和安全技术措施。脚手架工程属高处作业,制订施工方案时必须有完善的安全防护措施,要按规定设置安全网、安全护栏、安全挡板,操作人员上下架子要有保证安全的扶梯、爬梯或斜道,并须有良好的防电、避雷等安全措施。在制定模板工程的安全施工措施时,应当根据不同材质模板和不同形式模板的特殊要求,严格执行有关的技术规范,并要求作业人员按照施工方案进行作业。

实施起重机械和自升式架设设施施工方案时,应当在安装拆卸前向全体作业人员按照施工方案要求进行安全技术交底。安装、拆卸单位专业技术人员应按照自己的职责,在作业现场实

行全过程监控。

3）出具自检合格证明、进行安全使用说明、办理验收手续的责任

施工起重机械和整体提升脚手架、模板等自升式架设设施安装完毕后，安装单位应当自检，出具自检合格证明，并向施工单位进行安全使用说明，办理验收手续并签字。

施工起重机械和自升式架设设施安装单位在安装完毕后，应当对零部件、构件、总成、安全保护装置等按照安全技术规范进行严格的自检。自检应当有记录，填写检验记录表。自检合格后应当向施工单位出具检验合格证明，并以书面形式将有关安全性能和使用过程中应注意的安全事项向施工单位作出说明，填写安全的技术交底书。安装单位和施工单位应当按照国家有关标准、规程所规定的检验项目进行双方验收。做好验收记录，并由双方负责人签字。

4）依法对施工起重机械和自升式架设设施进行检测

施工起重机械和整体提升脚手架、模板等自升式架设设施的使用达到国家规定的检验检测期限的，必须经具有专业资质的检验检测机构进行检测。经检测不合格的，不得继续使用。

5）机械设备等单位违法行为应承担的法律责任

《建设工程安全生产管理条例》规定，为建设工程提供机械设备和配件的单位，未按照安全施工的要求配备齐全有效的保险、限位等安全设施和装置的，责令限期改正，处合同价款1倍以上3倍以下的罚款；造成损失的，依法承担赔偿责任。

出租单位出租未经安全性能检测或者经检测不合格的机械设备和施工机具及配件的，责令停业整顿，并处5万元以上10万元以下的罚款；造成损失的，依法承担赔偿责任。

施工起重机械和整体提升脚手架、模板等自升式架设设施安装、拆卸单位有下列行为之一的，责令限期改正，处5万元以上10万元以下的罚款；情节严重的，责令停业整顿，降低资质等级，直至吊销资质证书；造成损失的，依法承担赔偿责任。①未编制拆装方案、制定安全施工措施的；②未由专业技术人员现场监督的；③未出具自检合格证明或者出具虚假证明的；④未向施工单位进行安全使用说明，办理移交手续的。

五、政府部门安全监督管理的相关规定

1. 建设工程安全生产的监督管理体制

《建设工程安全生产管理条例》规定，国务院负责安全生产监督管理的部门依照《中华人民共和国安全生产法》（以下简称《安全生产法》）的规定，对全国安全生产工作实施综合监督管理。县级以上地方各级人民政府负责安全生产监督管理的部门，依照《安全生产法》的规定，对本行政区域内安全生产工作实施综合监督管理。

国务院建设行政主管部门对全国的建设工程安全生产实施监督管理。国务院铁路、交通、水利等有关部门按照国务院规定的职责分工，负责有关专业建设工程安全生产的监督管理。

建设行政主管部门或者其他有关部门可以将施工现场的监督检查委托给建设工程安全监督机构具体实施。

2. 审核发放施工许可证应当对安全施工措施进行审查

建设行政主管部门在审核发放施工许可证时，应当对建设工程是否有安全施工措施进行审查，但不得收取费用。对没有安全施工措施的，不得颁发施工许可证。

3. 履行安全监督检查职责时有权采取的措施

县级以上人民政府负有建设工程安全生产监督管理职责的部门在各自的职责范围内履行

安全监督检查职责时,有权采取下列措施:①要求被检查单位提供有关建设工程安全生产的文件和资料;②进入被检查单位施工现场进行检查;③纠正施工中违反安全生产要求的行为;④对检查中发现的安全事故隐患,责令立即排除,重大安全事故隐患排除前或者排除过程中无法保证安全的,责令从危险区域内撤出作业人员或者暂时停止施工。

4. 组织制定特大事故应急救援预案和重大生产安全事故的抢救工作

《安全生产法》规定,县级以上地方各级人民政府应当组织有关部门制定本行政区域内特大生产安全事故应急救援预案,建立应急救援体系。

有关地方人民政府和负有安全生产监督管理职责的部门负责人接到重大生产安全事故报告后,应当立即赶到事故现场,组织事故抢救。

1. 建筑施工企业取得安全生产许可证应当具备的安全生产条件有哪些?
2. 工程建设安全生产责任如何规定?企业安全生产教育和培训包括哪些内容?
3. 从业人员安全生产的权利与义务是如何规定的?
4. 编制安全技术措施、专项施工方案和安全技术交底的规定如何?
5. 施工现场安全防护是如何规定的?
6. 如何理解工程总承包单位和分包单位在安全生产中各种的责任划分?
7. 安全生产事故等级是如何划分的?
8. 工程建设安全生产事故报告、调查、处理的程序是如何规定的?

第 7 章 建设工程质量法律制度

知识目标

(1) 了解我国工程建设标准制度；
(2) 掌握施工企业的工程质量责任；
(3) 了解建设相关企业的工程质量责任；
(4) 了解建设竣工验收及保修制度。

重难点

(1) 竣工验收的条件与结算的规定；
(2) 工程保修的范围、程序和经济责任的承担。

建设工程作为一种特殊产品，是人们日常生活和生产、经营、工作等的主要场所，是人类赖以生存和发展的重要物质基础。建设工程一旦发生质量事故，特别是重大垮塌事故，将危及人民生命财产安全，甚至造成无可估量的损失。因此，"百年大计，质量第一"，必须进一步提高建设工程质量水平，确保建设工程的安全可靠。

7.1 工程建设标准

工程建设标准是指为在工程建设领域内获得最佳秩序，对建设工程的勘察、设计、施工、安装、验收、运营维护及管理等活动和结果需要协调统一的事项所制定的共同的、重复使用的技术依据和准则。

工程建设标准通过行之有效的标准规范，特别是工程建设强制性标准，为建设工程实施安全防范措施、消除安全隐患提供统一的技术要求，以确保在现有的技术、管理条件下尽可能地保障建设工程质量安全，从而最大限度地保障建设工程的建造者、使用者和所有者的生命财产安全，以及人身健康安全。

一、工程建设标准的分类

按照《中华人民共和国标准化法》（以下简称《标准化法》）的规定，(按级别分)我国的标准分为国家标准、行业标准、地方标准和企业标准。国家标准、行业标准按约束性分为强制性标准和推荐性标准。

保障人体健康，人身、财产安全的标准和法律、行政法规规定强制执行的标准是强制性标准，其他标准是推荐性标准。强制性标准一经颁布，必须贯彻执行，否则对造成恶劣后果和重大损失的单位和个人，要受到经济制裁或承担法律责任。

1. 工程建设国家标准

《标准化法》规定,对需要在全国范围内统一的技术要求,应当制定国家标准。

1) 工程建设国家标准的范围和类型

工程建设国家标准分为强制性标准和推荐性标准。下列标准属于强制性标准:①工程建设勘察、规划、设计、施工(包括安装)及验收等通用的综合标准和重要的通用的质量标准;②工程建设通用的有关安全、卫生和环境保护的标准;③工程建设重要的通用的术语、符号、代号、量与单位、建筑模数和制图方法标准;④工程建设重要的通用的试验、检验和评定方法等标准;⑤工程建设重要的通用的信息技术标准;⑥国家需要控制的其他工程建设通用的标准。

强制性标准以外的标准是推荐性标准。

2) 工程建设国家标准的制订程序

工程建设国家标准的制订程序分为准备、征求意见、送审和报批四个阶段。

3) 工程建设国家标准的审批发布和编号

工程建设国家标准由国务院工程建设行政主管部门审查批准,由国务院标准化行政主管部门统一编号,由国务院标准化行政主管部门和国务院工程建设行政主管部门联合发布。

工程建设国家标准的编号由国家标准代号、发布标准的顺序号和发布标准的年号组成。强制性国家标准的代号为"GB",推荐性国家标准的代号为"GB/T"。例如:《建筑工程施工质量验收统一标准》(GB 50300—2001),其中 GB 表示为强制性国家标准,50300 表示标准发布顺序号。2001 表示是 2001 年批准发布的;《工程建设施工企业质量管理规范》(GB/T 50430—2007)。其中 GB/T 表示为推荐性国家标准,50430 表示标准发布顺序号,2007 表示是 2007 年批准发布的。

4) 国家标准的复审与修订

国家标准实施后,应当根据科学技术的发展和工程建设的需要,由该国家标准的管理部门适时组织有关单位进行复审。复审一般在国家标准实施后每 5 年进行 1 次,复审可以采取函审或会议审查,一般由参加过该标准编制或审查的单位或个人参加。

2. 工程建设行业标准

《标准化法》规定,对没有国家标准而又需要在全国某个行业范围内统一的技术要求,可以制定行业标准。在公布国家标准之后,该项行业标准即行废止。

1) 工程建设行业标准的范围和类型

工程建设行业标准也分为强制性标准和推荐性标准。下列标准属于强制性标准:①工程建设勘察、规划、设计、施工(包括安装)及验收等行业专用的综合性标准和重要的行业专用的质量标准;②工程建设行业专用的有关安全、卫生和环境保护的标准;③工程建设重要的行业专用的术语、符号、代号、量与单位和制图方法标准;④工程建设重要的行业专用的试验、检验和评定方法等标准;⑤工程建设重要的行业专用的信息技术标准;⑥行业需要控制的其他工程建设标准。强制性标准以外的标准是推荐性标准。

行业标准不得与国家标准相抵触。行业标准的某些规定与国家标准不一致时,必须有充分的科学依据和理由,并经国家标准的审批部门批准。行业标准在相应的国家标准实施后,应当及时修订或废止。

2) 工程建设行业标准的制订、修订程序与复审

工程建设行业标准的制订、修订程序,也可以按准备、征求意见、送审和报批四个阶段进行。

工程建设行业标准实施后,根据科学技术的发展和工程建设的实际需要,该标准的批准部门应当适时进行复审,确认其继续有效或予以修订、废止。一般也是5年复审1次。

3. 工程建设地方标准

《标准化法》规定,对没有国家标准和行业标准而又需要在省、自治区、直辖市范围内统一的工业产品的安全、卫生要求,可以制定地方标准。在公布国家标准或者行业标准之后,该项地方标准即行废止。

1) 工程建设地方标准制定的范围和权限

工程建设地方标准在省、自治区、直辖市范围内由省、自治区、直辖市建设行政主管部门统一计划、统一审批、统一发布、统一管理。

2) 工程建设地方标准的实施和复审

工程建设地方标准不得与国家标准和行业标准相抵触。对与国家标准或行业标准相抵触的工程建设地方标准的规定,应当自行废止。工程建设地方标准应报国务院建设行政主管部门备案。未经备案的工程建设地方标准,不得在建设活动中使用。

工程建设地方标准中,对直接涉及人民生命财产安全、人体健康、环境保护和公共利益的条文,经国务院建设行政主管部门确定后,可作为强制性条文。在不违反国家标准和行业标准的前提下工程建设地方标准可以独立实施。

4. 工程建设企业标准

《标准化法》规定,企业生产的产品没有国家标准和行业标准的,应当制定企业标准,作为组织生产的依据。已有国家标准或者行业标准的,国家鼓励企业制定严于国家标准或者行业标准的企业标准,在企业内部适用。

《关于加强工程建设企业标准化工作的若干意见》指出,工程建设企业标准一般包括企业的技术标准、管理标准和工作标准。

企业技术标准,是指对本企业范围内需要协调和统一的技术要求所制定的标准。如施工过程中的质量、方法或工艺的要求,安全、卫生和环境保护的技术要求,以及试验、检验和评定方法等作出规定。对已有国家标准、行业标准或地方标准的,企业可以按照国家标准、行业标准或地方标准的规定执行,也可以根据本企业的技术特点和实际需要制定优于国家标准、行业标准或地方标准的企业标准;对没有国家标准、行业标准或地方标准的,企业应当制定企业标准。国家鼓励企业积极采用国际标准或国外先进标准。

企业管理标准,是指对本企业范围内需要协调和统一的管理要求所制定的标准。如企业的组织管理、计划管理、技术管理、质量管理和财务管理等。

企业工作标准,是指对本企业范围内需要协调和统一的工作事项要求所制定的标准。重点应围绕工作岗位的要求,对企业各个工作岗位的任务、职责、权限、技能、方法、程序、评定等作出规定。如施工企业的泥工工作标准、木工翻样工工作标准、钢筋翻样工工作标准、钢筋工工作标准、混凝土工工作标准、架子工工作标准、防水工工作标准、油漆玻璃工工作标准、中心试验室试验工工作标准、安装电工工作标准、吊装起重工工作标准等。

需要说明的是,标准、规范、规程都是标准的表现方式,习惯上统称为标准。当针对产品、方法、符号、概念等基础内容作出规定时,一般称为"标准",如《道路工程标准》《建筑抗震鉴定标准》等;当针对工程勘察、规划、设计、施工等通用的技术事项作出规定时,一般称为"规范",如

《混凝土结构设计规范》《住宅建筑设计规范》《建筑设计防火规范》等;当针对操作、工艺、管理等专用技术要求内容作出规定时,一般称为"规程",如《建筑安装工程工艺及操作规程》《建筑机械使用安全操作规程》等。

此外,在实践中还有推荐性的工程建设协会标准。

案例 7-1

1. 背景

2007 年 5 月 15 日,施工方某建筑工程有限责任公司(以下简称施工方)承包了某开发公司(以下简称建设方)的商务楼工程施工,同年 5 月 21 日双方签订了建设工程施工合同。2008 年 5 月该工程封顶,建设方发现该商务楼的顶层 17 层和 15 层、16 层的混凝土凝固较慢。于是,建设方认为施工方使用的混凝土强度不够,要求施工方采取措施,对该三层重新施工。施工方则认为,混凝土强度符合相关的技术规范,不同意重新施工或者采取其他措施。双方协商未果,建设方将施工方起诉至某区法院,要求施工方对混凝土强度不够的三层重新施工或采取其他措施,并赔偿建设方的相应损失。

根据双方的请求,受诉法院委托某建筑工程质量检测中心按照两种建设规范对该工程结构混凝土实体强度进行检测,检测结果如下:根据原告即建设方的要求,检测中心按照行业协会推荐性标准《钻芯法检测混凝土强度技术规程》(CECS 03—2007)的检测结果是第 15 层、16 层、17 层的结构混凝土实体强度达不到该技术规范的要求,其他各层的结构混凝土实体均达到该技术规范的要求。

根据被告即施工方的请求,检测中心按照地方推荐性标准《结构混凝土实体检测技术规程》(DB/T 29—148—2005)的检测结果是:第 15 层、第 16 层、第 17 层及其他各层结构混凝土实体强度均达到该规范的要求。

2. 问题

(1) 本案中的检测中心按照两个推荐性标准分别进行了检测,法院应以哪个标准作为判案的依据?

(2) 当事人若在合同中约定了推荐性标准,国家强制性标准是否仍须优先适用?

3. 分析

(1) 本案中的协会标准、地方标准均为推荐性标准,且建设方、施工方未在合同中约定采用哪个标准。《标准化法》中规定,推荐性标准,国家鼓励企业自愿采用。在没有国家强制性标准的情况下,施工方有权自主选择采用地方标准。

(2) 依据《标准化法》的规定,强制性标准,必须执行。因此,如果有国家强制性标准,即使双方当事人在合同中约定了采用某项推荐性标准,也必须适用于国家强制性标准。

据此,受诉法院经过庭审,作出如下判决:(1)驳回原告即建设方的诉讼请求;(2)案件受理费和检测费由原告建设方承担。

法院判决的主要理由是:目前尚无此方面的国家强制性标准,只有协会标准、地方标准,双方应当通过合同来约定施工过程中所要适用的技术规范。而本案中的双方并没有在施工合同中具体约定适用哪个规范,因此施工方有权选择适用地方标准《结构混凝土实体检测技术规程》(D/T 29—148—2005)。

二、工程建设强制性标准实施的规定

1. 工程建设各方主体实施强制性标准的法律规定

《建筑法》和《建设工程质量管理条例》规定,建设单位不得以任何理由,要求建筑设计单位或者建筑施工企业在工程设计或者施工作业中,违反法律、行政法规和建筑工程质量、安全标准,降低工程质量。建设单位不得明示或者暗示设计单位或者施工单位违反工程建设强制性标准,降低建设工程质量。建筑设计单位和建筑施工企业对建设单位违反规定提出的降低工程质量的要求,应当予以拒绝。

施工单位必须按照工程设计图纸和施工技术标准施工,不得擅自修改工程设计,不得偷工减料。施工单位必须按照工程设计要求、施工技术标准和合同约定,对建筑材料、建筑构配件、设备和商品混凝土进行检验,检验应当有书面记录和专人签字;未经检验或者检验不合格的,不得使用。

建筑工程监理应当依照法律、行政法规及有关的技术标准、设计文件和建筑工程承包合同,对承包单位在施工质量、建设工期和建设资金使用等方面,代表建设单位实施监督。工程监理人员认为工程施工不符合工程设计要求、施工技术标准和合同约定的,有权要求建筑施工企业改正。工程监理人员发现工程设计不符合建筑工程质量标准或者合同约定的质量要求的,应当报告建设单位要求设计单位改正。

2. 工程建设标准强制性条文的实施

在工程建设标准的条文中,使用"必须""严禁""应""不应""不得"等属于强制性标准的用词,而使用"宜""不宜""可"等词的一般不是强制性标准的规定。但在工作实践中,强制性标准与推荐性标准的划分仍然存在一些困难。

《实施工程建设强制性标准监督规定》规定,在中华人民共和国境内从事新建、扩建、改建等工程建设活动,必须执行工程建设强制性标准。工程建设强制性标准是指直接涉及工程质量、安全、卫生及环境保护等方面的工程建设标准强制性条文。国家工程建设标准强制性条文由国务院建设行政主管部门会同国务院有关行政主管部门确定。

在对工程建设强制性标准实施改革后,我国目前实行的强制性标准包含三部分:①批准发布时已明确为强制性标准的;②批准发布时虽未明确为强制性标准,但其编号中不带"/T"的,仍为强制性标准;③自2000年后批准发布的标准,批准时虽未明确为强制性标准。但其中有必须严格执行的强制性条文(黑体字),编号也不带"/T"的,也应视为强制性标准。

3. 对工程建设强制性标准的监督检查

1) 监督管理机构

《实施工程建设强制性标准监督规定》规定,国务院建设行政主管部门负责全国实施工程建设强制性标准的监督管理工作。国务院有关行政主管部门按照国务院的职能分工负责实施工程建设强制性标准的监督管理工作。县级以上地方人民政府建设行政主管部门负责本行政区域内实施工程建设强制性标准的监督管理工作。

建设项目规划审查机关、施工设计图设计文件审查单位、建筑安全监督管理机构、工程质量监督机构的技术人员必须熟悉、掌握工程建设强制性标准。

2）监督检查的方式和内容

工程建设标准批准部门应当对工程项目执行强制性标准情况进行监督检查。监督检查可以采取重点检查、抽查和专项检查的方式。

强制性标准监督检查的内容包括：①有关工程技术人员是否熟悉、掌握强制性标准；②工程项目的规划、勘察、设计、施工、验收等是否符合强制性标准的规定；③工程项目采用的材料、设备是否符合强制性标准的规定；④工程项目的安全、质量是否符合强制性标准的规定；⑤工程项目采用的导则、指南、手册、计算机软件的内容是否符合强制性标准的规定。

建设行政主管部门或者有关行政主管部门在处理重大事故时，应当有工程建设标准方面的专家参加；工程事故报告应当包含是否符合工程建设强制性标准的意见。

三、违法行为应承担的法律责任

对于执行工程建设标准违法行为应承担的主要法律责任如下。

1. 建设单位违法行为应承担的法律责任

《建筑法》规定，建设单位违反本法规定，要求建筑设计单位或者建筑施工企业违反建筑工程质量、安全标准，降低工程质量的，责令改正，可以处以罚款；构成犯罪的，依法追究刑事责任。《建设工程质量管理条例》规定，建设单位有下列行为之一的，责令改正，处 20 万元以上 50 万元以下的罚款：明示或者暗示设计单位或者施工单位违反工程建设强制性标准，降低工程质量的。

2. 勘察、设计单位违法行为应承担的法律责任

《建筑法》规定，建筑设计单位不按照建筑工程质量、安全标准进行设计的，责令改正，处以罚款；造成工程质量事故的，责令停业整顿，降低资质等级或者吊销资质证书，没收违法所得，并处罚款；造成损失的，承担赔偿责任；构成犯罪的，依法追究刑事责任。

3. 施工企业违法行为应承担的法律责任

《建设工程质量管理条例》规定，施工单位在施工中偷工减料的，使用不合格的建筑材料、建筑构配件和设备的，或者有不按照工程设计图纸或者施工技术标准施工的其他行为的，责令改正，处工程合同价款 2% 以上 4% 以下的罚款；造成建设工程质量不符合规定的质量标准的，负责返工、修理，并赔偿因此造成的损失；情节严重的，责令停业整顿，降低资质等级或者吊销资质证书。

4. 工程监理单位违法行为应承担的法律责任

《实施工程建设强制性标准监督规定》规定，工程监理单位违反强制性标准规定，将不合格的建设工程，以及建筑材料、建筑构配件和设备按照合格签字的，责令改正，处 50 万元以上 100 万元以下的罚款，降低资质等级或者吊销资质证书；有违法所得的，予以没收；造成损失的，承担连带赔偿责任。

7.2 施工单位的质量责任和义务

施工单位是工程建设的重要责任主体之一。施工阶段是建设工程实物质量形成的阶段，勘察、设计工作质量均要在这一阶段得以实现。由于施工阶段影响质量稳定的因素和涉及的责任

主体均较多,协调管理的难度较大,施工阶段的质量责任制度尤为重要。

一、对施工质量负责和总分包单位的质量责任

1. 施工单位对施工质量负责

《建筑法》规定,建筑施工企业对工程的施工质量负责。《建设工程质量管理条例》进一步规定,施工单位对建设工程的施工质量负责。施工单位应当建立质量责任制,确定工程项目的项目经理、技术负责人和施工管理负责人。

对施工质量负责是施工单位法定的质量责任。施工单位是建设工程质量的重要责任主体,但不是唯一的责任主体。建设工程质量要受到多方面因素的制约,在勘察、设计质量没有问题的前提下,整个建设工程的质量状况,最终将取决于施工质量。因此,从法律上确立施工质量责任制,要求施工单位对建设工程的施工质量负责,也就是要对自己的施工行为负责,既可避免让施工单位承担过多的工程质量责任而开脱建设单位及其他主体的责任,又避免让建设单位及其他主体承担过多的工程质量责任而忽略施工单位应承担的施工质量责任。建设工程各方主体依法各司其职、各负其责,以使建设工程质量责任真正落到实处。

施工单位的质量责任制,是其质量保证体系的一个重要组成部分,也是施工质量目标得以实现的重要保证。建立质量责任制,主要包括制订质量目标计划,建立考核标准,并层层分解落实到具体的责任单位和责任人,特别是工程项目的项目经理、技术负责人和施工管理负责人。落实质量责任制,不仅是为了在发现质量问题时可以追究责任,更重要的是通过层层落实质量责任制,做到事事有人管、人人有职责,加强对施工过程的全面质量控制,保证建设工程的施工质量。

2. 总分包单位的质量责任

《建筑法》规定,建筑工程实行总承包的,工程质量由工程总承包单位负责,总承包单位将建筑工程分包给其他单位的,应当对分包工程的质量与分包单位承担连带责任。分包单位应当接受总承包单位的质量管理。

《建设工程质量管理条例》进一步规定,建设工程实行总承包的,总承包单位应当对全部建设工程质量负责;建设工程勘察、设计、施工、设备采购的一项或者多项实行总承包的,总承包单位应当对其承包的建设工程或者采购的设备的质量负责。总承包单位依法将建设工程分包给其他单位的,分包单位应当按照分包合同的约定对其分包工程的质量向总承包单位负责,总承包单位与分包单位对分包工程的质量承担连带责任。

据此,无论是实行建设工程总承包还是对建设工程勘察、设计、施工、设备采购的一项或者多项实行总承包,总承包单位都应当对其所承包的工程或工作承担总体的质量责任。这是因为,在总分包的情况下存在着总包、分包两个合同,所以就有两种合同法律关系:①总承包单位要按照总包合同向建设单位负总体质量责任,这种责任的承担不论是总承包单位造成的还是分包单位造成的;②在总承包单位承担责任后,可以依据分包合同的约定,追究分包单位的质量责任包括追偿经济损失。

同时,分包单位应当接受总承包单位的质量管理。总承包单位与分包单位对分包工程的质量还要依法承担连带责任。当分包工程发生质量问题时,建设单位或其他受害人既可以向分包单位请求赔偿,也可以向总承包单位请求赔偿;进行赔偿的一方,有权依据分包合同的约定,对

不属于自己责任的那部分赔偿向对方追偿。

案例 7-2

1. 背景

2000年10月,承包商甲通过招投标获得了某单位家属楼工程,后经发包单位同意,承包商甲将该家属楼的附属工程分包给杨某负责的工程队,并签订了分包合同。1年后,工程按期完成。但是,经工程质量监督机构检验发现,该家属楼附属工程存在严重的质量问题。发包单位便要求承包商甲承担责任。承包商甲却称该附属工程是经发包单位同意后分包给杨某负责的工程队的,所以与己无关。发包单位又找到分包人杨某,杨某也以种种理由拒绝承担工程的质量责任。

2. 问题

(1) 承包商甲是否应该对该家属楼附属工程的质量负责?

(2) 该质量问题应该如何解决?

3. 分析

(1) 根据《建筑法》《建设工程质量管理条例》的规定,总承包单位应当对承包工程的质量负责,分包单位应当就分包工程的质量向总承包单位负责,总承包单位与分包单位对分包工程的质量承担连带责任。因此,承包商甲应该对该家属楼附属工程的质量负责。

(2) 分包人杨某分包的该家属楼附属工程完工后,经检验发现存在严重的质量问题,根据《建设工程质量管理条例》《合同法》的规定应当负责返修。发包人有权要求杨某的工程队或承包商甲对该家属楼附属工程履行返修的义务。如果是承包商甲进行返修,在返修后有权向杨某的工程队进行追偿。此外,如果因为返修而造成逾期交付的,依据《合同法》的规定,承包商甲与杨某的工程队还应当向发包人承担违约的连带责任。

对本案中杨某的工程队还应当查有无相应的资质证书,如无,则应依据《建筑法》等定为违法分包,可由政府主管部门依法作出处罚。

二、按照工程设计图纸和施工技术标准施工的规定

《建筑法》规定,建筑施工企业必须按照工程设计图纸和施工技术标准施工,不得偷工减料。工程设计的修改由原设计单位负责,建筑施工企业不得擅自修改工程设计。

《建设工程质量管理条例》进一步规定,施工单位必须按照工程设计图纸和施工技术标准施工,不得擅自修改工程设计,不得偷工减料。施工单位在施工过程中发现设计文件和图纸有差错的,应当及时提出意见和建议。

1. 按图施工,遵守标准

按工程设计图纸施工,是保证工程实现设计意图的前提,也是明确划分设计、施工单位质量责任的前提。如果施工单位不按图施工或不经原设计单位同意就擅自修改工程设计,其直接的后果往往是违反了原设计的意图,严重的将给工程结构安全留下隐患;间接的后果是在原设计有缺陷或出现工程质量事故的情况下,由于施工单位擅自修改了设计,将会混淆设计、施工单位各自的质量责任。所以,按图施工、不擅自修改设计,是施工单位保证工程质量的最基本要求。

施工技术标准是工程建设过程中规范施工行为的技术依据。如前所述,工程建设国家标准、行业标准均分为强制性标准和推荐性标准。施工单位只有按照施工技术标准,特别是强制

性标准的要求施工,才能保证工程的施工质量。偷工减料属于一种非法牟利的行为。如果在工程的一般部位,施工工序不严格按照标准要求,减少工料投入,简化操作程序,将产生一般性的质量通病,影响工程外观质量或一般使用功能;但在关键部位,如结构中使用劣质钢筋、水泥,或是让不具备资格的人上特殊岗位,如充当电焊工等,将给工程留下严重的结构隐患。

此外,从法律的角度来看,工程设计图纸和施工技术标准都属于合同文件的组成部分,如果施工单位不按照工程设计图纸和施工技术标准施工,则属于违约行为,应该对建设单位承担违约责任。

2. 防止设计文件和图纸出现差错

由于工程项目的设计涉及多个专业,还需要同有关方面进行协调,设计文件和图纸也有可能会出现差错。这些差错通常会在图纸会审或施工过程中被逐渐发现。施工人员特别是施工管理负责人、技术负责人,以及项目经理等,均为有丰富实践经验的专业人员,对设计文件和图纸中存在的差错是有能力发现的。因此,如果施工单位在施工过程中发现设计文件和图纸中确实存在差错,有义务及时向设计单位提出,避免造成不必要的损失和质量问题。这是施工单位应具备的职业道德,也是履行合同应尽的基本义务。

三、对建筑材料、设备等进行检验检测的规定

《建设工程质量管理条例》进一步规定,施工单位必须按照工程设计要求、施工技术标准和合同约定,对建筑材料、建筑构配件、设备和商品混凝土进行检验,检验应当有书面记录和专人签字;未经检验或者检验不合格的,不得使用。

1. 建筑材料、建筑构配件、设备和商品混凝土的检验制度

施工单位对进入施工现场的建筑材料、建筑构配件、设备和商品混凝土实行检验制度,是施工单位质量保证体系的重要组成部分,也是保证施工质量的重要前提。施工单位应当严把两道关:一是谨慎选择生产供应厂商;二是实行进场二次检验。

2. 施工检测的见证取样和送检制度

《建设工程质量管理条例》规定,施工人员对涉及结构安全的试块、试件,以及有关材料,应当在建设单位或者工程监理单位监督下现场取样,并送具有相应资质等级的质量检测单位进行检测。

1) 见证取样和送检

所谓见证取样和送检,是指在建设单位或工程监理单位人员的见证下,由施工单位的现场试验人员对工程中涉及结构安全的试块、试件和材料在现场取样,并送至具有法定资格的质量检测单位进行检测的活动。

《房屋建筑工程和市政基础设施工程实行见证取样和送检的规定》中规定,涉及结构安全的试块、试件和材料见证取样和送检的比例不得低于有关技术标准中规定应取样数量的30%。下列试块、试件和材料必须实施见证取样和送检:①用于承重结构的混凝土试块;②用于承重墙体的砌筑砂浆试块;③用于承重结构的钢筋及连接接头试件;④用于承重墙的砖和混凝土小型砌块;⑤用于拌制混凝土和砌筑砂浆的水泥;⑥用于承重结构的混凝土中使用的掺加剂;⑦地下、屋面、厕浴间使用的防水材料;⑧国家规定必须实行见证取样和送检的其他试块、试件和材料。

见证人员应由建设单位或该工程的监理单位中具备施工试验知识的专业技术人员担任，并由建设单位或该工程的监理单位书面通知施工单位、检测单位和负责该项工程的质量监督机构。

在施工过程中，见证人员应按照见证取样和送检计划，对施工现场的取样和送检进行见证。取样人员应在试样或其包装上作出标志、封志。标志和封志应标明工程名称、取样部位、取样日期、样品名称和样品数量，并由见证人员和取样人员签字。见证人员和取样人员应对试样的代表性和真实性负责。

2）工程质量检测单位的资质和检测规定

《建设工程质量检测管理办法》规定，工程质量检测机构是具有独立法人资格的中介机构。按照其承担的检测业务内容分为专项检测机构资质和见证取样检测机构资质。检测机构未取得相应的资质证书，不得承担本办法规定的质量检测业务。

质量检测业务由工程项目建设单位委托具有相应资质的检测机构进行检测。委托方与被委托方应当签订书面合同。

检测机构完成检测业务后，应当及时出具检测报告。检测报告经检测人员签字、检测机构法定代表人或者其授权的签字人签署，并加盖检测机构公章或者检测专用章后方可生效。检测报告经建设单位或者工程监理单位确认后，由施工单位归档。任何单位和个人不得明示或者暗示检测机构出具虚假检测报告，不得篡改或者伪造检测报告。如果检测结果利害关系人对检测结果发生争议的，由双方共同认可的检测机构复检，复检结果由提出复检方报当地建设主管部门备案。

检测机构应当将检测过程中发现的建设单位、监理单位、施工单位违反有关法律、法规和工程建设强制性标准的情况，以及涉及结构安全检测结果的不合格情况，及时报告工程所在地建设主管部门。检测机构应当建立档案管理制度，并应当单独建立检测结果不合格项目台账。

检测人员不得同时受聘于两个或者两个以上的检测机构。检测机构和检测人员不得推荐或者监制建筑材料、构配件和设备。检测机构不得与行政机关，法律、法规授权的具有管理公共事务职能的组织，以及所检测工程项目相关的设计单位、施工单位、监理单位有隶属关系或者其他利害关系。

检测机构不得转包检测业务。检测机构应当对其检测数据和检测报告的真实性和准确性负责。检测机构违反法律、法规和工程建设强制性标准，给他人造成损失的，应当依法承担相应的赔偿责任。

四、施工质量检验的规定

《建设工程质量管理条例》规定，施工单位必须建立、健全施工质量的检验制度，严格工序管理，作好隐蔽工程的质量检查和记录。隐蔽工程在隐蔽前，施工单位应当通知建设单位和建设工程质量监督机构。

施工质量检验，通常是指工程施工过程中工序质量检验（或称为过程检验），包括预检、自检、交接检、专职检、分部工程中间检验，以及隐蔽工程检验等。

1. 严格工序质量检验和管理

施工工序也可以称为过程。各个工序或过程之间横向和纵向的联系形成了工序网络或过程网络。任何一项工程的施工，都是通过一个由许多工序或过程组成的工序（或过程）网络来实现的。网络上的关键工序或过程都有可能对工程最终的施工质量产生决定性的影响,如焊接节点的破坏,就可能引起桁架破坏,从而导致屋面坍塌。所以,施工单位要加强对施工工序或过程的质量控制,特别是要加强影响结构安全的地基和结构等关键施工过程的质量控制。

完善的检验制度和严格的工序管理是保证工序或过程质量的前提。只有工序或过程网络上的所有工序或过程的质量都受到严格控制,整个工程的质量才能得到保证。

2. 强化隐蔽工程质量检查

隐蔽工程,是指在施工过程中某一道工序所完成的工程实物,被后一道工序形成的工程实物所隐蔽,而且不可以逆向作业的那部分工程。例如,钢筋混凝土工程施工中,钢筋为混凝土所覆盖。

按照《建设工程施工合同文本》的规定,工程具备隐蔽条件或达到专用条款约定的中间验收部位,施工单位进行自检,并在隐蔽或中间验收前48小时以书面形式通知监理工程师验收。验收不合格的,施工单位在监理工程师限定的时间内修改并重新验收。如果工程质量符合标准规范和设计图纸等要求,验收24小时后,监理工程师不在验收记录上签字的,视为已经批准,施工单位可继续进行隐蔽或施工。

案例 7-3

1. 背景

某施工单位承接了一栋办公楼的施工任务。在进行二层楼面板施工时,施工单位在楼面钢筋、模板分项工程完工并自检后,准备报请监理方进行钢筋隐蔽工程验收。由于其楼面板钢筋中有一种用量较少(100 kg)的钢筋复检结果尚未出来,监理方的隐蔽验收便未通过。因为建设单位要求赶工期,在建设单位和监理方同意的情况下,施工单位浇筑了混凝土,进行了钢筋隐蔽。事后,建设工程质量监督机构要求施工单位破除楼面,进行钢筋隐蔽验收。监理单位也提出同样的要求。与此同时,待检的少量钢筋复检结果显示钢筋质量不合格。显然,该钢筋隐蔽工程存在质量问题。后经设计验算,提出用碳纤维进行楼面加固,造成直接经济损失约80万元。为此,有关方对损失的费用由谁承担发生了争议。

2. 问题

(1) 施工单位有何过错?

(2) 用碳纤维进行楼面加固的费用应由谁承担?

3. 分析

(1)《建设工程质量管理条例》第30条规定,施工单位必须建立、健全施工质量的检验制度,严格工序管理,作好隐蔽工程的质量检查和记录。隐蔽工程在隐蔽前,施工单位应当通知建设单位和建设工程质量监督机构。显然,对于隐蔽工程,施工单位必须做好检查、检验和记录,并应当及时作出隐蔽通知。本案中,有一种钢筋复检结果尚未出来,应当还处于自检阶段,不具备隐蔽通知的条件。虽然,施工单位准备报请监理方进行钢筋隐蔽工程验收,但是钢筋复检结果未出来,监理方的隐蔽验收也就未通过。因为建设单位提出赶工要求,施工单位在建设单位和监理同意的情况下,浇筑了混凝土,进行了钢筋隐蔽。这就违反了《建设工程质量管理条例》的规定,绕开了建设工程质量监督机构的监督,所以施工单位是有严重过错的。

(2) 用碳纤维进行楼面加固是对钢筋隐蔽工程有质量问题的补救措施,应该由责任者承担加固的费用。具体而言,施工单位没有按照规定坚持原则,在建设单位和监理单位同意的情况下就进行了钢筋隐蔽,所以应该承担主要责任。建设单位敦促赶工并和监理单位同意施工单位违规操作,也有一定的过错,也应当承担一定的责任。具体费用的负担,应当按照责任的大小分别来承担。

五、建立健全职工教育培训制度的规定

《建设工程质量管理条例》规定,施工单位应当建立、健全教育培训制度,加强对职工的教育培训,未经教育培训或者考核不合格的人员,不得上岗作业。

施工单位的教育培训通常包括各类质量教育和岗位技能培训等。

先培训,后上岗。特别是与质量工作有关的人员,如总工程师、项目经理、质量体系内审员、质量检查员、施工人员、材料试验及检测人员,关键技术工种如焊工、钢筋工、混凝土工等,未经培训或者培训考核不合格的人员,不得上岗工作或作业。

六、违法行为应承担的法律责任

施工单位质量违法行为应承担的主要法律责任如下。

1. 违反资质管理规定和转包、违法分包造成质量问题应承担的法律责任

《建筑法》规定,建筑施工企业转让、出借资质证书或者以其他方式允许他人以本企业的名义承揽工程的……对因该项承揽工程不符合规定的质量标准造成的损失,建筑施工企业与使用本企业名义的单位或者个人承担连带赔偿责任。

承包单位将承包的工程转包的,或者违反本法规定进行分包的……对因转包工程或者违法分包的工程不符合规定的质量标准造成的损失,与接受转包或者分包的单位承担连带赔偿责任。

2. 偷工减料等违法行为应承担的法律责任

《建筑法》规定,建筑施工企业在施工中偷工减料的,使用不合格的建筑材料、建筑构配件和设备的,或者有其他不按照工程设计图纸或者施工技术标准施工的行为的,责令改正,处以罚款;情节严重的,责令停业整顿,降低资质等级或者吊销资质证书;造成建筑工程质量不符合规定的质量标准的,负责返工、修理,并赔偿因此造成的损失;构成犯罪的,依法追究刑事责任。

《建设工程质量管理条例》规定,施工单位在施工中偷工减料的,使用不合格的建筑材料、建筑构配件和设备的,或者有不按照工程设计图纸或者施工技术标准施工的其他行为的,责令改正,处工程合同价款 2% 以上 4% 以下的罚款;造成建设工程质量不符合规定的质量标准的,负责返工、修理,并赔偿因此造成的损失;情节严重的,责令停业整顿,降低资质等级或者吊销资质证书。

3. 检验检测违法行为应承担的法律责任

《建设工程质量管理条例》规定,施工单位未对建筑材料、建筑构配件、设备和商品混凝土进行检验,或者未对涉及结构安全的试块、试件,以及有关材料取样检测的,责令改正,处 10 万元以上 20 万元以下的罚款;情节严重的,责令停业整顿,降低资质等级或者吊销资质证书;造成损失的,依法承担赔偿责任。

4. 构成犯罪的追究刑事责任

《刑法》第 137 条规定,建设单位、设计单位、施工单位、工程监理单位违反国家规定,降低工程质量标准,造成重大安全事故的,对直接责任人员处 5 年以下有期徒刑或者拘役,并处罚金;后果特别严重的,处 5 年以上 10 年以下有期徒刑,并处罚金。

案例 7-4

1. 背景

2006年1月5日,江南某制药公司与某施工单位签订了一份"建设工程施工承包合同",双方约定由该施工单位承包制药公司的提取车间等约1万多平方米的建筑工程土建及配套附属工程。之后,施工单位不严格按设计图纸施工,且偷工减料。为此,制药公司曾多次向施工单位提出:对于工程质量不符合要求的部位要求返工处理。施工单位只是口头上承诺,但没有实际行动。2006年8月25日,经质量监督机构检查并作出了"关于江南某制药有限公司提取车间的工程质量报告"。该报告称,经现场随机抽查,施工单位有明显的偷工减料行为,以上问题的存在影响了设备工艺的使用功能。

2. 问题

(1) 施工单位有哪些违法行为?
(2) 对施工单位的违法行为应该怎样处理?

3. 分析

(1) 施工单位主要过错如下:①施工单位工程质量意识差,对施工质量没有认真负起责任,违反了《建设工程质量管理条例》第26条规定,施工单位对建设工程的施工质量负责;②施工单位不严格按设计图纸施工、偷工减料等行为,违反了《建设工程质量管理条例》第28条规定,施工单位必须按照工程设计图纸和施工技术标准施工,不得擅自修改工程设计,不得偷工减料;③施工单位对部分工程质量不符合要求的事实,一直不做返修处理,违反了《建设工程质量管理条例》第32条规定,施工单位对施工中出现质量问题的建设工程或者竣工验收不合格的建设工程,应当负责返修。

(2) 对施工单位应作如下处理:根据《建筑法》第74条、《建设工程质量管理条例》第64条的规定,施工单位在施工中偷工减料的,使用不合格的建筑材料、建筑构配件和设备的,或者有不按照工程设计图纸或者施工技术标准施工的其他行为的,责令改正并处工程合同价款2%以上4%以下的罚款;造成建设工程质量不符合规定的质量标准的,负责返工、修理,并赔偿因此造成的损失;情节严重的,责令停业整顿,降低资质等级或者吊销资质证书。构成犯罪的,依法追究刑事责任。

据此,当地的建设行政主管部门应该根据处罚权限,责令施工单位对其违法行为立即整改,并在工程合同价款2%以上4%以下处以适当罚款;对于提取车间工程质量不符合规定质量标准的,责令施工单位负责返修,并赔偿因此而造成的损失。如果情节严重的,可以责令其停业整顿,由颁发资质证书的机关降低资质等级或者吊销资质证书;构成犯罪的,可以提请司法机关依法追究刑事责任。

7.3 建设单位及相关单位的质量责任和义务

一、建设单位相关的质量责任和义务

1. 依法发包工程

《建设工程质量管理条例》规定,建设单位应当将工程发包给具有相应资质等级的单位。建

设单位不得将建设工程肢解发包。建设单位应当依法对工程建设项目的勘察、设计、施工、监理,以及与工程建设有关的重要设备、材料等的采购进行招标。

建设单位发包工程时,应该根据工程特点,以有利于工程的质量、进度、成本控制为原则,合理划分标段,但不得肢解发包工程。如果将应当由一个承包单位完成的工程肢解成若干部分,分别发包给不同的承包单位,将使整个工程建设在管理和技术上缺乏应有的统筹协调,从而造成施工现场秩序的混乱,责任不清,严重影响建设工程质量,一旦出现问题也很难找到责任方。

2. 依法向有关单位提供原始资料

《建设工程质量管理条例》规定,建设单位必须向有关的勘察、设计、施工、工程监理等单位提供与建设工程有关的原始资料。原始资料必须真实、准确、齐全。

原始资料是工程勘察、设计、施工、监理等单位赖以进行相关工程建设的基础性材料。建设单位作为建设活动的总负责方,向有关单位提供原始资料,并保证这些资料的真实、准确、齐全,是其基本的责任和义务。

3. 限制不合理的干预行为

《建筑法》规定,建设单位不得以任何理由,要求建筑设计单位或者建筑施工企业在工程设计或者施工作业中,违反法律、行政法规和建筑工程质量、安全标准,降低工程质量。

《建设工程质量管理条例》进一步规定,建设工程发包单位不得迫使承包方以低于成本的价格竞标,不得任意压缩合理工期。建设单位不得明示或者暗示设计单位或者施工单位违反工程建设强制性标准,降低建设工程质量。

4. 依法报审施工图设计文件

《建设工程质量管理条例》规定,建设单位应当将施工图设计文件报县级以上人民政府建设行政主管部门或者其他有关部门审查。施工图设计文件未经审查批准的,不得使用。施工图设计文件是设计文件的重要内容,是编制施工图预算、安排材料、设备订货和非标准设备制作,进行施工、安装和工程验收等工作的依据。施正图设计文件一经完成,建设工程最终所要达到的质量,尤其是地基基础和结构的安全性就有了约束,因此,施工图设计文件的质量直接影响建设工程的质量。

5. 依法实行工程监理

《建设工程质量管理条例》规定,实行监理的建设工程,建设单位应当委托具有相应资质等级的工程监理单位进行监理,也可以委托具有工程监理相应资质等级并与被监理工程的施工承包单位没有隶属关系或者其他利害关系的该工程的设计单位进行监理。

《建设工程质量管理条例》还规定,下列建设工程必须实行监理:①国家重点建设工程;②大中型公用事业工程;③成片开发建设的住宅小区工程;④利用外国政府或者国际组织贷款、援助资金的工程;⑤国家规定必须实行监理的其他工程。

6. 依法办理工程质量监督手续

《建设工程质量管理条例》规定,建设单位在领取施工许可证或者开工报告前,应当按照国家有关规定办理工程质量监督手续。

办理工程质量监督手续是法定程序,不办理质量监督手续的,不发施工许可证,工程不得开工。因此,建设单位在领取施工许可证或者开工报告之前,应当依法到建设行政主管部门或铁路、交通、水利等有关管理部门,或其委托的工程质量监督机构办理工程质量监督手续,接受政府主管部门的工程质量监督。

建设单位办理工程质量监督手续,应提供以下文件和资料:①工程规划许可证;②设计单位资质等级证书;③监理单位资质等级证书,监理合同及《工程项目监理登记表》;④施工单位资质等级证书及营业执照副本;⑤工程勘察设计文件;⑥中标通知书及施工承包合同等。

7. 依法保证建筑材料等符合要求

在工程实践中,根据工程项目设计文件和合同要求的质量标准,哪些材料和设备由建设单位采购,哪些材料和设备由施工单位采购,应该在合同中明确约定,并且是谁采购、谁负责。所以,由建设单位采购建筑材料、建筑构配件和设备的,建设单位必须保证建筑材料、建筑构配件和设备符合设计文件和合同要求。对于建设单位负责供应的材料设备,在使用前施工单位应当按照规定对其进行检验和试验,如果不合格,不得在工程上使用,并应通知建设单位予以退换。

8. 依法进行装修工程

随意拆改建筑主体结构和承重结构等,会危及建设工程安全和人民生命财产安全。因此,《建设工程质量管理条例》规定,涉及建筑主体和承重结构变动的装修工程,建设单位应当在施工前委托原设计单位或者具有相应资质等级的设计单位提出设计方案;没有设计方案的,不得施工。房屋建筑使用者在装修过程中,不得擅自变动房屋建筑主体和承重结构。

房屋使用者在装修过程中,也不得擅自变动房屋建筑主体和承重结构,如拆除隔墙、窗洞改门洞等,都是不允许的。

9. 建设单位质量违法行为应承担的法律责任

《建筑法》规定,建设单位违反本法规定,要求建筑设计单位或者建筑施工企业违反建筑工程质量、安全标准,降低工程质量的,责令改正,可以处以罚款;构成犯罪的,依法追究刑事责任。

《建设工程质量管理条例》规定,建设单位有下列行为之一的,责令改正,处 20 万元以上 50 万元以下的罚款:①迫使承包方以低于成本的价格竞标的;②任意压缩合理工期的;③明示或者暗示设计单位或者施工单位违反工程建设强制性标准,降低工程质量的;④施工图设计文件未经审查或者审查不合格,擅自施工的;⑤建设项目必须实行工程监理而未实行工程监理的;⑥未按照国家规定办理工程质量监督手续的;⑦明示或者暗示施工单位使用不合格的建筑材料、建筑构配件和设备的;⑧未按照国家规定将竣工验收报告、有关认可文件或者准许使用文件报送备案的。

案例 7-5

1. 背景

某化工厂在同一厂区建设第二个大型厂房时,为了节省投资,决定不做勘察,便将 4 年前为第一个大型厂房做的勘察成果提供给设计院作为设计依据,让其设计新厂房。设计院不同意。但是,在该化工厂的一再坚持下最终设计院妥协,答应使用旧的勘察成果。厂房建成后使用一年多就发现其北墙墙体多处开裂。该化工厂一纸诉状将施工单位告上法庭,请求判定施工单位承担工程质量责任。

2. 问题

(1) 本案中的质量责任应当由谁承担?

(2) 工程中设计方是否有过错,违反了什么规定?

3. 分析

(1) 本案中的墙体开裂,经检测是设计对地基处理不当引起厂房不均匀沉陷所致。《建筑法》第54条规定,建设单位不得以任何理由,要求建筑设计单位或者建筑施工企业在工程设计或者施工作业中,违反法律、行政法规和建筑工程质量、安全标准,降低工程质量。该化工厂为节省投资,坚持不做勘察,只向设计单位提供旧的勘察成果,违反了法律规定,对该工程的质量应该承担主要责任。

(2) 设计方也有过错。《建筑法》第54条还规定,建筑设计单位和建筑施工企业对建设单位违反规定提出的降低工程质量的要求,应当予以拒绝。《建设工程质量管理条例》第21条规定,设计单位应当根据勘察成果文件进行建设工程设计。因此,设计单位尽管开始不同意建设单位的做法,但后来没有坚持原则作了妥协,也应该对工程设计承担质量责任。

(3) 法庭经审理,认定该工程的质量责任由该化工厂承担主要责任,由设计方承担次要责任。

二、勘察、设计单位相关的质量责任和义务

谁勘察设计谁负责,谁施工谁负责,这是国际上通行的做法。勘察、设计单位和执业注册人员是勘察设计质量的责任主体,也是整个工程质量的责任主体之一。勘察、设计质量实行单位与执业注册人员双重责任,即勘察、设计单位对其勘察、设计的质量负责,注册建筑师、注册结构工程师等专业人士对其签字的设计文件负责。

1. 依法承揽工程的勘察、设计业务

《建设工程质量管理条例》规定,从事建设工程勘察、设计的单位应当依法取得相应等级的资质证书,并在其资质等级许可的范围内承揽工程。禁止勘察、设计单位超越其资质等级许可的范围或者以其他勘察、设计单位的名义承揽工程。禁止勘察、设计单位允许其他单位或者个人以本单位的名义承揽工程。勘察、设计单位不得转包或者违法分包所承揽的工程。

2. 勘察、设计必须执行强制性标准

《建设工程质量管理条例》规定,勘察、设计单位必须按照工程建设强制性标准进行勘察、设计,并对其勘察、设计的质量负责。

强制性标准是工程建设技术和经验的积累,是勘察、设计工作的技术依据。只有满足工程建设强制性标准才能保证质量,才能满足工程对安全、卫生、环保等多方面的质量要求,因而勘察、设计单位必须严格执行。

3. 勘察单位提供的勘察成果必须真实、准确

《建设工程质量管理条例》规定,勘察单位提供的地质、测量、水文等勘察成果必须真实、准确。

4. 设计依据和设计深度

《建设工程质量管理条例》规定,设计单位应当根据勘察成果文件进行建设工程设计。设计文件应当符合国家规定的设计深度要求,注明工程合理使用年限。

勘察成果文件是设计的基础资料,是设计的依据。因此,先勘察、后设计是工程建设的基本做法,也是基本建设程序的要求。我国对各类设计文件的编制深度都有规定,在实践中应当贯彻执行。工程合理使用年限是指从工程竣工验收合格之日起,工程的地基基础、主体结构能保证在正常情况下安全使用的年限。它与《建筑法》中的"建筑物合理寿命年限"、《合同法》中的"工程合理使用期限"等在概念上是一致的。

5. 依法规范设计对建筑材料等的选用

《建筑法》《建设工程质量管理条例》都规定,设计单位在设计文件中选用的建筑材料、建筑构配件和设备,应当注明规格、型号、性能等技术指标,其质量要求必须符合国家规定的标准。除有特殊要求的建筑材料、专用设备、工艺生产线等外,设计单位不得指定生产厂、供应商。

6. 依法对设计文件进行技术交底

《建设工程质量管理条例》规定,设计单位应当就审查合格的施工图设计文件向施工单位做出详细说明。

设计文件的技术交底,通常的做法是设计文件完成后,通过建设单位发给施工单位,再由设计单位将设计的意图、特殊的工艺要求,以及建筑、结构、设备等各专业在施工中的难点、疑点和容易发生的问题等向施工单位作详细说明,并负责解释施工单位对设计图纸的疑问。

对设计文件进行技术交底是设计单位的重要义务,对确保工程质量有重要的意义。

7. 依法参与建设工程质量事故分析

《建设工程质量管理条例》规定,设计单位应当参与建设工程质量事故分析,并对因设计造成的质量事故,提出相应的技术处理方案。

8. 勘察、设计单位质量违法行为应承担的法律责任

《建设工程质量管理条例》规定,有下列行为之一的,责令改正,处10万元以上30万元以下的罚款:①勘察单位未按照工程建设强制性标准进行勘察的;②设计单位未根据勘察成果文件进行工程设计的;③设计单位指定建筑材料、建筑构配件的生产厂、供应商的;④设计单位未按照工程建设强制性标准进行设计的。有以上所列行为,造成工程质量事故的,责令停业整顿,降低资质等级;情节严重的,吊销资质证书;造成损失的,依法承担赔偿责任。

案例 7-6

1. 背景

某写字楼项目的整体结构属"筒中筒",中间"筒"高18层,四周裙楼3层,地基设计是"满堂红"布桩,素混凝土排土灌桩。施工到12层时,地下筏板剪切破坏,地下水上冲。经鉴定发现,此地基土属于饱和土,地基中素混凝土排土桩被破坏。

经调查得知:(1)该工程的地质勘察报告已经载明,此地基土属于饱和土;(2)在打桩过程中曾出现跳土现象。

2. 问题

本案中设计方有何过错,违反了什么规定?

3. 分析

本案中涉及多方面的结构技术问题,较为复杂,地下筏板剪切破坏的可能原因并不只有一种,需要进行进一步的结构计算分析才能够下结论。但是,有一点是很明确的,即设计单位对桩型选择失误。因为,该工程的地质勘察报告已经载明此地基土属于饱和土,那么饱和土的湿软特性决定了设计单位就不应该选择采用排土灌桩。正是由于此失误,所以在打桩过程中出现跳土现象。

因此,设计单位没有根据勘察成果文件提供的信息进行设计,违反了《建设工程质量管理条例》第21条规定,设计单位应当根据勘察成果文件进行建设工程设计。设计单位应该对该工程设计承担质量责任。

三、工程监理单位相关的质量责任和义务

1. 依法承担工程监理业务

《建筑法》规定,工程监理单位应当在其资质等级许可的监理范围内,承担工程监理业务。工程监理单位不得转让工程监理业务。

2. 对有隶属关系或其他利害关系的回避

《建筑法》《建设工程质量管理条例》都规定,工程监理单位与被监理工程的施工承包单位,以及建筑材料、建筑构配件和设备供应单位有隶属关系或者其他利害关系的,不得承担该项建设工程的监理业务。

3. 监理工作的依据和监理责任

《建设工程质量管理条例》规定,工程监理单位应当依照法律、法规,以及有关技术标准、设计文件和建设工程承包合同。代表建设单位对施工质量实施监理,并对施工质量承担监理责任。

工程监理的依据是:①法律、法规,如《建筑法》《合同法》《建设工程质量管理条例》等;②有关技术标准,如《工程建设标准强制性条文》,以及建设工程承包合同中确认采用的推荐性标准等;③设计文件,施工图设计等设计文件既是施工的依据,又是监理单位对施工活动进行监督管理的依据;④建设工程承包合同,监理单位据此监督施工单位是否全面履行合同约定的义务。

监理单位对施工质量承担监理责任,包括违约责任和违法责任两个方面:①违约责任,如果监理单位不按照监理合同约定履行监理义务,给建设单位或其他单位造成损失的,应当承担相应的赔偿责任;②违法责任,如果监理单位违法监理,或者降低工程质量标准,造成质量事故的,要承担相应的法律责任。

4. 工程监理的职责和权限

《建设工程质量管理条例》规定,工程监理单位应当选派具备相应资格的总监理工程师和监理工程师进驻施工现场。未经监理工程师签字,建筑材料、建筑构配件和设备不得在工程上使用或者安装,施工单位不得进行下一道工序的施工。未经总监理工程师签字,建设单位不拨付工程款,不进行竣工验收。

监理单位应根据所承担的监理任务,组建驻工地监理机构,监理机构一般由总监理工程师,监理工程师和其他监理人员组成。监理工程师拥有对建筑材料、建筑构配件和设备,以及每道施工工序的检查权,对检查不合格的,有权决定是否允许在工程上使用或进行下一道工序的施工。工程监理实行总监理工程师负责制。总监理工程师依法和在授权范围内可以发布有关指令,全面负责受委托的监理工程。

5. 工程监理的形式

《建设工程质量管理条例》规定,监理工程师应当按照工程监理规范的要求,采取旁站、巡视和平行检验等形式,对建设工程实施监理。

所谓旁站,是指对工程中有关地基和结构安全的关键工序和关键施工过程,进行连续不断的监督检查或检验的监理活动,有时甚至要连续跟班监理。所谓巡视,主要是强调除了关键点的质量控制外,监理工程师还应对施工现场进行面上的巡查监理。所谓平行检验,主要是强调

监理单位对施工单位已经检验的工程应及时进行检验。对于关键性、较大体量的工程实物,采取分段后平行检验的方式,有利于及时发现质量问题,及时采取措施予以纠正。

6. 工程建设监理各方的关系

工程建设监理活动中最主要的当事人有业主、监理单位和承包商三方。他们的权利义务关系是通过业主与监理单位及业主与承包商所签订的合同来约定的。业主与监理单位是委托和被委托的关系,业主与承包商是雇用和被雇用的关系。业主通过合同将自己对承包商的建设活动的监督管理委托授予了监理单位,承包商和监理单位之间虽无直接关系,也未签订合同,但承包商必须接受监理单位的监督与管理。《建设工程施工合同》和《工程建设监理合同》示范文本中对三方的工作关系做了明确规定。

应当指出的是:在施工过程中,如业主已委托监理单位进行监理,业主一般就不应再直接下达施工指令给承包商。在合同条件中,若没有任何条款说明承包商应接受业主的指令,业主直接下达指令给承包商就属于违法合同的行为,承包商接受业主的指令同样也是违反合同的行为,监理工程师有权拒绝。承包商要严格遵守和执行监理工程师的指示,并且承包商业只能从监理工程师处取得指令。如果承包商认为监理工程师的指令不能接受,他有权提出仲裁,通过法律手段来解决。正确处理业主、承包商、监理工程师三者的关系是保证工程按合同条件进行的关键。实践证明:业主对承包商干预的越多,工程干得越差,合同执行得越糟;而业主干预的越少,由监理工程师来组织、协调、控制,则工程干得越好。

7. 工程监理单位质量违法行为应承担的法律责任

《建筑法》规定,工程监理单位与建设单位或者建筑施工企业串通,弄虚作假、降低工程质量的,责令改正,处以罚款,降低资质等级或者吊销资质证书;有违法所得的,予以没收;造成损失的,承担连带赔偿责任;构成犯罪的,依法追究刑事责任。

《建设工程质量管理条例》规定,工程监理单位有下列行为之一的,责令改正,处50万元以上100万元以下的罚款,降低资质等级或者吊销资质证书;有违法所得的,予以没收;造成损失的,承担连带赔偿责任:①与建设单位或者施工单位串通、弄虚作假、降低工程质量的;②将不合格的建设工程、建筑材料、建筑构配件和设备按照合格签字的。

四、政府部门工程质量监督管理的相关规定

《建设工程质量管理条例》规定,国家实行建设工程质量监督管理制度。

1. 我国的建设工程质量监督管理体制

《建设工程质量管理条例》规定,国务院建设行政主管部门对全国的建设工程质量实施统一监督管理。国务院铁路、交通、水利等有关部门按照国务院规定的职责分工,负责对全国的有关专业建设工程质量的监督管理。

国务院发展计划部门按照国务院规定的职责,组织稽查特派员,对国家出资的重大建设项目实施监督检查。国务院经济贸易主管部门按照国务院规定的职责,对国家重大技术改造项目实施监督检查。

县级以上地方人民政府建设行政主管部门对本行政区域内的建设工程质量实施监督管理。县级以上地方人民政府交通、水利等有关部门在各自的职责范围内,负责对本行政区域内的专业建设工程质量的监督管理。

建设工程质量监督管理,可以由建设行政主管部门或者其他有关部门委托的建设工程质量监督机构具体实施。从事房屋建筑工程和市政基础设施工程质量监督的机构,必须按照国家有关规定经国务院建设行政主管部门或者省、自治区、直辖市人民政府建设行政主管部门考核;从事专业建设工程质量监督的机构,必须按照国家有关规定经国务院有关部门或者省、自治区、直辖市人民政府有关部门考核。经考核合格后,方可实施质量监督。

在政府加强监督的同时,还要发挥社会监督的巨大作用,即任何单位和个人对建设工程的质量事故、质量缺陷都有权检举、控告、投诉。

2. 政府监督检查的内容和有权采取的措施

《建设工程质量管理条例》规定,国务院建设行政主管部门和国务院铁路、交通、水利等有关部门,以及县级以上地方人民政府建设行政主管部门和其他有关部门,应当加强对有关建设工程质量的法律、法规和强制性标准执行情况的监督检查。

县级以上人民政府建设行政主管部门和其他有关部门履行监督检查职责时,有权采取下列措施:①要求被检查的单位提供有关工程质量的文件和资料;②进入被检查单位的施工现场进行检查;③发现有影响工程质量的问题时,责令改正。

有关单位和个人对县级以上人民政府建设行政主管部门和其他有关部门进行的监督检查应当支持与配合,不得拒绝或者阻碍建设工程质量监督检查人员依法执行职务。

3. 禁止滥用权力的行为

《建设工程质量管理条例》规定,供水、供电、供气、公安消防等部门或者单位不得明示或者暗示建设单位、施工单位购买其指定的生产供应单位的建筑材料、建筑构配件和设备。

4. 建设工程质量事故报告制度

《建设工程质量管理条例》规定,建设工程发生质量事故,有关单位应当在24小时内向当地建设行政主管部门和其他有关部门报告。对重大质量事故,事故发生地的建设行政主管部门和其他有关部门应当按照事故类别和等级向当地人民政府和上级建设行政主管部门和其他有关部门报告。特别重大质量事故的调查程序按照国务院有关规定办理。

根据国务院《生产安全事故报告和调查处理条例》的规定,特别重大事故,是指造成30人以上死亡,或者100人以上重伤,或者1亿元以上直接经济损失的事故。特别重大事故、重大事故逐级上报至国务院安全生产监督管理部门和负有安全生产监督管理职责的有关部门。每级上报的时间不得超过2小时。必要时,安全生产监督管理部门和负有安全生产监督管理职责的有关部门可以越级上报事故情况。

5. 有关质量违法行为应承担的法律责任

《建设工程质量管理条例》规定,发生重大工程质量事故隐瞒不报、谎报或者拖延报告期限的,对直接负责的主管人员和其他责任人员依法给予行政处分。

供水、供电、供气、公安消防等部门或者单位明示或者暗示建设单位或者施工单位购买其指定的生产供应单位的建筑材料、建筑构配件和设备的,责令改正。

国家机关工作人员在建设工程质量监督管理工作中玩忽职守、滥用职权、徇私舞弊,构成犯罪的,依法追究刑事责任;尚不构成犯罪的,依法给予行政处分。

7.4 建设工程竣工验收制度

工程项目的竣工验收是施工全过程的最后一道工序，也是工程项目管理的最后一项工作。它是建设投资成果转入生产或使用的标志。也是全面考核投资效益、检验设计和施工质量的重要环节。

一、竣工验收的主体和法定条件

1．建设工程竣工验收的主体

《建设工程质量管理条例》规定，建设单位收到建设工程竣工报告后，应当组织设计、施工、工程监理等有关单位进行竣工验收。

对工程进行竣工检查和验收，是建设单位法定的权利和义务。在建设工程完工后，承包单位应当向建设单位提供完整的竣工资料和竣工验收报告，提请建设单位组织竣工验收。建设单位收到竣工验收报告后，应及时组织有设计、施工、工程监理等有关单位参加的竣工验收，检查整个工程项目是否已按照设计要求和合同约定全部建设完成，并符合竣工验收条件。

2．竣工验收应当具备的法定条件

《建筑法》规定，交付竣工验收的建筑工程，必须符合规定的建筑工程质量标准，有完整的工程技术经济资料和经签署的工程保修书，并具备国家规定的其他竣工条件。建筑工程竣工经验收合格后，方可交付使用；未经验收或者验收不合格的，不得交付使用。

《建设工程质量管理条例》进一步规定，建设工程竣工验收应当具备下列条件：①完成建设工程设计和合同约定的各项内容；②有完整的技术档案和施工管理资料；③有工程使用的主要建筑材料、建筑构配件和设备的进场试验报告；④有勘察、设计、施工、工程监理等单位分别签署的质量合格文件；⑤有施工单位签署的工程保修书。建设工程经验收合格的，方可交付使用。

1）完成建设工程设计和合同约定的各项内容

建设工程设计和合同约定的内容，主要是指设计文件所确定的，以及承包合同"承包人承揽工程项目一览表"中载明的工作范围，也包括监理工程师签发的变更通知单中所确定的工作内容。承包单位必须按合同的约定，按质、按量、按时完成上述工作内容，使工程具有正常的使用功能。

2）有完整的技术档案和施工管理资料

工程技术档案和施工管理资料是工程竣工验收和质量保证的重要依据之一，主要包括以下档案和资料：①工程项目竣工验收报告；②分项、分部工程和单位工程技术人员名单；③图纸会审和技术交底记录；④设计变更通知单，技术变更核实单；⑤工程质量事故发生后调查和处理资料；⑥隐蔽验收记录及施工日志；⑦竣工图；⑧质量检验评定资料等；⑨合同约定的其他资料。

3）有工程使用的主要建筑材料、建筑构配件和设备的进场试验报告

对建设工程使用的主要建筑材料、建筑构配件和设备，除须具有质量合格证明资料外，还应当有进场试验、检验报告，其质量要求必须符合国家规定的标准。

4）有勘察、设计、施工、工程监理等单位分别签署的质量合格文件

勘察、设计、施工、工程监理等有关单位要依据工程设计文件及承包合同所要求的质量标准，对竣工工程进行检查评定，符合规定的，应当签署合格文件。

5）有施工单位签署的工程保修书

施工单位同建设单位签署的工程保修书，也是交付竣工验收的条件之一。

凡是没有经过竣工验收或者经过竣工验收确定为不合格的建设工程不得交付使用。如果建设单位为提前获得投资效益，在工程未经验收就提前投产或使用，由此而发生的质量等问题，建设单位要承担责任。

二、施工单位应提交的档案资料

《建设工程质量管理条例》规定，建设单位应当严格按照国家有关档案管理的规定，及时收集、整理建设项目各环节的文件资料，建立健全建设项目档案，并在建设工程竣工验收后，及时向建设行政主管部门或者其他有关部门移交建设项目档案。

建设工程是百年大计。一般的建筑物设计年限都在50～70年之间。重要的建筑物达百年以上。在建设工程投入使用之后，还要进行检查、维修、管理，还可能会遇到改建、扩建或拆除活动，以及在其周围进行建设活动。这些都需要参考原始的勘察、设计、施工等资料。建设单位是建设活动的总负责方，应当在合同中明确要求勘察、设计、施工、监理等单位分别提供工程建设各环节的文件资料，及时收集整理，建立健全建设项目档案。

按照《城市建设档案管理规定》的规定，建设单位应当在工程竣工验收后3月内，向城建档案馆报送一套符合规定的建设工程档案。凡建设工程档案不齐全的，应当限期补充。对改建、扩建和重要部位维修的工程，建设单位应当组织设计、施工单位据实修改、补充和完善原建设工程档案。

施工单位应当按照归档要求制定统一目录，有专业分包工程的，分包单位要按照总承包单位的总体安排做好各项资料整理工作，最后再由总承包单位进行审核、汇总。施工单位一般应当提交的档案资料：①工程技术档案资料；②工程质量保证资料；③工程检验评定资料；④竣工图等。

三、规划、消防、节能、环保等验收的规定

《建设工程质量管理条例》规定，建设单位应当自建设工程竣工验收合格之日起15日内，将建设工程竣工验收报告和规划、公安消防、环保等部门出具的认可文件或者准许使用文件报建设行政主管部门或者其他有关部门备案。

1. 建设工程竣工规划验收

《中华人民共和国城乡规划法》（以下简称《城乡规划法》）规定，县级以上地方人民政府城乡规划主管部门按照国务院规定对建设工程是否符合规划条件予以核实。未经核实或者经核实不符合规划条件的，建设单位不得组织竣工验收。建设单位应当在竣工验收后6个月内向城乡规划主管部门报送有关竣工验收资料。

建设工程竣工后，建设单位应当依法向城乡规划行政主管部门提出竣工规划验收申请，由城乡规划行政主管部门按照选址意见书、建设用地规划许可证、建设工程规划许可证、乡村建设规划许可证及其有关规划的要求。对建设工程进行规划验收，包括对建设用地范围内的各项工

程建设情况、建筑物的使用性质、位置、间距、层数、标高、平面、立面、外墙装饰材料和色彩、各类配套服务设施、临时施工用房、施工场地等进行全面核查,并作出验收记录。对于验收合格的,由城乡规划行政主管部门出具规划认可文件或核发建设工程竣工规划验收合格证。

《城乡规划法》还规定,建设单位未在建设工程竣工验收后6个月内向城乡规划主管部门报送有关竣工验收资料的,由所在地城市、县人民政府城乡规划主管部门责令限期补报;逾期不补报的,处1万元以上5万元以下的罚款。

2. 建设工程竣工消防验收

《中华人民共和国消防法》(以下简称《消防法》)规定,按照国家工程建设消防技术标准需要进行消防设计的建设工程竣工,依照下列规定进行消防验收、备案:①国务院公安部门规定的大型的人员密集场所和其他特殊建设工程,建设单位应当向公安机关消防机构申请消防验收;②其他建设工程,建设单位在验收后应当报公安机关消防机构备案,公安机关消防机构应当进行抽查。依法应当进行消防验收的建设工程,未经消防验收或者消防验收不合格的,禁止投入使用;其他建设工程经依法抽查不合格的,应当停止使用。

《建设工程消防监督管理规定》进一步规定,建设单位申请消防验收应当提供下列材料:建设工程消防验收申报表;工程竣工验收报告;消防产品质量合格证明文件;有防火性能要求的建筑构件、建筑材料、室内装修装饰材料符合国家标准或者行业标准的证明文件、出厂合格证;消防设施、电气防火技术检测合格证明文件;施工、工程监理、检测单位的合法身份证明和资质等级证明文件;其他依法需要提供的材料。

公安机关消防机构应当自受理消防验收申请之日起20日内组织消防验收,并出具消防验收意见。公安机关消防机构对申报消防验收的建设工程,应当依照建设工程消防验收评定标准对已经消防设计审核合格的内容组织消防验收。对综合评定结论为合格的建设工程,公安机关消防机构应当出具消防验收合格意见;对综合评定结论为不合格的,应当出具消防验收不合格意见,并说明理由。

对于依法应当进行消防验收的建设工程,未经消防验收或者消防验收不合格,擅自投入使用的,《消防法》规定,由公安机关消防机构责令停止施工、停止使用或者停产停业,并处3万元以上30万元以下罚款。

3. 建设工程竣工环保验收

《建设项目环境保护条例》规定,建设项目竣工后,建设单位应当向审批该建设项目环境影响报告书、环境影响报告表或者环境影响登记表的环境保护行政主管部门,申请该建设项目需要配套建设的环境保护设施竣工验收。

环境保护设施竣工验收,应当与主体工程竣工验收同时进行。需要进行试生产的建设项目,建设单位应当自建设项目投入试生产之日起3个月内,向审批该建设项目环境影响报告书、环境影响报告表或者环境影响登记表的环境保护行政主管部门,申请该建设项目需要配套建设的环境保护设施竣工验收。分期建设、分期投入生产或者使用的建设项目,其相应的环境保护设施应当分期验收。

环境保护行政主管部门应当自收到环境保护设施竣工验收申请之日起30日内,完成验收。建设项目需要配套建设的环境保护设施经验收合格,该建设项目方可正式投入生产或者使用。

《建设项目环境保护条例》还规定,建设项目投入试生产超过3个月,建设单位未申请环保护设施竣工验收的,由审批该建设项目环境影响报告书、环境影响报告表或者环境影响登记表的环境保护行政主管部门责令限期办理环境保护设施竣工验收手续;逾期未办理的,责令停止试生产,可以处5万元以下的罚款。

建设项目需要配套建设的环境保护设施未建成、未经验收或者经验收不合格,主体工程正式投入生产或者使用的,由审批该建设项目环境影响报告书、环境影响报告表或者环境影响登记表的环境保护行政主管部门责令停止生产或者使用,可以处10万元以下的罚款。

4. 建筑工程节能验收

《中华人民共和国节约能源法》(以下简称《节约能源法》)规定,不符合建筑节能标准的建筑工程,建设主管部门不得批准开工建设;已经开工建设的,应当责令停止施工、限期改正;已经建成的,不得销售或者使用。国务院《民用建筑节能条例》进一步规定,建设单位组织竣工验收,应当对民用建筑是否符合民用建筑节能强制性标准进行查验;对不符合民用建筑节能强制性标准的,不得出具竣工验收合格报告。

建筑节能工程施工质量的验收,主要应按照国家标准《建筑节能工程施工质量验收规范》(GB 50411—2007),以及《建筑工程施工质量验收统一标准》(GB 50300—2001)、各专业工程施工质量验收规范等执行。单位工程竣工验收应在建筑节能分部工程验收合格后进行。

建筑节能工程为单位建筑工程的一个分部工程,并按规定划分为分项工程和检验批。建筑节能工程应按照分项工程进行验收,如墙体节能工程、幕墙节能工程、门窗节能工程、屋面节能工程、地面节能工程,采暖节能工程、通风与空气调节节能工程、配电与照明节能工程等。当建筑节能分项工程的工程量较大时,可以将分项工程划分为若干个检验批进行验收。当建筑节能工程验收无法按照要求划分分项工程或检验批时,可由建设、施工、监理等各方协商进行划分。但验收项目、验收内容,验收标准和验收记录均应遵守规范的规定。

1)建筑节能分部工程进行质量验收的条件

建筑节能分部工程的质量验收,应在检验批、分项工程全部合格的基础上,进行建筑围护结构的外墙节能构造实体检验,严寒、寒冷和夏热冬冷地区的外窗气密性现场检测,以及系统节能性能检测和系统联合试运转与调试,确认建筑节能工程质量达到验收的条件后方可进行。

2)建筑节能分部工程验收的组织

建筑节能工程验收的程序和组织应遵守《建筑工程施工质量验收统一标准》(GB 50300—2001)的要求,并符合下列规定:①节能工程的检验批验收和隐蔽工程验收应由监理工程师主持,施工单位相关专业的质量检查员与施工员参加;②节能分项工程验收应由监理工程师主持,施工单位项目技术负责人和相关专业的质量检查员、施工员参加,必要时可邀请设计单位相关专业的人员参加;③节能分部工程验收应由总监理工程师(建设单位项目负责人)主持,施工单位项目经理、项目技术负责人和相关专业的质量检查员,施工员参加,施工单位的质量或技术负责人应参加,设计单位节能设计人员应参加。

3)建筑节能工程验收的程序

(1)施工单位自检评定。

建筑节能分部工程施工完成后,施工单位对节能工程质量进行检查,确认符合节能设计文件要求后,填写《建筑节能分部工程质量验收表》,并由项目经理和施工单位负责人签字。

建筑节能质量监督管理部门的验收监督人员到施工现场对节能工程验收的组织形式、验收程序、执行验收标准等情况进行现场监督,发现有违反规定程序、执行标准或评定结果不准确的,应要求有关单位改正或停止验收。对未达到国家验收标准合格要求的质量问题,签发监督文书。

(2) 施工单位按验收意见进行整改。

施工单位按照验收各方提出的整改意见进行整改;整改完毕后,建设、监理、设计、施工单位对节能工程的整改结果进行确认。对建筑节能工程存在重要整改内容的项目,质量监督人员要参加复查。

(3) 节能工程验收结论。

符合建筑节能工程质量验收规范的工程为验收合格,即通过节能分部工程质量验收。对节能工程验收不合格工程,按《建筑节能工程施工质量验收规范》和其他验收规范的要求整改完后,重新验收。

(4) 验收资料归档。

建筑节能工程施工质量验收合格后,相应的建筑节能分部工程验收资料应作为建设工程竣工验收资料中的重要组成部分归档。

4) 建筑节能工程专项验收应注意事项

(1) 建筑节能工程验收重点是检查建筑节能工程效果是否满足设计及规范要求,监理和施工单位应加强和重视节能验收工作,对验收中发现的工程实物质量问题及时解决。

(2) 工程项目存在以下问题之一的,监理单位不得组织节能工程验收:①未完成建筑节能工程设计内容的;②隐蔽验收记录等技术档案和施工管理资料不完整的;③工程使用的主要建筑材料、建筑构配件和设备未提供进场检验报告的,未提供相关的节能性检测报告的;④工程存在违反强制性条文的质量问题而未整改完毕的;⑤对监督机构发出的责令整改内容未整改完毕的;⑥存在其他违反法律、法规行为而未处理完毕的。

(3) 工程项目验收存在以下问题之一的,应重新组织建筑节能工程验收:①验收组织机构不符合法规及规范要求的;②参加验收人员不具备相应资格的;③参加验收各方主体验收意见不一致的;④验收程序和执行标准不符合要求的;⑤各方提出的问题未整改完毕的。

(4) 单位工程在办理竣工备案时应提交建筑节能相关资料,不符合要求的不予备案。

(5) 建筑工程节能验收违法行为应承担的法律责任。《民用建筑节能条例》规定,建设单位对不符合民用建筑节能强制性标准的民用建筑项目出具竣工验收合格报告的,由县级以上地方人民政府建设主管部门责令改正,处民用建筑项目合同价款2%以上4%以下的罚款;造成损失的,依法承担赔偿责任。

四、竣工结算,质量争议的规定

竣工验收是工程建设活动的最后阶段。在此阶段。建设单位与施工单位容易就合同价款结算、质量缺陷等引起纠纷,导致建设工程不能及时办理竣工验收或完成竣工验收。

1. 工程竣工结算

《合同法》规定,建设工程竣工后,发包人应当根据施工图纸及说明书、国家颁发的施工验收规范和质量检验标准及时进行验收。验收合格的,发包人应当按照约定支付价款,并接收该建设工程。《建筑法》也规定,发包单位应当按照合同的约定,及时拨付工程款项。

1) 工程竣工结算方式与编审

《建设工程价款结算暂行办法》规定,工程完工后,双方应按照约定的合同价款及合同价款调整内容,以及索赔事项进行工程竣工结算。工程竣工结算分为单位工程竣工结算、单项工程竣工结算和建设项目竣工总结算。

单位工程竣工结算由承包人编制,发包人审查;实行总承包的工程,由具体承包人编制,在总包人审查的基础上,发包人审查。

2) 工程竣工结算审查期限

单项工程竣工后,承包人应在提交竣工验收报告的同时,向发包人递交竣工结算报告及完整的结算资料,发包人应按以下规定时限进行核对(审查)并提出审查意见:①500 万元以下,从接到竣工结算报告和完整的竣工结算资料之日起 20 天;②500 万元至 2 000 万元,从接到竣工结算报告和完整的竣工,结算资料之日起 30 天;③2 000 万元至 5 000 万元,从接到竣工结算报告和完整的竣工结算资料之日起 45 天;④5 000 万元以上,从接到竣工结算报告和完整的竣工结算资料之日起 60 天。

建设项目竣工总结算在最后一个单项工程竣工结算审查确认后 15 天内汇总,送发包人后 30 天内审查完成。

3) 工程竣工价款结算

发包人收到承包人递交的竣工结算报告及完整的结算资料后,应按以上规定的期限(合同约定有期限的,从其约定)进行核实,给予确认或者提出修改意见。

发包人根据确认的竣工结算报告向承包人支付工程竣工结算价款,保留 5% 左右的质量保证(保修)金,待工程交付使用 1 年质保期到期后清算(合同另有约定的,从其约定),质保期内如有返修,发生费用应在质量保证(保修)金内扣除。

工程竣工结算以合同工期为准,实际施工工期比合同工期提前或延后,发、承包双方应按合同约定的奖惩办法执行。

4) 索赔及合同以外零星项目工程价款结算

发承包人未能按合同约定履行自己的各项义务或发生错误,给另一方造成经济损失的,由受损方按合同约定提出索赔,索赔金额按合同约定支付。

发包人要求承包人完成合同以外零星项目,承包人应在接受发包人要求的 7 天内就用工数量和单价、机械台班数量和单价、使用材料和金额等向发包人提出施工签证,发包人签证后施工,如发包人未签证,承包人施工后发生争议的,责任由承包人自负。

发包人和承包人要加强施工现场的造价控制,及时对工程合同外的事项如实记录并履行书面手续。凡由发、承包双方授权的现场代表签字的现场签证,以及发、承包双方协商确定的索赔等费用,应在工程竣工结算中如实办理,不得因发、承包双方现场代表的中途变更改变其有效性。

5) 未按规定时限办理事项的处理

发包人收到竣工结算报告及完整的结算资料后,在《建设工程价款结算暂行办法》规定或合同约定期限内,对结算报告及资料没有提出意见,则视同认可。

承包人如未在规定时间内提供完整的工程竣工结算资料,经发包人催促后 14 天内仍未提供或没有明确答复,发包人有权根据已有资料进行审查,责任由承包人自负。

根据确认的竣工结算报告,承包人向发包人申请支付工程竣工结算款。发包人应在收到申请后 15 天内支付结算款,到期没有支付的应承担违约责任。承包人可以催告发包人支付结算价款,如达成延期支付协议,发包人应按同期银行贷款利率支付拖欠工程价款的利息。如未达成延期支付协议,承包人可以与发包人协商将该工程折价,或申请人民法院将该工程依法拍卖,承包人就该工程折价或者拍卖的价款优先受偿。

6) 工程价款结算争议处理

《建设工程价款结算暂行办法》规定,工程造价咨询机构接受发包人或承包人委托,编审工程竣工结算,应按合同约定和实际履约事项认真办理,出具的竣工结算报告经发、承包双方签字后生效。当事人一方对报告有异议的,可对工程结算中有异议部分,向有关部门申请咨询后协商处理,若不能达成一致的,双方可按合同约定的争议或纠纷解决程序办理。

发包人对工程质量有异议,已竣工验收或已竣工未验收但实际投入使用的工程,其质量争议按该工程保修合同执行;已竣工未验收且未实际投入使用的工程,以及停工、停建工程的质量争议,应当就有争议部分的竣工结算暂缓办理,双方可就有争议的工程委托有资质的检测鉴定机构进行检测,根据检测结果确定解决方案,或按工程质量监督机构的处理决定执行,其余部分的竣工结算依照约定办理。

当事人对工程造价发生合同纠纷时,可通过下列办法解决:①双方协商确定;②按合同条款约定的办法提请调解;③向有关仲裁机构申请仲裁或向人民法院起诉。《最高人民法院关于审理建设施工合同纠纷案件适用法律问题的解释》第16条规定,当事人对建设工程的计价标准或者计价方法有约定的,按照约定结算工程价款。因设计变更导致建设工程的工程量或质量标准发生变化,当事人对该部分工程价款不能协商一致的,可以参照签订建设工程施工合同时当地建设行政主管部门发布的计价方法或者计价标准结算工程价款。

7) 工程价款结算管理

工程竣工后,发、承包双方应及时办清工程竣工结算。否则,工程不得交付使用,有关部门不予办理权属登记。

2. 竣工工程质量争议的处理

《建筑法》规定,建筑工程竣工时,屋顶、墙面不得留有渗漏、开裂等质量缺陷;对已发现的质量缺陷,建筑施工企业应当修复。《建设工程质量管理条例》规定,施工单位对施工中出现质量问题的建设工程或者竣工验收不合格的建设工程,应当负责返修。

上述规定很明确,建设工程竣工时只要发现质量问题或质量缺陷,无论是建设单位的责任还是施工单位的责任,施工单位都有义务进行修复或返修。但是,对于非施工单位原因出现的质量问题或质量缺陷,其返修的费用和造成的损失应由责任方承担。

1) 承包方的责任处理

如果承包人拒绝修理、返工或改建的,《最高人民法院关于审理建设施工合同纠纷案件适用法律问题的解释》第11条规定,因承包人的过错造成建设工程质量不符合约定,承包人拒绝修理、返工或者改建,发包人请求减少支付工程价款的,应予支持。

2) 发包方的责任处理

《建筑法》规定,建设单位不得以任何理由,要求建筑设计单位或者建筑施工企业在工程设计或者施工作业中,违反法律、行政法规和建筑质量、安全标准,降低工程质量。

《最高人民法院关于审理建设施工合同纠纷案件适用法律问题的解释》第12条规定,发包人具有下列情形之一,造成建设工程质量缺陷,应当承担过错责任:①提供的设计有缺陷;②提供或者指定购买的建筑材料、建筑构配件、设备不符合强制性标准;③直接指定分包人分包专业工程。

3) 未经竣工验收擅自使用的处理原则

《建筑法》《合同法》《建设工程质量管理条例》均规定,建设工程竣工经验收合格后,方可交付使用;未经验收或验收不合格的,不得交付使用。

在实践中,一些建设单位出于这样或那样的原因,往往未经验收即擅自提前占有使用建设工程。为此,《最高人民法院关于审理建设施工合同纠纷案件适用法律问题的解释》第13条规定,建设工程未经竣工验收,发包人擅自使用后,又以使用部分质量不符合约定为由主张权利的,不予支持;但是承包人应当在建设工程的合理使用寿命内对地基基础工程和主体结构质量承担民事责任。

案例 7-7

1. 背景

2013年,甲建筑公司与乙开发公司签订了《施工合同》,约定由甲建筑公司承建贸易大厦工程。合同签订后,甲公司积极组织人员、材料进行施工。但是,由于乙开发公司资金不足及分包项目进度缓慢迟迟不能完工,主体工程完工后工程停滞。2015年甲乙双方约定共同委托审价部门对已完工的主体工程进行了审价,确认工程价款为1800万元。2016年2月,乙公司以销售需要为由,占据使用了大厦大部分房屋。2016年11月,因乙公司拒绝支付工程欠款,甲公司起诉至法院,要求乙公司支付工程欠款900万元及违约金。乙公司随后反诉,称因工程质量缺陷未修复,请求减少支付工程款300万元。

2. 问题

(1) 该大厦未经验收乙公司即使用的,质量责任应如何裁定?

(2) 甲公司要求乙公司支付工程欠款及违约金时,是否还可以主张停工损失,停工损失包括哪些具体内容?

3. 分析

(1) 乙公司在大厦未经验收的情况下擅自使用该工程,出现质量缺陷的应自行承担责任。因为,乙公司违反了《建筑法》《合同法》和《建设工程质量管理条例》的禁止性规定,可视为其对建筑工程质量的认可。随着乙公司的提前使用,工程质量责任的风险也由施工单位甲公司转移给了发包人乙公司,而且工程交付的时间,也可依据《最高人民法院关于审理建设工程施工合同纠纷案件适用法律问题的解释》第14条规定,建设工程未经竣工验收,发包人擅自使用的,以转移占有建设工程之日为竣工日期,认定为乙公司提前使用的时间。但根据《最高人民法院关于审理建设工程施工合同纠纷案件适用法律问题的解释》第13条规定,建设工程未经验收,发包人擅自使用后,又以使用部分质量不符合约定为由主张权利的,不予支持;但是承包人应当在建设工程的合理使用寿命内对地基基础工程和主体结构质量承担民事责任。所以,该大厦如果出现地基基础和主体结构等质量问题,甲公司仍需承担民事责任。

(2) 甲公司可以主张停工损失。《合同法》第283条规定,发包人未按照约定的时间和要求提供原材料、设备、场地、资金、技术资料的,承包人可以顺延工程日期,并有权要求赔偿停工、窝工等损失。据此,甲公司在请求支付工程欠款及违约金时,还可以向乙公司主张停工损失。停工损失一般包括人员窝工、机械停置费用、现场看管费用、工程保险费用等。

第7章 建设工程质量法律制度

7.5 建设工程返修及损害赔偿

《建筑法》规定,对已发现的质量缺陷,建筑施工企业应当修复。《建设工程质量管理条例》进一步规定,施工单位对施工中出现质量问题的建设工程或者竣工验收不合格的建设工程,应当负责返修。

1. 质量返修范围

建设工程自交付起,只要在规定的保修期内,则无论是因施工造成的质量缺陷,还是因勘察设计、材料等原因造成的质量缺陷,都应由施工单位负责维修。

2. 保修期限

保修期从工程竣工验收交付之日算起,具体保修期由发包方与承包方约定,但其最低保修期限不得低于《建设工程质量管理条例》规定的下述标准:

(1) 基础设施工程、房屋建筑的地基基础工程和主体结构工程,为设计文件规定的该工程的合理使用年限;

(2) 屋面防水工程、有防水要求的卫生间、房间和外墙面的防渗漏,为 5 年;

(3) 供热与供冷系统,为 2 个采暖期、供冷期;

(4) 电气管线、给排水管道、设备安装和装修工程,为 2 年。

3. 返修程序

施工单位自接到保修通知书之日起,必须在两周内到达现场与建设单位共同明确责任方、商议返修内容。属于施工单位责任的,施工单位应按约定日期到达现场,如施工单位未能按期到达现场,建设单位应再次通知施工单位,施工单位自接到再次通知书的一周内仍不能到达时,建设单位有权自行返修,所发生的费用由原施工单位承担;不属施工单位责任的,建设单位应与施工单位联系,商议维修的具体期限。

4. 返修经济责任

(1) 因施工单位未按国家有关规范、标准和设计要求施工而造成的质量缺陷,由施工单位负责返修并承担经济责任。

(2) 因设计原因造成的质量缺陷,由设计单位承担经济责任,由施工单位负责维修,其费用按有关规定通过建设单位向设计单位索赔,不足部分由建设单位负责。

(3) 因建筑材料、构配件和设备质量不合格引起的质量缺陷,属于施工单位采购的或经其验收同意的,由施工单位承担经济责任;属于建设单位采购的,由建设单位承担经济责任。

(4) 因使用单位使用不当而造成的质量问题,由使用单位自行负责。

(5) 因地震、洪水、台风等不可抗力造成的质量问题,施工单位、设计单位不承担经济责任。

思考题

1. 影响建设工程质量的因素主要包括哪五大方面?

2. 何为工程建设标准？工程建设标准的分类有哪些？
3. 如何确保工程建设强制性标准的实施？
4. 参与建设各方主体的质量责任和义务是什么？总包、分包中施工单位质量责任是如何规定的？
5. 工程建设监理活动中最主要的当事人有哪三方，如何正确处理三方的关系？
6. 竣工验收主体和法定条件是如何规定的？
7. 建筑工程节能验收的条件和程序是什么？
8. 工程建设保修期限是如何规定的？
9. 工程建设保修的程序和经济责任承担是如何规定的？

第8章 解决建设工程纠纷法律制度

知识目标

(1) 了解建设工程纠纷的种类及解决途径;
(2) 了解我国诉讼与仲裁的法律制度;
(3) 了解我国调解、和解,以及行政复议的法律制度。

重难点

(1) 能正确分析工程纠纷的类型,并选择合理的解决途径;
(2) 诉讼时效的中止与中断。

8.1 建设工程纠纷主要种类和法律解决途径

所谓法律纠纷,是指公民、法人、其他组织之间因人身、财产或其他法律关系所发生的对抗冲突(或者争议),主要包括民事纠纷、行政纠纷、刑事纠纷。民事纠纷是平等主体间的有关人身、财产权的纠纷;行政纠纷是行政机关之间或行政机关同公民、法人和其他组织之间由于行政行为而产生的纠纷;刑事纠纷是因犯罪而产生的纠纷。

一、建设工程纠纷的主要种类

建设工程项目通常具有投资大、建造周期长、技术要求高、协作关系复杂和政府监管严格等特点,因而在建设工程领域里常见的是民事纠纷和行政纠纷。

1. 建设工程民事纠纷

建设工程民事纠纷,是指在建设工程活动中平等主体之间发生的以民事权利义务法律关系为内容的争议。民事纠纷作为法律纠纷的一种,一般来说,是因为违反了民事法律规范而引起的。民事纠纷可分为两大类:一类是财产关系方面的民事纠纷,如合同纠纷、损害赔偿纠纷等;另一类是人身关系的民事纠纷,如名誉权纠纷、继承权纠纷等。

在建设工程领域,较为普遍和重要的民事纠纷主要是合同纠纷、侵权纠纷。

合同纠纷,是指因合同的生效、解释、履行、变更、终止等行为而引起的合同当事人之间的所有争议。合同纠纷的内容,主要表现在争议主体对于导致合同法律关系产生、变更与消灭的法律事实,以及法律关系的内容有着不同的观点与看法。合同纠纷的范围涵盖了一项合同从成立到终止的整个过程。在建设工程领域,合同纠纷主要有工程总承包合同纠纷、工程勘察合同纠纷、工程设计合同纠纷、工程施工合同纠纷、工程监理合同纠纷、工程分包合同纠纷、材料设备采购合同纠纷,以及劳动合同纠纷等。

侵权纠纷,是指一方当事人对另一方侵权而产生的纠纷。在建设工程领域也易发生侵权纠纷,如施工单位在施工中未采取相应防范措施造成对他方损害而产生的侵权纠纷,未经许可使用他方的专利、工法等而造成的知识产权侵权纠纷等。

发包人和承包人就有关工期、质量、造价等产生的建设工程合同争议,是建设工程领域最常见的民事纠纷。

2. 建设工程行政纠纷

建设工程行政纠纷,是在建设工程活动中行政机关之间或行政机关同公民、法人和其他组织之间由于行政行为而引起的纠纷,包括行政争议和行政案件。在各种行政纠纷中,既有因行政机关超越职权、滥用职权、行政不作为、违反法定程序、事实认定错误、适用法律错误等所引起的纠纷,也有公民、法人或其他组织逃避监督管理、非法抗拒监督管理或误解法律规定等而产生的纠纷。

在建设工程领域,行政机关易引发行政纠纷的具体行政行为主要有如下几种。

(1) 行政许可,即行政机关根据公民、法人或者其他组织的申请,经依法审查,准予其从事特定活动的行政管理行为,如施工许可、专业人员执业资格注册、企业资质等级核准、安全生产许可等。行政许可易引发的行政纠纷通常是行政机关的行政不作为、违反法定程序等。

(2) 行政处罚,即行政机关或其他行政主体依照法定职权、程序对于违法但尚未构成犯罪的相对人给予行政制裁的具体行政行为。常见的行政处罚为警告、罚款、没收违法所得、取消投标资格、责令停止施工、责令停业整顿、降低资质等级、吊销资质证书等。行政处罚易导致的行政纠纷,通常是行政处罚超越职权、滥用职权、违反法定程序、事实认定错误、适用法律错误等。

(3) 行政奖励,即行政机关依照条件和程序,对为国家、社会和建设事业作出重大贡献的单位和个人,给予物质或精神鼓励的具体行政行为,如表彰建设系统先进集体、劳动模范和先进工作者等。行政奖励易引发的行政纠纷,通常是违反程序、滥用职权、行政不作为等。

(4) 行政裁决,即行政机关或法定授权的组织,依照法律授权,对平等主体之间发生的与行政管理活动密切相关的、特定的民事纠纷(争议)进行审查,并作出裁决的具体行政行为,如对特定的侵权纠纷、损害赔偿纠纷、权属纠纷、国有资产产权纠纷,以及劳动工资、经济补偿纠纷等的裁决。行政裁决易引发的行政纠纷,通常是行政裁决违反法定程序、事实认定错误、适用法律错误等。

二、民事纠纷的法律解决途径

民事纠纷的法律解决途径主要有四种:和解、调解、仲裁、诉讼。如《合同法》规定,当事人可以通过和解或者调解解决合同争议。

1. 和解

和解是民事纠纷的当事人在自愿互谅的基础上,就已经发生的争议进行协商、妥协与让步并达成协议,自行(无第三方参与劝说)解决争议的一种方式。通常它不仅从形式上消除当事人之间的对抗,还从心理上消除对抗。

和解可以在民事纠纷的任何阶段进行,无论是否已经进入诉讼或仲裁程序,只要终审裁判未生效或者仲裁裁决未作出,当事人均可自行和解。例如,诉讼当事人之间为处理和结束诉讼而达成了解决争议问题的妥协或协议,其结果是撤回起诉或中止诉讼而无须判决。和解也是可与仲裁、诉讼程序相结合:当事人达成和解协议的,已提请仲裁的,可以请求仲裁庭根据和解协议作出裁决书或调解书;已提起诉讼的,可以请求法庭在和解协议基础上制作调解书,或者由当事人双方达成和解协议,由法院记录在卷。

需要注意的是,和解达成的协议不具有强制执行力,在性质上仍属于当事人之间的约定。如果一方当事人不按照和解协议执行,另一方当事人不可以请求法院强制执行,但可要求对方就不执行该和解协议承担违约责任。

2. 调解

调解是指双方当事人以外的第三方应纠纷当事人的请求,以法律、法规和政策或合同约定,以及社会公德为依据,对纠纷双方进行疏导、劝说,促使他们相互谅解,进行协商,自愿达成协议,解决纠纷的活动。

在我国,调解的主要方式是人民调解、行政调解、仲裁调解、司法调解、行业调解,以及专业机构调解。

3. 仲裁

仲裁是当事人根据在纠纷发生前或纠纷发生后达成的协议,自愿将纠纷提交第三方(仲裁机构)作出裁决,纠纷各方都有义务执行该裁决的一种解决纠纷的方式。仲裁机构和法院不同。法院行使国家所赋予的审判权,向法院起诉不需要双方当事人在诉讼前达成协议,只要一方当事人向有审判管辖权的法院起诉,经法院受理后,另一方必须应诉。仲裁机构通常是民间团体的性质,其受理案件的管辖权来自双方协议,没有协议就无权受理仲裁。但是,有效的仲裁协议可以排除法院的管辖权;纠纷发生后,一方当事人提起仲裁的,另一方必须接受仲裁。

根据《中华人民共和国仲裁法》(以下简称为《仲裁法》)的规定,该法的调整范围仅限于民商事仲裁,即"平等主体的公民法人和其他组织之间发生的合同纠纷和其他财产权纠纷";劳动争议仲裁等不受《仲裁法》的调整,依法应当由行政机关处理的行政争议等不能仲裁。

4. 诉讼

民事诉讼是指人民法院在当事人和其他诉讼参与人的参加下,以审理、裁判、执行等方式解决民事纠纷的活动,以及由此产生的各种诉讼关系的总和。诉讼参与人包括原告、被告、第三人、证人、鉴定人、勘验人等。

在我国,《民事诉讼法》是调整和规范法院及诉讼参与人的各种民事诉讼活动的基本法律。

三、行政纠纷的法律解决途径

行政纠纷的法律解决途径主要有两种,即行政复议和行政诉讼。

1. 行政复议

行政复议是公民、法人或其他组织(作为行政相对人)认为行政机关的具体行政行为侵犯其合法权益,依法请求法定的行政复议机关审查该具体行政行为的合法性、适当性,该复议机关依照法定程序对该具体行政行为进行审查,并作出行政复议决定的法律制度。这是公民、法人或其他组织通过行政救济途径解决行政争议的一种方法。

2. 行政诉讼

行政诉讼是公民、法人或其他组织依法请求法院对行政机关具体行政行为的合法性进行审查并依法裁判的法律制度。

除法律、法规规定必须先申请行政复议的以外,行政纠纷当事人可以自主选择申请行政复议还是提起行政诉讼。行政纠纷当事人对行政复议决定不服的,除法律规定行政复议决定为最终裁决的以外,可以依照《行政诉讼法》的规定向人民法院提起行政诉讼。

8.2 民事诉讼制度

一、民事诉讼的法院管辖

1. 级别管辖

级别管辖,是指按照一定的标准划分上下级法院之间受理第一审民事案件的分工和权限。我国法院有四级,分别是基层人民法院、中级人民法院、高级人民法院和最高人民法院,每一级均受理一审民事案件。我国《民事诉讼法》主要根据案件的性质、复杂程度和案件影响来确定级别管辖。在实践中,争议标的金额的大小,往往是确定级别管辖的重要依据,但各地人民法院确定的级别管辖争议标的数额标准不尽相同。

2. 地域管辖

地域管辖,是指按照各法院的辖区和民事案件的隶属关系,划分同级法院受理一审民事案件的分工和权限。地域管辖实际上是以法院与当事人、诉讼标的,以及法律事实之间的隶属关系和关联关系来确定的,主要包括如下几种情况。

1) 一般地域管辖

一般地域管辖,是指以当事人与法院的隶属关系来确定诉讼管辖,通常实行"原告就被告"原则,即以被告住所地作为确定管辖的标准。根据《民事诉讼法》第22条规定:

(1) 对公民提起的民事诉讼,由被告住所地人民法院管辖;被告住所地与经常居住地不一致的,由经常居住地人民法院管辖。其中,公民的住所地是指该公民的户籍所在地。经常居住地是指公民离开住所至起诉时已连续居住满1年的地方,但公民住院就医的地方除外。

(2) 对法人或者其他组织提起的民事诉讼,由被告住所地人民法院管辖。被告住所地是指法人或者其他组织的主要办事机构所在地或者主要营业地。

2) 特殊地域管辖

特殊地域管辖,是指以被告住所地、诉讼标的所在地、法律事实所在地为标准确定的管辖。我国《民事诉讼法》规定了9种特殊地域管辖的诉讼,其中与工程建设领域关系最为密切的是因合同纠纷提起的诉讼。

3) 专属管辖

专属管辖,是指法律规定某些特殊类型的案件专门由特定的法院管辖。

二、民事诉讼当事人和代理人的规定

1. 当事人

民事诉讼的当事人,是指因民事权利和义务发生争议,以自己的名义进行诉讼,请求人民法院进行裁判的公民、法人或其他组织。狭义的民事诉讼当事人包括原告和被告。广义的民事诉

讼当事人包括原告、被告、共同诉讼人和第三人。

1）原告和被告

原告，是指维护自己的权益或自己所管理的他人权益，以自己名义起诉，从而引起民事诉讼程序的当事人。被告，是指原告诉称侵犯原告民事权益而由法院通知其应诉的当事人。

《民事诉讼法》规定，公民、法人和其他组织可以作为民事诉讼的当事人。法人由其法定代表人进行诉讼。其他组织由其主要负责人进行诉讼。

公民、法人和其他组织虽然都可以成为民事诉讼中的原告或被告，但在实践中，情况还是比较复杂的，需要进一步结合《最高人民法院关于适用〈中华人民共和国民事诉讼法〉若干问题的意见》及相关规定进行正确认定。

2）共同诉讼人

共同诉讼人，是指当事人一方或双方为 2 人以上（含 2 人），诉讼标的是共同的，或者诉讼标的是同一种类、人民法院认为可以合并审理并经当事人同意，一同在人民法院进行诉讼的人。

3）第三人

第三人，是指对他人争议的诉讼标的有独立的请求权，或者虽无独立的请求权，但案件的处理结果与其有法律上的利害关系，而参加到原告、被告已经开始的诉讼中进行诉讼的人。

2. 诉讼代理人

诉讼代理人，是指根据法律规定或当事人的委托，代理当事人进行民事诉讼活动的人。与代理分为法定代理、委托代理和指定代理相一致，诉讼代理人通常也可分为法定诉讼代理人、委托诉讼代理人和指定诉讼代理人。在建设工程领域，最常见的是委托诉讼代理人。

《民事诉讼法》规定，当事人、法定代理人可以委托 1~2 人作为诉讼代理人。律师、当事人的近亲属、有关的社会团体或者所在单位推荐的人、经人民法院许可的其他公民，都可以被委托为诉讼代理人。

委托他人代为诉讼的，须向人民法院提交由委托人签名或盖章的授权委托书，授权委托书必须记明委托事项和权限。《民事诉讼法》规定，诉讼代理人代为承认、放弃、变更诉讼请求，进行和解、提起反诉或者上诉，必须有委托人的特别授权。针对实践中经常出现的授权委托书仅写"全权代理"而无具体授权的情形，最高人民法院还特别规定，在这种情况下不能认定为诉讼代理人已获得特别授权，即诉讼代理人无权代为承认、放弃、变更诉讼请求，进行和解、提起反诉或者上诉。

案例 8-1

1. 背景

甲公司开发某商业地产项目，乙建筑公司（以下简称乙公司）经过邀请招标程序中标并签订了施工总承包合同。施工中，乙公司将水电安装工程分包给丙水电设备建筑安装公司（以下简称丙公司）。丙公司又将部分水电安装的施工劳务作业违法分包给包工头蔡某。施工中，因甲公司拖欠乙公司工程款，继而乙公司拖欠丙公司工程款，丙公司拖欠蔡某的劳务费。当蔡某知道这个情况后，在起诉丙公司的同时，将甲公司也起诉到法院，要求支付被拖欠的劳务费。甲公司认为自己与蔡某没有合同关系，遂提出诉讼主体异议；丙公司认为蔡某没有劳务施工资质，不具备签约能力,合同无效,也不能成为原告。

2. 问题

蔡某可否在起诉丙公司的同时,也起诉甲公司即发包方?

3. 分析

根据《最高人民法院关于审理建设工程施工合同纠纷案件适用法律问题的解释》第26条规定,实际施工人以转包人、违法分包人为被告起诉的,人民法院应当依法受理。实际施工人以发包人为被告主张权利的,人民法院可以追加转包人或者违法分包人为本案当事人。发包人只在欠付工程价款范围内对实际施工人承担责任。据此,本案中蔡某作为实际施工人,不仅可以起诉违法分包的丙公司,也可以起诉作为发包人的甲公司。甲公司只在欠付工程价款范围内对实际施工人蔡某承担责任。

三、民事诉讼证据的种类、保全和应用

1. 证据的种类

《民事诉讼法》规定,根据表现形式的不同,民事证据有以下7种,分别是:书证、物证、视听资料、证人证言、当事人的陈述、鉴定结论、勘验笔录。

1)书证和物证

书证,是指以所载文字、符号、图案等方式所表达的思想内容来证明案件事实的书面材料或者其他物品。书证在民事诉讼和仲裁中普遍存在,如合同文件、各种信函、会议纪要、电报、传真、电子邮件、图纸、图表等。

在民事诉讼和仲裁过程中,应当遵循"优先提供原件或者原物"原则。《民事诉讼法》规定,书证应当提交原件,物证应当提交原物,提交原件或者原物确有困难的,可以提交复制品、照片、副本、节录本。根据《最高人民法院关于民事诉讼证据的若干规定》的有关规定,当事人"如需自己保存证据原件、原物或者提供原件、原物确有困难的,可以提供给人民法院核对无异的复制件或者复制品"。但是,无法与原件、原物核对的复印件、复制品不能单独作为认定案件事实的依据。

2)视听资料

视听资料,是指利用录音、录像等技术手段反映的声音、图像,以及电子计算机储存的数据证明案件事实的证据。在实践中,常见的视听资料包括录像带、录音带、胶卷、电话录音、雷达扫描资料,以及储存于软盘、硬盘或光盘中的电脑数据等。

视听资料虽然具有易于保存、生动逼真等优点,但另一方面,视听资料也有容易通过技术手段被篡改的缺点,因此,《最高人民法院关于民事诉讼证据的若干规定》中规定,存有疑点的视听资料,不能单独作为认定案件事实的依据。

此外,对于未经对方当事人同意私自录制其谈话取得的资料,根据《最高人民法院关于民事诉讼证据的若干规定》,只要不是以侵害他人合法权益(如侵害隐私)或者违反法律禁止性规定的方法(如窃听)取得的,仍可以作为认定案件事实的依据。

3)证人证言和当事人陈述

(1)证人证言。

证人,是指了解案件情况并向法院、仲裁机构或当事人提供证词的人。证人就案件情况所作的陈述即为证人证言。《民事诉讼法》规定,凡是知道案件情况的单位和个人,都有义务出庭

作证。有关单位的负责人应当支持证人作证。证人确有困难不能出庭的,经人民法院许可,可以提交书面证言。不能正确表达意志的人,不能作证。《最高人民法院关于民事诉讼证据的若干规定》还规定,与一方当事人或者其代理人有利害关系的证人出具的证言,以及无正当理由未出庭作证的证人证言,不能单独作为认定案件事实的依据。

(2) 当事人陈述。

《最高人民法院关于民事诉讼证据的若干规定》规定,当事人对自己的主张,只有本人陈述而不能提出其他相关证据的,其主张不予支持,但对方当事人认可的除外。

4) 鉴定结论

当事人申请鉴定,应当注意在举证期限内提出。根据《最高人民法院关于民事诉讼证据的若干规定》,对需要鉴定的事项负有举证责任的当事人,在人民法院指定的期限内无正当理由不提出鉴定申请,应当对该事实承担举证不能的法律后果。当事人申请鉴定经人民法院同意后,由双方当事人协商确定有鉴定资格的鉴定机构、鉴定人员,协商不成的,由人民法院指定。

2．证据的保全

1) 证据保全的概念和作用

所谓证据保全,是指在证据可能灭失或以后难以取得的情况下,法院根据申请人的申请或依职权,对证据加以固定和保护的制度。

2) 证据保全的申请

《最高人民法院关于民事诉讼证据的若干规定》中规定,当事人依据《民事诉讼法》的规定向人民法院申请保全证据的,不得迟于举证期限届满前 7 日。当事人申请保全证据的,人民法院可以要求其提供相应的担保。

《中华人民共和国仲裁法》(以下简称《仲裁法》)也规定,在证据可能灭失或者以后难以取得的情况下,当事人可以申请证据保全。当事人申请证据保全的,仲裁委员会应当将当事人的申请提交证据所在地的基层人民法院。

3) 证据保全的实施

《最高人民法院关于民事诉讼证据的若干规定》中规定,人民法院进行证据保全,可以根据具体情况,采用查封、扣押、拍照、录音、录像、复制、鉴定、勘验、制作笔录等方法。人民法院进行证据保全,可以要求当事人或者诉讼代理人到场。

3．证据的应用

1) 举证时限

举证时限制度对当事人举证的有效性和法院裁判有很大的影响。如果当事人没有在法律规定或法院、仲裁机构指定的期限内提交证据,将视为当事人放弃举证权利,法院、仲裁机构有权利不组织质证或不予接受,当事人将承担举证不能的法律后果。

人民法院指定当事人提供证据证明其主张的基础事实的期限。该期限不得少于 30 日。但是人民法院在征得双方当事人同意后,指定的举证期限可以少于 30 日。

2) 证据交换

我国民事诉讼中的证据交换,是指在诉讼答辩期届满后开庭审理前,在法院的主持下,当事人之间相互明示其持有证据的过程。

3) 质证

质证,是指当事人在法庭的主持下,围绕证据的真实性、合法性、关联性,针对证据证明力有无,以及证明力大小,进行质疑、说明与辩驳的过程。《最高人民法院关于民事诉讼证据的若干规定》中规定,证据应当在法庭上出示,由当事人质证。未经质证的证据,不能作为认定案件事实的依据。

(1) 书证、物证、视听资料的质证。

《最高人民法院关于民事诉讼证据的若干规定》中规定,对书证、物证、视听资料进行质证时,当事人有权要求出示证据的原件或者原物,但有下列情况之一的除外:①出示原件或者原物确有困难并经法院准许出示复制件或者复制品的;②原件或者原物已不存在,但有证据证明复制件、复制品与原件或原物一致的。

(2) 证人、鉴定人和勘验人的质证。

《最高人民法院关于民事诉讼证据的若干规定》中规定,证人应当出庭作证。证人确有困难不能出庭的,经法院许可,证人可以提交书面证言或者视听资料或者通过双向视听传输技术手段作证。审判人员和当事人可以对证人进行询问。证人不得旁听法庭审理;询问证人时,其他证人不得在场。法院认为有必要的,可以让证人进行对质。

鉴定人应当出庭接受当事人质询。鉴定人确因特殊原因无法出庭的,经法院准许,可以书面答复当事人的质询。经法庭许可,当事人可以向证人、鉴定人、勘验人发问。

4) 认证

认证,即证据的审核认定,是指法院对经过质证或当事人在证据交换中认可的各种证据材料作出审查判断,确认其能否作为认定案件事实的根据。认证是正确认定案件事实的前提和基础,其具体内容是对证据有无证明力和证明力大小进行审查确认。

四、民事诉讼时效的规定

1. 诉讼时效的概念

诉讼时效,是指权利人在法定的时效期间内,未向法院提起诉讼请求保护其权利时,依据法律规定消灭其胜诉权的制度,超过诉讼时效期间,在法律上发生的效力是权利人的胜诉权消灭。

2. 不适用于诉讼时效的情形

当事人可以对债权请求权提出诉讼时效抗辩,但对下列债权请求权提出诉讼时效抗辩的,法院不予支持:①支付存款本金及利息请求权;②兑付国债、金融债券,以及向不特定对象发行的企业债券本息请求权;③基于投资关系产生的缴付出资请求权;④其他依法不适用诉讼时效规定的债权请求权。

3. 诉讼时效期间的种类

根据我国《民法通则》及有关法律的规定,诉讼时效期间通常可划分为四类。

(1) 普通诉讼时效,即向人民法院请求保护民事权利的期间。普通诉讼时效期间通常为2年。

(2) 短期诉讼时效。下列诉讼时效期间为1年:身体受到伤害要求赔偿的;延付或拒付租金的;出售质量不合格的商品未声明的;寄存财物被丢失或损毁的。

(3) 特殊诉讼时效。特殊诉讼时效不是由民法规定的,而是由特别法规定的诉讼时效。例如:《合同法》规定,因国际货物买卖合同和技术进出口合同争议的时效期间为4年;《中华人民共和国海商法》(以下简称《海商法》)规定,就海上货物运输向承运人要求赔偿的请求权,时效期间为1年。

(4) 权利的最长保护期限。诉讼时效期间从知道或应当知道权利被侵害时起计算,但是,从权利被侵害之日起超过20年的,法院不予保护。

4. 诉讼时效期间的起算

《民法通则》规定,诉讼时效期间从知道或者应当知道权利被侵害时起计算。《最高人民法院关于贯彻执行〈中华人民共和国民法通则〉若干问题的意见(试行)》和《最高人民法院关于审理民事案件适用诉讼时效制度若干问题的规定》中规定,在下列情况下,诉讼时效期间的计算方法如下。

(1) 人身损害赔偿的诉讼时效期间,伤害明显的,从受伤害之日起算;伤害当时未曾发现,后经检查确诊并能证明是由侵害引起的,从伤势确诊之日起算。

(2) 当事人约定同一债务分期履行的,诉讼时效期间从最后一期履行期限届满之日起计算。

(3) 未约定履行期限的合同,依照《合同法》的规定,可以确定履行期限的,诉讼时效期间从履行期限届满之日起计算;不能确定履行期限的,诉讼时效期间从债权人要求债务人履行义务的宽限期届满之日起计算,但债务人在债权人第一次向其主张权利之时明确表示不履行义务的,诉讼时效期间从债务人明确表示不履行义务之日起计算。

(4) 享有撤销权的当事人一方请求撤销合同的,应适用《合同法》第55条关于1年诉讼期间的规定。

对方当事人对撤销合同请求权提出诉讼时效抗辩的,法院不予支持。合同被撤销,要求返还财产、赔偿损失请求权的,诉讼时效期间从合同被撤销之日起计算。

(5) 返还不当得利请求权的诉讼时效期间,从当事人一方知道或者应当知道不当得利事实及对方当事人之日起计算。

(6) 管理人因无因管理行为产生的给付必要管理费用、赔偿损失请求权的诉讼时效期间,从无因管理行为结束并且管理人知道或者应当知道之日起计算。

本人因不当无因管理行为产生的赔偿损失请求权的诉讼时效期间,从其知道或者应当知道管理人及损害事实之日起计算。

5. 诉讼时效中止和中断

1) 诉讼时效中止

《民法通则》规定,在诉讼时效期间的最后6个月内,因不可抗力或者其他障碍不能行使请求权的,诉讼时效中止。从中止时效的原因消除之日起,诉讼时效期间继续计算。根据上述规定,诉讼时效中止,应当同时满足两个条件:

(1) 权利人由于不可抗力或者其他障碍,不能行使请求权;
(2) 导致权利人不能行使请求权的事由发生在诉讼时效期间的最后6个月内。

诉讼时效中止,即诉讼时效期间暂时停止计算。在导致诉讼时效中止的原因消除后,也就是权利人开始可以行使请求权时起,诉讼时效期间继续计算。

2) 诉讼时效中断

《民法通则》规定,诉讼时效因提起诉讼、当事人一方提出要求或者同意履行义务而中断。

从中断时起,诉讼时效期间重新计算。

五、民事诉讼的审判程序

审判程序是人民法院审理案件适用的程序,可以分为一审程序、二审程序和审判监督程序。

1. 一审程序

一审程序包括普通程序和简易程序。适用普通程序审理的案件,根据《民事诉讼法》的规定,应当在立案之日起6个月内审结。有特殊情况需要延长的,经批准,可以延长6个月。

1) 起诉和受理

(1) 起诉　《民事诉讼法》规定,起诉必须符合下列条件:①原告是与本案有直接利害关系的公民、法人和其他组织;②有明确的被告;③有具体的诉讼请求、事实和理由;④属于人民法院受理民事诉讼的范围和受诉人民法院管辖。起诉方式,应当以书面起诉为原则,口头起诉为例外。在工程实践中,基本都是采用书面起诉方式。《民事诉讼法》规定,起诉应当向人民法院提交起诉状,并按照被告人数提出副本。

(2) 受理　《民事诉讼法》规定,法院收到起诉状,经审查,认为符合起诉条件的,应当在7日内立案并通知当事人。认为不符合起诉条件的,应当在7日内裁定不予受理。原告对裁定不服的,可以提起上诉。

2) 开庭审理

(1) 法庭调查　法庭调查,是在法庭上出示与案件有关的全部证据,对案件事实进行全面调查并有当事人进行质证的程序。

法庭调查按照下列程序进行:①当事人陈述;②告知证人的权利义务,证人作证,宣读未到庭的证人证言;③出示书证、物证和视听资料;④宣读鉴定结论;⑤宣读勘验笔录。

(2) 法庭辩论　法庭辩论,是当事人及其诉讼代理人在法庭上行使辩论权,针对有争议的事实和法律问题进行辩论的程序。

(3) 法庭笔录　书记员应当将法庭审理的全部活动记入笔录,由审判人员和书记员签名。

(4) 宣判　法庭辩论终结,应当依法作出判决。根据《民事诉讼法》的规定,判决前能够调解的,还可以进行调解。调解书经双方当事人签收后,即具有法律效力。调解不成的,如调解未达成协议或者调解书送达前一方反悔的,法院应当及时判决。原告经传票传唤,无正当理由拒不到庭的,或者未经法庭许可中途退庭的,可以按撤诉处理;被告反诉的,可以缺席判决。被告经传票传唤,无正当理由拒不到庭的,或者未经法庭许可中途退庭的,可以缺席判决。法院一律公开宣告判决,同时必须告知当事人上诉权利、上诉期限和上诉的法院。最高人民法院的判决、裁定,以及超过上诉期没有上诉的判决、裁定,是发生法律效力的判决、裁定。

2. 二审程序

1) 上诉期间

当事人不服地方人民法院一审判决的,有权在判决书送达之日起15日内向上一级人民法院提起上诉;不服地方人民法院一审裁定的,有权在裁定书送达之日起10日内向上一级人民法院提起上诉。

2) 上诉状

上诉状应当通过原审法院提出,并按照对方当事人的人数提出副本。

3）二审法院对上诉案件的处理

二审人民法院对上诉案件，经过审理，按照下列情形，分别处理。

3．审判监督程序

1）审判监督程序的概念

审判监督程序即再审程序，是指由有审判监督权的法定机关和人员提起，或由当事人申请，由人民法院对发生法律效力的判决、裁定、调解书等再次审理的程序。

2）审判监督程序的提起

（1）人民法院提起再审的程序。

（2）当事人申请再审的程序。

六、民事诉讼的执行程序

1．执行程序的概念

执行程序，是指人民法院的执行机构依照法定的程序，对发生法律效力并具有给付内容的法律文书，以国家强制力为后盾，依法采取强制措施，迫使具有给付义务的当事人履行其给付义务的行为。

2．执行根据

执行根据是当事人申请执行，人民法院移交执行，以及人民法院采取强制措施的依据。

执行根据主要有：①人民法院制作的发生法律效力的民事判决书、裁定书，以及生效的调解书等；②人民法院作出的具有财产给付内容的发生法律效力的刑事判决书、裁定书；③仲裁机构制作的依法由人民法院执行的生效仲裁裁决书、仲裁调解书；④公证机关依法作出的赋予强制执行效力的公证债权文书；⑤人民法院作出的先予执行的裁定、执行回转的裁定，以及承认并协助执行的外国判决、裁定或裁决的裁定；⑥我国行政机关作出的法律明确规定由人民法院执行的行政决定。

3．执行案件的管辖

发生法律效力的民事判决、裁定，以及刑事判决、裁定中的财产部分，由一审人民法院或者与一审人民法院同级的被执行的财产所在地人民法院执行。

4．执行程序

（1）申请。

（2）执行。

（3）向上一级人民法院申请执行。

5．执行中的其他问题

1）委托执行

《民事诉讼法》规定，被执行人或被执行的财产在外地的，可以委托当地人民法院代为执行。受委托人民法院收到委托函件后，必须在15日内开始执行，不得拒绝。

2）执行异议

（1）当事人、利害关系人提出的异议。

（2）案外人提出的异议。

（3）执行和解。

6. 执行措施

执行措施主要有：①查封、冻结、划拨被执行人的存款；②扣留、提取被执行人的收入；③查封、扣押、拍卖、变卖被执行人的财产；④对被执行人及其住所或财产隐匿地进行搜查；⑤强制被执行人和有关单位、公民交付法律文书指定的财物或票证；⑥强制被执行人迁出房屋或退出土地；⑦强制被执行人履行法律文书指定的行为；⑧办理财产权证照转移手续；⑨强制被执行人支付迟延履行期间的债务利息或迟延履行金；⑩依申请执行人申请，通知对被执行人负有到期债务的第三人向申请执行人履行债务。

7. 执行中止和终结

1）执行中止

执行中止是指在执行过程中，因发生特殊情况，需要暂时停止执行程序。有下列情况之一的，人民法院应裁定中止执行：①申请人表示可以延期执行的；②案外人对执行标的提出确有理由异议的；③作为一方当事人的公民死亡，需要等待继承人继承权利或承担义务的；④作为一方当事人的法人或其他组织终止，尚未确定权利义务承受人的；⑤人民法院认为应当中止执行的其他情形，如被执行人确无财产可供执行等，中止的情形消失后，恢复执行。

2）执行终结

在执行过程中，由于出现某些特殊情况，执行工作无法继续进行或没有必要继续进行的，结束执行程序。有下列情况之一的，人民法院应当裁定终结执行：①申请人撤销申请的；②据以执行的法律文书被撤销的；③作为被执行人的公民死亡，无遗产可供执行，又无义务承担人的；④追索赡养费、扶养费、抚育费案件的权利人死亡的；⑤作为被执行人的公民因生活困难无力偿还借款，无收入来源，又丧失劳动能力的；⑥人民法院认为应当终结执行的其他情形。

案例 8-2

1. 背景

某建筑公司诉某开发公司施工合同纠纷一案，法院终审判决开发公司应在 2008 年 11 月 12 日前一次性支付所欠工程款 300 万元，建筑公司胜诉。但开发公司没有在规定的履行期限内支付欠款。2010 年 9 月，建筑公司的领导要求公司有关人员向法院申请强制执行时，有关人员汇报说：公司现在才申请强制执行，已超过规定的 6 个月申请强制执行期限，法院不会再受理了，只能与开发公司协商解决。

2. 问题

建筑公司有关人员的说法是否正确，该公司还能否对开发公司的欠款向法院申请强制执行？

3. 分析

建筑公司依然可以向法院申请强制执行。原《民事诉讼法（试行）》的规定是 6 个月，但根据 2007 年修订的《民事诉讼法》第 215 条规定，申请执行的期间为两年。两年执行期间，从法律文书规定履行期间的最后 1 日起计算；法律文书规定分期履行的，从规定的每次履行期间的最后 1 日起计算；法律文书未规定履行期间的，从法律文书生效之日起计算。

如果本案没有《民事诉讼法》第 215 条第 1 款规定的申请执行时效中止、中断的情形，该建筑公司申请强制执行的两年期间应于 2010 年 11 月 11 日截止，即建筑公司应当在此前向法院提出强制执行申请。

第8章
解决建设工程纠纷法律制度

8.3 仲裁制度

仲裁是解决民商事纠纷的重要方式之一。《仲裁法》颁布施行后,最高人民法院又发布了《关于适用〈中华人民共和国仲裁法〉若干问题的解释》。此外,《承认和执行外国仲裁裁决公约》是有关仲裁裁决的国际公约,该公约为执行外国仲裁裁决提供了保证和便利。

仲裁有下列三项基本制度。

1. 协议仲裁制度

仲裁协议是当事人仲裁自愿的体现,当事人申请仲裁,仲裁委员会受理仲裁、仲裁庭对仲裁案件的审理和裁决,都必须以当事人依法订立的仲裁协议为前提。《仲裁法》规定,没有仲裁协议,一方申请仲裁的,仲裁委员会不予受理。

2. 或裁或审制度

仲裁和诉讼是两种不同的争议解决方式,当事人只能选用其中的一种。《仲裁法》规定,当事人达成仲裁协议,一方向人民法院起诉的,人民法院不予受理,但仲裁协议无效的除外。因此,有效的仲裁协议可以排除法院对案件的司法管辖权,只有在没有仲裁协议或者仲裁协议无效的情况下,法院才可以对当事人的纠纷予以受理。

3. 一裁终局制度

仲裁实行一裁终局的制度;裁决作出后,当事人就同一纠纷再申请仲裁或者向人民法院起诉的,仲裁委员会或者人民法院不予受理。

一、仲裁协议的规定

1. 仲裁协议的形式

仲裁协议是指当事人自愿将已经发生或者可能发生的争议通过仲裁解决的书面协议。《仲裁法》规定,仲裁协议包括合同中订立的仲裁条款和其他以书面形式在纠纷发生前或者纠纷发生后达成的请求仲裁的协议。据此,仲裁协议应当采用书面形式。口头方式达成的仲裁意思表示无效。在实践中,合同中的仲裁条款是最常见的仲裁协议形式。

2. 仲裁协议的内容

仲裁协议应当具有下列内容:①请求仲裁的意思表示;②仲裁事项;③选定的仲裁委员会。这三项内容必须同时具备,仲裁协议才能有效。

3. 仲裁协议的效力

1) 对当事人的法律效力

仲裁协议一经有效成立。即对当事人产生法律约束力。发生纠纷后,当事人只能向仲裁协议中所约定的仲裁机构申请仲裁,而不能就该纠纷向法院提起诉讼。

2) 对法院的约束力

有效的仲裁协议排除法院的司法管辖权。《仲裁法》规定,当事人达成仲裁协议,一方向人民法院起诉未声明有仲裁协议,人民法院受理后,另一方在首次开庭前提交仲裁协议的,人民法院应当驳回起诉,但仲裁协议无效的除外。

3）对仲裁机构的法律效力

仲裁协议是仲裁委员会受理仲裁案件的基础,是仲裁庭审理和裁决案件的依据。没有有效的仲裁协议,仲裁委员会就不能获得仲裁案件的管辖权。同时,仲裁委员会只能对当事人在仲裁协议中约定的争议事项进行仲裁,对超出仲裁协议约定范围的其他争议无权仲裁。

4）仲裁协议的独立性

仲裁协议独立存在,合同的变更、解除、终止或者无效,不影响仲裁协议的效力。

二、仲裁的申请和受理

1. 申请仲裁的条件

当事人申请仲裁,应当符合下列条件：①有仲裁协议；②有具体的仲裁请求和事实、理由；③属于仲裁委员会的受理范围。

2. 申请仲裁的方式

当事人申请仲裁,应当向仲裁委员会递交仲裁协议、仲裁申请书及副本。其中,仲裁申请书应当载明下列事项：①当事人的姓名、性别、年龄、职业、工作单位和住所,法人或者其他组织的名称、住所和法定代表人或者主要负责人的姓名、职务；②仲裁请求和所依据的事实、理由；③证据和证据来源、证人姓名和住所。

对于申请仲裁的具体文件内容,各仲裁机构在《仲裁法》规定的范围内,会有不同的要求和审查标准,一般可以登录其网站进行查询。

3. 审查与受理

仲裁委员会收到仲裁申请书之日起 5 日内,认为符合受理条件的应当受理,并通知当事人；认为不符合受理条件的,应当书面通知当事人不予受理,并说明理由。

4. 财产保全和证据保全

为保证仲裁程序顺利进行、仲裁案件公正审理,以及仲裁裁决有效执行,当事人有权申请财产保全和证据保全。

当事人要求采取财产保全或证据保全措施的,应向仲裁委员会提出书面申请,由仲裁委员会将当事人的申请转交被申请人住所地或其财产所在地或证据所在地有管辖权的人民法院作出裁定。

三、仲裁的开庭和裁决

1. 仲裁庭的组成

仲裁庭的组成形式包括合议仲裁庭和独任仲裁庭两种,即仲裁庭可以由 3 名仲裁员或者 1 名仲裁员组成。

1）合议仲裁庭

当事人约定由 3 名仲裁员组成仲裁庭的,应当各自选定或者各自委托仲裁委员会主任指定 1 名仲裁员,第 3 名仲裁员由当事人共同选定或者共同委托仲裁委虽会主任指定。第 3 名仲裁员是首席仲裁员。

2）独任仲裁庭

当事人约定 1 名仲裁员成立仲裁庭的,应当由当事人共同选定或者共同委托仲裁委员会主任指定仲裁员。但是,当事人没有在仲裁规定的期限内约定仲裁庭的组成方式或者选定仲裁员的,由仲裁委员会主任指定。

2. 开庭和审理

仲裁应当开庭进行,当事人可以协议不开庭,当事人应当对自己的主张提供证据。仲裁庭认为有必要收集的证据,可以自行收集。证据应当在开庭时出示,当事人可以质证。当事人在仲裁过程中有权进行辩论。

仲裁庭可以作出缺席裁决。申请人无正当理由开庭时不到庭的,或在开庭审理时未经仲裁庭许可中途退庭的,视为撤回仲裁申请;如果被申请人提出了反请求,不影响仲裁庭就反请求进行审理,并作出裁决。被申请人无正当理由开庭时不到庭的,或在开庭审理时未经仲裁庭许可中途退庭的,仲裁庭可以进行缺席审理,并作出裁决。如果被申请人提出了反请求,视为撤回反请求。

为了保护当事人的商业秘密和商业信誉,仲裁不公开进行。当事人协议公开的,可以公开进行。但涉及国家秘密的除外。

3. 仲裁中的和解与调解

当事人申请仲裁后,可以自行和解。达成和解协议的,可以请求仲裁庭根据和解协议作出裁决,也可以撤回仲裁申请。当事人达成和解协议,撤回仲裁申请后反悔的,仍可以根据仲裁协议申请仲裁。

仲裁庭在作出裁决前,可以先行调解。当事人自愿调解的,仲裁庭应当调解。调解不成的,应当及时作出裁决。调解达成协议的,仲裁庭应当制作调解书或者根据协议的结果制作裁决书。调解书与裁决书具有同等法律效力。调解书经双方当事人签收后,即发生法律效力。在调解书签收前当事人反悔的,仲裁庭应当及时作出裁决。

4. 仲裁裁决

仲裁裁决应当按照多数仲裁员的意见作出,少数仲裁员的不同意见可以记入笔录。仲裁庭不能形成多数意见时,裁决应当按照首席仲裁员的意见作出。裁决书自作出之日起发生法律效力。

四、申请撤销裁决

1. 申请撤销仲裁裁决的法定事由

当事人提出证据证明裁决有下列情形之一的,可以向仲裁委员会所在地的中级人民法院申请撤销裁决:①没有仲裁协议的;②裁决的事项不属于仲裁协议的范围或者仲裁委员会无权仲裁的;③仲裁庭的组成或者仲裁的程序违反法定程序的;④裁决所依据的证据是伪造的;⑤对方当事人隐瞒了足以影响公正裁决的证据的;⑥仲裁员在仲裁该案时有索贿受贿,徇私舞弊,枉法裁决行为的。

当事人申请撤销裁决的,应当自收到裁决书之日起6个月内向仲裁机构所在地的中级人民法院提出。

2. 仲裁裁决被撤销的法律后果

仲裁裁决被人民法院依法撤销后,当事人之间的法律纠纷并未解决。根据《仲裁法》的规定,当事人就该纠纷可以根据双方重新达成的仲裁协议申请仲裁,也可以向人民法院起诉。

五、仲裁裁决的执行

1. 仲裁裁决的强制执行力

《仲裁法》规定,仲裁裁决作出后,当事人应当履行裁决。一方当事人不履行的,另一方当事人可以依照民事诉讼法的有关规定,向人民法院申请执行。

仲裁裁决的强制执行应当向有管辖权的法院提出申请。被执行人在中国境内的,国内仲裁裁决由被执行人住所地或被执行人财产所在地的人民法院执行;涉外仲裁裁决,由被执行人住所地或被执行人财产所在地的中级人民法院执行。

申请仲裁裁决强制执行必须在法律规定的期限内提出。根据《民事诉讼法》(2007)第215条的规定,申请执行的期间为两年。申请执行时效的中止、中断,适用法律有关诉讼时效中止、中断的规定。申请仲裁裁决强制执行的期限,自仲裁裁决书规定履行期限或仲裁机构的仲裁规则规定履行期间的最后1日起计算。仲裁裁决书规定分期履行的,依规定的每次履行期间的最后1日起计算。

2. 仲裁裁决的不予执行

根据《仲裁法》《民事诉讼法》的规定,被申请人提出证据证明裁决有下列情形之一的,经人民法院组成合议庭审查核实,裁定不予执行:①当事人在合同中没有仲裁条款或者事后没有达成书面仲裁协议的;②裁决的事项不属于仲裁协议的范围或者仲裁机构无权仲裁的;③仲裁庭的组成或者仲裁的程序违反法定程序的;④认定事实的主要证据不足的;⑤适用法律确有错误的;⑥仲裁员在仲裁该案时有索贿受贿、徇私舞弊、枉法裁决行为的。仲裁裁决被法院依法裁定不予执行的,当事人就该纠纷可以重新达成仲裁协议,并依据该仲裁协议申请仲裁,也可以向法院提起诉讼。

8.4 调解、和解制度与争议评审

一、调解的规定

我国的调解方式主要有人民调解、行政调解、仲裁调解、法院调解和专业机构调解等。

1. 人民调解

1) 人民调解的原则和人员机构

人民调解的基本原则是:①当事人自愿原则;②当事人平等原则;③合法原则;④尊重当事人权利原则。

2) 人民调解的程序和调解协议

人民调解应当遵循的程序主要是:①当事人申请调解;②人民调解委员会主动调解;③指定调解员或由当事人选定调解员进行调解;④达成协议;⑤调解结束。

经人民调解委员会调解达成调解协议的,可以制作调解协议书。经人民调解委员会调解达成的调解协议具有法律约束力,当事人应当按照约定履行。当事人就调解协议的履行或者调解协议的内容发生争议的,一方当事人可以向法院提起诉讼。

经人民调解委员会调解达成调解协议后,双方当事人认为有必要的,可以自调解协议生效之日起30日内共同向人民法院申请司法确认。人民法院依法确认调解协议有效,一方当事人拒绝履行或者未全部履行的,对方当事人可以向人民法院申请强制执行。

2. 行政调解

行政调解分为两种:①基层人民政府,即乡、镇人民政府对一般民间纠纷的调解;②国家行政机关依照法律规定对某些特定民事纠纷或经济纠纷或劳动纠纷等进行的调解。

行政调解属于诉讼外调解。行政调解达成的协议也不具有强制约束力。

3. 仲裁调解

仲裁调解是仲裁机构对受理的仲裁案件进行的调解。

仲裁庭在作出裁决前,可以先行调解。当事人自愿调解的,仲裁庭应当调解。调解不成的,应当及时作出裁决。调解达成协议的,仲裁庭应当制作调解书或者根据协议的结果制作裁决书。调解书与裁决书具有同等法律效力。调解书经双方当事人签收后,即发生法律效力。在调解书签收前当事人反悔的,仲裁庭应当及时作出裁决。

4. 法院调解

《民事诉讼法》规定,人民法院审理民事案件,根据当事人自愿的原则,在事实清楚的基础上,分清是非,进行调解。法院调解是人民法院对受理的民事案件、经济纠纷案件和轻微刑事案件在双方当事人自愿的基础上进行的调解是诉讼内调解,法院调解书经双方当事人签收后,即具有法律效力,效力与判决书相同。在民事诉讼中,除适用特别程序的案件和当事人有严重违法行为,需给予行政处罚的经济纠纷案件的情形外,各案件均可适用调解。

二、和解的规定

和解与调解的区别在于:和解是当事人之间自愿协商,达成协议,没有第三人参加,而调解是在第三人主持下进行疏导、劝说,使之相互谅解,自愿达成协议。

和解的应用很灵活,可以在多种情形下达成和解协议。

1. 诉讼前的和解

诉讼前的和解是指发生诉讼以前,双方当事人互相协商达成协议,解决双方的争执。这是一种民事法律行为,是当事人依法处分自己民事实体权利的表现。

和解成立后,当事人所争执的权利即归确定,所放弃的权利随即消失,当事人不得任意反悔要求撤销。但是,如果事后发现和解所依据的文件是伪造或涂改的;和解事件已为法院判决所确定,而当事人于和解时不知情的;当事人对重要的争执有重大误解而达成协议的;当事人都可以要求撤销和解。

2. 诉讼中的和解

诉讼中的和解是当事人在诉讼进行中互相协商,达成协议,解决双方的争执。《民事诉讼法》规定,双方当事人可以自行和解。这种和解在法院作出判决前,当事人都可以进行。当事人可以就整个诉讼标的达成协议,也可以就诉讼的个别问题达成协议。

诉讼阶段的和解没有法律效力。当事人和解后,可以请求法院调解,制作调解书,经当事人签名盖章产生法律效力,从而结束诉讼的全部程序或一部分程序。结束全部程序的,即视为当事人撤销诉讼。

案例 8-3

1. 背景

某施工企业承接某开发商的住宅工程项目,在工程竣工后双方因结算款发生纠纷。施工企业按照合同的约定提起诉讼,索要其认为尚欠的结算款。开发商在法院作出判决之前,与施工企业就其起诉的所有事宜协商后达成一致。

2. 问题

(1) 当事人能否在诉讼期间自行和解?

(2) 诉讼阶段的和解如何才能产生法律效力?

(3) 当事人就诉讼的所有事宜均已达成和解,诉讼程序该如何继续?

3. 分析

(1)《民事诉讼法》第51条规定,双方当事人可以自行和解。这种和解在法院作出判决前,当事人都可以进行。

(2) 诉讼阶段的和解没有法律效力。本案中的开发商与施工企业和解后,可以请求法院调解。《民事诉讼法》第89条规定,调解达成协议,人民法院应当制作调解书。调解书经双方当事人签收后,即具有法律效力。

8.5 行政复议和行政诉讼制度

行政复议,是指行政机关根据上级行政机关对下级行政机关的监督权,在当事人的申请和参加下,按照行政复议程序对具体行政行为进行合法性和适当性审查,并作出决定以解决行政侵权争议的活动。行政诉讼,是指人民法院应当事人的请求,通过审查具体行政行为合法性的方式,解决特定范围内行政争议的活动。行政诉讼和民事诉讼、刑事诉讼构成我国的基本诉讼制度。

此外,行政复议以具体行政行为为审查对象,但可应当事人的申请,依法附带审查该具体行政行为所依据的行政机关相关规定(即抽象行政行为)的合法性,而行政诉讼只对具体行政行为进行审查;行政复议不仅审查具体行政行为的合法性,也审查具体行政行为的适当性,行政诉讼只审查具体行政行为的合法性;具体行政行为经行政复议后,对行政复议不服的,绝大多数情况下还可依法再提起行政诉讼,但不允许经行政诉讼裁判生效后就同一行政纠纷再提行政复议。

一、行政复议范围和行政诉讼受案范围

1. 行政复议范围

根据《中华人民共和国行政复议法》(以下简称《行政复议法》)的规定,有11项可申请行政复议的具体行政行为,结合建设工程实践,其中7种尤为重要:

(1) 对行政机关作出的警告、罚款、没收违法所得、没收非法财物、责令停产停业、暂扣或者吊销许可证、暂扣或者吊销执照、行政拘留等行政处罚决定不服的;

(2) 对行政机关作出的限制人身自由或者查封、扣押、冻结财产等行政强制措施决定不服的;

(3) 对行政机关作出的有关许可证、执照、资质证、资格证等证书变更、中止、撤销的决定不服的；

(4) 认为行政机关侵犯合法的经营自主权的；

(5) 认为行政机关违法集资、征收财物、摊派费用或者违法要求履行其他义务的；

(6) 认为符合法定条件，申请行政机关颁发许可证，执照、资质证、资格证等证书，或者申请行政机关审批、登记有关事项，行政机关没有依法办理的；

(7) 认为行政机关的其他具体行政行为侵犯其合法权益的。

下列事项应按规定的纠纷处理方式解决，不能提起行政复议：①不服行政机关作出的行政处分或者其他人事处理决定的，应当依照有关法律、行政法规的规定提起申诉；②不服行政机关对民事纠纷作出的调解或者其他处理，应当依法申请仲裁或者向法院提起民事诉讼。

2. 行政诉讼受案范围

行政诉讼受案范围是指哪些行政争议可以进入行政诉讼加以解决。该受案范围确定了行政机关行政行为受司法监督的限度，以及公民、法人或其他组织获得司法救济的范围。

《中华人民共和国行政诉讼法》(以下简称《行政诉讼法》)规定，人民法院受理公民、法人和其他组织对下列具体行政行为不服提起的诉讼：①对拘留、罚款、吊销许可证和执照、责令停产停业、没收财物等行政处罚不服的；②对限制人身自由或者对财产的查封、扣押、冻结等行政强制措施不服的；③认为行政机关侵犯法律规定的经营自主权的；④认为符合法定条件申请行政机关颁发许可证和执照，行政机关拒绝颁发或者不予答复的；⑤申请行政机关履行保护人身权、财产权的法定职责，行政机关拒绝履行或者不予答复的；⑥认为行政机关没有依法发给抚恤金的；⑦认为行政机关违法要求履行义务的(如财产义务、行为义务，典型表现为乱收费、乱摊派)；⑧认为行政机关侵犯其他人身权、财产权的；⑨法律、法规规定可以提起行政诉讼的其他行政案件。

但是，人民法院不受理公民、法人或者其他组织对下列事项提起的诉讼：①国防、外交等国家行为；②行政法规、规章或者行政机关制定、发布的具有普遍约束力的决定、命令；③行政机关对行政机关工作人员的奖惩、任免等决定；④法律规定由行政机关最终裁决的具体行政行为。

二、行政复议的申请、受理和决定的有关规定

1. 行政复议申请

公民、法人或者其他组织认为具体行政行为侵犯其合法权益的，可以自知道该具体行政行为之日起 60 日内提出行政复议申请；但超过法律规定的申请期限 60 日的除外。因不可抗力或者其他正当理由耽误法定申请期限的，申请期限自障碍消除之日起继续计算。

依法申请行政复议的公民、法人或者其他组织是申请人。作出具体行政行为的行政机关是被申请人。申请人可以委托代理人代为参加行政复议。申请人申请行政复议，可以书面申请，也可以口头申请。

对于行政复议，应当按照《行政复议法》的规定向有权受理的行政机关申请，如"对县级以上地方各级人民政府工作部门的具体行政行为不服的，由申请人选择，可以向该部门的本级人民政府申请行政复议，也可以向上一级主管部门申请行政复议"。

申请行政复议,凡行政复议机关已经依法受理的,或者法律、法规规定应当先向行政复议机关申请行政复议、对行政复议决定不服再向人民法院提起行政诉讼的,在法定行政复议期限内不得向人民法院提起行政诉讼。公民、法人或者其他组织向人民法院提起行政诉讼,人民法院已经依法受理的,不得申请行政复议。

2．行政复议受理

行政复议机关收到行政复议申请后,应当在5日内进行审查,依法决定是否受理,并书面告知申请人;对符合行政复议申请条件,但不属于本机关受理范围的,应当告知申请人向有关行政复议机关提出。

在行政复议期间,行政机关不停止执行该具体行政行为,但有下列情形之一的,可以停止执行:①被申请人认为需要停止执行的;②行政复议机关认为需要停止执行的;③申请人申请停止执行,行政复议机关认为其要求合理,决定停止执行的;④法律规定停止执行的。

3．行政复议决定

行政复议原则上采取书面审查的办法,但申请人提出要求或者行政复议机关负责法制工作的机构认为有必要时,可以向有关组织和人员调查情况,听取申请人、被申请人和第三人的意见。行政复议决定做出前,申请人要求撤回行政复议申请的,经说明理由,可以撤回;撤回行政复议申请的,行政复议终止。

行政复议机关应当在受理行政复议申请之日起60日内作出行政复议决定,其主要类型有以下几种。

(1) 对于具体行政行为认定事实清楚,证据确凿,适用依据正确,程序合法,内容适当的,决定维持。

(2) 对于被申请人不履行法定职责的,决定其在一定期限内履行。

申请人在申请行政复议时可以一并提出行政赔偿请求,行政复议机关对符合国家赔偿法有关规定应当给予赔偿的,在决定撤销、变更具体行政行为或者确认具体行政行为违法时,应同时决定被申请人依法给予赔偿。

三、行政诉讼的法院管辖、起诉和受理

1．行政诉讼管辖

行政诉讼管辖指不同级别和地域的人民法院之间在受理一审行政案件的权限分工。

1) 级别管辖

行政诉讼案件一般都由基层人民法院管辖,有下列情形之一的,应当由中级人民法院管辖一审行政案件:①确认发明专利权的案件、海关处理的案件;②对国务院各部门或者省、自治区、直辖市人民政府所作的具体行政行为提起诉讼的案件;③本辖区内重大、复杂的案件。

高级人民法院和最高人民法院只管辖本辖区范围内重大、复杂行政诉讼案件。

2) 一般地域管辖

行政案件由最初作出具体行政行为的行政机关所在地人民法院管辖。经复议的案件,复议机关改变原具体行政行为的。也可以由复议机关所在地人民法院管辖。对限制人身自由的行政强制措施不服提起的诉讼,由被告所在地或者原告所在地人民法院管辖。因不动产提起的行政诉讼,由不动产所在地人民法院管辖。

两个以上人民法院都有管辖权的案件,原告可以选择其中一个人民法院提起诉讼。原告向两个以上有管辖权的人民法院提起诉讼的,由最先收到起诉状的人民法院管辖。

2. 起诉

提起诉讼应当符合下列条件:①原告是认为具体行政行为侵犯其合法权益的公民、法人或者其他组织;②有明确的被告;③有具体的诉讼请求和事实根据;④属于人民法院受案范围和受诉人民法院管辖。

行政争议未经行政复议。由当事人直接向法院提起行政诉讼的,除法律另有规定的外,应当在知道作出具体行政行为之日起3个月内起诉。经过行政复议但对行政复议决定不服而依法提起行政诉讼的,应当在收到行政复议决定书之日起15日内起诉;若行政复议机关逾期不作复议决定的,除法律另有规定的外,应当在行政复议期满之日起15日内起诉。

3. 受理

人民法院接到起诉状,经审查,应当在7日内立案或者作出裁定不予受理。原告对裁定不服的,可以提起上诉。

四、行政诉讼的审理、判决和执行

1. 审理

《行政诉讼法》规定,行政诉讼期间,除该法规定的情形外,不停止具体行政行为的执行。法院审理行政案件,不适用调解。除涉及国家秘密、个人隐私和法律另有规定的外,人民法院公开审理行政案件。

人民法院审理行政案件,以法律和行政法规、地方性法规为依据。地方性法规适用于本行政区域内发生的行政案件;审理民族自治地方的行政案件,并以该民族自治地方的自治条例和单行条例为依据。人民法院审理行政案件,参照国务院各部、委根据法律和国务院的行政法规、决定、命令制定、发布的规章,以及省、自治区、直辖市和省、自治区的人民政府所在地的市和经国务院批准的较大的市的人民政府根据法律和国务院的行政法规制定、发布的规章。

经人民法院两次合法传唤,原告无正当理由拒不到庭的,视为申请撤诉;被告无正当理由拒不到庭的,可以缺席判决。

2. 判决

二审人民法院在二审程序中对上诉案件进行审理,并依法作出驳回上诉、维持原判,或者撤销原判、依法改判,或者裁定撤销原判,发回原审人民法院重审。

当事人对已经发生法律效力的判决、裁定,认为确有错误的,可以向原审人民法院或者上一级人民法院提出申诉,但判决、裁定不停止执行。

3. 执行

当事人必须履行人民法院发生法律效力的判决、裁定。公民、法人或者其他组织拒绝履行判决、裁定的,行政机关可以向一审人民法院申请强制执行,或者依法强制执行。

行政机关拒绝履行判决、裁定的,一审人民法院可以采取以下措施:①对应当归还的罚款或者应当给付的赔偿金,通知银行从该行政机关的账户内划拨;②在规定期限内不执行的,从期满之日起,对该行政机关按日处50元至100元的罚款;③向该行政机关的上一级行政机关或者监察、人事机关提出司法建议。接受司法建议的机关,根据有关规定进行处理,并将处理情况告知人民法院;④拒不执行判决、裁定,情节严重构成犯罪的,依法追究主管人员和直接责任人员的刑事责任。

公民、法人或者其他组织对具体行政行为在法定期间不提起诉讼又不履行的,行政机关可以申请人民法院强制执行,或者依法强制执行。

五、侵权的赔偿责任

公民、法人或者其他组织的合法权益受到行政机关或者行政机关工作人员作出的具体行政行为侵犯造成损害的,有权请求赔偿。公民、法人或者其他组织单独就损害赔偿提出请求,应当先由行政机关解决。对行政机关的处理不服,可以向人民法院提起诉讼。赔偿诉讼可以适用调解。

按照《中华人民共和国国家赔偿法》的规定,行政机关及其工作人员在行使行政职权时有下列侵犯人身权情形之一的,受害人有取得赔偿的权利:①违法拘留或者违法采取限制公民人身自由的行政强制措施的;②非法拘禁或者以其他方法非法剥夺公民人身自由的;③以殴打、虐待等行为或者唆使、放纵他人以殴打、虐待等行为造成公民身体伤害或者死亡的;④违法使用武器、警械造成公民身体伤害或者死亡的;⑤造成公民身体伤害或者死亡的其他违法行为。

行政机关及其工作人员在行使行政职权时有下列侵犯财产权情形之一的,受害人有取得赔偿的权利:①违法实施罚款、吊销许可证和执照、责令停产停业、没收财物等行政处罚的;②违法对财产采取查封、扣押、冻结等行政强制措施的;③违法征收、征用财产的;④造成财产损害的其他违法行为。

但是,属于下列情形之一的,国家不承担赔偿责任:①行政机关工作人员与行使职权无关的个人行为;②因公民、法人和其他组织自己的行为致使损害发生的;③法律规定的其他情形。

1. 建设工程纠纷的主要种类和法律解决途径有哪些?
2. 何为诉讼时效,诉讼时效的中止和中断有什么区别?
3. 申请仲裁的条件有哪些?

第 9 章　建设工程其他相关法规

知识目标

(1) 了解施工现场噪声、废气、废水及固体废弃物污染的防治与处理法律制度；
(2) 了解国家施工节约能源的法律法规；
(3) 了解国家文物保护的法律法规。

重难点

(1) 能针对施工现场噪声、废气、废水及固体废弃物采取正确的处理措施；
(2) 能在施工中积极贯彻国家节约能源的法律法规；
(3) 能在施工中合理保护出土文物。

9.1　施工现场环境保护制度

《建筑法》规定，建筑施工企业应当遵守有关环境保护和安全生产的法律、法规的规定，采取控制和处理施工现场的各种粉尘、废气、废水、固体废物，以及噪声、振动对环境的污染和危害的措施。

《建设工程安全生产管理条例》进一步规定，施工单位应当遵守有关环境保护法律、法规的规定，在施工现场采取措施，防止或者减少粉尘、废气、废水、固体废物、噪声、振动和施工照明对人和环境的危害和污染。

一、环境噪声污染防治的规定

环境噪声，是指在工业生产、建筑施工、交通运输和社会生活中所产生的干扰周围生活环境的声音。环境噪声污染，则是指产生的环境噪声超过国家规定的环境噪声排放标准，并干扰他人正常生活、工作和学习的现象。

在工程建设领域，环境噪声污染的防治主要包括两个方面：一是建设项目环境噪声污染的防治；二是施工现场环境噪声污染的防治。前者主要是解决建设项目建成后使用过程中可能产生的环境噪声污染问题，后者则是要解决建设工程施工过程中产生的施工噪声污染问题。

1. 建设项目环境噪声污染的防治

一些建设项目如城市道桥、铁路（包括轻轨）、工业厂房等，其建成后的使用可能会对周围环境产生噪声污染。因此，建设单位必须在建设前期就规定环境噪声污染的防治标准与措施，并在建设过程中同步建设环境噪声污染防治设施。

《中华人民共和国环境噪声污染防治法》(以下简称《环境噪声污染防治法》)规定,新建、改建、扩建的建设项目,必须遵守国家有关建设项目环境保护管理的规定。

建设项目可能产生环境噪声污染的,建设单位必须提出环境影响报告书,规定环境噪声污染的防治措施,并按照国家规定的程序报环境保护行政主管部门批准。环境影响报告书中,应当有该建设项目所在地单位和居民的意见。

建设项目的环境噪声污染防治设施必须与主体工程同时设计、同时施工、同时投产使用。例如,建设经过已有的噪声敏感建筑物集中区域的高速公路和城市高架、轻轨道路,有可能造成环境噪声污染的,应当设置声屏障或者采取其他有效的控制环境噪声污染的措施;在已有的城市交通干线的两侧建设噪声敏感建筑物的,建设单位应当按照国家规定间隔一定距离,并采取减轻、避免交通噪声影响的措施等。

建设项目在投入生产或者使用之前,其环境噪声污染防治设施必须经原审批环境影响报告书的环境保护行政主管部门验收;达不到国家规定要求的,该建设项目不得投入生产或者使用。

2. 施工现场环境噪声污染的防治

施工噪声,是指在建设工程施工过程中产生的干扰周围生活环境的声音。随着城市化进程的不断加快及工程建设的大规模开展,施工噪声污染问题日益突出,尤其是在城市人口稠密地区的建设工程施工中产生的噪声污染,不仅影响周围居民的正常生活,而且损害城市的环境形象。因此,应当依法加强施工现场噪声管理,采取有效措施防治施工噪声污染。

1) 建筑施工发出的噪声应当符合建筑施工场界环境噪声排放标准

《环境噪声污染防治法》规定,在城市市区范围内向周围生活环境排放建筑施工噪声的,应当符合国家规定的建筑施工场界环境噪声排放标准。

2) 使用机械设备可能产生环境噪声污染的申报

《环境噪声污染防治法》规定,在城市市区范围内,建筑施工过程中使用机械设备,可能产生环境噪声污染的,施工单位必须在工程开工 15 日以前向工程所在地县级以上地方人民政府环境保护行政主管部门申报该工程的项目名称、施工场所和期限、可能产生的环境噪声值,以及所采取的环境噪声污染防治措施的情况。

国家对环境噪声污染严重的落后设备实行淘汰制度。国务院经济综合主管部门应当会同国务院有关部门公布限期禁止生产、禁止销售、禁止进口的环境噪声污染严重的设备名录。

3) 禁止夜间进行产生环境噪声污染施工作业的规定

《环境噪声污染防治法》规定,在城市市区噪声敏感建筑物集中区域内,禁止夜间进行产生环境噪声污染的建筑施工作业,但抢修、抢险作业和因生产工艺上要求或者特殊需要必须连续作业的除外。因特殊需要必须连续作业的,必须有县级以上人民政府或者其有关主管部门的证明。以上规定的夜间作业,必须公告附近居民。

所谓噪声敏感建筑物,是指医院、学校、机关、科研单位、住宅等需要保持安静的建筑物。

4) 政府监管部门的现场检查

《环境噪声污染防治法》规定,县级以上人民政府环境保护行政主管部门和其他环境噪声污染防治工作的监督管理部门、机构,有权依据各自的职责对管辖范围内排放环境噪声的单位进行现场检查。

被检查的单位必须如实反映情况,并提供必要的资料。检查部门、机构应当为被检查的单位保守技术秘密和业务秘密。检查人员进行现场检查,应当出示证件。

3. 交通运输噪声污染的防治

建设工程施工有着大量的运输任务,还会产生交通运输噪声。所谓交通运输噪声,是指机动车辆、铁路机车、机动船舶、航空器等交通运输工具在运行时所产生的干扰周围生活环境的声音。

《环境噪声污染防治法》规定,在城市市区范围内行驶的机动车辆的消声器和喇叭必须符合国家规定的要求。机动车辆必须加强维修和保养,保持技术性能良好,防治环境噪声污染。

4. 对产生环境噪声污染企业事业单位的规定

《环境噪声污染防治法》规定,产生环境噪声污染的企业事业单位,必须保持防治环境噪声污染的设施的正常使用;拆除或者闲置环境噪声污染防治设施的,必须事先报经所在地的县级以上地方人民政府环境保护行政主管部门批准。

产生环境噪声污染的单位,应当采取措施进行治理,并按照国家规定缴纳超标准排污费。征收的超标准排污费必须用于污染的防治,不得挪作他用。对于在噪声敏感建筑物集中区域内造成严重环境噪声污染的企业事业单位,限期治理。被限期治理的单位必须按期完成治理任务。

二、施工现场废气、废水污染防治的规定

在工程建设领域,对于废气、废水污染的防治,也包括建设项目和施工现场两大方面。

1. 大气污染的防治

大气污染通常是指由于人类活动或自然过程引起某些物质进入大气中,呈现出足够的浓度,达到足够的时间,并因此危害了人体的舒适、健康和福利或环境污染的现象。

1) 建设项目大气污染的防治

《中华人民共和国大气污染防治法》(以下简称《大气污染防治法》)规定,新建、扩建、改建向大气排放污染物的项目,必须遵守国家有关建设项目环境保护管理的规定。

建设项目的环境影响报告书,必须对建设项目可能产生的大气污染和对生态环境的影响作出评价,规定防治措施,并按照规定的程序报环境保护行政主管部门审查批准。

建设项目投入生产或者使用之前,其大气污染防治设施必须经过环境保护行政主管部门验收,达不到国家有关建设项目环境保护管理规定要求的建设项目,不得投入生产或者使用。

2) 施工现场大气污染的防治

《大气污染防治法》规定,城市人民政府应当采取绿化责任制、加强建设施工管理、扩大地面铺装面积、控制渣土堆放和清洁运输等措施,提高人均占有绿地面积,减少市区裸露地面和地面尘土,防治城市扬尘污染。

在城市市区进行建设施工或者从事其他产生扬尘污染活动的单位,必须按照当地环境保护的规定,采取防治扬尘污染的措施。运输、装卸、贮存能够散发有毒有害气体或者粉尘物质的,必须采取密闭措施或者其他防护措施。

在人口集中地区存放煤炭、煤矸石、煤渣、煤灰、砂石、灰土等物料,必须采取防燃、防尘措施,防止污染大气。严格限制向大气排放含有毒物质的废气和粉尘;确需排放的,必须经过净化处理,不超过规定的排放标准。

施工现场大气污染的防治,重点是防治扬尘污染。对于扬尘控制,《绿色施工导则》中有以

下规定。

(1) 运送土方、垃圾、设备及建筑材料等,不污损场外道路。运输容易散落、飞扬、流漏的物料的车辆,必须采取措施封闭严密,保证车辆清洁。施工现场出口应设置洗车槽。

(2) 土方作业阶段。采取洒水、覆盖等措施,达到作业区目测扬尘高度小于 1.5 m,不扩散到场区外。

(3) 结构施工、安装装饰装修阶段,作业区目测扬尘高度小于 0.5 m。对易产生扬尘的堆放材料应采取覆盖措施;对粉末状材料应封闭存放;场区内可能引起扬尘的材料及建筑垃圾搬运应有降尘措施,如覆盖、洒水等,浇筑混凝土前清理灰尘和垃圾时尽量使用吸尘器,避免使用吹风器等易产生扬尘的设备;机械剔凿作业时可用局部遮挡、掩盖、水淋等防护措施;高层或多层建筑清理垃圾应搭设封闭性临时专用道或采用容器吊运。

(4) 施工现场非作业区达到目测无扬尘的要求。对现场易飞扬物质采取有效措施,如洒水、地面硬化、围挡、密网覆盖、封闭等,防止扬尘产生。

(5) 构筑物机械拆除前,做好扬尘控制计划。可采取清理积尘、拆除体洒水、设置隔挡等措施。

(6) 构筑物爆破拆除前,做好扬尘控制计划。可采用清理积尘、淋湿地面、预湿墙体、屋面敷水袋、楼面蓄水、建筑外设高压喷雾状水系统、搭设防尘排栅和直升机投水弹等综合降尘。选择风力小的天气进行爆破作业。

(7) 在场界四周隔挡高度位置测得的大气总悬浮颗粒物(TSP)月平均浓度与城市背景值的差值不大于 0.08 mg/m^3。

3) 对向大气排放污染物单位的监管

《大气污染防治法》规定,向大气排放污染物的单位,必须按照国务院环境保护行政主管部门的规定向所在地的环境保护行政主管部门申报拥有的污染物排放设施、处理设施和在正常作业条件下排放污染物的种类、数量、浓度,并提供防治大气污染方面的有关技术资料。

向大气排放污染物的,其污染物排放浓度不得超过国家和地方规定的排放标准。在人口集中地区和其他依法需要特殊保护的区域内,禁止焚烧沥青、油毡、橡胶、塑料、皮革、垃圾,以及其他产生有毒有害烟尘和恶臭气体的物质。

2. 水污染的防治

《中华人民共和国水污染防治法》(以下简称《水污染防治法》)规定,水污染防治应当坚持预防为主、防治结合、综合治理的原则,优先保护饮用水水源,严格控制工业污染、城镇生活污染,防治农业面源污染,积极推进生态治理工程建设,预防、控制和减少水环境污染和生态破坏。

1) 建设项目水污染的防治

《水污染防治法》规定,新建、改建、扩建直接或者间接向水体排放污染物的建设项目和其他水上设施,应当依法进行环境影响评价。

建设单位在江河、湖泊新建、改建、扩建排污口的,应当取得水行政主管部门或者流域管理机构同意;涉及通航、渔业水域的,环境保护主管部门在审批环境影响评价文件时,应当征求交通、渔业主管部门的意见。

建设项目的水污染防治设施,应当与主体工程同时设计、同时施工、同时投入使用。水污染防治设施应当经过环境保护主管部门验收,验收不合格的,该建设项目不得投入生产或者使用。

禁止在饮用水水源一级保护区内新建、改建、扩建与供水设施和保护水源无关的建设项目;

已建成的与供水设施和保护水源无关的建设项目,由县级以上人民政府责令拆除或者关闭。禁止在饮用水水源二级保护区内新建、改建、扩建排放污染物的建设项目;已建成的排放污染物的建设项目,由县级以上人民政府责令拆除或者关闭。

禁止在饮用水水源准保护区内新建、扩建对水体污染严重的建设项目;改建建设项目,不得增加排污量。

2) 施工现场水污染的防治

《水污染防治法》规定,排放水污染物,不得超过国家或者地方规定的水污染物排放标准和重点水污染物排放总量控制指标。

直接或者间接向水体排放污染物的企业事业单位和个体工商户,应当按照国务院环境保护主管部门的规定,向县级以上地方人民政府环境保护主管部门申报登记拥有的水污染物排放设施、处理设施和在正常作业条件下排放水污染物的种类、数量和浓度,并提供防治水污染方面的有关技术资料。

兴建地下工程设施或者进行地下勘探、采矿等活动,应当采取防护性措施,防止地下水污染。人工回灌补给地下水,不得恶化地下水质。

《绿色施工导则》进一步规定水污染控制。①施工现场污水排放应达到《污水综合排放标准》(GB 8978—1996)的要求。②在施工现场应针对不同的污水,设置相应的处理设施,如沉淀池、隔油池、化粪池等。③污水排放应委托有资质的单位进行废水水质检测,提供相应的污水检测报告。④保护地下水环境。采用隔水性能好的边坡支护技术。在缺水地区或地下水位持续下降的地区,基坑降水尽可能少地抽取地下水;当基坑开挖抽水量大于50万立方米时,应进行地下水回灌,并避免地下水被污染。⑤对于化学品等有毒材料、油料的储存地,应有严格的隔水层设计,做好渗漏液收集和处理。

3) 发生事故或者其他突发性事件的规定

《水污染防治法》规定,企业事业单位发生事故或者其他突发性事件,造成或者可能造成水污染事故的,应当立即启动本单位的应急方案,采取应急措施,并向事故发生地的县级以上地方人民政府或者环境保护主管部门报告。

三、施工现场固体废物污染防治的规定

《中华人民共和国固体废物污染环境防治法》(以下简称《固体废物污染环境防治法》)规定,国家对固体废物污染环境的防治,实行减少固体废物的产生量和危害性、充分合理利用固体废物和无害化处置固体废物的原则,促进清洁生产和循环经济发展。

固体废物,是指在生产、生活和其他活动中产生的丧失原有利用价值或者虽未丧失利用价值但被抛弃或者放弃的固态、半固态和置于容器中的气态的物品、物质,以及法律、行政法规规定纳入固体废物管理的物品、物质。固体废物污染环境,是指固体废物在产生、收集、贮存、运输、利用、处置的过程中产生的危害环境的现象。

1. 建设项目固体废物污染环境的防治

《固体废物污染环境防治法》规定,建设产生固体废物的项目,以及建设贮存、利用、处置固体废物的项目,必须依法进行环境影响评价,并遵守国家有关建设项目环境保护管理的规定。

建设项目的环境影响评价文件确定需要配套建设的固体废物污染环境防治设施,必须与主体工程同时设计、同时施工、同时投入使用。固体废物污染环境防治设施必须经原审批环境影

响评价文件的环境保护行政主管部门验收合格后,该建设项目方可投入生产或者使用。对固体废物污染环境防治设施的验收应当与对主体工程的验收同时进行。

在国务院和国务院有关主管部门及省、自治区、直辖市人民政府划定的自然保护区、风景名胜区、饮用水水源保护区、基本农田保护区和其他需要特别保护的区域内,禁止建设工业固体废物集中贮存、处置的设施、场所和生活垃圾填埋场。

2．施工现场固体废物污染环境的防治

1）一般固体废物污染环境的防治

《固体废物污染环境防治法》规定,产生固体废物的单位和个人,应当采取措施,防止或者减少固体废物对环境的污染。

2）危险废物污染环境防治的特别规定

对危险废物的容器和包装物,以及收集、贮存、运输、处置危险废物的设施、场所,必须设置危险废物识别标志。

收集、贮存、运输、处置危险废物的场所、设施、设备和容器、包装物及其他物品转作他用时,必须经过消除污染的处理,方可使用。

产生、收集、贮存、运输、利用、处置危险废物的单位,应当制定意外事故的防范措施和应急预案,并向所在地县级以上地方人民政府环境保护行政主管部门备案;环境保护行政主管部门应当进行检查。因发生事故或者其他突发性事件,造成危险废物严重污染环境的单位,必须立即采取措施消除或者减轻对环境的污染危害,及时通报可能受到污染危害的单位和居民,并向所在地县级以上地方人民政府环境保护行政主管部门和有关部门报告,接受调查处理。

3）施工现场固体废物的减量化和回收再利用

《绿色施工导则》规定,制订建筑垃圾减量化计划,如住宅建筑,每万平方米的建筑垃圾不宜超过 400 吨。

加强建筑垃圾的回收再利用,力争建筑垃圾的再利用和回收率达到 30%,建筑物拆除产生的废弃物的再利用和回收率大于 40%。对于碎石类、土石方类建筑垃圾,可采用地基填埋、铺路等方式提高再利用率,力争再利用率大于 50%。

施工现场生活区设置封闭式垃圾容器,施工场地生活垃圾实行袋装化,及时清运。对建筑垃圾进行分类,并收集到现场封闭式垃圾站,集中运出。

四、违法行为应承担的法律责任

施工现场环境保护违法行为应承担的主要法律责任如下。

1．施工现场噪声污染防治违法行为应承担的法律责任

《中华人民共和国环境噪声污染防治法》（以下简称《环境噪声污染防治法》）规定,未经环境保护行政主管部门批准,擅自拆除或者闲置环境噪声污染防治设施,致使环境噪声排放超过规定标准的,由县级以上地方人民政府环境保护行政主管部门责令改正,并处罚款。

排放环境噪声的单位违反规定,拒绝环境保护行政主管部门或者其他依照本法规定行使环境噪声监督管理权的部门、机构现场检查或者在被检查时弄虚作假的,环境保护行政主管部门或者其他依照本法规定行使环境噪声监督管理权的监督管理部门、机构可以根据不同情节,给予警告或者处以罚款。

第9章
建设工程其他相关法规

建筑施工单位违反规定,在城市市区噪声敏感建筑物集中区域内,夜间进行禁止进行的产生环境噪声污染的建筑施工作业的,由工程所在地县级以上地方人民政府环境保护行政主管部门责令改正,可以并处罚款。

机动车辆不按照规定使用声响装置的,由当地公安机关根据不同情节给予警告或者处以罚款。

受到环境噪声污染危害的单位和个人,有权要求加害人排除危害;造成损失的,依法赔偿损失。赔偿责任和赔偿金额的纠纷,可以根据当事人的请求,由环境保护行政主管部门或者其他环境噪声污染防治工作的监督管理部门、机构调解处理;调解不成的,当事人可以向人民法院起诉。当事人也可以直接向人民法院起诉。

2. 施工现场大气污染防治违法行为应承担的法律责任

《大气污染防治法》规定,违反本法规定,有下列行为之一的,环境保护行政主管部门或者本法第4条第2款规定的监督管理部门可以根据不同情节,责令停止违法行为,限期改正,给予警告或者处以5万元以下罚款:①拒报或者谎报国务院环境保护行政主管部门规定的有关污染物排放申报事项的;②拒绝环境保护行政主管部门或者其他监督管理部门现场检查或者在被检查时弄虚作假的;③排污单位不正常使用大气污染物处理设施,或者未经环境保护行政主管部门批准,擅自拆除、闲置大气污染物处理设施的;④未采取防燃、防尘措施,在人口集中地区存放煤炭、煤矸石、煤渣、煤灰、砂石、灰土等物料的。

向大气排放污染物超过国家和地方规定排放标准的,应当限期治理,并由所在地县级以上地方人民政府环境保护行政主管部门处1万元以上10万元以下罚款。

违反本法规定,有下列行为之一的,由县级以上地方人民政府环境保护行政主管部门或者其他依法行使监督管理权的部门责令停止违法行为,限期改正,可以处5万元以下罚款:①未采取有效污染防治措施,向大气排放粉尘、恶臭气体或者其他含有有毒物质气体的;②未经当地环境保护行政主管部门批准,向大气排放转炉气、电石气、电炉法黄磷尾气、有机烃类尾气的;③未采取密闭措施或者其他防护措施,运输、装卸或者贮存能够散发有毒有害气体或者粉尘物质的;④城市饮食服务业的经营者未采取有效污染防治措施,致使排放的油烟对附近居民的居住环境造成污染的。

在人口集中地区和其他依法需要特殊保护的区域内,焚烧沥青、油毡、橡胶、塑料、皮革、垃圾,以及其他产生有毒有害烟尘和恶臭气体的物质的,由所在地县级以上地方人民政府环境保护行政主管部门责令停止违法行为,处2万元以下罚款。

3. 施工现场水污染防治违法行为应承担的法律责任

《水污染防治法》规定,排放水污染物超过国家或者地方规定的水污染物排放标准,或者超过重点水污染物排放总量控制指标的,由县级以上人民政府环境保护主管部门按照权限责令限期治理,处应缴纳排污费数额2倍以上5倍以下的罚款。限期治理期间,由环境保护主管部门责令限制生产、限制排放或者停产整治,限期治理的期限最长不超过1年;逾期未完成治理任务的,报经有批准权的人民政府批准,责令关闭。

在饮用水水源保护区内设置排污口的,由县级以上地方人民政府责令限期拆除,处10万元以上50万元以下的罚款;逾期不拆除的,强制拆除,所需费用由违法者承担,处50万元以上100万元以下的罚款,并可以责令停产整顿。

有下列行为之一的,由县级以上地方人民政府环境保护主管部门责令停止违法行为,限期采取治理措施,消除污染,处以罚款;逾期不采取治理措施的,环境保护主管部门可以指定有治理能力的单位代为治理,所需费用由违法者承担:①向水体排放油类、酸液、碱液的;②向水体排放有毒废液,或者将含有汞、镉、砷、铬、铅、氰化物、黄磷等的可溶性剧毒废渣向水体排放、倾倒或者直接埋入地下的;③在水体清洗装贮过油类、有毒污染物的车辆或者容器的;④向水体排放、倾倒工业废渣、城镇垃圾或者其他废弃物,或者在江河、湖泊、运河、渠道,水库最高水位线以下的滩地、岸坡堆放、存贮固体废弃物或者其他污染物的;⑤向水体排放、倾倒放射性固体废物或者含有高放射性、中放射性物质的废水的;⑥违反国家有关规定或者标准,向水体排放含低放射性物质的废水、热废水或者含病原体的污水的;⑦利用渗井、渗坑、裂隙或者溶洞排放、倾倒含有毒污染物的废水、含病原体的污水或者其他废弃物的;⑧利用无防渗漏措施的沟渠、坑塘等输送或者存贮含有毒污染物的废水、含病原体的污水或者其他废弃物的。有以上第③项、第⑥项行为之一的,处1万元以上10万元以下的罚款;有以上第①项、第④项、第⑧项行为之一的,处2万元以上20万元以下的罚款;有以上第②项、第⑤项、第⑦项行为之一的,处5万元以上50万元以下的罚款。

企业事业单位有下列行为之一的,由县级以上人民政府环境保护主管部门责令改正;情节严重的,处2万元以上10万元以下的罚款:①不按照规定制定水污染事故的应急方案的;②水污染事故发生后,未及时启动水污染事故的应急方案,采取有关应急措施的。

4. 施工现场固体废物污染环境防治违法行为应承担的法律责任

《固体废物污染环境防治法》规定,违反有关城市生活垃圾污染环境防治的规定,有下列行为之一的,由县级以上地方人民政府环境卫生行政主管部门责令停止违法行为,限期改正,处以罚款:①随意倾倒、抛撒或者堆放生活垃圾的;②擅自关闭、闲置或者拆除生活垃圾处置设施、场所的;③工程施工单位不及时清运施工过程中产生的固体废物,造成环境污染的;④工程施工单位不按照环境卫生行政主管部门的规定对施工过程中产生的固体废物进行利用或者处置的;⑤在运输过程中沿途丢弃、遗撒生活垃圾的。单位有以上第①项、第③项、第⑤项行为之一的,处5 000元以上5万元以下的罚款;有以上第②项、第④项行为之一的,处1万元以上10万元以下的罚款。个人有前款第①项、第⑤项行为之一的,处200元以下的罚款。

9.2 施工节约能源制度

一、施工合理使用与节约能源的规定

在工程建设领域,节约能源主要包括建筑节能和施工节能两个方面。

建筑节能是解决建设项目建成后使用过程中的节能问题,施工节能则是要解决施工过程中的能源节约问题,如《绿色施工导则》规定,"绿色施工"是指工程建设中,在保证质量、安全等基本要求的前提下,通过科学管理和技术进步,最大限度地节约资源与减少对环境负面影响的施工活动,实现"四节一环保"(节能、节地、节水、节材和环境保护)。

1. 合理使用与节约能源的一般规定

1) 节能的产业政策

《中华人民共和国节约能源法》(以下简称《节约能源法》)规定,国家实行有利于节能和环境

保护的产业政策,限制发展高耗能、高污染行业,发展节能环保型产业。

国家对落后的耗能过高的用能产品、设备和生产工艺实行淘汰制度。禁止使用国家明令淘汰的用能设备、生产工艺。国家鼓励企业制定严于国家标准、行业标准的企业节能标准。

2) 用能单位的法定义务

用能单位应当加强能源计量管理,按照规定配备和使用经依法检定合格的能源计量器具。用能单位应当建立能源消费统计和能源利用状况分析制度,对各类能源的消费实行分类计量和统计,并确保能源消费统计数据真实、完整。任何单位不得对能源消费实行包费制。

3) 循环经济的法律要求

循环经济是指在生产、流通和消费等过程中进行的减量化、再利用、资源化活动的总称。

国务院循环经济发展综合管理部门会同国务院环境保护等有关主管部门,定期发布鼓励、限制和淘汰的技术、工艺、设备、材料和产品名录。禁止生产、进口、销售列入淘汰名录的设备、材料和产品,禁止使用列入淘汰名录的技术、工艺、设备和材料。

2. 建筑节能的规定

《节约能源法》规定,国家实行固定资产投资项目节能评估和审查制度。不符合强制性节能标准的项目,依法负责项目审批或者核准的机关不得批准或者核准建设;建设单位不得开工建设;已经建成的,不得投入生产、使用。

1) 采用太阳能、地热能等可再生能源

《民用建筑节能条例》规定,国家鼓励和扶持在新建建筑和既有建筑节能改造中采用太阳能、地热能等可再生能源。

2) 新建建筑节能的规定

建设单位、设计单位、施工单位不得在建筑活动中使用列入禁止使用目录的技术、工艺、材料和设备。

(1) 施工图审查机构的节能义务。

施工图设计文件审查机构应当按照民用建筑节能强制性标准对施工图设计文件进行审查;经审查不符合民用建筑节能强制性标准的,县级以上地方人民政府建设主管部门不得颁发施工许可证。

(2) 建设单位的节能义务。

建设单位不得明示或者暗示设计单位、施工单位违反民用建筑节能强制性标准进行设计、施工,不得明示或者暗示施工单位使用不符合施工图设计文件要求的墙体材料、保温材料、门窗、采暖制冷系统和照明设备。

建设单位组织竣工验收,应当对民用建筑是否符合民用建筑节能强制性标准进行查验;对不符合民用建筑节能强制性标准的,不得出具竣工验收合格报告。

(3) 设计单位、施工单位、工程监理单位的节能义务。

设计单位、施工单位、工程监理单位及其注册执业人员,应当按照民用建筑节能强制性标准进行设计、施工、监理。

施工单位应当对进入施工现场的墙体材料、保温材料、门窗、采暖制冷系统和照明设备进行查验;不符合施工图设计文件要求的,不得使用。

工程监理单位发现施工单位不按照民用建筑节能强制性标准施工的,应当要求施工单位改正;施工单位拒不改正的,工程监理单位应当及时报告建设单位,并向有关主管部门报告。

3）既有建筑节能的规定

既有建筑节能改造，是指对不符合民用建筑节能强制性标准的既有建筑的围护结构、供热系统、采暖制冷系统、照明设备和热水供应设施等实施节能改造的活动。

实施既有建筑节能改造，应当符合民用建筑节能强制性标准，优先采用遮阳、改善通风等低成本改造措施。既有建筑围护结构的改造和供热系统的改造应当同步进行。

3. 施工节能的规定

《中华人民共和国循环经济促进法》（以下简称《循环经济促进法》）规定，建筑设计、建设、施工等单位应当按照国家有关规定和标准，对其设计、建设、施工的建筑物及构筑物采用节能、节水、节地、节材的技术工艺和小型、轻型、再生产品。有条件的地区，应当充分利用太阳能、地热能、风能等可再生能源。

1）节材与材料资源利用

《循环经济促进法》规定，国家鼓励利用无毒无害的固体废物生产建筑材料。鼓励使用散装水泥，推广使用预拌混凝土和预拌砂浆。禁止损毁耕地烧砖。在国务院或者省、自治区、直辖市人民政府规定的期限和区域内，禁止生产、销售和使用黏土砖。施工现场 500 km 以内生产的建筑材料用量占建筑材料总重量的 70% 以上。

此外，还分别就结构材料、围护材料、装饰装修材料、周转材料提出了明确要求。例如，结构材料节材与材料资源利用的技术要点有以下几点。①推广使用预拌混凝土和商品砂浆。准确计算采购数量、供应频率、施工速度等，在施工过程中动态控制。结构工程使用散装水泥。②推广使用高强钢筋和高性能混凝土，减少资源消耗。③推广钢筋专业化加工和配送。④优化钢筋配料和钢构件下料方案。钢筋及钢结构制作前应对下料单及样品进行复核，无误后方可批量下料。⑤优化钢结构制作和安装方法。大型钢结构宜采用工厂制作，现场拼装；宜采用分段吊装、整体提升、滑移、顶升等安装方法，减少方案的措施用材量。⑥采取数字化技术，对大体积混凝土、大跨度结构等专项施工方案进行优化。

2）节水与水资源利用

《循环经济促进法》规定，国家鼓励和支持使用再生水。企业应当发展串联用水系统和循环用水系统，提高水的重复利用率。企业应当采用先进技术、工艺和设备，对生产过程中产生的废水进行再生利用。

《绿色施工导则》进一步对提高用水效率、非传统水源利用和安全用水作出规定。①施工中采用先进的节水施工工艺。②施工现场喷洒路面、绿化浇灌不宜使用市政自来水。现场搅拌用水、养护用水应采取有效的节水措施，严禁无措施浇水养护混凝土。③施工现场供水管网应根据用水量设计布置，管径合理、管路简捷，采取有效措施减少管网和用水器具的漏损。④现场机具、设备、车辆冲洗用水必须设立循环用水装置。施工现场办公区、生活区的生活用水采用节水系统和节水器具，提高节水器具配置比率。项目临时用水应使用节水型产品，安装计量装置，采取针对性的节水措施。⑤施工现场建立可再利用水的收集处理系统，使水资源得到梯级循环利用。⑥施工现场分别对生活用水与工程用水确定用水定额指标，并分别计量管理。⑦大型工程的不同单项工程、不同标段、不同分包生活区，凡具备条件的应分别计量用水量。在签订不同标段分包或劳务合同时，将节水定额指标纳入合同条款，进行计量考核。⑧对混凝土搅拌站点等用水集中的区域和工艺点进行专项计量考核。施工现场建立雨水、中水或可再利用水的收集利用系统。

非传统水源利用:①优先采用中水搅拌、中水养护,有条件的地区和工程应收集雨水养护;②处于基坑降水阶段的工地,宜优先采用地下水作为混凝土搅拌用水、养护用水、冲洗用水和部分生活用水;③现场机具、设备、车辆冲洗、喷洒路面、绿化浇灌等用水,优先采用非传统水源,尽量不使用市政自来水;④大型施工现场,尤其是雨量充沛地区的大型施工现场建立雨水收集利用系统,充分收集自然降水用于施工和生活中适宜的部位;⑤力争施工中非传统水源和循环水的再利用量大于30%。

3)节能与能源利用

《绿色施工导则》对节能措施,机械设备与机具,生产、生活及办公临时设施,施工用电及照明分别作出规定。

节能措施:①制订合理施工能耗指标,提高施工能源利用率;②优先使用国家、行业推荐的节能、高效、环保的施工设备和机具,如选用变频技术的节能施工设备等;③施工现场分别设定生产、生活、办公和施工设备的用电控制指标,定期进行计量、核算、对比分析,并有预防与纠正措施;④在施工组织设计中,合理安排施工顺序、工作面,以减少作业区域的机具数量,相邻作业区充分利用共有的机具资源,安排施工工艺时,应优先考虑耗用电能的或其他能耗较少的施工工艺,避免设备额定功率远大于使用功率或超负荷使用设备的现象;⑤根据当地气候和自然资源条件,充分利用太阳能、地热能等可再生能源。

二、违法行为应承担的法律责任

1. 违反建筑节能标准的违法行为应承担的法律责任

《节约能源法》规定,设计单位、施工单位、监理单位违反建筑节能标准的,由建设主管部门责令改正,处10万元以上50万元以下罚款;情节严重的,由颁发资质证书的部门降低资质等级或者吊销资质证书;造成损失的,依法承担赔偿责任。

《民用建筑节能条例》规定,施工单位未按照民用建筑节能强制性标准进行施工的,由县级以上地方人民政府建设主管部门责令改正,处民用建筑项目合同价款2%以上4%以下的罚款;情节严重的,由颁发资质证书的部门责令停业整顿,降低资质等级或者吊销资质证书;造成损失的,依法承担赔偿责任。

注册执业人员未执行民用建筑节能强制性标准的,由县级以上人民政府建设主管部门责令停止执业3个月以上1年以下;情节严重的,由颁发资格证书的部门吊销执业资格证书,5年内不予注册。

2. 使用黏土砖及其他施工节能违法行为应承担的法律责任

《民用建筑节能条例》规定,施工单位有下列行为之一的,由县级以上地方人民政府建设主管部门责令改正,处10万元以上20万元以下的罚款;情节严重的,由颁发资质证书的部门责令停业整顿,降低资质等级或者吊销资质证书;造成损失的,依法承担赔偿责任:①未对进入施工现场的墙体材料、保温材料、门窗、采暖制冷系统和照明设备进行查验的;②使用不符合施工图设计文件要求的墙体材料、保温材料、门窗、采暖制冷系统和照明设备的;③使用列入禁止使用目录的技术、工艺、材料和设备的。

3. 用能单位其他违法行为应承担的法律责任

无偿向本单位职工提供能源或者对能源消费实行包费制的,由管理节能工作的部门责令限期改正；逾期不改正的，处 5 万元以上 20 万元以下罚款。

进口列入淘汰名录的设备、材料或者产品的，由海关责令退运，可以处 10 万元以上 100 万元以下的罚款。进口者不明的，由承运人承担退运责任，或者承担有关处置费用。

案例 9-1

1. 背景

2008 年年底某住宅项目 1 期工程完成设计；2009 年开始施工。按当地规定，自 2005 年 9 月 1 日起所有新建、改建、扩建的住宅建设项目，必须按照《夏热冬冷地区居住建筑节能设计标准》的要求进行建筑节能设计、施工。在施工过程中，建设单位按设计图纸规定的规格、数量要求采购了墙体材料、保温材料、采暖制冷系统等，并声称是优质产品；施工单位在以上材料设备进入施工现场后，便直接用于该项目的施工并形成工程实体，导致 1 期工程验收不合格。经有关部门检验，建设单位购买的墙体材料、保温材料、采暖制冷系统存在严重质量问题，根本不符合该项目设计图纸规定的质量要求。

2. 问题

（1）施工单位的行为是否构成违法行为？

（2）施工单位应承担哪些法律责任？

3. 分析

（1）《民用建筑节能条例》第 16 条规定，施工单位应当对进入施工现场的墙体材料、保温材料、门窗、采暖制冷系统和照明设备进行查验；不符合施工图设计文件要求的，不得使用。本案中，施工单位未对进入施工现场的墙体材料、保温材料、采暖制冷系统等进行查验，导致不符合施工图设计文件要求的这些材料用于该项目的施工，构成了违法行为。

（2）《民用建筑节能条例》第 41 条规定，施工单位有下列行为之一的，由县级以上地方人民政府建设主管部门责令改正，处 10 万元以上 20 万元以下的罚款；情节严重的，由颁发资质证书的部门责令停业整顿，降低资质等级或者吊销资质证书；造成损失的，依法承担赔偿责任。①未对进入施工现场的墙体材料、保温材料、门窗、采暖制冷系统和照明设备进行查验的；②使用不符合施工图设计文件要求的墙体材料、保温材料、门窗、采暖制冷系统和照明设备的……据此，当地建设主管部门应当依法责令该施工单位改正，处 10 万元以上 20 万元以下的罚款。

9.3 施工文物保护制度

我国相继颁布了《中华人民共和国文物保护法》（以下简称《文物保护法》）、《中华人民共和国水下文物保护管理条例》（以下简称《水下文物保护管理条例》）、《中华人民共和国文物保护法实施条例》（以下简称《文物保护法实施条例》）、《中华人民共和国文物保护法实施细则》（以下简称《文物保护法实施细则》）、《历史文化名城名镇名村保护条例》等法律、行政法规，并参照《国际古迹保护与修复宪章》（《威尼斯宪章》）为代表的国际原则，制定了《中国文物古迹保护准则》。

第9章
建设工程其他相关法规

一、受国家保护的文物范围

1. 国家保护文物的范围

《文物保护法》规定,在中华人民共和国境内,下列文物受国家保护:①具有历史、艺术、科学价值的古文化遗址、古墓葬、古建筑、石窟寺和石刻、壁画;②与重大历史事件、革命运动或者著名人物有关的,以及具有重要纪念意义、教育意义或者史料价值的近代现代重要史迹、实物、代表性建筑;③历史上各时代珍贵的艺术品、工艺美术品;④历史上各时代重要的文献资料,以及具有历史、艺术、科学价值的手稿和图书资料等;⑤反映历史上各时代、各民族社会制度、社会生产、社会生活的代表性实物,以及《水下文物保护管理条例》规定的水下文物和文化遗产。

2. 文物保护单位和文物的分级

《文物保护法》规定,古文化遗址、古墓葬、古建筑、石窟寺、石刻、壁画、近代现代重要史迹和代表性建筑等不可移动文物,根据它们的历史、艺术、科学价值,可以分别确定为全国重点文物保护单位,省级文物保护单位,市、县级文物保护单位。

历史上各时代重要实物、艺术品、文献、手稿、图书资料、代表性实物等可移动文物,分为珍贵文物和一般文物;珍贵文物分为一级文物、二级文物、三级文物。

3. 属于国家所有的文物范围

中华人民共和国境内地下、内水和领海中遗存的一切文物,属于国家所有。国有文物所有权受法律保护,不容侵犯。

二、在文物保护单位保护范围和建设控制地带施工的规定

《文物保护法》规定,一切机关、组织和个人都有依法保护文物的义务。

1. 文物保护单位的保护范围

全国重点文物保护单位和省级文物保护单位自核定公布之日起1年内,由省、自治区、直辖市人民政府划定必要的保护范围,作出标志说明,建立记录档案,设置专门机构或者指定专人负责管理。

设区的市、自治州级和县级文物保护单位自核定公布之日起1年内,由核定公布该文物保护单位的人民政府划定保护范围,作出标志说明,建立记录档案,设置专门机构或者指定专人负责管理。

2. 文物保护单位的建设控制地带

《文物保护法实施条例》规定,文物保护单位的建设控制地带,是指在文物保护单位的保护范围外,为保护文物保护单位的安全、环境、历史风貌对建设项目加以限制的区域。文物保护单位的建设控制地带,应当根据文物保护单位的类别、规模、内容,以及周围环境的历史和现实情况合理划定。

全国重点文物保护单位的建设控制地带,经省、自治区、直辖市人民政府批准,由省、自治区、直辖市人民政府的文物行政主管部门会同城乡规划行政主管部门划定并公布。

省级、设区的市、自治州级和县级文物保护单位的建设控制地带,经省、自治区、直辖市人民政府批准,由核定公布该文物保护单位的人民政府的文物行政主管部门会同城乡规划行政主管部门划定并公布。

3. 历史文化名城名镇名村的保护

《文物保护法》规定,保存文物特别丰富并且具有重大历史价值或者革命纪念意义的城市,由国务院核定公布为历史文化名城。

保存文物特别丰富并且具有重大历史价值或者革命纪念意义的城镇、街道、村庄,由省、自治区、直辖市人民政府核定公布为历史文化街区、村镇,并报国务院备案。

4. 在文物保护单位保护范围和建设控制地带施工的规定

《文物保护法》规定,在文物保护单位的保护范围和建设控制地带内,不得建设污染文物保护单位及其环境的设施,不得进行可能影响文物保护单位安全及其环境的活动。对已有的污染文物保护单位及其环境的设施,应当限期治理。

1) 承担文物保护单位的修缮、迁移、重建工程的单位应当具有相应的资质证书

《文物保护法实施条例》规定,承担文物保护单位的修缮、迁移、重建工程的单位,应当同时取得文物行政主管部门发给的相应等级的文物保护工程资质证书和建设行政主管部门发给的相应等级的资质证书。其中,不涉及建筑活动的文物保护单位的修缮、迁移、重建,应当由取得文物行政主管部门发给的相应等级的文物保护工程资质证书的单位承担。

申领文物保护工程资质证书,应当具备下列条件:①有取得文物博物专业技术职务的人员;②有从事文物保护工程所需的技术设备;③法律、行政法规规定的其他条件。

申领文物保护工程资质证书,应当向省、自治区、直辖市人民政府文物行政主管部门或者国务院文物行政主管部门提出申请。省、自治区、直辖市人民政府文物行政主管部门或者国务院文物行政主管部门应当自收到申请之日起 30 个工作日内作出批准或者不批准的决定。决定批准的,发给相应等级的文物保护工程资质证书;决定不批准的,应当书面通知当事人并说明理由。

2) 在历史文化名城名镇名村保护范围内从事建设活动的相关规定

《历史文化名城名镇名村保护条例》规定,在历史文化名城,名镇、名村保护范围内禁止进行下列活动:①开山、采石、开矿等破坏传统格局和历史风貌的活动;②占用保护规划确定保留的园林绿地,河湖水系、道路等;③修建生产、储存爆炸性、易燃性、放射性、毒害性、腐蚀性物品的工厂、仓库等;④在历史建筑上刻画、涂污。

在历史文化街区、名镇、名村核心保护范围内,不得进行新建、扩建活动。但是,新建、扩建必要的基础设施和公共服务设施除外。

在历史文化街区、名镇、名村核心保护范围内,拆除历史建筑以外的建筑物、构筑物或者其他设施的,应当经城市、县人民政府城乡规划主管部门会同同级文物主管部门批准。

任何单位或者个人不得损坏或者擅自迁移、拆除历史建筑。

3) 在文物保护单位保护范围和建设控制地带内从事建设活动的相关规定

《文物保护法》规定,文物保护单位的保护范围内不得进行其他建设工程或者爆破、钻探、挖掘等作业。但是,因特殊情况需要在文物保护单位的保护范围内进行其他建设工程或者爆破、钻探、挖掘等作业的,必须保证文物保护单位的安全,并经核定公布该文物保护单位的人民政府批准,在批准前应当征得上一级人民政府文物行政部门同意;在全国重点文物保护单位的保护范围内进行其他建设工程或者爆破、钻探、挖掘等作业的,必须经省、自治区、直辖市人民政府批准,在批准前应当征得国务院文物行政部门同意。

在文物保护单位的建设控制地带内进行建设工程,不得破坏文物保护单位的历史风貌;工程设计方案应当根据文物保护单位的级别,经相应的文物行政部门同意后,报城乡建设规划部门批准。

三、施工发现文物报告和保护的规定

《文物保护法》规定,地下埋藏的文物,任何单位或者个人都不得私自发掘。考古发掘的文物,任何单位或者个人不得侵占。

1. 配合建设工程进行考古发掘工作的规定

进行大型基本建设工程,建设单位应当事先报请省、自治区、直辖市人民政府文物行政部门组织从事考古发掘的单位在工程范围内有可能埋藏文物的地方进行考古调查、勘探。

确因建设工期紧迫或者有自然破坏危险,对古文化遗址、古墓葬急需进行抢救发掘的,由省、自治区、直辖市人民政府文物行政部门组织发掘,并同时补办审批手续。

2. 施工发现文物的报告和保护

《文物保护法》规定,在进行建设工程或者在农业生产中,任何单位或者个人发现文物,应当保护现场,立即报告当地文物行政部门,文物行政部门接到报告后,如无特殊情况,应当在 24 小时内赶赴现场,并在 7 日内提出处理意见。

依照以上规定发现的文物属于国家所有,任何单位或者个人不得哄抢、私分、藏匿。《文物保护法实施细则》进一步规定,在进行建设工程中发现古遗址、古墓葬必须发掘时,由省、自治区、直辖市人民政府文物行政管理部门组织力量及时发掘;特别重要的建设工程和跨省、自治区、直辖市的建设工程范围内的考古发掘工作。由国家文物局组织实施,发掘未结束前不得继续施工。

在配合建设工程进行的考古发掘工作中,建设单位、施工单位应当配合考古发掘单位,保护出土文物或者遗迹的安全。

四、违法行为应承担的法律责任

对施工中文物保护违法行为应承担的主要法律责任如下。

1. 哄抢、私分国有文物等违法行为应承担的法律责任

《文物保护法》规定,有下列行为之一,构成犯罪的,依法追究刑事责任:①盗掘古文化遗址、古墓葬的;②故意或者过失损毁国家保护的珍贵文物的;③擅自将国有馆藏文物出售或者私自送给非国有单位或者个人的;④将国家禁止出境的珍贵文物私自出售或者送给外国人的;⑤以牟利为目的倒卖国家禁止经营的文物的;⑥走私文物的;⑦盗窃、哄抢、私分或者非法侵占国有文物的;⑧应当追究刑事责任的其他妨害文物管理行为。

造成文物灭失、损毁的,依法承担民事责任。构成违反治安管理行为的,由公安机关依法给予治安管理处罚。构成走私行为,尚不构成犯罪的,由海关依照有关法律、行政法规的规定给予处罚。

有下列行为之一,尚不构成犯罪的,由县级以上人民政府文物主管部门会同公安机关追缴文物;情节严重的,处 5 000 元以上 5 万元以下的罚款:①发现文物隐匿不报或者拒不上交的;②未按照规定移交拣选文物的。

2. 在文物保护单位的保护范围和建设控制地带内进行建设工程违法行为应承担的法律责任

《文物保护法》规定,有下列行为之一,尚不构成犯罪的,由县级以上人民政府文物主管部门责令改正,造成严重后果的,处 5 万元以上 50 万元以下的罚款;情节严重的,由原发证机关吊销资质证书:①擅自在文物保护单位的保护范围内进行建设工程或者爆破、钻探、挖掘等作业的;②在文物保护单位的建设控制地带内进行建设工程,其工程设计方案未经文物行政部门同意、报城乡建设规划部门批准,对文物保护单位的历史风貌造成破坏的;③擅自迁移、拆除不可移动文物的;④擅自修缮不可移动文物,明显改变文物原状的;⑤擅自在原址重建已全部毁坏的不可移动文物,造成文物破坏的;⑥施工单位未取得文物保护工程资质证书,擅自从事文物修缮、迁移、重建的。

刻画、涂污或者损坏文物尚不严重的,或者损毁依法设立的文物保护单位标志的,由公安机关或者文物所在单位给予警告,可以并处罚款。

在文物保护单位的保护范围内或者建设控制地带内建设污染文物保护单位及其环境的设施的,或者对已有的污染文物保护单位及其环境的设施未在规定的期限内完成治理的,由环境保护行政部门依照有关法律、法规的规定给予处罚。

3. 未取得相应资质证书擅自承担文物保护单位修缮、迁移、重建工程违法行为应承担的法律责任

《文物保护法实施条例》规定,未取得相应等级的文物保护工程资质证书,擅自承担文物保护单位的修缮、迁移、重建工程的,由文物行政主管部门责令限期改正;逾期不改正,或者造成严重后果的,处 5 万元以上 50 万元以下的罚款;构成犯罪的,依法追究刑事责任。

未取得建设行政主管部门发给的相应等级的资质证书,擅自承担含有建筑活动的文物保护单位的修缮、迁移、重建工程的,由建设行政主管部门依照有关法律、行政法规的规定予以处罚。

4. 历史文化名城名镇名村保护范围内违法行为应承担的法律责任

《历史文化名城名镇名村保护条例》规定,在历史文化名城、名镇、名村保护范围内有下列行为之一的,由城市、县人民政府城乡规划主管部门责令停止违法行为、限期恢复原状或者采取其他补救措施;有违法所得的,没收违法所得;逾期不恢复原状或者不采取其他补救措施的,城乡规划主管部门可以指定有能力的单位代为恢复原状或者采取其他补救措施,所需费用由违法者承担;造成严重后果的,对单位并处 50 万元以上 100 万元以下的罚款,对个人并处 5 万元以上 10 万元以下的罚款;造成损失的,依法承担赔偿责任:①开山、采石、开矿等破坏传统格局和历史风貌的;②占用保护规划确定保留的园林绿地、河湖水系、道路等的;③修建生产、储存爆炸性、易燃性、放射性、毒害性、腐蚀性物品的工厂、仓库等的。

未经城乡规划主管部门会同同级文物主管部门批准,有下列行为之一的,由城市、县人民政府城乡规划主管部门责令停止违法行为、限期恢复原状或者采取其他补救措施;有违法所得的,没收违法所得;逾期不恢复原状或者不采取其他补救措施的,城乡规划主管部门可以指定有能力的单位代为恢复原状或者采取其他补救措施,所需费用由违法者承担;造成严重后果的、对单位并处 5 万元以上 10 万元以下的罚款,对个人并处 1 万元以上 5 万元以下的罚款;造成损失的,依法承担赔偿责任。①改变园林绿地、河湖水系等自然状态的;②进行影视摄制、举办大型群众性活动的;③拆除历史建筑以外的建筑物、构筑物或者其他设施的;④对历史建筑进行外部修缮装饰、添加设施,以及改变历史建筑的结构或者使用性质的;⑤其他影响传统格局、历史风貌或者历史建筑的。有关单位或者个人经批准进行上述活动,但是在活动过程中对传统格局、历史风貌或者历史建筑构成破坏性影响的,依照以上规定予以处罚。

损坏或者擅自迁移、拆除历史建筑的,由城市、县人民政府城乡规划主管部门责令停止违法行为、限期恢复原状或者采取其他补救措施;有违法所得的,没收违法所得;逾期不恢复原状或者不采取其他补救措施的,城乡规划主管部门可以指定有能力的单位代为恢复原状或者采取其他补救措施,所需费用由违法者承担;造成严重后果的,对单位并处20万元以上50万元以下的罚款,对个人并处10万元以上20万元以下的罚款;造成损失的,依法承担赔偿责任。

擅自设置、移动、涂改或者损毁历史文化街区、名镇、名村标志牌的,由城市、县人民政府城乡规划主管部门责令限期改正;逾期不改正的,对单位处1万元以上5万元以下的罚款,对个人处1 000元以上1万元以下的罚款。

5. 水下文物保护违法行为应承担的法律责任

《水下文物保护管理条例》规定,破坏水下文物,私自勘探、发掘、打捞水下文物,或者隐匿、私分、贩运、非法出售、非法出口水下文物,依法给予行政处罚或者追究刑事责任。

案例 9-2

1. 背景

2008年5月28日,某市文物局接到群众举报,某高速铁路某段施工人员在取土区挖出沉船遗骸和部分文物,随之出现了民工滥挖和哄抢状况。该县文保所接到市文物局电话后,即刻赶到现场,经查情况属实。市文物局责成县文保所速报省文物局,省文物研究所3位专业人员于2008年5月30日到现场进行勘察。

这一事件引起高铁管理部门、市发改委、市文物局的高度重视。为配合高速铁路建设,同时保护好地下文物,避免施工中再次发生类似事件,经市文物局提议,3家单位迅速联合举办高铁文物保护学习班,15位沿线施工单位负责人参加了学习。各施工单位反复告诫作业人员,不论在哪里发现文化遗存,都应立即停工,保护好现场,并在第一时间通报文物部门;如不及时上报,造成文物被破坏,就会触犯刑律。培训工作很快显现积极效果,6月6日,高铁某段施工人员向市文物局报告,施工中发现了古墓葬;不到2小时,此信息上报到省文物局,文物部门对现场采取了保护性措施。

2. 问题

(1) 本案中哪些行为违反了《文物保护法》的规定?

(2) 施工过程中发现文物时施工单位应该采取什么措施?

(3) 对文物保护违法行为应如何处理?

3. 分析

(1) 根据《文物保护法》第32条规定,在进行建设工程或者在农业生产中,任何单位或者个人发现文物,应当保护现场,立即报告当地文物行政部门。任何单位或者个人不得哄抢、私分、藏匿。本案中,高速铁路施工人员在取土区挖出沉船遗骸和部分文物时,不仅没有依法及时报告,而且滥挖和哄抢文物,造成了文物破坏。施工人员的哄抢、滥挖行为,以及不及时上报文物行政部门的行为,违反了《文物保护法》的规定。

(2) 根据《文物保护法》第32条规定和《文物保护法实施细则》第22条、第23条规定,在施工过程中发现文物时,首先应当保护现场,停止施工,立即报告当地文物行政部门;其次,配合考古发掘单位,保护出土文物或者遗迹的安全,在发掘未结束前不得继续施工。

(3)依据《文物保护法》第64条、第65条规定,对于盗窃、哄抢、私分或者非法侵占国有文物的,构成犯罪的,依法追究刑事责任;造成文物灭失、损毁的,依法承担民事责任;构成违反治安管理行为的,由公安机关依法给予治安管理处罚。

9.4 城乡规划法规

一、城乡规划立法概况

1. 城乡规划立法概况

2007年10月28日,第十届全国人民代表大会常务委员会第三十次会议通过了《中华人民共和国城乡规划法》(简称《城乡规划法》),并于2008年1月1日起开始实施,原来的《中华人民共和国城市规划法》和《村庄和集镇规划建设管理条例》同时废止。《城乡规划法》中所称的城乡规划包括城镇体系规划、城市规划、镇规划、乡规划和村庄规划和社区规划。城市规划、镇规划分为总体规划和详细规划。详细规划分为控制性详细规划和修建性详细规划。制定和实施城乡规划,在规划区内进行建设活动,必须遵守本法。

2. 城乡规划法的指导思想、基本原则和管理体制

1)城乡规划法的立法目的

为进一步加强城乡规划工作,充分发挥城乡规划对城乡建设与发展的指导作用,推动我国经济社会科学发展、和谐发展、文明发展,协调城乡规划空间布局,改善人居环境,促进城乡经济社会全面协调可持续发展,制定了城乡规划法。

2)城乡规划的指导思想

按照贯彻落实科学发展观和构建和谐社会的要求,统筹城乡建设和发展,确立科学的规划体系和严格的规划实施制度,按照"资源节约、环境友好、社会和谐、城乡统筹"的要求,围绕建设"功能完善、特色鲜明、环境优美、适宜人居的现代化城市"的目标,正确处理局部与整体、近期与远期、经济建设与社会发展、城乡建设与环境保护的关系,完善城乡规划体系,提高城乡规划编制水平,健全城乡规划决策机制,强化城乡规划实施监管,充分发挥规划在引导城镇化健康发展、促进城乡经济社会可持续发展中的统筹协调和综合调控的作用。

3)城乡规划的基本原则

(1)因地制宜原则。

(2)全面覆盖,完善体系。

(3)以人为本,科学发展。

(4)城乡统筹,共同发展。

(5)资源节约,生态优先。

(6)依法行政,规范管理。

4）城乡规划的管理体制

国务院城乡规划主管部门负责城乡规划管理工作。县级以上地方人民政府城乡规划主管部门负责本行政区域的城乡规划管理工作。

二、城乡规划的制定

1. 城乡规划和规划区的定义

所谓城乡规划，是指对一定时期内城乡的经济和社会发展、土地利用、空间布局以及各项建设的综合部署、具体安排和实施管理。所谓规划区，是指城市、镇和村庄的建成区以及因城乡建设和发展需要，必须实行规划控制的区域。

2. 城镇体系规划和城市总体规划的编制和审批

1）城镇体系规划的编制和审批

国务院城乡规划主管部门会同有关部门组织编制全国城镇体系规划，并报国务院审批。省、自治区人民政府组织编制省域城镇体系规划，报国务院审批。

2）城市总体规划的编制和审批

城市人民政府组织编制城市总体规划。直辖市的城市总体规划由城市人民政府报国务院审批。省、自治区人民政府所在地的城市以及国务院确定的城市的总体规划，由省、自治区人民政府审查同意后，报国务院审批。其他城市的总体规划，由城市人民政府报省、自治区人民政府审批。县人民政府组织编制县人民政府所在地镇的总体规划，报上一级人民政府审批。其他镇的总体规划由镇人民政府组织编制，报县人民政府审批。

3）地方人大对城镇体系规划和城市总体规划的审议

城市、镇人民政府组织编制的总体规划在报上一级人民政府审批前，应经本级人民代表大会常务委员会审议，常务委员会组成人员的审议意见交本级人民政府研究处理。

4）城市总体规划、镇总体规划的内容和期限

城市总体规划、镇总体规划的内容：城市、镇的发展布局，功能分区，用地布局，综合交通体系，禁止、限制和适宜建设的地域范围，各类专项规划等。

规划区范围、规划区内建设用地规模、基础设施和公共服务设施用地、水源地和水系、基本农田和绿化用地、环境保护、自然与历史文化遗产保护以及减灾防灾等内容，应当作为城市总体规划、镇总体规划的强制性内容。

城市总体规划、镇总体规划的期限一般为20年，城市总体规划还应对城市更长远的发展做出预测性安排。

3. 城镇详细规划的编制、审批和备案

1）基本概念

控制性详细规划：以城市总体规划或分区规划为依据，以土地使用控制为重点，详细规定建设用地性质、使用强度和空间环境，把规划设计与管理及开发相衔接，作为规划管理的依据，用于指导修建性详细规划的编制。

修建性详细规划：以城市总体规划、分区规划或控制性详细规划为依据，制定用以指导各项建筑和工程设施的设计和施工的规划设计。

2）规划的主要内容

以城市总体规划或分区规划为依据，确定建设地区的土地使用性质和使用强度的控制指

标、道路和工程管线控制性位置以及空间环境控制的规划要求。

控制性详细规划应包含下列内容：

（1）确定规划范围内不同性质用地的界线，确定各类用地内适建、不适建或者有条件地允许建设的建筑类型；

（2）确定各地块建筑高度、建筑密度、容积率、绿地率等控制指标；确定公共设施配套要求、交通出入口方位、停车泊位、建筑后退红线距离等要求；

（3）提出各地块的建筑体量、体型、色彩等城市设计指导原则；

（4）根据交通需求分析，确定地块出入口位置、停车泊位、公共交通场站用地范围和站点位置、步行交通以及其他交通设施。规定各级道路的红线、断面、交叉口形式及渠化措施、控制点坐标和标高；

（5）根据规划建设容量，确定市政工程管线位置、管径和工程设施的用地界线，进行管线综合；确定地下空间开发利用具体要求；

（6）制定相应的土地使用与建筑管理规定。

控制性详细规划的文件和图纸应当包括：

① 控制性详细规划文件包括规划文本和附件，规划说明及基础资料收入附件。规划文本中应当包括规划范围内土地使用及建筑管理规定；

② 控制性详细规划图纸包括：规划地区现状图、控制性详细规划图纸。图纸比例为1/1000～1/2000。修建性详细规划根据《城市规划编制办法》第二十五条至第二十七条的规定，对于当前要进行建设的地区，应当编制修建性详细规划，用以指导各项建筑和工程设施的设计和施工。

修建性详细规划应包含下列内容：

① 建设条件分析及综合技术经济论证；

② 做出建筑、道路和绿地等的空间布局和景观规划设计，布置总平面图；

③ 道路交通规划设计；

④ 绿地系统规划设计；

⑤ 工程管线规划设计；

⑥ 竖向规划设计；

⑦ 估算工程量、拆迁量和总造价，分析投资效益。

修建性详规文件和图纸主要包括：

① 修建性详细规划文件即规划设计说明书；

② 修建性详细规划图纸包括：规划地区规划图、规划总平面图、各项专业规划图、竖向规划图、反映规划设计意图的透视图。图纸比例为1/500～1/2000。

三、城乡规划的实施

1. 城乡规划的基本原则和要求

地方各级人民政府应当根据当地经济社会发展水平，量力而行，尊重群众意愿，有计划、分步骤地组织实施城乡规划。城乡规划经法定程序批准后，即具有了法律效力，规划区内的任何土地利用及各项建设活动都必须符合规划的要求。历史文化名城、名镇、名村的保护以及受保护建筑物的规划、建设、管理、维护和使用，应当遵守有关法律、行政法规和国务院的规定。城乡建设和发展，应当依法保护和合理利用风景名胜资源，统筹安排风景名胜区及周边乡、镇、村庄

第9章 建设工程其他相关法规

的建设。城市地下空间的开发和利用,应当与经济和技术发展水平相适应,遵循统筹安排、综合开发、合理利用的原则,充分考虑防灾减灾、人民防空和通信等需要,并符合城市规划,履行规划审批手续。

2. 规划行政许可证制度

1) 选址意见书的核发

选址意见书就是城市规划行政主管部门依法确认其建设项目位置和用地范围的法律凭证。按照国家规定需要有关部门批准或者核准的建设项目,以划拨方式提供国有土地使用权的,建设单位在报送有关部门批准或者核准前,应当向城乡规划主管部门申请核发选址意见书。前述规定以外的建设项目不需要申请选址意见书。

2) 建设用地规划许可证

在城市、镇规划区内以划拨方式提供国有土地使用权的建设项目,经有关部门批准、核准、备案后,建设单位应当向城市、县人民政府城乡规划主管部门提出建设用地规划许可申请,由城市、县人民政府城乡规划主管部门依据控制性详细规划核定建设用地的位置、面积、允许建设的范围,核发建设用地规划许可证。以出让方式取得国有土地使用权的建设项目,在签订国有土地使用权出让合同后,建设单位应当持建设项目的批准、核准、备案文件和国有土地使用权出让合同,向城市、县人民政府城乡规划主管部门领取建设用地规划许可证。建设单位在取得建设用地规划许可证后,方可向县级以上地方人民政府土地主管部门申请用地,经县级以上人民政府审批后,由土地主管部门划拨土地。建设用地规划许可证的内容一般包括:用地单位、用地项目名称、用地位置、用地性质、用地面积、建设规模、附图及附件等。建设工程规划许可证的内容则一般包括:用地单位,用地项目名称、位置、宗地号以及子项目名称,建筑性质、栋数、层数、结构类型,计容积率面积及各分类面积,附件包括总平面图、各层建筑平面图、各向立面图和剖面图。

规划条件未纳入国有土地使用权出让合同的,该国有土地使用权出让合同无效;对未取得建设用地规划许可证的建设单位批准用地的,由县级以上人民政府撤销有关批准文件;占用土地的,应当及时退回;给当事人造成损失的,应当依法给予赔偿。

3) 建设工程规划许可证

建设用地规划许可证是建设单位在向土地管理部门申请征用、划拨土地前,经城乡规划行政主管部门确认建设项目位置和范围符合城乡规划的法定凭证,是建设单位用地的法律凭证。在城市、镇规划区内进行建筑物、构筑物、道路、管线和其他工程建设的,建设单位或者个人应当向城市、县人民政府城乡规划主管部门或者省、自治区、直辖市人民政府确定的镇人民政府申请办理建设工程规划许可证。

申请办理建设工程规划许可证,应当提交使用土地的有关证明文件、建设工程设计方案等材料。需要建设单位编制修建性详细规划的建设项目,还应当提交修建性详细规划。对符合控制性详细规划和规划条件的,由城市、县人民政府城乡规划主管部门或者省、自治区、直辖市人民政府确定的镇人民政府核发建设工程规划许可证。

4) 乡村建设规划许可证

在乡、村庄规划区内进行乡镇企业、乡村公共设施和公益事业建设的,建设单位或者个人应当向乡、镇人民政府提出申请,由乡、镇人民政府报城市、县人民政府城乡规划主管部门核发乡村建设规划许可证。在乡、村庄规划区内进行乡镇企业、乡村公共设施和公益事业建设以及农村村民住宅建设,不得占用农用地;确需占用农用地的,应当依照《中华人民共和国土地管理法》有关规定办理农用地转用审批手续后,由城市、县人民政府城乡规划主管部门核发乡村建设规划许可证。在乡、村庄规划区内使用原有宅基地进行农村村民住宅建设的规划管理办法,由省、自治区、直辖市制定。建设单位或者个人在取得乡村建设规划许可证后,方可办理用地审批手续。

3. 监督检查

县级以上人民政府及其城乡规划主管部门应当加强对城乡规划编制、审批、实施、修改的监督检查。建设工程审核批准后,规划行政主管部门要加强监督检查工作,主要包括验线、现场检查和竣工验收。

城乡规划主管部门对城乡规划的实施情况进行监督检查,有权采取以下措施:

(1)要求有关单位和人员提供与监督事项有关的文件、资料,并进行复制;

(2)要求有关单位和人员就监督事项涉及的问题做出解释和说明,并根据需要进入现场进行勘测;

(3)责令有关单位和人员停止违反有关城乡规划的法律、法规的行为。

县级以上地方人民政府城乡规划主管部门按照国务院规定对建设工程是否符合规划条件予以核实。未经核实或者经核实不符合规划条件的,建设单位不得组织竣工验收。建设单位应当在竣工验收后六个月内向城乡规划主管部门报送有关竣工验收资料。

4. 城乡规划的修改

修改省域城镇体系规划、城市总体规划、镇总体规划前,组织编制机关应当对原规划的实施情况进行总结,并向原审批机关报告;修改涉及城市总体规划、镇总体规划强制性内容的,应当先向原审批机关提出专题报告,经同意后,方可编制修改方案,修改后的规划方案应按原审批程序报批。

修改控制性详细规划的,组织编制机关应当对修改的必要性进行论证,征求规划地段内利害关系人的意见,并向原审批机关提出专题报告,经原审批机关同意后,方可编制修改方案。修改后的控制性详细规划,应当依照《城乡规划法》第十九条、第二十条规定的审批程序报批。控制性详细规划修改涉及城市总体规划、镇总体规划的强制性内容的,应当先修改总体规划。修改后的规划方案应按原审批程序报批,修改乡规划、村庄规划的,应当依照规定的审批程序报批。

5. 法律责任

对依法应当编制城乡规划而未组织编制,或者未按法定程序编制、审批、修改城乡规划的,以及城乡规划组织编制机关委托不具有相应资质等级的单位编制城乡规划的,由上级人民政府责令改正,通报批评,并对有关人民政府负责人和其他直接责任人员依法给予处分。

9.5 建设工程勘察设计法规

一、建设工程勘察设计概述

1. 建设工程勘察、设计的概念

建设工程勘察是指根据建设工程的要求,查明、分析、评价建设场地的地质地理环境特征和

第9章 建设工程其他相关法规

岩土工程条件,编制建设工程勘察文件的活动,包括工程测量,岩土工程勘察、设计、治理、监测,水文地质勘查,环境地质勘查等工作。建设工程设计是指根据建设工程的要求,对建设工程所需的技术、质量、经济、资源、环境等条件进行综合分析、论证,编制建设工程设计文件的活动。

国家对从事工程勘察、设计活动的企业及专业技术人员,实行资质管理及执业资格注册制度。勘察、设计企业只能在其资质等级许可的范围内承揽业务,专业技术人员只能受聘于一个建设工程勘察设计企业,未受企业聘用的,不得从事建设工程勘察、设计活动。

2. 工程勘察设计法规立法概况

目前,我国工程勘察设计方面的立法层次总的来说还比较低,主要由住建部及相关部委的规章和规范性文件组成。主要法规有《建设工程勘察设计管理条例》(2000年9月25日起施行)、《建设工程勘察质量管理办法》(2002年12月4日起施行,2007年11月22日修正)、《工程勘察设计咨询业知识产权保护与管理导则》(2003年10月22日起施行)、《房屋建筑和市政基础设施工程施工图设计文件审查管理办法》(2004年8月23日起施行)、《勘察设计注册工程师管理规定》(2005年4月1日起施行)、《建设工程勘察设计资质管理规定》(2007年9月1日起施行)。这些法规对我国建设工程勘察设计的法律建设起到了极大的推进作用。为适应市场经济的需要,进一步加强对工程勘察设计行为的规范和管理,国家正在积极制定《中华人民共和国工程勘察设计法》,届时它将成为我国第一部工程勘察设计方面的法律,对工程勘察设计的法制建设,将有极大的推动作用。

3. 工程勘察、设计依据

《建设工程勘察设计管理条例》规定,编制工程建设勘察、设计文件应当以下列规定为依据:

(1) 项目批准文件;

(2) 城市规划;

(3) 工程建设强制性标准;

(4) 国家规定的工程建设勘察设计深度要求。

二、建设工程设计阶段和基本内容

设计是基本建设的重要环节。在建设项目的选址和设计任务书已定的情况下,建设项目是否技术上先进和经济上合理,设计将起着决定作用。

1. 设计阶段

按我国现行规定,一般建设项目按初步设计和施工图设计两个阶段进行。对于技术复杂而又缺乏经验的项目,经主管部门指定,需增加技术设计阶段;对一些大型联合企业、矿区和水利枢纽,为解决总体部署和开发问题,还需进行总体规划设计或总体设计。

2. 各设计阶段的基本内容与深度

1) 总体规划设计

总体设计是指完成大型工程体系的总体方案和总体技术途径的设计过程。在一般工程设计中总体设计则指按计划任务书的内容进行概略计算,附以必要的文字说明和图纸设计的设计过程。

深度上应满足开展下述工作的要求:能满足初步设计的开展、主要大型设备和材料的预先安排以及土地征用准备工作的要求,能反映出平面功能、立体造型的意图。

2）方案设计

设计者在对建筑物主要内容的安排有大概的布局设想以后,首先要考虑和处理建筑物与城市规划的关系,其中包括建筑物和周围环境的关系、建筑物对城市交通或城市其他功能的关系等。在该阶段建筑师可以同使用者和规划部门充分交换意见,最后由建设方报送规划、消防、人防、环保等部门进行审核。对于不太复杂的工程,这一阶段可以省略,把有关工作并入初步设计阶段。

3）初步设计

初步设计适用于国家投资的大型工程、企业投资的复杂工程或者涉及协作部门较多的工程。初步设计是根据选定的设计方案进行更具体更深入的设计。在论证技术可能性、经济合理性的基础上提出设计标准、基础形式、结构方案以及水、暖、电等各专业的设计方案。设计文件由设计总说明书、设计图纸、主要设备和材料表、工程概算书四部分组成,一般包括设计的依据和指导思想,建筑规模、产品方案、原材料、燃料和动力的需用量与来源,工艺流程、主要设备选型和配备,主要建筑物、构筑物、公用和辅助设施、生活区建设,占地面积和土地使用情况,总图运输,外部协作配合条件,消防设施、环保措施和抗震设防等,生产组织、劳动定额和主要技术经济指标及分析,建设进度和期限,工程总概算等内容。初步设计的深度应达到土地使用、投资目标的确定,主要设备和材料订货、施工图设计和施工组织规划的编制、施工准备和生产准备等要求。初步设计经批准后,一般不得随意修改、变更,如有重大变更时,须报原审批者重新批准。

4）技术设计

技术设计是初步设计具体化的阶段,其主要任务是在初步设计的基础上,进一步确定各设计工种之间的技术问题。一般对于不太复杂的工程可省去该设计阶段。

建筑工种的图纸要标明与具体技术工种有关的详细尺寸,并编制建筑部分的技术说明书;结构工种应有建筑结构布置方案图,并附初步计算说明;设备工种也应提供相应的设备图纸及说明书。

5）施工图设计

施工图设计在初步设计、技术设计两阶段之后。这一阶段主要通过图纸,把设计者的意图和全部设计结果表达出来,作为施工制作的依据,它是设计和施工工作的桥梁。对于工业项目来说包括建设项目各分部工程的详图和零部件,结构件明细表,以用验收标准方法等。民用工程施工图设计应形成所有专业的设计图纸:含图纸目录、说明和必要的设备、材料表,并按照要求编制工程预算书。施工图设计文件,应满足设备材料采购,非标准设备制作和施工的需要。

三、施工图设计文件审查

1. 施工图设计文件审查的概念

施工图设计文件审查是指由建设主管部门认定的施工图审查机构按照有关法律、法规,对施工图涉及公共利益、公众安全和工程建设强制性标准的内容进行的审查。《建设工程质量管理条例》第十一条规定:建设单位应当将施工图设计文件报县级以上人民政府建设行政主管部门或者其他有关部门审查。建设工程施工图设计文件审查是建设工程必须进行和遵守的基本建设程序,它是政府主管部门对建设工程勘察、设计质量监督的重要环节,工程建设各方必须认真贯彻执行。没有施工图设计审查的工程,不得办理施工许可。

2. 施工图设计文件审查的范围、内容及程序

1) 施工图审查的范围

2000年2月原建设部下发的《建筑工程施工图设计文件审查暂行办法》规定：建筑工程设计等级分级标准中的各类新建、改建、扩建的建筑工程项目均属审查范围。省、自治区、直辖市人民政府建设行政主管部门，可结合本地的实际，确定具体的审查范围。

2) 施工图审查的内容

(1) 建筑物的稳定性、安全性审查，包括地基基础和主体结构体系是否安全、可靠；

(2) 是否符合消防、节能、环保、抗震、卫生、人防等有关强制性标准、规范；

(3) 施工图是否达到规定的深度要求；

(4) 是否损害公众利益。

3) 施工图设计文件审查程序和阶段

(1) 建设单位在施工图设计文件完成后，持以下相关资料，到当地图纸审查中心填报《建设工程施工图设计文件审查申请书》，申请对建设工程施工图设计文件进行政策性和技术性审查。资料包括：两套完整的施工图设计文件（总平面图、建筑、结构、给排水、暖通、电气等）；批准立项文件或初步设计批准文件以及审定设计方案的通知书（复印件）；规划部门核发的建设项目规划许可证及附件（复印件）；审查合格的岩土工程勘察报告（详勘，一式两份）；结构计算书及计算软件名称和相应的数据文件软（光）盘；设计单位资质证书副本（复印件）；建设工程设计合同（一式三份）；外来设计单位的注册证明。

(2) 政策性审查合格后，当地建设工程施工图审查中心或其他具有相应资质的图纸审查机构对施工图设计文件进行技术性审查。

(3) 建设工程施工图设计审查机构接受委托，对施工图设计文件进行建筑、结构、给水排水、暖通空调、电气、动力等专业进行技术性审查。

(4) 施工图设计文件经审查（或复审）合格后，施工图设计审查机构提交《建设工程施工图设计文件审查意见书》和《建设工程施工图设计文件审查报告书》。

(5) 设计管理办公室根据施工图设计审查机构提交的《建设工程施工图设计文件审查意见书》和《建设工程施工图设计文件审查报告书》，签发《建设工程施工图设计文件审查批准书》。

(6) 建设单位持《建设工程施工图设计文件审查批准书》，到有关部门办理施工许可等建设手续。

3. 施工图设计文件审查各方的责任

(1) 国务院建设行政主管部门负责全国施工图审查管理工作。省、自治区、直辖市人民政府建设行政主管部门负责组织本行政区域内的施工图审查工作的具体实施和监督管理工作。建设行政主管部门在施工图审查工作中主要有：负责制定审查程序、审查范围、审查内容、审查标准并颁发审查批准书；负责制定审查机构和审查人员条件，批准审查机构，认定审查人员；对审查机构和审查工作进行监督并对违规行为进行查处；对施工图设计审查负依法监督管理的行政责任。

(2) 勘察、设计单位必须按照工程建设强制性标准进行勘察、设计，并对勘察、设计质量负责。审查机构按照有关规定对勘察成果、施工图设计文件进行审查，但并不改变勘察、设计单位的质量责任。

（3）审查机构接受建设行政主管部门的委托对施工图设计文件涉及的安全和强制性标准执行情况进行技术审查。建设工程经施工图设计文件审查后因勘察设计原因发生工程质量问题，审查机构承担审查失职的责任。

1. 施工现场对人的危害及对环境的污染主要有哪些？环境污染防治主要包括哪两个方面？
2. 《绿色施工导则》中关于水污染控制的规定是什么？《绿色施工导则》中对施工现场防治扬尘的规定是什么？
3. 何为"四节一环保"？工程建设领域，节约能源包括哪两个方面？
4. 《文物保护法》中关于施工现场发现文物报告和保护部分是如何规定的？
5. 如何确保城乡规划的实施？
6. 编制工程勘察、设计文件的主要依据有哪些？
7. 何为施工图设计文件审查？审查的内容和程序如何？

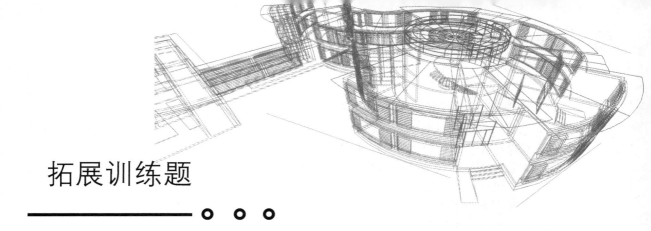

拓展训练题

单元1 拓展训练习题

一、单项选择题

1. 由一个国家现行的各个部门法构成的有机联系的统一的整体通常称为（   ）。
   A. 法律形式   B. 法律体系   C. 法律规范   D. 法律部门
2. 关于法的效力层级，下列表述中错误的是（   ）。
   A. 宪法至上   B. 新法优于旧法
   C. 特别法优于一般法   D. 一般法优于特别法
3. 按照上位法与下位法的法律地位与效力，下列说法中错误的是（   ）。
   A.《建筑法》高于《建设工程质量管理条例》
   B.《建设工程质量管理条例》高于《注册建造师管理规定》
   C.《建设工程安全生产管理条例》高于《建设工程施工现场管理规定》
   D.《北京市建筑市场管理条例》高于《河北省建筑市场管理条例》
4. 下列组织中，不具有法人资格的组织是（   ）。
   A. 大学   B. 项目经理部   C. 公司   D. 社团
5. 在某工程项目施工中，经项目经理签字的材料款，未能按时支付，则承担法律责任的主体是（   ）。
   A. 施工企业   B. 项目经理   C. 建设单位   D. 项目经理部
6. 设立法人需要具备的条件不包括（   ）。
   A. 依法成立，有必要的财产或者经费   B. 有自己的名称、组织机构和场所
   C. 有独立产权的经营场所   D. 能够独立承担民事责任
7. 某施工企业请某律师代理诉讼属于（   ）。
   A. 委托代理   B. 法定代理   C. 指定代理   D. 表见代理
8.《民法通则》规定，无民事行为能力人、限制民事行为能力人的监护人是他的（   ）。
   A. 委托代理人   B. 法定代理人   C. 指定代理人   D. 复代理人
9. 关于代理的法律特征，下列表述中正确的是（   ）。
   A. 任何行为都可以代理
   B. 代理行为的法律后果归属于第三人
   C. 代理人应该以自己的名义实施代理行为
   D. 代理人应该以被代理人的名义实施代理行为
10. 下列属于委托代理终止的是（   ）。
    A. 被代理人取得民事行为能力   B. 被代理人恢复民事行为能力

C. 代理期间届满或者代理事务完成　　D. 指定代理的人民法院取消指定

11. 代理人没有代理权、超越代理权限范围或代理权终止后进行代理活动的,属于(　　)。
   A. 有权代理　　B. 无权代理　　C. 表见代理　　D. 滥用代理权

12. 某设计院法定代表人授权其合约部经理李某签订某工程设计合同,该行为属于(　　)。
   A. 法定代理　　B. 委托代理　　C. 表见代理　　D. 指定代理

13. 在委托代理关系中,因为授权不明确而给第三人造成损失,则应该由(　　)。
   A. 第三人自己承担损失
   B. 代理人独自向第三人承担责任
   C. 被代理人独自向第三人承担责任
   D. 被代理人与代理人向第三人承担连带责任

14. 甲公司授权其业务员张某购买一批建材,甲公司向张某签发了授权委托书,但委托书中并未明确授权委托期限。后不久甲公司与张某解除了劳务关系,张某怀恨在心,恶意与乙公司签订合同购买一批建材,给乙公司造成了经济损失,其法律后果应该由(　　)。
   A. 张某自行承担责任　　　　　　　　B. 甲公司自行承担责任
   C. 乙公司自行承担责任　　　　　　　D. 甲公司与张某向乙公司承担连带责任

15. 在委托代理中,委托授权书的内容不包括(　　)。
   A. 代理人的姓名或者名称　　　　　　B. 代理的事项、权限
   C. 代理的期间　　　　　　　　　　　D. 第三人的姓名或者名称

16. 下列权利中,不属于物权的是(　　)。
   A. 抵押权　　B. 房屋产权　　C. 房主的租金　　D. 建设用地使用权

17. 下列对收益权的描述中,正确的是(　　)。
   A. 使用权包括收益权
   B. 收益权不是一项独立的权能
   C. 收益权是指获取由原物产生出来的新增经济价值的权能
   D. 所有者不行使对物的使用权,则不能享有对物的收益权

18. 下列关于地役权的表述中,正确的是(　　)。
   A. 地役权可以单独转让
   B. 地役权自合同签订时设立
   C. 地役权是按照当事人的约定设立的用益物权
   D. 当事人可以采用口头形式订立地役权合同

19. 施工方甲单位由于建设需要,需要经过乙厂的道路运送建筑材料。于是,甲、乙双方订立合同,约定施工方甲单位向乙厂支付一定的费用,甲单位可以通过乙单位的道路运送材料。在此合同中,施工单位甲拥有的权利是(　　)。
   A. 相邻权　　B. 地役权　　C. 土地租赁权　　D. 建设用地使用权

20. 动产物权的设立和转让,自(　　)时发生效力,但法律另有规定的除外。
   A. 占有　　B. 交付　　C. 登记　　D. 合同成立

21. 按照《物权法》的规定,建设用地使用权自(　　)时设立。
   A. 合同签订　　B. 合同生效　　C. 登记　　D. 支付出让金

22. 下列选项中,属于担保物权的是(　　)。
   A. 抵押权　　B. 地役权　　C. 处分权　　D. 用益物权

23. 在债的发生依据中,既未受人之托,也不负有法律规定的义务,而自觉为他人管理事务或提供服务的行为是(   )。
    A. 无权代理   B. 不当得利   C. 侵权行为   D. 无因管理

24. 动产物权的设立和转让,自(   )时发生效力,但法律另有规定的除外。
    A. 占有   B. 交付   C. 使用   D. 签订合同

25. 某工程项目为赶工期而昼夜施工,严重影响了相邻小区居民的休息,经现场劝阻无效,居民便成立维权小组与该施工企业谈判,要求其停止夜间施工,并赔偿2万元作为抚慰金。关于该施工企业与相邻小区居民之间的关系,以下表述中正确的是(   )。
    A. 其间构成了不当得利之债   B. 其间构成了无因管理之债
    C. 其间构成了侵权之债   D. 其间没有形成债的关系

26. 建设工程债发生的最主要的依据是(   )。
    A. 侵权   B. 合同   C. 不当得利   D. 无因管理

27. 我国知识产权的主体包括著作权、专利权和(   )。
    A. 发现权   B. 商标专用权   C. 发明权   D. 其他科技成果权

28. 某建设单位委托某设计院进行一个建设工程项目的设计工作,合同中没有约定工程设计图的归属。设计院委派李某等完成了这一设计任务,该设计图纸的著作权属于(   )。
    A. 建设单位   B. 李某等   C. 施工单位   D. 设计院

29. 在建设工程知识产权侵权的民事责任中,最主要的是(   )。
    A. 恢复原状   B. 停止侵害   C. 赔礼道歉   D. 赔偿损失

30. 实用新型专利权和外观设计专利权的期限为(   )。
    A. 10年   B. 15年   C. 20年   D. 30年

31. 李某经过长期研究发明了新型混凝土添加剂,2010年2月5日向国家专利局提出了专利申请,4月5日国家专利局将其专利公告,2011年3月15日授予李某专利权。该专利权届满的期限是(   )。
    A. 2030年2月5日   B. 2020年3月5日
    C. 2030年3月15日   D. 2020年3月15日

32. 甲公司与乙公司签订了一份供货合同,由甲公司为乙公司供应钢筋,并由丙公司作为乙公司收到钢筋后支付货款的保证人,但合同对保证方式没有约定。后来乙公司收到钢筋后拒不付款,则丙公司承担保证责任的方式应(   )。
    A. 为一般保证   B. 为连带责任保证
    C. 由丙与甲重新协商确定   D. 由甲、乙、丙三方重新协商确定

33. 建设工程招投标过程中,银行为施工单位提供的工程投标保函属于(   )。
    A. 主合同   B. 从合同   C. 贷款合同   D. 连带责任保证

34. 建设工程开工前,办理建筑工程一切险并支付保险费用的是(   )。
    A. 承包商   B. 发包人   C. 分包商   D. 监理单位

35. 施工单位应当为施工现场从事危险作业的人员办理(   )。
    A. 第三者责任险   B. 财产人身保险   C. 社会工伤保险   D. 意外伤害保险

36. 某建筑公司中标某桥梁工程,依照《建筑法》的规定,该建筑公司必须投保的险种是(   )。
    A. 建筑工程一切险   B. 安装工程一切险

C. 工程监理责任保险　　　　　　　　D. 建筑意外伤害险

37. 某建筑公司承包了某工程,该工程计划于5月15日开工,该建筑公司在5月5日与保险公司签订了建筑职工意外伤害保险合同,5月8日,该建筑公司工作人员在巡视工地现场时发生了意外事故,建筑公司拟向保险公司索赔,此时保险公司承担保险责任的期限起算时间应为(　　)。
　　A. 5月5日　　　B. 5月8日　　　C. 5月15日　　　D. 6月15日

38. 某施工单位在参与某工程投标过程中,与另一投标单位提前联系并商讨报价,给建设单位造成重大损失,则该施工单位直接责任人应承担的刑事责任为(　　)。
　　A. 恶意投标罪　　B. 串通投标罪　　C. 重大责任事故罪　　D. 玩忽职守罪

39. 属于建筑工程一切险承保的是(　　)。
　　A. 因自然灾害导致的工程损毁
　　B. 设计错误引起的损失
　　C. 意外事故所导致的钢结构安装过程中人员伤亡
　　D. 因自然灾害导致工程现场机械损坏

40. 在公共场所施工,没有设置明显标志造成他人损害的,施工单位应承担赔偿责任。这种责任属于(　　)。
　　A. 刑事责任　　B. 违约责任　　C. 侵权责任　　D. 行政责任

二、多项选择题

1. 我国现行的建设行政法规主要有(　　)。
　　A.《建设工程质量管理条例》　　　　B.《建设工程安全生产管理条例》
　　C.《建设工程勘察设计管理条例》　　D.《城市房地产开发经营管理条例》
　　E.《市政公用设施抗灾设防管理规定》

2. 下列立法成果中属于地方性法规、自治条例或单行条例的有(　　)。
　　A.《北京市招标投标条例》　　　　　B.《建筑安装工程招标投标试行办法》
　　C.《重庆市建设工程造价管理规定》　D.《宁波市建设工程造价管理办法》
　　E.《新疆维吾尔自治区建筑市场管理条例》

3. 下列对于法人的表述中,正确的是(　　)。
　　A. 法人可以分为企业法人和事业法人
　　B. 机关法人从设立时起具有法人资格,无须经专门机构核准登记
　　C. 企业法人经工商行政管理机关核准登记后取得法人资格
　　D. 企业法人分立、合并,应当向登记机关办理登记并公告
　　E. 企业法人分立、合并,其权利和义务由变更后的法人享有和承担

4. 在代理关系中涉及的主体包括(　　)。
　　A. 代理人　　B. 权利人　　C. 被代理人　　D. 义务人　　E. 第三人

5. 根据《民法通则》的规定,代理的种类包括(　　)。
　　A. 委托代理　　B. 复代理　　C. 指定代理　　D. 法定代理　　E. 特别代理

6. 下列权利中,属于用益物权的有(　　)。
　　A. 地役权　　　　　　　B. 留置权　　　　　　　C. 土地承包经营权
　　D. 宅基地使用权　　　　E. 建设用地使用权

7. 物权人的物权受到侵害的,权利人可以通过(   )等途径解决。
   A. 和解   B. 公证   C. 调解   D. 诉讼   E. 仲裁
8. 建设工程债产生的根据有(   )。
   A. 合同   B. 公证   C. 侵权   D. 不当得利   E. 无因管理
9. 根据《侵权责任法》的规定,建筑物、构筑物或者其他设施倒塌造成他人损害的,由(   )承担连带责任。有其他责任人的,有权向其他责任人追偿。
   A. 监理单位   B. 建设单位   C. 设计单位
   D. 施工单位   E. 质量监督站
10. 关于施工合同的义务下列说法正确的是(   )。
    A. 施工合同的义务包括完成施工任务和支付工程价款
    B. 对于完成施工任务,建设单位是债务人,施工单位是债权人
    C. 对于支付工程价款,建设单位是债权人,施工单位是债务人
    D. 对于支付工程价款,建设单位是债务人,施工单位是债权人
    E. 对于完成施工任务,建设单位是债权人,施工单位是债务人
11. 某施工单位与甲材料供应商订立了材料买卖合同,却误将货款支付给乙材料供应商,随后施工单位索要回货款支付给甲供应商。关于本案中债的性质,下列说法中正确的有(   )。
    A. 向甲供应商支付货款属于合同之债
    B. 向乙供应商支付货款属于合同之债
    C. 甲、乙供应商之间原本没有债的关系
    D. 乙供应商获得货款形成无因管理之债
    E. 乙供应商获得货款形成不当得利之债
12. 下列关于知识产权的说法中,正确的是(   )。
    A. 知识产权具有财产权和人身权的双重特征
    B. 知识产权一经确认,在全世界范围内有效
    C. 知识产权仅在法律规定的期限内受到法律保护
    D. 知识产权包括著作权和工业产权两大类
    E. 知识产权具有绝对的排他性
13. 下列选项中属于保证担保范围的有(   )。
    A. 主债权   B. 抵押权   C. 主债权的利息
    D. 违约金   E. 损害赔偿金
14. 某建筑公司承建一项工程,作为工程施工单位,按照《建筑法》的规定,可以自愿投保的险种有(   )。
    A. 机动车辆险   B. 建筑工程一切险
    C. 建筑职工意外伤害险   D. 安装工程一切险
    E. 机器损坏险
15. 某施工单位在某工程项目的施工中,因自身原因导致施工中出现质量问题,给建设单位造成损失,该施工单位承担责任的方式应包括(   )。
    A. 停业整顿   B. 赔偿损失   C. 返还财产   D. 修理   E. 吊销资质证书

单元 2　拓展训练习题

一、单项选择题

1. 我国工程建设执业资格制度实行从业单位（　　）管理和从业人员执业（　　）管理并行的方式。
   A. 资质、资格　　　B. 资格、资质　　　C. 资质、资质　　　D. 资格、资格

2. 对下列房屋建筑工程的施工：28 层及 28 层以下、单跨跨度 36 m 及以下的房屋建筑工程；高度 120 m 及以下的构筑物，建筑面积 120 000 m² 及以下的住宅小区或建筑群体，可承担单项建安合同额不超过企业注册资本金 5 倍的是（　　）资质施工总承包企业。
   A. 甲级　　　B. 乙级　　　C. 二级　　　D. 三级

3. 建筑业企业连续（　　）年年检合格，方可申请晋升上一个资质等级。
   A. 2　　　B. 3　　　C. 4　　　D. 5

4. 建筑业企业资质年检不合格或者连续（　　）年基本合格的，降低一个资质等级。
   A. 2　　　B. 3　　　C. 4　　　D. 5

5. 降级的建筑业企业，经过（　　）年以上时间的整改，经建设主管部门核查确认，达到规定的资质标准，且在此期间未发生违法违规行为的，可以按规定重新申请原资质等级。
   A. 1　　　B. 2　　　C. 3　　　D. 4

6. 建筑工程施工总承包一级企业法定的专业技术人员中，应具有一级资质项目经理（　　）人以上。
   A. 50　　　B. 30　　　C. 15　　　D. 12

7. 以近 5 年承担过的单项建筑面积来衡量已完成工程的业绩，符合一级施工总承包企业资质等级法定条件的、质量合格的房屋建筑工程单体建筑面积为（　　）万平方米以上。
   A. 5　　　B. 3　　　C. 2　　　D. 1

8. 《建筑业企业资质管理规定》，建筑业企业资质分为（　　）三个序列。
   A. 特级、一级、三级　　　　　　　B. 一级、二级、三级
   C. 甲级、乙级、丙级　　　　　　　D. 施工总承包、专业承包和劳务分包

9. 施工总承包企业资质划分为房屋建筑工程、公路工程等（　　）个资质类别。
   A. 10　　　B. 12　　　C. 13　　　D. 60

10. 建筑业企业资质证书的有效期和每次的有效延续期均为（　　）年。
    A. 3　　　B. 4　　　C. 5　　　D. 6

11. 按照《建筑业企业资质管理规定》，企业取得建筑业企业资质后不再符合相应资质条件的，其资质证书将被（　　）。
    A. 撤回　　　B. 撤销　　　C. 注销　　　D. 吊销

12. 按照《建筑业企业资质管理规定》，建筑业企业资质证书有效期满未申请延续的，其资质证书将被（　　）。
    A. 撤回　　　B. 撤销　　　C. 注销　　　D. 吊销

13. 关于无资质承揽工程，下列表述中正确的是（　　）。
    A. 无资质承包主体签订的专业分包合同或劳务分包合同都是无效合同
    B. 当作为无资质的"实际施工人"的利益受到损害时，不能向合同相对人主张权利

C. 当无资质的"实际施工人"以分包人为被告起诉时,法院不应受理

D. 无资质的"实际施工人"不能以发包人为被告主张权利

14. 两个以上不同资质等级的单位联合承包工程,其承揽工程的业务范围取决于联合体中( )的业务许可范围。

   A. 资质等级高的单位　　　　　　B. 资质等级低的单位

   C. 实际达到的资质等级　　　　　D. 核定的资质等级

15. 下列关于工程承包的选项中,属于非法分包的是( )。

   A. 分包专业工程的承包人,将其中的劳务作业任务分包给了有相应资质的劳务分包公司

   B. 总承包人将劳务作业任务分包给了以自然人为包工头的农民工建筑队

   C. 总承包人将设备安装任务分包给了有相应资质的设备制造厂商

   D. 总承包人将合同额 200 万元的模板工程施工作业任务分包给了有相应资质但注册资金仅为 50 万元的劳务分包公司

16. 某工程由甲公司承包,施工现场检查发现,工程项目管理部的项目经理、技术负责人、质量管理员和安全管理员都不是甲公司职工,而是丙公司的职工。甲公司的行为视同( )。

   A. 用其它建筑企业的名义承揽工程　　B. 允许他人以本企业名义承揽工程

   C. 与他人联合承揽工程　　　　　　　D. 违法分包

17. 《建设工程质量管理条例》规定,建设单位将工程发包给不具有相应资质等级单位的,责令改正,处以( )的罚款。

   A. 工程合同价款 2% 以上 4% 以下　　B. 50 万元以上 100 万元以下

   C. 5 000 元以上 10 000 元以下　　　D. 工程合同价款 0.5% 以上 1% 以下

18. 无证经营的包工头王某的农民工建筑队,挂靠在具有二级资质的某建筑公司下承包了一栋住宅楼工程,因工程质量不符合质量标准而给业主造成了较大的经济损失,此经济损失应由( )承担赔偿责任。

   A. 王某　　　　　　　　　　　　B. 某建筑公司

   C. 某建筑公司和王某连带　　　　D. 双方按事先的约定

19. 注册结构工程师分为( )级别。

   A. 1　　　　B. 2　　　　C. 3　　　　D. 4

20. 注册建造师分为( )级别。

   A. 1　　　　B. 2　　　　C. 3　　　　D. 4

二、多项选择题

1. 建筑业企业资质的法定条件主要包括有符合规定的( )。

   A. 注册资本　　　　　　B. 从业人员　　　　　　C. 专业技术人员

   D. 技术装备　　　　　　E. 已完成的建筑工程业绩

2. 下列体现企业科技进步水平的选项中,符合特级企业资质法定条件的有( )。

   A. 企业近 3 年科技活动经费支出平均占营业额 0.5% 以上

   B. 具有国家级企业技术中心

   C. 企业近 10 年来获得过国家级科技进步奖项

   D. 企业具有国家级工法 3 项以上,近 5 年具有与工程建设相关的专利 3 项以上,累计有效专利 8 项以上,至少包括 1 项发明专利

   E. 实现了内部办公、信息发布、数据交换的网络化等

3. 依照《建筑业企业资质管理规定》,下列关于企业资质申请的表述中,正确的有(　　)。

A. 建筑企业可以申请一项或多项建筑业企业资质

B. 申请多项建筑业企业资质的,应选择最高的一项资质为主项资质,但须符合法定条件

C. 首次申请、增项申请建筑业企业资质的,不考核企业工程业绩,其资质等级按最低等级核定

D. 已取得工程设计资质的企业首次申请同类建筑业企业资质的,不考核工程业绩,其申请资质等级参照同类建筑业企业资质等级核定

E. 已取得工程设计资质的企业首次申请相近类别的建筑业企业资质的,申请资质等级最高不得超过现有工程设计资质等级

4. 下列关于企业资质变更的表述中,正确的有(　　)。

A. 企业合并的,合并后存续或新生企业可承继合并前各方中较高的资质等级,但应符合相应的条件

B. 企业分立的,分立后的资质等级按实际达到的资质标准和规定的审批程序核定

C. 企业改制的,即使改制后资质条件未发生变化,也要重新核定

D. 企业资质证书的变更,由国务院建设主管部门负责办理

E. 企业资质证书的变更,由企业工商注册所在地的建设主管部门负责办理

5. 下列表述中,可由具有相应资质等级的外资建筑业企业承包或与中国企业联合承包的工程包括(　　)。

A. 全部由外国投资、赠款建设的工程项目

B. 外资等于或超过50%的中外联合建设项目

C. 因技术困难而不能由中国企业独立实施的建设项目

D. 由国际金融机构根据贷款条款进行国际招标的建设项目

E. 中国政府跨国投资的建设项目

6. 按照《建筑法》的规定,申请人以欺骗手段取得资质证书应承当的法律责任主要包括(　　)。

A. 吊销资质证书

B. 处以罚款

C. 1年内不得再次申请建筑业企业资质

D. 3年内不得再次申请建筑业企业资质

E. 构成犯罪的,依法追究刑事责任

7. 按《建筑工程质量管理条例》,未取得资质证书承揽工程承担的法律责任包括(　　)。

A. 予以取缔

B. 对施工单位处以工程合同价款2‰以上4‰以下的罚款

C. 对建设单位处以50万元以上100万元以下的罚款

D. 有非法所得的予以没收

E. 3年内不得申请建筑业企业资质

8. 依据《建筑法》的规定,超越本单位资质等级承揽工程应承担的法律责任包括(　　)。

A. 责令停止违法行为,处以罚款　　B. 可以责令停止整顿、降低资质等级

C. 给以警告,限期整改　　D. 情节严重的,吊销资质证书

E. 有违法所得的,予以没收

单元3　拓展训练习题

一、单项选择题

1. 建设单位申请领取施工许可证应具备多项法定条件。下列属于该法定条件的是（　　）。
   A. 已经办理了建设用地申请　　　B. 依法确定了建筑施工企业
   C. 已经领取了房屋拆迁许可证　　D. 建设资金全部到位
2. 建设单位申请施工许可证时，向办证机关提供的施工图纸及技术资料应当满足（　　）。
   A. 施工需要并按规定通过审查　　B. 编织招标文件的要求
   C. 主要设备材料订货的要求　　　D. 施工安全措施的要求
3. 建设单位申请领取施工许可证时必须有已经落实的建设资金。建设工期不足一年的，到位资金原则上不得少于工程合同价的（　　）。
   A. 20%　　　B. 30%　　　C. 40%　　　D. 50%
4. 在城市规划区内进行建设需要申请用地的，建设单位在依法办理用地批准手续前，必须先取得该工程（　　）。
   A. 施工许可证　　　　　　　　B. 建设工程规划许可证
   C. 拆迁许可证　　　　　　　　D. 建设用地规划许可证
5. 下列关于建设单位申请领取施工许可证应具备的法定条件的表述中，错误的是（　　）。
   A. 需要拆迁的，已取得房屋拆迁许可证
   B. 有保证工程质量和安全的具体措施
   C. 工程所需的消防设计按规定审核合格
   D. 建设资金已经落实
6. 某工程符合法定开工条件，但因工期紧未办理施工许可证或开工报告审批手续即开始施工，对此，主管部门适当的处理为（　　）。
   A. 责令停止施工　　　　　　　B. 责令其改正
   C. 只对建设单位罚款　　　　　D. 只对施工单位罚款
7. 建设工程因故中止施工一年者，恢复施工时，该建设单位应当（　　）。
   A. 报发证机关核验施工许可证　B. 重新领取施工许可证
   C. 向发证机关报告　　　　　　D. 向发证机关备案
8. 建设工程领取施工许可证后因故不能正常开工可申请延期，但延期以两次为限，每次不超过（　　）个月。
   A. 3　　　B. 4　　　C. 5　　　D. 6
9. 某工程按国务院规定于2008年6月1日办理了开工报告审批手续，由于周边关系协调问题一直没有开工，同年12月7日准备开工时，建设单位应当（　　）。
   A. 向批准机关申请延续　　　　B. 报批准机关核验施工许可证
   C. 重新办理开工报告审批手续　D. 向批准机关备案
10. 某建设单位欲新建一座大型综合市场，于2006年3月20日领到工程施工许证。开工后因故于2006年10月15日中止施工。根据建筑法施工许可证制度的规定，该建设单位向施工许可证发证机关报告的最迟期限应是2006年（　　）。
    A. 10月15日　　B. 10月22日　　C. 11月14日　　D. 12月14日

11. 实行开工报告制度的建设工程,其开工报告是指(　　)。
    A. 施工单位向监理工程师提交的开工报告
    B. 建设单位向政府主管部门提交的开工报告
    C. 限额以下可以不办理施工许可证的工程由施工单位向建设单位提交的开工报告
    D. 施工单位项目部向公司总部提交的报告

12. 建设单位应当自领取施工许可证之日起3个月内开工,因故不能开工又不申请延期超过时限的,施工许可证(　　)。
    A. 自行废止　　　　　　　　　　　　B. 应报发证机关核验
    C. 应由发证机关收回　　　　　　　　D. 由施工单位重新申办

13. 建设工程施工许可证的申请主体是该工程的(　　)。
    A. 施工单位　　B. 建设单位　　C. 监理单位　　D. 咨询服务单位

14. 办理建设用地批准手续是建设工程依法取得(　　)的必经程序。
    A. 建设工程规划许可证　　　　　　　B. 建设用地规划许可证
    C. 建设用地使用权　　　　　　　　　D. 拆迁许可证

15. 需要办理施工许可证的建设工程,建设行政主管部门应在收到建设单位申请之日起(　　)日内,对符合条件的申请颁发施工许可证。
    A. 7　　　　　B. 15　　　　　C. 20　　　　　D. 30

16. 按规定批准开工报告不再办理施工许可证的建设工程,必须符合(　　)的规定。
    A. 施工许可证发证机关　　　　　　　B. 省市人民政府
    C. 国务院　　　　　　　　　　　　　D. 建设项目主管部门

17. 采用虚假证明文件骗取施工许可证尚未构成犯罪的,应由发证机关(　　)。
    A. 责令停止施工,对建设单位和施工单位分别处以罚款
    B. 收回施工许可证法,责令停止施工,对责任单位处以罚款
    C. 宣布该施工许可证无效,责令停止施工,没收非法所得
    D. 责令停止施工,有违法所得的,处以5 000元以上10 000元以下的罚款

18. 施工单位应当依法取得相应等级的资质证书,并在其(　　)许可的范围内承揽工程。
    A. 资质等级　　　　　　　　　　　　B. 注册资本报表
    C. 专业技术人员能力　　　　　　　　D. 技术装备

19. 以下(　　)属于《建筑法》中确立的制度。
    A. 施工许可制度　　　　　　　　　　B. 建筑工程监理制度
    C. 质量监督检查制度　　　　　　　　D. 工程竣工备案制度

20. 工程建设项目的报建便于(　　)从以下几方面对工程建设项目报建实施管理。
    A. 建设行政主管部门　　　　　　　　B. 规划行政主管部门
    C. 公安消防部门　　　　　　　　　　D. 环保部门

二、多项选择题

1. 以下工程不需要申请施工许可证的有(　　)。
    A. 投资额30万元以上的建筑工程　　　B. 建筑面积300平方米以下的建筑工程
    C. 实行开工报告审批制度的建筑工程　D. 工程建设中的临时性建筑
    E. 抢险救灾工程

2. 下列选项中不符合法规规定颁发施工许可证条件的有（　　）。

A. 已经领取了拆迁许可证,准备开始拆迁

B. 没有建设工程规划许可证,但已经有了建设用地规划许可证

C. 有满足开工需要的施工图纸及技术资料

D. 已经依法确定了施工企业,但尚未按规定委托监理企业

E. 办理了建设工程质量、安全监督手续

3. 实行开工报告制度的建设工程,开工报告审查的主要内容包括（　　）。

A. 建设用地征用情况　　　　B. 资金到位情况　　　　C. 投资项目市场预测

D. 设计图纸是否满足施工要求　E. 施工现场是否具备"三通一平"等要求

4. 某开发公司开发的商住楼工程,建筑面积6万平方米,为赶在雨季前完成土方工程,在尚未完全具备法定开工条件的情况下破土动工。对此,建设行政主管部门应（　　）。

A. 责令停止施工,限期改正

B. 对建设单位处以工程合同价款1%以上2%以下罚款

C. 没收非法所得

D. 责令施工单位停业整顿

E. 吊销监理单位营业执

5. 下列关于施工许可证制度和开工报告制度的有关表述中,正确的有（　　）。

A. 实行开工报告批准制度的工程,必须符合建设行政部门的规定

B. 建设单位领取施工许可证后既不开工又不申请延期或延期超过时限的,施工许可证自行废止

C. 建设工程因故中止施工满一年的,恢复施工前应报发证机关核验施工许可证

D. 按有关规定批准开工报告的工程,因故不能按期开工满6个月的工程,应重新办理开工报告审批手续

E. 实行开工报告批准制度的工程,开工报告主要反映施工单位应具备的条件

6. 下列选项中,符合颁发施工许可证法定条件的有（　　）。

A. 已经办理了建设工程用地批准手续

B. 建设工期不足一年的,银行出具的到位资金证明达到工程合同价款的30%

C. 经公安机关消防机构依法审查工程消防设计合格

D. 施工单位编制的施工组织设计中有根据工程特点制定的保证工程质量、安全的措施

E. 需要拆迁的,其拆迁进度符合建设工程开工的要求

单元4　拓展训练习题

一、单项选择题

1. 在《招标投标法》规定的必须招标的工程建设项目范围内,项目总投资低于3000万元人民币的下列单项工程服务中,必须进行招标的是（　　）。

A. 勘察、设计服务单项合同估算价50万元以上

B. 施工单项合同估算价达到160万元

C. 重要货物采购单项合同估算价接近100万元

D. 监理服务单项合同估算价30万元

2.《招标投标法》规定,招标投标活动应遵循公开、公平、公正和诚实信用的原则,其中,公开原则主要是指招标投标活动的(   )。

　　A. 资格审查标准公开　　　　　　B. 招标信息公开和招标投标过程公开
　　C. 评标标准和方法公开　　　　　D. 评标过程公开

3. 应当公开招标的建设工程项目出现下列情形时,经批准可以进行邀请招标的是(   )。

　　A. 项目技术比较复杂　　　　　　B. 拟进行公开招标的费用比较多
　　C. 受自然地域限制的　　　　　　D. 灾后重建工程项目工期紧

4. 依法必须招标的项目,自招标文件开始发出之日起至投标人提交投标文件截止之日止,最短不得少于(   )个工作日。

　　A. 5　　　　　　B. 10　　　　　　C. 15　　　　　　D. 20

5. 关于招标单位对中标人发出的中标通知书,下列说法中正确的是(   )。

　　A. 中标通知书属于要约
　　B. 中标通知书属于要约邀请
　　C. 中标通知书对招标人不具有法律效力
　　D. 中标通知书发出后,中标人放弃中标项目的,应当承担缔约过失责任

6. 建设工程招标中,招标人不可以随意没收投标保证金,除非投标人(   )。

　　A. 投标文件的密封不符合招标文件的要求
　　B. 投标文件中附有招标人不能接受的条件
　　C. 在投标有效期内撤回其投标文件
　　D. 拒绝评标委员会提出的降低报价的要求

7. 按照《招标投标法》及相关法规的规定,下列评标定标行为中违法的是(   )。

　　A. 甲企业投标报价明显低于标底合理幅度,评标委员会要求其作出书面说明
　　B. 乙企业投标报价最低,但评标委员会认为该报价可能低于其企业成本,未作为中标候选人推荐
　　C. 招标人在评标委员会推荐的中标候选人之外确定了中标人
　　D. 由于排名第一的中标候选人未能按规定提交履约保证金,招标人将排名第二的候选人定为中标人

8. 某投标人于2006年5月3日收到中标通知书,但是在2006年5月10日却又收到了招标人改变中标结果的通知。则下面说法正确的是(   )。

　　A. 招标人有权改变中标结果,不需要为此承担任何法律责任
　　B. 招标人应当为擅自改变中标结果承担违约责任
　　C. 招标人应当为擅自改变中标结果承担缔约过失责任
　　D. 招标人由于在投标有效期前发出通知,因此不需要承担任何责任

9. 根据《招标投标法》及有关规定,下列选项中不属于必须进行施工招标的工程建设项目范围的是(   )。

　　A. 某城市的地铁工程　　　　　　B. 国家博物馆的修缮工程
　　C. 某省的体育馆建设项目　　　　D. 抢修的堤坝工程

10. 按照住建部《全国建筑市场各方主体不良行为记录认定标准》,下列选项中属于施工单位承揽业务不良行为的是(   )。

A. 串通投标　　　　　　　　　　B. 偷工减料
C. 恶意拖欠或克扣劳动者工资　　D. 出借、转让资质证书

11. 政府投资建设某小学的教学楼,根据有关法律规定,其勘察设计合同价在(　　)万元人民币以上必须招标。
A. 25　　　　B. 50　　　　C. 100　　　　D. 200

12. 甲、乙施工单位组成投标联合体参与某项目的投标,联合体投标时按招标文件的要求提交投标保证金5万元,该联合体收到中标通知书,但尚未与招标人签订合同,此时甲、乙认为该项目盈利太少,于是决定放弃该项目。则下列说法正确的是(　　)。
A. 因未给招标人造成损失,5万元投标保证金应予以退还
B. 因未签订合同,5万元投标保证金应退还一半
C. 甲、乙施工单位对此应承担违约责任
D. 甲、乙施工单位对此应承担缔约过失责任

13. 某市建设行政主管部门派出工作人员王某,对该市的体育馆招标活动进行监督,则王某有权(　　)。
A. 参加开标会议　　　　　　　B. 作为评标委员会的成员
C. 决定中标人　　　　　　　　D. 参加定标投票

14. 某市火电站建设项目进行招标,招标人规定投标人提交的投标文件截止日期为2006年11月20日,投标人在投标文件截止日期前已提交投标文件。2006年11月18日,投标人向招标人提出撤回提交的投标文件。此时招标人(　　)。
A. 不允许投标人撤回提交的投标文件
B. 与投标人协商是否可撤回提交的投标文件
C. 通过行政主管部门商议是否允许投标人撤回提交的投标文件
D. 允许投标人撤回提交的投标文件

15. 根据《工程建设项目施工招标投标办法》的规定,施工投标保证金一般不得超过投标总价的2%,但最高额不得超过(　　)万元人民币。
A. 80　　　　B. 100　　　　C. 120　　　　D. 140

16. 某住宅项目进行公开招标,投标人在提交投标文件截止时间后,招标人发现投标人少于三个,此时(　　)。
A. 应正常开标　　B. 依法重新招标　　C. 可进行议标　　D. 可改为邀请招标

17. 对于中标通知书的法律效力下列说法正确的是(　　)。
A. 中标通知书就是正式合同　　　B. 中标通知书是要约邀请
C. 中标通知书是要约　　　　　　D. 中标通知书是承诺

18. 依法必须招标的项目而不招标,或者以其他方式规避招标的,责令改正,可以处(　　)的罚款。
A. 合同金额0.5%以上1%以下　　B. 1万元以上3万元以下
C. 1万元以上5万元以下　　　　　D. 1万元以上10万元以下

19. 下列关于招标代理的说法中正确的是(　　)。
A. 招标人如果想要委托招标代理机构办理招标事宜,需要经过有关行政主管部门批准
B. 招标人不可以自行选择招标代理机构,必须由有关行政主管部门指定

C. 如果委托了招标代理机构,则招标代理机构有权办理招标工作的一切事宜

D. 招标代理机构应当在招标人委托的范围内办理招标事宜

20. 根据《招标投标法》有关规定,评标委员会中技术、经济等方面的专家不得少于成员总数的(　　)。

　　A. 二分之一　　　　B. 三分之二　　　　C. 三分之一　　　　D. 四分之一

21.《建筑法》规定,建筑施工企业超越本单位资质等级承揽工程的,责令停止违法行为,处以罚款,情节严重的,可(　　)。

　　A. 给以严重警告　　B. 予以取缔　　C. 吊销营业执照　　D. 吊销资质证书

22. 工程招标代理机构超越规定范围承担工程招标代理业务,除按规定罚款外,情节严重的,依法(　　)。

　　A. 暂停直至取消招标代理资格

　　B. 收回其工程招标代理资格证书,3年内不受理其资格申请

　　C. 降低其工程招标代理资格等级,1年内不准从事工程招标代理业务

　　D. 吊销有关人员的执业资格证书,不再受理其资格申请

23. 甲公司投标中标承包了一个住宅小区的施工任务,由于工期紧,将其中两栋住宅楼的施工任务转让给了乙、丙两家公司,转让合同金额总共6 000万元。对此,按照《招标投标法》的规定,甲公司将会面临下到选项中除(　　)以外的法律后果。

　　A. 被处以30万元以上100万元以下的罚款

　　B. 按规定被没收违法所得

　　C. 被责令停业整顿甚至被吊销营业执照

　　D. 直接责任人被刑事处罚

24. 所谓投标有效期,是指(　　)的日期。

　　A. 发售招标文件到投标截止时

　　B. 发售招标文件到签发中标通知书之日

　　C. 投标截止之日到签发中标通知书之日

　　D. 投标人投送投标文件之日到投标保证金失效之日

25. 下列工程承包活动中,不属于违法行为的是(　　)。

　　A. 甲公司注册后尚未取得资格证书就承包了一栋住宅楼

　　B. 乙公司有施工总承包二级资质等级,承包的28层写字楼工程正在施工

　　C. 丙公司刚刚成立,以合作伙伴企业的名义承包工程

　　D. 丁公司作为总承包人并负有采购责任,拒绝了业主指定的材料供应商

26. 我国对工程总承包不设立专门的资质,但承接施工总承包业务的企业,必须取得(　　)总承包资质。

　　A. 勘察　　　　B. 设计　　　　C. 施工　　　　D. 项目管理

27. 工程建设中,总承包单位和分包单位就分包工程承担的连带责任属于(　　)连带责任。

　　A. 法定　　　　B. 约定　　　　C. 义务　　　　D. 赔偿

28. 甲、乙、丙三家公司组成联合体投标中标了一栋写字楼工程,施工过程中因甲施工的工程质量问题而出现赔偿责任,则建设单位(　　)。

　　A. 可向甲、乙、丙任何一方要求赔偿　　　　B. 只能要求甲负责赔偿

C. 只能与甲、乙、丙协商由谁赔偿　　　D. 如向乙要求赔偿,乙有权拒绝

29. 下列关于工程分包的表述中,正确的是(　　)。
   A. 工程施工分包是指承包人将中标工程项目分解后分别发包给具有相应资质的企业完成
   B. 专业工程分包是指专业工程承包人将所承包的部分专业工程施工任务发包给具有相应资质的企业完成
   C. 劳务作业分包是指施工总承包人或专业分包人将其承包工程中的劳务作业分包给劳务分包企业
   D. 劳务分包企业可以将承包的部分劳务作业任务分包给同类企业

30. 施工总承包单位承包建设工程后的下列行为中,除(　　)以外均是法律所禁止的。
   A. 将承包的工程全部转让给他人完成的
   B. 将有关专业工程发包给了业主指定的分包人的
   C. 将承包的工程肢解后以分包的名义全部转让给他人完成的
   D. 将分包的工程发包后未设立项目管理机构进行组织管理的

二、多项选择题

1. 根据《招标投标法》及有关规定,下列建设项目中属于必须进行招标的项目范围的有(　　)。
   A. 利用世界银行贷款新建水电站　　　B. 某市居民用水水库工程
   C. 某涉及国家秘密的军事工程　　　　D. 某市利用国有资金建设的垃圾处理场
   E. 某高校的图书馆改建工程

2. 根据《招标投标法》,以下关于招标代理的表述正确的有(　　)。
   A. 招标代理机构是建设行政主管部门所属的专门负责招标投标代理工作的机构
   B. 招标代理机构是社会中介组织
   C. 招标代理机构应当具备经国家建设行政主管部门认定的资格条件
   D. 建设行政主管部门有权为招标人指定招标代理机构
   E. 所有的招标都必须委托招标代理机构进行

3. 《招标投标法》规定,两个以上法人或其他组织可以组成一个联合体,以一个投标人的身份投标。对此,下列说法正确的有(　　)。
   A. 联合体应具有法人资格
   B. 联合体的资格采取就高不就低的原则
   C. 联合体投标应有各方共同签署的共同投标协议,否则将按废标处理
   D. 中标的联合体各方应分别与招标人签约
   E. 联合体投标应以联合体或牵头人酌名义提交投标保证金

4. 某学校欲新建图书馆项目,由甲、乙、丙、丁、戊五人组成评标委员会,他们的下列做法不符合《招标投标法》规定的有(　　)。
   A. 甲接受某投标单位请客吃饭
   B. 乙为某投标单位的法律顾问,但乙保证秉公评标
   C. 丙在学校领导的授意下,向某投标单位泄漏标底
   D. 丁拒绝向权威媒体透露关于中标候选人的推荐情况
   E. 戊接受某投标单位为其提供的欧洲旅游

5. 某港口建设项目向社会公开招标,招标文件中明确规定提交投标文件的截止时间为

2006年6月2日上午9点,则下列说法正确的有( )。
   A. 开标时间为2006年6月2日上午9点至2006年6月3日上午9点之间
   B. 开标由该市建设行政主管部门主持
   C. 开标邀请所有投标人参加
   D. 开标时,由投标人当众检查投标文件的密封情况
   E. 招标人对2006年6月2日上午9点15分送达的投标文件不予受理
6. 某政府投资的项目向社会公开招标,投标有效期到2010年4月5日截止,评标委员会于2月10日提交了评标报告,招标人最终于3月1日确定甲为中标人,并于3月2日向甲发出中标通知书,3月4日甲收到中标通知书,则下列说法正确的是( )。
   A. 招标人确定中标人的日期不符合法律规定
   B. 招标人应按规定在3月2日将中标人的情况予以公示
   C. 中标通知书的法律性质属于承诺
   D. 双方应在2010年3月31日前订立书面合同
   E. 招标人应在2010年3月31日前向行政监督部门提交招标投标情况的书面报告
7. 某投标人向招标人行贿15万元人民币从而谋取中标。该行为造成的法律后果应当是( )。
   A. 中标无效
   B. 有关责任人和单位应当承担相应的行政责任或刑事责任
   C. 中标有效,对当事人以行贿受贿罪论处
   D. 中标是否有效由招标人重新评估投标人实际能力后决定
   E. 如果给他人造成损失的,应当承担民事赔偿责任
8. 依据《工程建设项目施工招标投标办法》的规定,下列情形中将被作为废标处理的有( )。
   A. 无单位盖章并无法定代表人或法定代表人授权的代理人签字或盖章的
   B. 未按规定的格式填写,内容不全或关键字迹模糊、无法辨认的
   C. 未按招标文件要求提交投标保证金的
   D. 联合体投标未附联合体各方共同投标协议的
   E. 投标人按招标文件的要求在一份投标文件中递交包括备选方案在内的两个报价的
9. 某市一港口项目进行招标,在下列( )情形下,招标人有权没收投标人的投标保证金。
   A. 投标人在投标有效期内撤回其投标文件
   B. 投标人在投标日期截止前要求修改投标文件的内容
   C. 中标后未能在规定期限内提交履约保证金或签署合同协议
   D. 投标人的投标报价不符合招标文件要求
   E. 投标文件中施工组织设计过于简单
10. 下列选项中,属于招标人违法行为而应承担法律责任的有( )
   A. 与投标人就报价、招标方案等实质性内容进行谈判的
   B. 向个别投标人透露可能会影响公平竞争的有关招标投标情况的
   C. 在所有投标被评标委员会否决后自行确定中标人的
   D. 自招标文件或资格预审文件出售之日起至停止出售之日止少于15个工作日的
   E. 提交投标文件的投标人少于5个而不重新招标的

11. 依照《建设工程质量管理条例》的规定,下列情形.中属于违法分包的有(　　)。

　　A. 总承包单位将部分工程分包给了不具有相应资质的单位

　　B. 未经建设单位认可,承包单位将部分工程交由他人完成

　　C. 分包单位将其承包的工程再分包

　　D. 未经建设单位的认可,施工总承包人将劳务作业任务分包给了有相应资质的劳务分包企业

　　E. 施工总承包人将承包工程的关键性工作分包给了具有先进技术的其他单位

12. 按照《建筑法》及相关法规的规定,下列选项中,工程勘察、设计、施工、监理等单位在工程承包中被法律禁止的行为有(　　)。

　　A. 合伙以非法人共同体承包　　　　　B. 无资质或超越自身资质等级承包

　　C. 允许他人以自己名义承包　　　　　D. 转包或违法分包工程

　　E. 行贿、索贿

13. 下列关于工程总承包的表述中,符合现行建设法规的有(　　)。

　　A. 总承包分为工程总承包和施工总承包

　　B. 具有工程勘察、设计或施工总承包资质的企业,可在其资质等级许可的工程项目范围内开展工程总承包业务

　　C. 工程总承包是按合同约定对工程项目的勘察、设计、采购、施工、监理、试运行等全过程的承包

　　D. 总承包单位和分包单位就总承包工程对建设单位负连带责任

　　E. 具有勘察、设计资质的企业,可以进行施工总承包

14. 注册建造师的下列行为中,应作为不良行为记录记入其信用档案的有(　　)。

　　A. 以欺骗、贿赂手段取得注册证书后被撤销注册

　　B. 在执业中实施商业贿赂受到行政处罚

　　C. 超越执业范围执业被警告、处罚

　　D. 弄虚作假取得继续教育证书后被取消继续教育记录

　　E. 为自己的执业活动进行辩解造成不良影响

15. 建筑施工企业的下列行为中,应作为不良行为记入其信用档案的有(　　)。

　　A. 甲公司用仲裁方式解决与建设单位的合同履约纠纷

　　B. 乙公司中标后不与建设单位签订合同,受到行政处罚

　　C. 丙公司将承包的工程转包给他人被责令停业整顿

　　D. 丁公司允许包工头以自己的名义承包工程,被吊销了营业执照

　　E. 戊公司因工资纠纷被员工投诉

单元5　拓展训练习题

一、单项选择题

1. 甲向乙发出了一份投标邀请函,在邀请函中写明,投标书应通过电子邮件的形式提交给甲,依据《合同法》,要约生效的时间应为(　　)。

　　A. 乙发出电子邮件时的时间　　　　　B. 乙发出电子邮件得到甲确认的时间

　　C. 乙发出的邮件进入甲邮箱的时间　　D. 甲知道收到邮件时的时间

2. 甲公司的总经理张三到乙公司的董事长李四的办公室,看到丙公司向乙公司发出的一分要约,很感兴趣,就向李四要了这份要约,并按照要约上的要求回复了丙公司,甲公司发出的文件属于( )。

　　A. 要约邀请　　　B. 新要约　　　C. 承诺　　　D. 承诺意向

3. 某建筑公司向某玻璃厂发出购买玻璃的要约,玻璃厂对要约的内容做了以下变更,其中属于要约非实质性变更的是( )。

　　A. 每块玻璃的尺寸
　　B. 玻璃的透光标准
　　C. 运输时为减少破碎,包装由木板变为铝合金,价格不变
　　D. 玻璃运输的方式由汽车变更为火车

4. 在合同中,当事人可以约定解决争议的方法,如果通过( )方式解决争议则不用约定。

　　A. 双方协商和解　　B. 第三人调解　　C. 仲裁　　　D. 诉讼

5. 某开发商开发的住宅价值7 000万元,其中已售出价值5 000万元住宅,开发商将此笔资金全部用于购买土地。导致开发商欠施工单位的2 000万元的工程款迟迟不能支付,另外开发商还欠银行抵押贷款1 000万元,欠材料供应商500万元,现承包人申请人民法院拍卖该工程,下列说法正确的是( )。

　　A. 人民法院可将7000万元的房产拍卖,然后分别偿还开发商各方欠款
　　B. 人民法院可将7000万元的房产拍卖,然后先还施工单位,再还银行和材料供应商
　　C. 人民法院可将2000万元的房产拍卖,然后按欠款比例分别偿还开发商各方欠款
　　D. 人民法院可将2000万元的房产拍卖,首先偿还施工单位欠款

6. 无效合同从( )之日起就不具备法律效力。

　　A. 确认　　　　B. 订立　　　　C. 履行　　　　D. 谈判

7. 下列情形中属于效力待定合同的有( )。

　　A. 出租车司机借抢救重病人急需租车之机将车价提高10倍
　　B. 10周岁的儿童因发明创造而接受奖金
　　C. 成年人甲误将本为复制品的油画当成真品购买
　　D. 10周岁的少年将自家的电脑卖给40岁的张某

8. 2010年4月20日甲与某开发公司签订商品房买卖合同,购买一套120平方米的期房,并赠送停车位一个。2010年12月26日开发商依据合同规定的时间交房时,通知甲:该房面积太小不符合该公司赠送停车位的规定,因此不能赠送甲停车位,当时合同约定的赠送停车位事项属于销售人员乙的错误,公司已经将乙处分了。甲接到该通知后,不可以选择以下行为中的( )。

　　A. 继续履行合同
　　B. 和开发商协商将停车位的费用折价返还给甲
　　C. 向法院申请撤销该合同
　　D. 向乙要求赔偿

9. 甲与乙订立了一份材料购销合同,约定甲向乙交付相应的材料,货款为80万元,乙向甲支付定金4万元;同时约定任何一方不履行合同应支付违约金6万元。合同到期后,甲无法向乙交付材料,乙为了最大限度保护自己的利益,应该请求( )。

　　A. 甲双倍返还定金8万元

B. 甲双倍返还定金 8 万元,同时请求甲支付违约金 6 万元

C. 甲支付违约金 6 万元,同时请求返还支付的定金 4 万元

D. 甲支付违约金 6 万元

10. 《劳动合同法》规定,已建立劳动关系未同时订立书面劳动合同的,用人单位自用工之日起(　　)必须签订书面劳动合同。

　A. 一周前　　　　B. 一个月内　　　　C. 三个月内　　　　D. 一年内

11. 《劳动合同法》规定,用人单位自用工之日起满 1 年不与劳动者订立书面劳动合同的,视为用人单位与劳动者(　　)。

　A. 已解除劳动合同　　　　　　　　B. 已订立期限为 1 年的固定期限合同

　C. 签订期限为 2 年的固定期限合同　　D. 已订立无固定期限劳动合同

12. 某建筑公司与应届毕业的大学生王某以书面形式签订了一份为期 2 年的劳动合同,关于小王的试用期,以下说法正确(　　)。

　A. 不得约定试用期　　　　　　　　B. 试用期不得超过 1 个月

　C. 试用期不得超过 2 个月　　　　　D. 试用期不得超过 6 个月

13. 按照《劳动合同法》及相关法规的规定,下列关于劳动者可以单方解除劳动合同的表述中,正确的是(　　)。

　A. 劳动者提前 30 天以书面形式通知用人单位,可解除劳动合同

　B. 劳动者试用期内提前 15 天通知用人单位,可解除劳动合同

　C. 劳动者被非法限制人身自由强迫劳动的,可告知用人单位立即解除劳动合同

　D. 劳动者不满意用人单位的严格管理,可随时解除劳动合同

14. 按照《劳动合同法》的规定,下列关于劳务派遣的表述中,正确的是(　　)。

　A. 被派遣劳动者应与用人单位签订劳动合同

　B. 派遣单位应与被派遣劳动者订立 3 年以上的固定期限劳动合同

　C. 劳务派遣一般在临时性、辅助性、替代性的工作岗位上实施

　D. 被派遣劳动者在无工作期间,劳务派遣单位应当按照所在地人民政府规定的最低生活保障标准按月支付生活费

15. 用人单位安排加班不支付加班费的,由劳动行政部门责令限期支付;逾期不支付的,由劳动行政部门责令用人单位按应付金额的(　　)向劳动者加付赔偿金。

　A. 50%以上　　　B. 50%～100%　　　C. 100%以上　　　D. 200%

16. 以下关于未成年工的特殊劳动保护的说法,正确的是(　　)。

　A. 禁止安排未成年工从事 3 级体力劳动强度的劳动

　B. 禁止用人单位招收未满 18 周岁的未成年人

　C. 用人单位招收未成年工,应当向所在地县级以上劳动行政部门办理登记

　D. 未成年工的工作时间应当比正常劳动者减半

17. 关于失业保险的缴纳和领取,下列表述中正确的是(　　)。

　A. 失业人员失业前用人单位和个人累计缴满 1 年不足 5 年的,领取失业保险金的期限最长为 12 个月

　B. 失业人员失业前用人单位和个人累计缴费满 5 年不足 10 年的,领取失业保险金的期限最长为 24 个月

C. 失业人员失业前用人单位和个人累计缴费10年以上的,领取失业保险金的期限最长为36个月

D. 失业人员失业前用人单位和个人累计缴费10年以上的,可终身领取失业保险金

18. 王某自2003年起在某建筑工程公司工作,工作期间一直与公司共同缴纳失业保险费,王某在2009年曾失业4个月,期间一直领取失业保险金。随后又找到新的工作并继续缴纳失业保险费。2011年王某再次失业,王某领取失业保险金的期限为(　　)。
　　A. 12　　　　　B. 18　　　　　C. 24　　　　　D. 26

19. 某建筑公司与职工小王因为工资奖金的问题产生了劳动争议,小王准备去当地的劳动争议仲裁委员会申请劳动仲裁。依据《劳动法》的规定,对劳动仲裁的理解正确的是(　　)。
　　A. 必须是当事人双方都要求仲裁,才可以向劳动争议仲裁委员会申请仲裁
　　B. 只要当事人任何一方要求仲裁,就可以直接向劳动争议仲裁委员会申请仲裁
　　C. 仲裁裁决一般应在收到仲裁申请的30日内作出
　　D. 仲裁应当自劳动争议发生之日起30日内向劳动争议仲裁委员会提出书面申请费

20. 乙公司将甲承包商订购的材料交由丙公司运送,约定运费由甲支付。运输途中遭遇山洪,全部材料被毁。关于此损失的责任分担,下列说法中正确的是(　　)。
　　A. 丙可要求甲支付运费　　　　　B. 甲可要求乙赔偿损失
　　C. 乙可要求丙赔偿损失　　　　　D. 材料损失由甲承担

二、多项选择题
1. 依据合同不同的分类标准,建设工程合同属于(　　)。
　　A. 有名合同　B. 双务合同　C. 单务合同　D. 无偿合同　E. 有偿合同

2. 下列选项中不属于要约邀请的有(　　)。
　　A. 商品价目表　B. 投标书　　C. 招标公告　　D. 拍卖公告
　　E. 符合要约规定的售楼广告

3. 建设单位将工程抵押给银行后,因其经营状况不佳而无力偿还贷款和支付施工单位的工程款,下列关于施工单位权利的说法正确的有(　　)。
　　A. 施工单位可以申请人民法院将该工程拍卖
　　B. 施工单位申请工程价款优先受偿的权利,须按照诉讼时效的规定提出
　　C. 施工单位无权就该工程的拍卖款优先于银行受偿
　　D. 施工单位可不申请拍卖,而直接与建设单位协商将工程折价
　　E. 施工单位工程欠款的利息,可在工程拍卖所得中优先扣除

4. 下列合同中,属于无效合同的有(　　)。
　　A. 一方以欺诈、胁迫手段订立的合同
　　B. 恶意串通,损害国家、集体或者第三人利益的合同
　　C. 以合法形式掩盖非法目的的合同
　　D. 损害社会公共利益的合同
　　E. 违反法律、行政法规规定的合同

5. 《建设工程施工合同》示范文本主要由(　　)等组成。
　　A. 协议书　　　　　　　　　　　B. 招标、投标文件
　　C. 施工图纸与工程量清单　　　　D. 通用条款
　　E. 专用条款

6. 下列关于劳动合同试用期的说法中,正确的有(　　)。
   A. 劳动合同期限 3 个月以上不满 1 年的,不允许约定试用期
   B. 劳动合同期限 1 年以上不满 3 年的,试用期不得超过 2 个月
   C. 签订无固定期限合同的,试用期不得超过 1 年
   D. 同一用人单位与同一劳动者只能约定 1 次试用期
   E. 如果劳动合同期限不满 3 个月,合同中不得约定试用期

7. 下列选项中,用人单位可以单方解除合同的情形包括(　　)。
   A. 劳动者在试用期内迟到、早退,不符合录用条件
   B. 劳动者因为犯盗窃罪,被依法追究刑事责任
   C. 劳动者因工负伤,成为残疾人
   D. 劳动者同时与其他用人单位签订了劳动合同且不愿改正
   E. 用人单位经济性裁员

8. 某市的一家建筑工程公司准备实施经济性裁员,那么,依据《劳动法》的规定,在下列人员中,该建筑工程公司不得与其解除劳动合同的有(　　)。
   A. 女职工赵某怀孕 5 个月
   B. 业务员小钱,出差时曾经受过伤,医疗期刚满
   C. 职工孙某,患职业病丧失劳动能力,卧病在家
   D. 工程师老李,在本单位已经连续工作 20 年,目前已经 58 岁
   E. 员工张某,刚与本公司签订了固定期限为 1 年的劳动合同,试用期尚未满

9. 某施工企业下列做法中,不符合《劳动法》规定的有(　　)。
   A. 某女工因休产假过长,5 个月仍未上班,企业将其除名
   B. 郑某试用期考核未通过,企业当即与其解除合同
   C. 孙某因患职业病就医,不能继续工作,企业将其辞退
   D. 李某出差期间出交通事故,伤愈后不能胜任原岗位工作,将其调至传达室收发信件
   E. 王某因盗窃罪被判处 3 年有期徒刑,企业单方与其解除劳动合同

10. 下列关于劳动争议仲裁委员会的设置和职能的表述中,正确的有(　　)。
    A. 县、市、市辖区应当设立劳动争议仲裁委员会
    B. 仲裁委员会主任由劳动行政主管部门的代表担任
    C. 劳动争议仲裁委员会是依法成立、通过仲裁方式处理劳动争议的专门机构
    D. 劳动争议由劳动合同履行地或者用人单位所在地的劳动争议仲裁委员会管辖
    E. 仲裁庭只能由一名首席仲裁员和两名仲裁员组成

单元 6　拓展训练习题

一、单项选择题

1. 下列企业中,不属于《安全生产许可证条例》规定实行安全生产许可制度的单位是(　　)。
   A. 某装饰工程公司　　　　B. 某压力容器生产厂
   C. 某烟花爆竹厂　　　　　D. 矿山企业

2. 某企业在安全生产许可证有效期内,未发生死亡事故的,则安全生产许可证届满时(　　)。
   A. 必须再次审查,审查合格延期 3 年

B. 不再审查,有效期直至发生死亡事故时终止
C. 按照初始条件重新申请办理
D. 经原安全生产许可证颁发管理机关同意,不再审查,有效期延期3年

3. 在建设工程施工前,应由(　　)将工程概况、施工方法、安全技术措施等向作业班组、作业人员进行交底。
　　A. 项目负责人　　　　　　　　　B. 安全生产管理机构
　　C. 安全生产管理员　　　　　　　D. 负责项目管理的技术人员

4. 某办公楼项目实行施工总承包,装饰部分施工实行专业分包,在装饰施工中发生重大安全生产事故,则应由(　　)将事故情况上报安全监督部门。
　　A. 建设单位　　B. 施工总承包单位　　C. 分包单位　　D. 现场监理单位

5. 某幕墙分包单位没有按照审批方案搭设外围脚手架,总承包单位安全人员发现后及时予以制止,并要求整改,但分包单位仍一意孤行拒不改正,最终导致脚手架失稳而发生坍塌事故致两人死亡,则总、分包单位之间对该安全事故(　　)。
　　A. 总承包单位承担责任　　　　　B. 幕墙分包单位承担责任
　　C. 总、分包单位承担连带责任　　D. 分包单位承担主要责任

6. 作业人员李某在脚手架上施工时,发现部分扣件松动而可能导致架体坍塌,故停止了作业,李某的行为属于行使(　　)。
　　A. 拒绝权　　　B. 知情权　　　C. 紧急避险权　　D. 检举权

7. 某建筑工程深基坑施工过程中,基坑支护专项方案由土方分包单位组织编制完成,则该专项方案应由(　　)来组织专家论证。
　　A. 建设单位　　B. 总承包单位　　C. 土方分包单位　　D. 监理单位

8. 某施工单位由于工期紧张,对需要使用的安全防护用具、机械设备未经检查即投入使用,但情节并不严重。对此,施工单位可能受到的处罚是(　　)。
　　A. 责令整改　　B. 责令停业整顿　　C. 降低资质　　D. 追究刑事责任

9. 某建筑工程项目,其中消防工程经建设单位同意后总承包单位将其分包给某分包单位施工,则该分包单位作业人员的意外保险费应由(　　)支付。
　　A. 总承包单位　　　　　　　　　B. 分包单位
　　C. 建设单位　　　　　　　　　　D. 总承包单位和分包单位共同

10. 某高层建筑在地下桩基施工中,基坑发生坍塌,造成10人死亡,直接经济损失900余万元。本次事故属于(　　)。
　　A. 重大事故　　B. 特别重大事故　　C. 较大事故　　D. 一般事故

11. 某市政工程沟槽发生基坑坍塌事故,作业人员被覆盖于坑底无法报告,事故现场除一名过路人外没有其他工作人员。下列说法中错误的是(　　)。
　　A. 该过路人负有法定的报告义务
　　B. 过路人可以直接向相关主管部门报告
　　C. 过路人应当在事故发生后2小时内报告
　　D. 过路人可以向该施工现场的负责人报告

12. 关于安全生产事故调查的管辖,下列说法中错误的是(　　)。
　　A. 特别重大事故由国务院或者授权有关部门组织事故调查组进行调查

B. 省级人民政府可以委托有关部门组织事故调查组进行调查

C. 对于一般事故县级人民政府也可以委托事故发生单位组织事故调查组进行调查

D. 事故发生地与事故发生单位不在一个行政区域的,由事故发生地人民政府负责调查

13. 以下不属于生产安全事故"四不放过"基本内容的是( )。

A. 事故责任人未受到教育不放过　　　B. 事故责任人未受到处理不放过

C. 防范措施未落实不放过　　　　　　D. 事故损失未赔偿不放过

14. 某施工现场发生触电事故,导致2人死亡,1人受伤。事故调查组经仔细调查后提交了事故调查报告并附有关证据资料,则负责事故调查的人民政府应自收到报告后( )日内作出批复。

A. 15　　　　　B. 20　　　　　C. 30　　　　　D. 45

15. 对于拆除工程,建设单位报送的备案资料中不包括的是( )。

A. 拆除施工组织方案

B. 堆放、清除废弃物的措施

C. 拟拆除建筑物、构筑物及可能危及毗邻建筑的说明

D. 建设单位的资质证明

16. 按照《建设工程安全生产管理条例》的规定,建设单位的安全责任除了向施工单位提供现场相关资料、依法办理相关批准手续、提供安全生产费用及不推销劣质材料设备外,还包括( )。

A. 编制施工现场临时用电方案的责任

B. 统一协调总、分包单位安全生产的责任

C. 要求设计单位按照强制性标准设计

D. 对拆除工程进行备案的责任

17. 下列对工程监理单位安全责任的表述中,正确的是( )。

A. 监理单位应当以监理合同为依据对施工进行监管

B. 监理单位负责施工的质量、进度和费用控制,不负责安全监管

C. 监理单位安全人员可由质量工程师兼任

D. 施工合同签订前,主要是协助建设单位做好施工招标准备的各项工作

18. 在施工现场安装、拆卸施工起重机械和整体提升脚手架、模板等自升式架设设施,必须由( )单位承担。

A. 施工单位　　　B. 出租单位　　　C. 具有相应资质的　　D. 检验机构

19. 甲建筑公司承建乙市一住宅项目,采用租赁方式向乙市建筑机械租赁公司租赁一物料提升机,以降低成本。该物料提升机为乙建筑机械租赁公司刚刚购买,但缺少产品合格证明,下列说法正确的是( )。

A. 不能出租使用

B. 可以出租使用

C. 经建设单位批准后可以出租使用

D. 经建设行政管理部门批准后可以出租使用

20. 某项目建设单位按照合同价款中建设工程安全费用数额及时支付给施工单位,施工中,施工单位该部分费用不能用于( )。

A. 购买施工安全防护用具　　　　　B. 安全设施的更新

C. 安全施工措施的落实　　　　　　D. 职工安全事故的赔偿

二、多项选择题

1. 按照《安全生产许可条例》规定，下列哪些生产企业应当取得安全生产许可证方可开展经营活动（　　）。

　　A. 烟花爆竹生产厂　　　　B. 监理公司　　　　C. 建筑公司
　　D. 房地产开发公司　　　　E. 矿山企业

2. 根据《建筑施工企业安全生产许可证管理规定》要求，下列属于建筑施工企业取得安全生产许可证条件的是（　　）。

　　A. 有保证本单位安全生产条件所需资金的投入
　　B. 特种作业人员经有关部门考核合格并取得资格证书
　　C. 全员参加意外伤害保险
　　D. 设置安全生产管理机构
　　E. 有生产安全事故应急救援预案

3. 建筑施工企业如发生下列（　　）行为，将受到主管部门责令其在建项目停止施工的处罚。

　　A. 未取得安全生产许可证从事建筑施工活动
　　B. 安全生产许可证有效期满未办理延期手续继续从事施工活动
　　C. 转让安全生产许可证施工的
　　D. 冒用他人安全生产许可证的
　　E. 使用伪造安全生产许可证的

4. 施工单位的项目负责人的安全生产责任包括（　　）。

　　A. 落实安全生产责任制度、安全生产规章制度和操作规程
　　B. 制订资金使用计划，保证安全生产所需资金的投入和使用
　　C. 编制并适时更新安全生产管理制度并监督实施
　　D. 及时、如实报告生产安全事故
　　E. 组织制定安全施工措施，消除安全事故隐患

5. 在建工程的施工单位开展消防安全教育工作的表述中错误的是（　　）。

　　A. 在施工中应当对施工人员进行消防安全教育
　　B. 在建设工地醒目位置、施工人员集中住宿场所设置消防安全宣传栏，悬挂消防安全挂图和消防安全警示标识
　　C. 在工程施工前对明火作业人员进行一次消防安全教育
　　D. 组织救火演练
　　E. 组织应急疏散演练

6. 在工程建设中常用的防止事故发生的安全技术措施有（　　）。

　　A. 消除危险源　　　　B. 限制能量或危险物质　　　　C. 个体防护
　　D. 避难与救援　　　　E. 减少故障和失误

7. 重点工程的施工现场应当履行的消防安全责任包括（　　）。

　　A. 确定消防安全管理人　　　　　　B. 建立消防档案
　　C. 实行每周防火巡查，并建立巡查记录　　D. 对职工进行岗前消防安全培训

E. 定期组织消防演练

8. 生产安全事故调查"四不放过"的内容包括( )。
   A. 事故责任人未受到教育不放过
   B. 事故责任人未受到处理不放过
   C. 防范措施未落实不放过
   D. 事故原因未查明不放过
   E. 全体员工未受到教育不放过

9. 工程监理单位在实施工程监理的过程中,发现安全事故隐患,其能够采取的措施有( )。
   A. 罚款   B. 要求施工单位整改
   C. 要求施工单位暂时停工   D. 要求施工单位停业整顿
   E. 向有关主管部门报告

10. 下列关于相关单位的安全责任的表述中,正确的是( )。
    A. 为建设工程提供机械设备和配件的单位,应当按照安全施工的要求配备齐全有效的保险、限位等安全设施和装置
    B. 安装、拆卸施工起重机械和整体提升脚手架、模板等自升式架设设施,应当编制拆装方案、制定安全施工措施,并由检验机构人员现场监督
    C. 施工起重机械和整体提升脚手架、模板等自升式架设设施的使用达到国家规定的检验检测期限的,必须经具有专业资质的检验检测机构检测
    D. 出租的机械设备和施工机具及配件,应当具有生产(制造)许可证、产品合格证,在设备交付使用时,应当出具检测合格证明
    E. 设备检验检测机构进行设备检验检测时发现严重事故隐患,应当及时告知施工单位,并立即向特种设备安全监督管理部门报告

单元7 拓展训练习题

一、单项选择题

1. 下列选项中,不属于我国《标准化法》对标准划分类型的是( )。
   A. 国家标准   B. 行业标准   C. 技术标准   D. 企业标准
2. 工程建设领域制定的行业标准,在相关技术要求公布了国家标准后,该行业标准( )。
   A. 即行废止   B. 行业标准优先适用
   C. 国家标准优先适用   D. 两个同时适用
3. 工程建设行业标准应当适时进行复审,确认其继续有效或予以修订、废止。一般( )复审一次。
   A. 2年   B. 3年   C. 4年   D. 5年
4. 下列关于工程建设地方标准的表述中,错误的是( )。
   A. 在公布国家标准或者行业标准之后,该项地方标准即行废止
   B. 未经备案的工程建设地方标准,不得在建设活动中使用
   C. 地方标准中不存在强制性条文
   D. 地方标准的复审周期一般不超过5年
5. 在《工程建设施工企业质量管理规范》GB/T 50430—2007中,其中GB/T符号表示此规

范为( )。
  A. 强制性国家标准   B. 推荐性国家标准
  C. 强制性行业标准   D. 推荐性行业标准

  6. 某住宅工程,总承包单位经建设单位同意将装修工程分包给某分包单位施工。工程竣工验收时发现:混凝土基础工程出现渗漏,部分房间地面石材出现大面积花斑。对上述质量问题的责任承担说法正确的是( )。
  A. 由总承包单位对上述两个问题承担责任,分包单位不承担责任
  B. 由总承包单位与分包单位承担连带责任
  C. 总承包单位对基础混凝土问题承担责任,分包单位对地面石材问题承担责任
  D. 总承包单位对基础混凝土问题承担责任,总包单位与分包单位对地面石材问题承担连带责任

  7. 工程施工中见证取样试件要作为质量验收的依据,则质量检验机构应当是( )的机构。
  A. 具有相应资质等级   B. 建设行政主管部门指定
  C. 当地技术质量监督局认可   D. 质量监督站指定

  8. 按照《建设工程施工合同文本》通用条款规定,隐蔽工程经验收达到工程质量符合标准规范和设计图纸等要求,但监理工程师验收后不在验收记录上签字,在( )的情况下,施工单位可以继续进行隐蔽。
  A. 经建设单位书面确认   B. 经监理口头通知
  C. 经施工项目负责人确认   D. 经过 24 小时

  9. 某工厂扩建项目需建设二期厂房,厂方将一期厂房建设时的勘察成果提供给设计单位,在厂方一再坚持下,设计单位依此完成了设计任务。工程竣工验收时发现由于设计对地基处理不当引起厂房不均匀沉陷,对此产生的损失应( )。
  A. 厂方、设计单位、施工单位分摊   B. 设计单位、施工单位分摊
  C. 厂方、施工单位分摊   D. 厂方、设计单位分摊

  10. 某建设项目,建设单位在报送施工图审查的同时要求设计单位提供一套白图以供提前施工,施工单位依照白图开始施工。对此,下列表述正确的是( )。
  A. 施工图报审工作应由施工单位或设计单位完成
  B. 设计单位可以提供白图以供施工
  C. 在建设单位书面要求下,施工单位才可以按照白图施工
  D. 以上说法均不正确

  11. 某设计单位对承接的设计任务采用了如下做法,其中符合法律规定的是( )。
  A. 将主要设计任务交由合作单位完成
  B. 由其他事务所设计人员设计,图纸上使用本单位图签
  C. 将设计的现场服务委托其他单位完成
  D. 将全部任务转包

  12. 按照《建设工程质量管理条例》规定,工程建设过程有关主体的下列行为中,除( )外都是违法的。
  A. 为保证工程质量,设计单位对某重要设备指定了生产商

B. 建设单位装修过程中指令拆除承重墙
C. 施工单位项目经理暗自修改了水泥混凝土的配合比,提高了混凝土强度
D. 监理工程师采用旁站、巡视、平行检测的方法实施监理

13. 某学院教学楼装修改造过程中,施工单位下列哪项行为是被禁止的(　　)。
A. 按照设计图纸改动电器线路布置
B. 按照建设单位要求将原门洞口扩大
C. 按照设计单位要求对结构梁进行加固
D. 按照监理单位要求做防水层蓄水试验

14. 某工程承包单位完成了设计图纸和合同规定的施工任务,建设单位欲组织竣工验收,按照《建设工程质量管理条例》规定的工程竣工验收必备条件不包括的是(　　)。
A. 完整的技术档案和施工管理资料
B. 工程使用的主要建筑材料、建筑构配件和设备的进场试验报告
C. 勘察、设计、施工、工程监理等单位共同签署的质量合格文件
D. 施工单位签署的工程保修书

15. 按照《建设工程质量管理条例》规定,在工程竣工验收后,向建设行政主管部门或者其他有关部门移交建设项目档案的主体是(　　)。
A. 建设单位　　　B. 监理单位　　　C. 施工单位　　　D. 设计单位

16. 对于大型人员密集场所或特殊工程外的一般建设工程,其消防验收方式为(　　)。
A. 施工单位应当向公安机关消防机构申请消防验收
B. 建设单位应当先行备案后进行消防验收
C. 可以不经消防验收,由公安机关消防机构进行抽查
D. 在验收后应当报公安机关消防机构备案

17. 建设单位应当自工程竣工验收合格之日起(　　)进行竣工验收备案。
A. 7日内　　　　B. 10日内　　　　C. 15日内　　　　D. 20日内

18. 《建设工程质量管理条例》中要求,施工单位向建设单位提交《工程质量保修书》时间是(　　)。
A. 工程竣工验收合格后　　　　　B. 工程竣工同时
C. 提交工程竣工验收报告时　　　D. 工程竣工结算后

19. 某写字楼工程主楼尚未完工,裙楼商场部分未经验收即投入使用。使用中发现因施工原因致使裙楼一楼承重墙局部因地基下沉而开裂,则此质量责任应由(　　)承担。
A. 设计单位　　　B. 施工单位　　　C. 建设单位　　　D. 质量监管部门

20. 某建筑工程达到设计文件规定的合理使用年限后,则(　　)。
A. 产权单位可以继续使用
B. 产权单位必须组织报废拆除
C. 产权单位应组织施工单位加固、维修和补强
D. 产权单位应委托相应资质的勘察、设计单位鉴定,提出加固措施,重新界定使用期

二、多项选择题
1. 按照标准的级别,我国将标准划分为(　　)
A. 国家标准　B. 行业标准　C. 地方标准　D. 企业标准　E. 推荐性标准

2. 工程建设标准批准部门应当对工程项目执行强制性标准情况进行监督检查,其检查内容

包括(　　)。
　　A. 工程作业人员是否熟悉强制性标准
　　B. 规划、勘察、设计、施工、验收等是否符合强制性标准的规定
　　C. 采用的材料、设备是否符合强制性标准的规定
　　D. 采用的导则、指南、手册、计算机软件的内容是否符合强制性标准的规定
　　E. 工程安全、质量是否使用了强制性标准

3. 某建设工程建设单位暗示施工企业违反工程建设质量标准以缩短工期,建设单位对此应承担的法律责任中不包括(　　)。
　　A. 责令改正　　　　　　　B. 处以罚款　　　　　　　C. 追究刑事责任
　　D. 责令停业整顿　　　　　E. 吊销资质证书

4. 施工单位在现场取样时,应在(　　)的见证下进行。
　　A. 政府质量监督人员　　　B. 施工单位项目技术负责人
　　C. 材料供应商技术负责人　D. 监理工程师
　　E. 建设单位代表

5. 在工程实践中,建设单位应当向施工单位提供原始资料,这些资料主要包括(　　)。
　　A. 可行性研究报告　　　　B. 概算批准文
　　C. 建设用地的征用资料　　D. 建设项目所在地规划部门批准文件
　　E. 项目规划总平面图、地下管线、地形地貌等在内的基础资料

6. 作为工程建设的施工单位,应承担的质量责任和义务有(　　)。
　　A. 依法承揽工程　　　　　B. 不得分包工程　　　　　C. 不得转包工程
　　D. 不得指定材料供应商　　E. 不得指定检测单位

7. 下列建设工程项目,必须实施工程监理的是(　　)。
　　A. 某住宅小区建筑工程　　　　　　　　B. 世界银行贷款建设卫生设施
　　C. 合资开发的生物制药产业园区　　　　D. 合资建设的城市污水处理厂
　　E. 南水北调工程

8. 建设工程申请消防验收过程中,建设单位应当提交的材料有(　　)。
　　A. 防火材料的证明文件　　　　　　　　B. 防火材料的出厂合格证
　　C. 电气防火技术检测合格证明文件　　　D. 工程检验评定资料
　　E. 建设工程规划许可证

9. 某工程项目由于存在质量争议未予办理竣工结算,建设方提前使用了该工程,则产生的后果是(　　)。
　　A. 其质量争议按该工程保修合同执行
　　B. 就有争议部分的竣工结算暂缓办理
　　C. 视为建设方对争议部分的质量认可
　　D. 有关部门不予办理权属登记
　　E. 参照当地建设行政主管部门发布的计价方法或者计价标准结算工程价款

10. 关于工程建设缺陷责任期的确定,下列说法中正确的是(　　)。
　　A. 缺陷责任期一般为6个月、12个月或24个月
　　B. 缺陷责任期从工程通过竣(交)工验收之日起计

C. 承包人导致竣工迟延的,缺陷责任期从实际通过竣工验收之日起计
D. 发包人导致竣工迟延的,在承包人提交竣工验收报告后进入缺陷责任期
E. 发包人导致竣工迟延的,在承包人提交竣工验收报告后60天自动进入缺陷责任期

单元8　拓展训练习题

一、单项选择题

1. 工程建设领域中的民事纠纷有其自身的特点,其中不包括的是(　　)。
   A. 施工方与建设方法律地位平等
   B. 争议的内容主要是双方的权利和义务
   C. 任一方对自己的财产可以自由处分
   D. 各方对有关人身关系的民事纠纷享有处分权

2. 下列选项中,当事人应承担侵权责任的是(　　)。
   A. 工地的塔吊倒塌造成临近的民房被砸塌
   B. 某施工单位未按照合同约定工期竣工
   C. 因台风导致工程损害
   D. 某工程存在质量问题

3. 某市建设行政主管部门在对施工工地安全检查时,发现某施工单位在尚未竣工的建筑物内设置民工宿舍,于是对其进行了罚款处理,该惩罚措施属于(　　)法律责任形式。
   A. 民事责任　　　B. 行政处分　　　C. 刑事责任　　　D. 行政处罚

4. 某工程公司由于建设单位一直拖欠工程款,近2年来一直拒绝履行质量保修工作,产生的如下法律后果中,属于行政处罚的是(　　)。
   A. 罚款　　　　　　　　　　　　B. 被扣除保证金
   C 申请晋升资质等级不予批准　　　D. 申请主项资质以外的资质不予批准

5. 以下不属于调解主要方式的是(　　)。
   A. 行业调解　　　B. 专业机构调解　　C. 人民调解　　　D. 双方调解

6. 下列所给选项中,关于仲裁管辖的表达,正确的是(　　)。
   A. 实行级别管辖,但不实行地域管辖
   B. 实行地域管辖,但不实行级别管辖
   C. 既不实行级别管辖,也不实行地域管辖
   D. 既实行级别管辖,也实行地域管辖

7. 张氏兄弟两人达成协议,约定双方如果就父亲遗产发生争议,则提交北京仲裁委员会进行裁决,并自动履行其裁决。后双方在父亲的遗产分配问题上无法协商一致,现双方解决争议可行的法律途径是(　　)。
   A. 只能向有管辖权的人民法院起诉
   B. 只能申请北京仲裁委员会仲裁
   C. 既可向有管辖权的法院起诉,也可以申请仲裁
   D. 只能申请双方或一方住所地仲裁委员会仲裁

8. 下列选项中能作为行政诉讼被告的是(　　)。
   A. 建设单位　　　　　　　　B. 施工单位
   C. 建设行政管理部门　　　　D. 鉴定机构

9. 在没有书面约定的情况下,因建筑工程施工合同纠纷提起的诉讼,(　　)法院没管辖权。
   A. 施工行为地　　B. 被告住所地　　C. 合同履行地　　D. 原告住所地

10. 下面关于诉讼时效期间的表述中,不正确的是(　　)。
    A. 诉讼时效期间一律为2年
    B. 诉讼时效期间为2年,法律另有规定的除外
    C. 出售质量不合格的商品未声明的,诉讼时效期间为1年
    D. 延付或者拒付租金的,诉讼时效期间为1年

11. 下列关于起诉必须符合的条件的表述中,不正确的是(　　)。
    A. 原告是任何公民、法人和其他组织
    B. 有明确的被告
    C. 有具体的诉讼请求和事实、理由
    D. 属于人民法院受理民事诉讼的范围和受诉人民法院管辖

12. 下列关于二审法院处理不服第一审判决、裁定的上诉案件的表述中,不正确的是(　　)。
    A. 对不服一审裁定的上诉案件,一律使用裁定
    B. 二审法院审理上诉案件,不能进行调解
    C. 二审法院判决宣告前,上诉人申请撤诉的,是否准许,由二审法院裁定
    D. 二审法院的判决、裁定,是终审的判决裁定

13. 法律规定的人民法院有权采取的强制执行措施,不含下列选项中的(　　)。
    A. 与被执行人订立执行和解协议
    B. 扣留、提取被执行人的收入
    C. 查封、扣押、拍卖、变卖被执行人的财产
    D. 查封、冻结、划拨被执行人的存款

14. 被执行人为自然人的,被限制高消费后,可以有(　　)以其财产支付费用的行为。
    A. 购买经营必需车辆　　B. 乘坐列车软卧
    C. 旅游　　D. 购买不动产

15. 承、发包双方在施工合同中约定,双方在履行合同过程中所发生的争议,均提交上海的仲裁委员会仲裁(注:上海地区有两家仲裁委员会)。那么,下列说法中正确的是(　　)。
    A. 该约定意思表示明确,有效
    B. 当事人可以协议选择位于上海的其中一家仲裁机构申请仲裁
    C. 由于该约定对于仲裁委员会的选择不是唯一的,因而无效
    D. 当事人可以申请仲裁,也可以提起诉讼

16. 当事人对仲裁协议的效力有异议,一方请求仲裁委员会作出决定,另一方请求人民法院作出裁定的,由(　　)裁定。
    A. 仲裁委员会　　B. 合同履行地中级人民法院
    C. 被告所在地中级人民法院　　D. 仲裁委员会所在地中级人民法院

17. 仲裁委员会在审理双方争议时,对争议事项进行仲裁,其权限范围由(　　)决定。
    A. 仲裁规则确定　　B. 法律直接规定
    C. 仲裁庭决定　　D. 仲裁协议约定

18. 甲房地产公司根据与乙建筑公司建设工程合同中的仲裁条款,向仲裁委员会申请仲裁。在仲裁过程中,甲公司发现某仲裁员私自会见对方当事人的代理人,则甲公司最晚应于(　　)提出回避申请。

　　A. 在首次开庭前　　　　　　　　B. 裁决书送达之前

　　C. 辩论终结前　　　　　　　　　D. 最后一次开庭结束前

19. 下列选项中,对调解的理解错误的是(　　)。

　　A. 当事人庭外和解的,可以请求法院制作调解书

　　B. 仲裁调解书生效后产生执行效力

　　C. 仲裁裁决生效后可以进行仲裁调解

　　D. 法院在强制执行时一般不能调解

20. 人民法院对仲裁进行司法监督时,对于涉外仲裁裁决仅审查其(　　)。

　　A. 主体问题　　　B. 程序问题　　　C. 实体问题　　　D. 法律适用问题

二、多项选择题

1. 在建设工程领域,行政机关所做的下列行为属于行政许可的是(　　)。

　　A. 对责令停止施工的项目允许其开工建设

　　B. 吊销资质证书

　　C. 对先进单位予以表彰

　　D. 颁发施工许可证

　　E. 核准企业资质等级

2. 在下列调解书中,(　　)生效后具有强制执行力。

　　A. 行业调解　　　　　　B. 司法调解　　　　　　C. 行政调解

　　D. 经法院确认的人民调解　　　E. 仲裁调解

3. 下列案件纠纷中,受《仲裁法》调整的是(　　)。

　　A. 婚姻、继承纠纷　　　　　　B. 建设工程施工合同纠纷

　　C. 农业承包合同纠纷　　　　　D. 加工承揽合同纠纷　　　　　E. 劳动争议纠纷

4. 下列关于行政复议的说法中,正确的是(　　)。

　　A. 行政复议机关只审查具体行政行为的合法性

　　B. 行政机关尚未做出决定之前,可以对其倾向性意见提请复议

　　C. 行政复议以书面审查为主,以不调解为原则

　　D. 对于正确的处罚决定不得提请复议

　　E. 复议决定一般不为终局裁决

5. 合同双方当事人可以在书面合同中协议选择(　　)人民法院管辖,以解决双方争议纠纷。

　　A. 合同备案地　　　　　　B. 被告住所地　　　　　　C. 合同签订地

　　C. 合同履行地　　　　　　E. 原告住所地

6. 下列关于民事诉讼简易程序的表述中,正确的是(　　)

　　A. 基层法院和它派出的法庭可以适用简易程序审理第一审民事案件

B. 中级法院可以适用简易程序审理第一审民事案件

C. 当事人各方自愿选择适用简易程序的,人民法院可以适用简易程序

D. 基层法院及其派出法庭审理简单的民事案件,可以用简便方式随时传唤当事人证人

E. 简单的民事案件由审判员一人独任审理

7. 以下关于第二审法院处理第一审判决、裁定上诉案件的表述,正确的是(　　)。

A. 不予审理

B. 不可以进行调解

C. 裁定撤销原判决,发回原审法院蓬审,或者查清事实后依法改判

D. 二审判决宣告前,上诉人申请撤回上诉的,裁定是否准许

E. 判决驳回上诉,维持原判

8. A市中级人民法院作出的一审民事判决生效后,债权人甲公司查明债务人乙公司在A市有一栋办公楼,在B市有一座厂房,在C市有一所房屋。根据法律规定,甲公司可以向(　　)法院申请执行。

A. A市中级法院　　　　B. B市中级法院　　　　C. C市中级法院

D. A市高级法院　　　　E. B市高级法院

9. 张师傅在拆卸模板时受伤,为工伤赔偿问题将劳务分包单位起诉到法院,想请唯一目击事故过程的王师傅出庭为其作证,王师傅对此有顾虑。以下关于王师傅出庭作证的说法中,正确的足(　　)。

A. 王师傅有义务出庭作证

B. 王师傅作证有利于查明事实,分包单位负责人应当支持其出庭

C. 王师傅作证对单位不利,分包单位负责人应当劝阻其出庭作证

D. 到法院开庭时,王师傅已经离开工地所在城市,出庭确实有困难,经法院许可,可以提交书面证言

E. 王师傅在书面证言中,应当客观陈述其亲身感知的事实,不得使用猜测、推断或者评论性的语言

10. 根据我国《仲裁法》的规定,下列(　　)中所述情形构成仲裁协议的书面形式。

A. 甲公司与乙公司在租赁合同中约定在合同履行过程中所产生的一切争议提交仲裁委员会仲裁或人民法院起诉的条款

B. 甲公司与乙公司签订了一份加工承揽合同,合同签订后,在双方就加工物的质量标准问题以传真方式互相磋商过程中,在双方往来的传真件中记载,如果合同履行中产生纠纷,应提交仲裁委员会仲裁

C. 甲公司与乙公司签订了一份买卖合同,合同签订后,在双方就产品的质量标准问题以电子邮件方式互相磋商过程中,在双方往来的电子邮件中记载,如果合同履行中产生纠纷,应提交仲裁委员会仲裁

D. 甲公司与乙公司签订一份建筑工程承包合同,后因乙公司拖欠工程款问题双方发生纠纷,就该工程款问题双方经过协商,达成将该纠纷提交仲裁委员会仲裁的书面文件

E. 甲公司与乙公司签订一份购销合同,后因标的物质量问题发生纠纷,双方公司的法定代表人在协商解决问题过程中,口头表示对该纠纷如果协商解决不成,则提交仲裁委员会仲裁,对此有在场的3名证人为证

单元9 拓展训练习题

一、单项选择题

1. 由于某建设项目建成后可能产生环境噪声污染，建设单位编制了环境影响报告书，制定相应环境噪声污染防治措施，按照规定该报告书须报（　　）的批准。
   A. 城市规划管理部门　　　　　　B. 环境保护行政部门
   C. 工商行政管理部门　　　　　　D. 建设行政管理部门

2. 某建筑工程在城市住宅区内，主体结构施工阶段建筑公司拟进行混凝土浇筑，使用的机械设备可能产生噪声污染，建筑公司必须在浇注施工（　　）日以前向工程所在地县级以上地方人民政府环境保护行政主管部门申报该工程的相关情况。
   A. 3　　　　　B. 5　　　　　C. 10　　　　　D. 15

3. 《环境噪声污染防治法》规定，在城市市区噪声敏感建筑物集中区域内，禁止夜间进行产生环境噪声污染的建筑施工作业，因特殊需要必须连续作业的，必须有县级以上人民政府或者其有关主管部门的证明。但以下夜间施工无需取得证明的是（　　）。
   A. 配合建设单位24小时联动试车　　B. 为避免冬期施工进行抢工
   C. 自来水管道爆裂进行抢修　　　　D. 全运会项目开幕时间临近必须抢工

4. 《环境噪声污染防治法》规定，产生环境噪声污染的企事业单位在拆除或（　　）环境噪声污染防治设施时，必须事先经所在地的县级以上地方政府环境保护行政主管部门批准。
   A. 维修　　　B. 检测　　　C. 闲置　　　D. 使用

5. 根据《水污染防治法》规定，排放水污染物超过国家或者地方规定的水污染物排放标准的，由县级以上人民政府环境保护主管部门按照权限责令限期治理，限期治理的期限最长不超过（　　）。
   A. 3个月　　　B. 6个月　　　C. 1年　　　D. 2年

6. 根据《节约能源法》规定，以下不属于用能单位能源消费方式的是（　　）。
   A. 分类计量　　B. 包费制　　C. 分类统计　　D. 利用状况分析

7. 根据《循环经济促进法》规定，以下不属于国家鼓励推广使用的工程建筑材料是（　　）。
   A. 预拌混凝土　　B. 袋装水泥　　C. 预拌砂浆　　D. 散装水泥

8. 某建筑设计注册执业人员在施工图纸设计过程中，严重违反民用建筑节能强制性标准的规定，造成严重后果，按照《民用建筑节能条例》的规定，可由颁发资格证书的部门吊销执业资格证书，（　　）内不予注册。
   A. 1年　　　B. 2年　　　C. 3年　　　D. 5年

9. 根据《文物保护法》规定，以下不属于国家文物保护范围的是（　　）。
   A. 现代代表性建筑　B. 近代建筑　　C. 古墓葬　　D. 古文化遗址

10. 某施工单位在土方挖掘施工作业过程中，发现了近代古墓葬，但考虑到发掘会影响工程正常工期，因此没有向文物主管部门报告，造成部分文物损害，则应对施工单位采取的处罚措施是（　　）。
    A. 处以罚款　　　　　　　　　　B. 吊销资质证书
    C. 追究项目经理刑事责任　　　　D. 要求恢复文物原状

11. 某建筑公司在建设项目施工过程中，发现一地下古墓葬，于是立即报告当地文物行政部门,文物行政部门接到报告后,应当在( )小时内赶赴工地现场。
  A. 12 B. 24 C. 48 D. 36

二、多项选择题
1. 所谓环境保护"三同时"制度,就是指建设项目需要配套建设的环境污染保护设施,必须与主体工程( )。
  A. 同时设计 B. 同时规划 C. 同时施工
  D. 同时投产使用 E. 同时维修

2. 某施工单位在某学院教学楼扩建项目施工中,为保证工程进度,拟在夜间进行连续施工作业,根据《环境噪声污染防治法》规定,必须满足以下( )条件,方可进行。
  A. 取得建设单位同意 B. 取得县级以上人民政府或有关主管部门的证明
  C. 征得附近居民的同意 D. 公告附近居民 E. 征得城管部门同意

3. 某施工单位在土方施工作业过程中,为有效防治扬尘大气污染,施工现场采取比较得当的措施包括( )。
  A. 运送土方车辆封闭严密 B. 施工现场出口设置洗车槽
  C. 堆放的土方洒水、覆盖 D. 建筑垃圾分类堆放
  E. 地面硬化处理

4. 根据《大气污染防治法》的规定,排污单位排放大气污染物的( )有重大改变的,应当及时申报。
  A. 种类 B. 数量 C. 温度 D. 湿度 E. 浓度

5. 根据施工现场固体废物的减量化和回收再利用的要求,施工单位应采取的有效措施包括( )。
  A. 生活垃圾袋装化 B. 建筑垃圾分类化 C. 建筑垃圾及时清运
  D. 设置封闭式垃圾容器 E. 建筑垃圾集中化

6. 根据《节约能源法》规定,国家对固定资产投资项目实行( )制度,不符合强制性节能标准的项目,依法负责审批或者批准的机关不得批准或者核准建设。
  A. 节能评估 B. 节能复查 C. 节能审查 D. 节能审核 E. 节能测试

7. 建筑墙体、屋面的保温工程施工时,监理工程师应当按照工程监理规范的要求,采取( )形式实施工程监理。
  A. 巡查 B. 抽检 C. 平行检验 D. 旁站 E. 巡视

8. 以下属于《绿色施工导则》规定提高用水效率的措施是( )。
  A. 混凝土养护过程中应采取必要措施
  B. 将节水定额指标纳入分包或劳务合同中进行计量考核
  C. 对现场各个分包生活区合计统一计量用水量
  D. 临时用水采用节水型产品,安装计量装置
  E. 现场车辆冲洗设立循环用水装置

9. 按照《节约能源法》《循环经济促进法》的规定,我国目前主要采取的节能激励措施包括( )。
  A. 安排专项节能财政资金 B. 给予节能产业税收优惠
  C. 对节能项目信贷支持 D. 节能价格策略 E. 限制高能耗进口

10.《历史文化名城名镇名村保护条例》规定,在历史文化名城、名镇、名村保护范围内禁止以下活动(　　)。

　　A. 修建储存腐蚀性物品的仓库　B. 开采矿产　　　　　　C. 进行影视剧摄制活动
　　D. 举办大型群众性活动　　　　E. 修建生产易燃性物品的工厂

单元 1　参考答案

单项选择题参考答案

1	2	3	4	5	6	7	8	9	10
B	D	D	B	A	C	A	B	D	C
11	12	13	14	15	16	17	18	19	20
B	B	A	D	D	C	C	C	B	B
21	22	23	24	25	26	27	28	29	30
C	A	D	B	C	B	B	D	D	A
31	32	33	34	35	36	37	38	39	40
A	B	B	B	A	D	C	B	A	C

多项选择题参考答案

1	2	3	4	5	6	7	8
ABCD	AE	BCDE	ACE	ACD	ACDE	ACDE	ABDE
9	10	11	12	13	14	15	16
BD	ADE	ACE	ACDE	ABC	ABDE	CD	

单元 2　参考答案

单项选择题参考答案

1	2	3	4	5	6	7	8	9	10
A	C	B	A	A	D	A	D	B	C
11	12	13	14	15	16	17	18	19	20
A	C	A	B	B	B	B	C	B	B

多项选题参考答案

1	2	3	4	5	6	7	8
ACDE	ACDE	ABCE	AB	ABCD	ABDE	ABD	ABDE

单元 3　参考答案

单项选择题参考答案

1	2	3	4	5	6	7	8	9	10
B	A	D	D	A	B	A	A	C	C
11	12	13	14	15	16	17	18	19	20
B	A	B	C	B	C	B	D	D	A

多项选择题参考答案

1	2	3	4	5	6
BCDE	ABCD	BCDE	AB	BCD	ACD

单元 4　参考答案

单项选择题答案

1	2	3	4	5	6	7	8	9	10
A	B	C	D	D	C	C	C	D	A
11	12	13	14	15	16	17	18	19	20
B	B	A	D	A	B	D	A	D	B
21	22	23	24	25	26	27	28	29	30
D	B	D	C	D	C	C	A	A	C

多项选择题答案

1	2	3	4	5	6	7	8
ABDE	BC	CE	ABCE	CDE	CD	ABE	ABCD
9	10	11	12	13	14	15	16
AC	ABC	ABCE	BCDE	AB	ABCD	BCD	

单元 5　参考答案

单项选择题参考答案

1	2	3	4	5	6	7	8	9	10
C	B	C	D	D	B	D	B	C	B
11	12	13	14	15	16	17	18	19	20
D	C	A	C	B	C	A	C	B	D

多项选择题参考答案

1	2	3	4	5	6	7	8	9	10
ABE	BE	AD	BCD	ADE	BDE	ABDE	ACD	ABC	ABCD

单元 6　参考答案

单项选择题参考答案

1	2	3	4	5	6	7	8	9	10
B	D	D	B	D	C	B	A	A	A
11	12	13	14	15	16	17	18	19	20
C	C	D	D	A	D	D	D	C	D

多项选择题参考答案

1	2	3	4	5	6	7	8	9	10
ACE	ABDE	ABDE	ADE	AC	ABE	ABDE	ABCD	BCE	ACE

单元7　参考答案

单项选择题参考答案

1	2	3	4	5	6	7	8	9	10
C	A	D	C	B	D	A	D	D	D
11	12	13	14	15	16	17	18	19	20
C	D	B	C	A	D	C	C	B	D

多项选择题参考答案

1	2	3	4	5	6	7	8	9	10
ABCD	BCD	DE	DE	BCD	AC	ABDE	ABC	ACD	ABC

单元8　参考答案

单项选择题参考答案

1	2	3	4	5	6	7	8	9	10
D	A	D	A	D	C	A	C	D	A
11	12	13	14	15	16	17	18	19	20
A	B	A	A	B	D	D	D	C	B

多项选择题参考答案

1	2	3	4	5	6	7	8	9	10
DE	BDE	BD	CE	BCDE	ADE	CDE	ABC	ABDE	BCD

单元9　参考答案

单项选择题参考答案

1	2	3	4	5	6	7	8	9	10	11
B	D	C	C	C	B	B	D	B	A	B

多项选择题参考答案

1	2	3	4	5	6	7	8	9	10
ACD	BD	ABCE	ABE	ABCD	AC	CDE	ABDE	ABCD	ABE

参 考 文 献

[1] 曹林同.建筑法规[M].哈尔滨:哈尔滨工业大学出版社,2012.
[2] 黄南铨.朱国红等.工程建设法规与实务[M].北京:中国传媒大学出版社,2014.
[3] 高正文.建设工程法规与合同管理[M].北京:机械工业出版社,2008.
[4] 周吉高.建设工程专项法律实务[M].北京:法律出版社,2008.
[5] 田恒久.工程招投标与合同管理[M].第2版.北京:中国电力出版社,2008.
[6] 夏明进.工程建设承包与发包实务手册[M].北京:中国电力出版社,2008.
[7] 李启明.建设工程合同管理[M].第2版.北京:中国建筑工业出版社,2009.
[8] 全国一级建造师执业资格考试用书编写委员会.建设工程法规及基础知识[M].第3版.北京:中国建筑工业出版社,2009.
[9] 李辉.建设工程法规[M].上海:统计大学出版社,2006.
[10] 李志.建设工程法规[M].北京:中国电力出版社,2008.
[11] 中华人民共和国建筑法(最新修订)[M].北京:中国法制出版社,2012.
[12] 中华人民共和国招标投标法(最新修订)[M].北京:中国法制出版社,2011.
[13] 中华人民共和国合同法[M].北京:中国法制出版社,2005.
[14] 中华人民共和国劳动合同法[M].北京:中国法制出版社,2012.
[15] 中华人民共和国行政许可法[M].北京:中国法制出版社,2005.
[16] 建设工程质量管理条例[M].北京:中国建筑工业出版社,2000.
[17] 中华人民共和国环境保护法[M].北京:中国法制出版社,2014.